Annette Kehnel

Wir konnten auch anders

Eine kurze Geschichte der Nachhaltigkeit

WILHELM HEYNE VERLAG
MÜNCHEN

3. Auflage
Taschenbucherstausgabe 05/2024

Der Wilhelm Heyne Verlag, München,
ist ein Verlag der Penguin Random House Verlagsgruppe GmbH,
Neumarkter Straße 28, 81673 München
produktsicherheit@penguinrandomhouse.de
(Vorstehende Angaben sind zugleich
Pflichtinformationen nach GPSR.)

Umschlaggestaltung: Bauer + Möhring, Berlin
Umschlagabbildung: Landleben, Holzschnitt, Französisch,
1517 © Alamy Stock Photo/Granger Historical Picture Archive
Satz: satz-bau Leingärtner, Nabburg
Druck: GGP Media GmbH, Pößneck
Printed in Germany
ISBN: 978-3-453-60684-5

www.heyne.de

HEYNE <

Die vergangenen zweihundert Jahre haben der Menschheit atemberaubende Errungenschaften gebracht. Aber nun stoßen unsere Konzepte von Wirtschaftswachstum, Fortschritt und Wohlstand an ihre Grenzen. Können wir uns ein Leben jenseits von Eigennutzung und Profitmaximierung überhaupt vorstellen? Anette Kehnel, Professorin für Mittelalterliche Geschichte, zeigt: Wir konnten schon mal anders. Ressourcenschonendes, nachhaltiges und gemeinnütziges Denken hat jahrhundertelang das menschliche Handeln bestimmt. Davon zeugen Renaissance-Architekten, die Baustoffrecycling betrieben, Crowdfunding-Projekte für die Brücke in Avignon vor über achthundert Jahren oder die Reparaturberufe für Frauen und Männer im mittelalterlichen Frankfurt zu Zeiten, als Kreislaufwirtschaft eine Selbstverständlichkeit war. In *Wir konnten auch anders* wird Geschichte lebendig und lädt dazu ein, unsere Vergangenheit neu zu entdecken, um die Zukunft **anders** zu denken.

Prof. Dr. Annette Kehnel studierte Geschichte und Biologie an der Albert-Ludwigs-Universität Freiburg, am Somerville College Oxford und an der LMU München. Seit 2005 ist sie Inhaberin des Lehrstuhls für Mittelalterliche Geschichte an der Universität Mannheim. Sie hat zahlreiche Veröffentlichungen zu ihren Forschungsschwerpunkten Kultur- und Wirtschaftsgeschichte und der historischen Anthropologie vorgelegt.

Für meine Kinder und Enkel,
mit Dank für ihre ansteckende Lust
auf Zukunft und »Ganz anders«

Inhalt

Einleitung 11

1. Waren wir arm vor der Erfindung des Kapitalismus? 25

1.1. Die Geschichte vom Fortschritt – Moderne Meistererzählungen und ihre Fallstricke 25

1.2. Mussten unsere Vorfahren von morgens bis abends schuften? 32

1.3. Europa im Hoch- und Spätmittelalter – Ein paar Daten und Zahlen 38

2. Sharing 47

2.1. Teilen macht reich – Die Wirtschaft der Klöster 51

2.2. Commons und die Kunst, Externalitäten zu internalisieren 63

2.3. Beginenhöfe – Frauen-WGs und Urban Gardening 96

3. Recycling ... 121

3.1. Reparaturberufe und Secondhandmärkte ... 125

3.2. Papier – Ein Recyclingprodukt schreibt Weltgeschichte ... 137

3.3. Bricolage und Assemblage – Die Wiederverwertung der Antike im Mittelalter ... 163

4. Mikrokredit ... 177

4.1. Mikrokreditbanken in den italienischen Städten – Monti di Pietà ... 179

4.2. Peer-to-Peer-Lending in mittelalterlichen Städten ... 213

4.3. Stadtnahe Landwirtschaft – »Rent a cow« im Mittelalter ... 229

5. Spenden und Stiften ... 245

5.1. Spenden für Gemeinschaftsprojekte – Pont Saint-Bénézet in Avignon ... 247

5.2. Nachhaltigkeit in Kultur und Soziales – Ohne Ablass kein Michelangelo ... 262

5.3. Sozialer Wohnungsbau in Augsburg – Die Fuggerei ... 277

6. Minimalismus ... 303

6.1. Reichtum ist die Kotze des Glücks – Diogenes von Sinope ... 305

6.2. Geld ist Mist – Franz von Assisi ... 321

6.3. Minimalismus und Wirtschaftstheorie – Petrus Johannis Olivi ... 350

7. Schlussfolgerungen aus der Vergangenheit für die Zukunft 377

7.1. Was würden sie uns raten, unsere Vorfahren? 377

7.2. Raus aus dem Käfig der Alternativlosigkeit 389

7.3. Gut gegen Zukunftsangst –
Rückenwind aus der Vergangenheit 401

Dank 403

Anmerkungen 405

Abbildungsverzeichnis 449

Bibliografie 455

Onlinequellen 483

Einleitung

Wir stehen an einer Zeitenwende. Die Begrenztheit der Ressourcen, das Ende der Konsumgesellschaft, wachsende Ungleichheit, Globalisierung, digitale Beschleunigung, Klimawandel und schließlich die zunehmende politische Verunsicherung der Menschen, vor allem in den wirtschaftlich reichsten Ländern der Erde, versetzen uns in einen Zustand kollektiver Ratlosigkeit. Politik und Wirtschaft versuchen, Lösungen aufzuzeigen. Populisten predigen allerorten radikale Schlussstriche und suchen das Heil in einer national säuberlich sortierten Welt. Hie und da wird verhaltene Kapitalismuskritik vernehmbar. Andere setzen auf den technisch-medizinischen oder auf den digitalen Fortschritt. Was tun? Angesichts dieser Entwicklungen, die allesamt wenig Aussicht auf Lösungen und noch viel weniger Aussicht auf Zukunft bieten? Es muss sich was ändern. Das ist allen klar.

Die Konzepte der Moderne haben ausgedient

Warum gehen uns trotz hektischer Suche nach Lösungen für die Herausforderungen des 21. Jahrhunderts allmählich die Ideen aus? Weil wir die Probleme der Zukunft mit Konzepten der Moderne lösen wollen. Moderne klingt zwar noch immer fortschrittlich und innovativ, doch ist diese Moderne historisch betrachtet mittlerweile mehr als zwei Jahrhunderte alt. Das bedeutet, wir wollen die Herausforderungen des frühen 21. Jahrhunderts mit Konzepten lösen, die im späten 18. und 19. Jahrhundert entwickelt wurden. Konzepte, die den Aufstieg in die sogenannte Moderne ermöglichten. Die Zauberformel damals hieß: Fortschritt, Wachstum, Wohlstand.

Diese drei Ziele haben uns als Leitmaximen politischen, sozialen und wirtschaftlichen Handelns weit nach vorne gebracht. Die Industrialisierung, die Französische Revolution, der Nationalstaat und die Demokratie haben das Europa des 19. und frühen 20. Jahrhunderts modern gemacht. In der zweiten Hälfte des 20. Jahrhunderts kam ein unverhoffter Nachschlag. Die Moderne bescherte den von zwei Weltkriegen arg verwundeten Menschen einen nie da gewesenen Wirtschaftsboom, getragen von einem rasanten Wachstum des Konsums und von der Erfindung der Wegwerfgesellschaft. Die westlichen Industrienationen wurden in einen Aufstiegstaumel namens Wirtschaftswunder versetzt und versuchen seither – wie Junkies –, diesen Zustand zu halten beziehungsweise immer wieder aufs Neue herzustellen. Das gelang während der letzten Jahrzehnte zwar ganz gut, doch seit einiger Zeit verdirbt uns die Rechnung den Spaß: Mikroplastik im Meer, Glyphosat in den Lebensmitteln, CO_2 in der Atmosphäre, und das alles irreversibel und mit globalen Konsequenzen. Statt uns diesem Sachverhalt zu stellen, wollen wir lieber einfach noch mal »alles wie früher«, und bitte mit allem. Das war doch so schön. Sitzen da wie übellaunige Kinder vor der leeren Bonbontüte. Wir wollen einfach mehr! Etwas anderes fällt uns nicht ein, etwas anderes als noch mehr Wachstum und noch mehr Wohlstand.

Wir sind im 19. Jahrhundert stecken geblieben. Das Koordinatensystem unserer Lösungsansätze ist fast 200 Jahre alt. Ein Koordinatensystem, das hervorragend geeignet war zum Beispiel zur Modellierung optimaler Wertschöpfungsstrategien, zur Bestimmung maximaler Ausbeute vorhandener Ressourcen oder zur Berechnung von Kapitalrenditen. Allerdings scheitern wir damit, wenn wir vor Problemen jenseits von Profitmaximierung stehen.

Homo oeconomicus – der verzweifelte Held der Moderne

Eine Schlüsselrolle in dieser Geschichte spielt der »Homo oeconomicus«, der rationale Agent und Nutzenmaximierer, die Vorstellung, dass Menschen immer und in erster Linie auf ihren eigenen Nutzen bedacht seien. Zwar handelt es sich dabei lediglich um ein Modell, um einen fiktiven Akteur in Formeln, mit denen wirtschaftliche Zusammenhänge erklärt werden sollen. Überdies ist das Modell vom Nutzenmaximierer eine sehr späte Erfindung der modernen Wirtschaftswissenschaften, es wurde erst mit der sogenannten Rational Choice Theory in den 70er-Jahren des 20. Jahrhunderts zum Dogma erhoben. Doch hat die Heiligsprechung des »Eigennutzens« ihre Wurzeln im 19. Jahrhundert. Denn in der Populärversion der von Charles Darwin und Herbert Spencer entwickelten Evolutionstheorie wurde Eigennutzen oft mit Selektionsvorteil verwechselt. Die Fähigkeiten zur Anpassung an die Umwelt, zur geschickten Ausbeutung verfügbarer Ressourcen und zur Überbietung der Konkurrenz wurden als Erfolgsfaktoren der Evolution missverstanden. Wettbewerb und Kampf ums Dasein waren plötzlich biologische Tatsachen. Wer da nicht mithalten konnte, den sortierte die Natur einfach aus. Und was für den Evolutionsbiologen die natürliche Auslese, wurde in den Wirtschaftstheorien die unsichtbare Hand des Marktes, nämlich jene unverfügbare Macht, die alles regelt und so den altmodischen moralischen Ballast vormoderner Gesellschaften überflüssig machte. Beide Konzepte fügten sich nahtlos zu einem modernen Ganzen zusammen, das den rationalen Nutzenmaximierer zum preisgekrönten (in der Regel männlichen) Mitarbeiter, nein vielmehr zum Chef, zum CEO der Moderne erhob.

Das Problem ist nur: Das 19. Jahrhundert ist längst vorbei. Die Errungenschaften der Moderne sind zweifelsohne grandios und sollen in keiner Weise geschmälert werden. Was nun, nach 200 Jahren Wachstum, Fortschritt und Wohlstand, dringend ansteht, ist ein Realitätscheck. Wir müssen uns der Herausforderung stellen und die Prämissen der Moderne auf ihre Gegenwartstauglichkeit und insbesondere ihr Potenzial zur Lösung der Probleme des 21. Jahrhunderts überprüfen.

Angst vor Veränderung

Man könnte auch von einer kollektiven Entwicklungsverweigerung sprechen. Und in einem solchen Fall muss es irgendwie gelingen, jene Knoten zu lösen, die für das Festhalten an überkommenen Vorstellungen und Regeln verantwortlich sind. Die Erkenntnis, dass diese zwar für eine bestimmte Phase sehr nützlich, vielleicht sogar überlebenswichtig waren, nun aber überflüssig geworden sind, wäre völlig ausreichend. In der Regel ist es ein dicht verwobenes Geflecht aus diffusen Ängsten, insbesondere der Angst vor Veränderung. Was hilft? Ein erster Schritt wären Selbsterkenntnis, Einsicht, die Änderung der Blickrichtung – und irgendwann taucht der Wunsch nach Veränderungen auf. Horizonterweiterung heißt das Zauberwort, die Mobilisierung der Vorstellungskraft in Richtung Zukunft.

Vergleichen wir die Situation mit der eines Künstlers oder einer Künstlerin: In den vergangenen 200 Jahren hat die Menschheit mit großem Fleiß, in bewundernswerter Konzentration und unter Aufbringung ganz erheblicher Opfer an der Moderne gearbeitet. Nun ist es Zeit, endlich einmal wieder aufzuschauen. Zurückzutreten. Den Blick auf das Gesamtkunstwerk, das da entstehen soll, freizugeben. Erst dann sieht die Künstlerin – in unserem Fall also die Menschheit –, wie sich die vielen einzelnen Details zu einem Ganzen zusammenfügen. Auch sieht sie, wo der Pinsel neu angesetzt werden kann. Wenn es uns gelingt, eine Vorstellung von unserer Zukunft zu entwickeln, wissen wir, wie wir jetzt handeln sollten. Die Lust zum Weitermalen kommt zurück.

Abstand gewinnen. Zurücktreten. Sich trennen. Den Pinsel mal aus der Hand legen. Eine neue Perspektive wählen. All das sind notwendige Voraussetzungen zur Entwicklung neuer und zukunftsfähiger Konzepte für das 21. Jahrhundert.

Historischer Weitblick statt gegenwartsfixierter Kurzsichtigkeit ist gefragt

Was mir als Historikerin immer wieder auffällt, ist die Kurzsichtigkeit der Gegenwart. Sie ist eines der größten Hindernisse dabei, sich Distanz zugunsten der Zukunft zu verschaffen. Kennzeichnend dafür sind die vielen Bilder der Vergangenheit, die im kollektiven Bewusstsein herumgeistern. Wie eine Wolke schwebt das unausgesprochene Gesetz der linearen (Höher-)Entwicklung in unseren Köpfen.

Was fällt uns ein, wenn wir darüber nachdenken, wie die Menschen früher im Lauf der Geschichte gelebt haben? Sofort entsteht das Bild vom Aufstieg der Menschheit aus der Steinzeithöhle in den Renaissancepalast und von dort direkt in unsere komfortablen Eigenheime mit Badewanne und Internetanschluss. Ähnlich die Vorstellung von Wirtschaft. Richtig angefangen hat das mit der Wirtschaft ja angeblich erst vor Kurzem, mit der industriellen Revolution. Natürlich haben die Menschen schon immer Waren getauscht und gehandelt. Aber erst mit der Erfindung des Kapitalismus und der industriellen Revolution ging es dann wirklich zur Sache. Und – so dann gleich der nächste Sprung – außerdem gibt es zum Kapitalismus keine Alternative. Sowohl die sozialistischen als auch die faschistischen Planwirtschaften sind bekanntlich gescheitert, und wie es aussieht, ist von außereuropäischen Wirtschaftsmodellen auch nicht viel zu erwarten: Also müssen wir uns notgedrungen für die nächsten Jahrhunderte irgendwie mit dem Kapitalismus arrangieren.

Aus historischer Perspektive sind solche Aussagen Kennzeichen extremer Kurzsichtigkeit und Gegenwartsfixierung. Vielleicht kommt ein tüchtiger Schuss Selbstüberschätzung hinzu. Weiter ein Mangel an Vorstellungskraft. Und schließlich die Angst, sich aus der eigenen Komfortzone hinauszubegeben. Die Möglichkeit in Betracht zu ziehen, dass es anderswo, zum Beispiel früher – also in der Vergangenheit – oder später – also in der Zukunft – ganz anders war oder sein könnte. Anders, und dennoch gut.

Was wir brauchen, sind neue Vorstellungen von der Zukunft. Die Konzepte der vergangenen 200 Jahre, der sogenannten Moderne, waren grandios, und sie haben weit getragen. Viele Versprechen der Moderne wurden eingelöst. Doch wie geht es jetzt weiter? Bekanntlich hören Märchen nicht von ungefähr dann auf, wenn der verwunschene Prinz die Prinzessin heiratet und alle glücklich und zufrieden bis an ihr Ende leben können. Wie leben wir in einer Welt der erfüllten Wünsche? Einer Welt der Waschmaschine, mit einer weltweiten Alphabetisierungsrate von nahezu 80 Prozent und scheinbar unbegrenzter Mobilität, die uns erlaubt, in anderthalb Stunden die Alpen zu überqueren, im Flugzeug von Frankfurt nach Mailand für nur zehn Euro. Wohin mit all diesen grandiosen Errungenschaften der Moderne? Was tun in einer Welt, die sich auf einmal so viel schneller zu drehen scheint als noch vor zehn Jahren, die so viel kleiner geworden ist, aber auch zerbrechlicher, ächzend unter der Last der Erfolge der Moderne, und überdies so vollgepackt mit jungen zukunftshungrigen Menschen.

Horizonterweiterung

Wenden wir uns der Vergangenheit zu, um die Zukunft besser in den Blick nehmen zu können. Mit dem Ziel, jenen größeren Rahmen zu erfassen, der Handlungsspielräume eröffnet. Dazu müssen wir weiter zurück als nur 200 Jahre. Immerhin kann der moderne Homo sapiens auf 300 000 Jahre Vergangenheit zurückblicken. Hat vor etwa 100 000 Jahren Afrika verlassen und nach und nach erfolgreich fünf Kontinente besiedelt, die große Eiszeit überlebt, ebenso wie die darauf folgende Klimaerwärmung – im Gegensatz etwa zum Mammut, das um 12 000 v. Chr. ausgestorben ist. Wie haben sie das geschafft, diese Menschen? Wie haben sie gewirtschaftet? Wie haben sie Krisen überstanden?

Im Folgenden schlage ich eine Konzentration auf die Zeit vor der industriellen Revolution im 18. Jahrhundert vor. Auf die sogenannte Vormoderne. Ein schwieriger Begriff, der die Weltgeschichte in Modern – also »wir« – und alles davor – also die »anderen« – einteilt. Das ist eine nicht besonders kluge Einteilung, vor allem, wenn man bedenkt, dass die »Vormoderne« mehr als 300 000 Jahre Menschheitsgeschichte unter einen Hut bringen soll. Daher wird dieser Begriff wenn möglich vermieden. Wir bewegen uns in den gut zwei Jahrtausenden vor der Industrialisierung, also in der Zeit seit der griechischen Antike im 5. Jahrhundert v. Chr. bis in die Zeit der Aufklärung im 18. Jahrhundert. Die meisten der Beispiele stammen aus dem Hoch- und Spätmittelalter, die Zeit seit der Jahrtausendwende bis ins 16. Jahrhundert. Wir sprechen über Gesellschaften und Wirtschaftsformen auf dem europäischen Kontinent, einschließlich des Vorderen Orients und Nordafrikas, die damals, als das Mittelmeer die Schaltzentrale der Wirtschaft war, kulturell und wirtschaftlich ganz selbstverständlich dazugehörten. Diese Epoche und der geografische Raum haben den Vorteil, dass die Menschen vergleichsweise viele schriftliche Dokumente hinterlassen haben, die uns erstaunlich detaillierte Einblicke in ihre Lebens- und Vorstellungswelten geben. Aus diesen lassen sich Diskurse um Normen, Praktiken und Theorien des Wirtschaftens in der Vormoderne rekonstruieren.

Um Enttäuschungen zu vermeiden: Es geht nicht um konkrete Lösungsvorschläge im Sinne einer Rückkehr zu mittelalterlichen Formen des Wirtschaftens. Ganz und gar nicht. Keiner, der sich nur ein bisschen mit der Geschichte dieser Zeit auskennt, wird sich eine Rückkehr ins Mittelalter wünschen. Dieses Buch soll Inspirationen vermitteln, unseren Möglichkeitssinn wecken und uns helfen, die Grenzen überkommener Denkmuster zu überwinden.

Es wird viel darüber diskutiert, ob man aus der Geschichte etwas lernen könne oder nicht. Nach meiner Erfahrung ist eines unbestreitbar: Keine Vergangenheit kann maßgeschneiderte Lösungen für eine Zukunft bieten. Jede Zeit muss selbst handeln. Was sie bieten kann, ist eine Erweiterung unseres Vorstellungshorizonts. Anregungen auf unserer Suche nach zukunftsfähigen Wirtschaftsmodellen, für unser Bemühen um Neuinterpretationen des Status quo zugunsten zeitgemäßer Konzepte. Wie sieht die Zukunft aus, wenn wir sie nicht länger durch die Brille der längst überkommenen Moderne betrachten, zu deren wichtigsten Merkmalen Normierung und Standardisierung zählten? Was passiert, wenn wir dieses viel zu enge und unzeitgemäße Korsett einmal ablegen? Was geschieht, wenn wir – inspiriert von vergangener Vielfalt – ganz anderen Sichtweisen auf Gegenwart und Zukunft Raum geben? Was, wenn sich herausstellen sollte, dass wir auch ganz anders können?

Ein neuer Blick auf das Rahmenwerk

Viele Ansätze sind bereits sichtbar. Ansätze für ganzheitliche und zukunftsorientierte Unternehmenssteuerung, die Non-Profit-Initiative der OECD für neue Accounting-Standards in börsennotierten Unternehmen zum Beispiel. Die Nachteile von Eigentum, die Verantwortung, die Kosten, aber auch die Verlockungen der Ungebundenheit machen neue Modelle der gemeinsamen

Nutzung von Ressourcen attraktiv. Immer mehr Menschen entscheiden sich gegen das Hamsterrad maximaler Produktivität und eine steile Karriere. Lieber wollen sie weniger arbeiten und dafür mehr Zeit für ihre Kinder haben. Oder sie reisen mit wenig oder gar keinem Geld um die Welt und verzichten ganz bewusst auf ein festes Einkommen. Ganz falsch liegt, wer hier ein spätes Erbe der in die Jahre gekommenen Hippies vermutet. Die neue Minimalismusbewegung kommt vielmehr postmodern und digital daher. Man kann ihre Akteure auf TED-Konferenzen treffen oder auf Buchmessen. Sie gewinnen renommierte Preise, etwa mit Baukonzepten für Kleinstraumwohnungen. Tauschbörsen boomen allerorten, ebenso wie Start-ups, die zum Beispiel aus alten Lastwagenplanen Taschen zu Respekt einflößenden Preisen herstellen. Marktsektoren im Bereich von Nutzungs- und Konsumgemeinschaften wachsen in beeindruckender Geschwindigkeit ebenso wie Vintage-Mode-Onlineshops bis hin zur Haute Couture. Auch wächst die Zahl der Menschen, die über Möglichkeiten von Wirtschaft ohne Wachstum nachdenken, das Schlagwort heißt Post-Growth Economy, Slogans wie »From Bigger to Better« geben die Richtung vor. Im Bereich der Theorie werden die Forderungen nach der Pluralisierung der Wirtschaftswissenschaften immer lauter, etwa in der studentischen Initiative »Plurale Ökonomik« oder der Initiative FuturZwei von Harald Welzer. Man muss diese Bewegungen nicht alle gut finden. Aber ihre Anliegen sind dringlich. Diese Menschen agieren auf dem Markt, als MarktteilnehmerInnen, wollen partizipieren und einen Beitrag leisten zur Gestaltung der Zukunft. Aber eben auf eine Art und Weise, die unserem ökonomischen Alltagsverständnis – dem überkommenen Alltagsverständnis einer in die Jahre gekommenen Moderne – zuwiderläuft.

Dieses Buch möchte einen Beitrag zur Erweiterung unserer Handlungsspielräume leisten. Neugierig machen, Ängste abbauen und die Lust auf Zukunft wecken. Ein Plädoyer sein für ein neues Verständnis der menschlichen Fähigkeiten zu wirtschaften. Nicht die Wirtschaft ist das Problem, sondern unser eindimensionales Verständnis davon, was Wirtschaften heißt.

Gang durch das Buch

Das erste Kapitel durchleuchtet zunächst landläufige Vorstellungen über die Vergangenheit, erklärt, was Metanarrative sind und warum das 21. Jahrhundert endlich seine eigenen, neuen Geschichten braucht. Die vertraute Erzählung vom Aufstieg und Fortschritt wird eingebettet in ihre Entstehungszeit im 19. Jahrhundert. Damals wurde alles immer besser, und um die eigene Gegenwart umso heller erstrahlen zu lassen, musste die Vergangenheit umso dunkler gezeichnet werden. Bis heute bestimmt das Bild von der grenzenlosen Armut der Menschen früher ganz selbstverständlich, fast intuitiv unsere Vorstellung. Aber mussten unserer Vorfahren wirklich von morgens bis abends schuften? Waren sie arm wie die Kirchenmäuse? Lebten sie in Schmutz und Dreck unter menschenunwürdigen Bedingungen? Zur besseren Orientierung bietet das Kapitel statt Mythen einige historisch belastbare Daten und Zahlen zu Europa im Hoch- und Spätmittelalter.

Dann beginnt die Zeitreise in die Vergangenheit auf den Spuren der wirtschaftlichen Vielfalt Europas vor der industriellen Revolution.

Geschichte des Teilens und der Kooperation. Mittelalterliche Klöster werden vorgestellt als Gemeinschaften mit anderthalb Jahrtausenden Erfahrung in Sharing Economy. Ihre Geschichte beweist: Man kann Ressourcen kollektiv nutzen und mit diesem wertvollen Gut erfolgreich und nachhaltig wirtschaften. In diesem Kapitel wird auch die Geschichte der Commons beleuchtet.

Wie konnte über Jahrhunderte die nachhaltige Bewirtschaftung gemeinschaftlicher Ressourcen gelingen? Wie haben unsere Vorfahren Externalitäten internalisiert? Das 1713 erschienene Werk *Sylvicultura Oeconomica* von Hans Carl von Carlowitz gilt heute als die »Geburtsurkunde« der Nachhaltigkeit. Bedeutet das, es gab davor keine Nachhaltigkeitskonzepte? Am Beispiel der Bodenseefischerei und der Fernweidewirtschaft südfranzösischer Bauern (Transhumanz) wird diesen Fragen nachgegangen. Ein drittes Beispiel für Sharing Communitys sind die Wohngemeinschaften von Frauen, die in den wirtschaftlichen Zentren Flanderns seit dem 13. Jahrhundert entstanden. Frauen, die in ganz unterschiedlichen Berufen arbeiteten und denen Städte wie Antwerpen und Brügge ihre wunderschönen Stadtgärten verdanken.

Recycling. Hier geht es um ökologische Nachhaltigkeit in Konzentration auf den schonenden Umgang mit Ressourcen. Erst im 20. Jahrhundert taucht der Begriff »Abfall« im heute geläufigen Sinn als »nicht weiterverwertbare Reste« in den Wörterbüchern auf. Die Vormoderne kannte den Begriff nicht. Es gab nur Kreislaufwirtschaft, Wiederverwerten war selbstverständlich, Secondhandware dominierte die Märkte, Recyclingprodukte waren die Norm. Eine erste Studie widmet sich den Reparaturberufen am Beispiel der mittelalterlichen Stadt Frankfurt, wo die Buden der sogenannten Altlepper und Altplecker auf Handelsmessen und im Straßenbild der Stadt allgegenwärtig waren. Schilderungen von Secondhandmärkten in Paris geben eine Vorstellung davon, wie die damalige Mode von Upcycling und Trödlern geprägt war. Am Beispiel der Geschichte des Papiers wird gezeigt, wie ein chinesisches Recyclingprodukt aus Lumpen (Hadern) die globalen Märkte eroberte. Das Kapitel behandelt auch das Problem der Innovationsfeindlichkeit von Experten, die als Hüter des Althergebrachten den neuen

Techniken und Materialien skeptisch begegnen. Das letzte Beispiel handelt von Baustoffrecycling im Mittelalter. Die Wiederverwertung antiker Bauteile war damals selbstverständlich. Neben pragmatischen Aspekten spielte der Mehrwert der Vergangenheit eine große Rolle, die Lust an Assemblage und Bricolage, wie sie zum Beispiel am Dom zu Aachen sichtbar wird.

Mikrokredite. Das vierte Kapitel fragt nach Modellen sozialer Nachhaltigkeit und beginnt mit der Geschichte der Mikrokreditbanken im 15. Jahrhundert in Oberitalien. Diese sogenannten Monti di Pietà, kommunale Pfandleihanstalten, gegründet auf Initiative der städtischen Bevölkerung, dienten zur Kapitalversorgung der ärmeren Stadtbevölkerung. Die wohlhabenden Bürger der Stadt stellten das Kapital, um den weniger wohlhabenden, insbesondere den ärmeren Handwerkern, Bauern und Tagelöhnern Zugang zu Investitionskapital zu verschaffen. So konnte der im städtischen Umland tätige Bauer im Frühjahr seinen Wintermantel als Kreditsicherung hinterlegen – gegen Geld, das er dann in Saatgut investierte. Im Herbst nach der Ernte konnte er mit den Gewinnen aus den Erträgen den Mantel schließlich wieder auslösen. Innerhalb kürzester Zeit verbreitete sich dieses Modell in ganz Europa. Kreditfinanzierung war mittelalterliche Alltagspraxis, und zwar auf allen sozialen Ebenen. Das wird am Beispiel der Stadt Basel veranschaulicht, wo Kreditsicherung für die Bürger durch einen Eintrag in öffentliche Schuldbücher – den sogenannten Vergichtbüchern – erfolgte. Diese Bücher sind bis heute im Basler Stadtarchiv erhalten und erlauben Einblicke in die zeitgenössischen Kreditpraktiken und über die Funktion von Schulden als Sozialkitt innerhalb der städtischen Kommune. Die nachhaltige Vernetzung ländlicher und städtischer Wirtschaft wird am Beispiel der sogenannten Viehverstellung veranschaulicht. Städter gaben Kredite an Landbewohner in Form von Vieh, das vom Bauer großgezogen, gepflegt und genutzt wurde. Risiken und Erträge der sogenannten Nachzucht, also Kalb, Fohlen, Ferkel und dergleichen, wurden zwischen Besitzer und Landwirt geteilt.

Spenden und Stiften. Projektfinanzierung über Spenden war im Mittelalter selbstverständlich. Nicht allein für soziale und karitative Einrichtungen, sondern auch für größere gemeinnützige Projekte. So zählte etwa der Brücken- und Straßenbau im Mittelalter zu den Werken der Barmherzigkeit. Wie genau eine solche Spendenkampagne funktionierte, wird am Beispiel der berühmten Rhônebrücke in Avignon vorgestellt. In der zweiten Fallstudie wird die Frage diskutiert, ob der Ablass als ein Modell mittelalterlicher Crowdfinanzierung verstanden werden kann, an dem sich die Chancen und Risiken dieser Finanzierungsform zeigen lassen. Es geht um umlagefinanzierte Kulturförderung, mit der neben Brücken, Deichen oder Kirchenbauten auch die bis heute bedeutendsten Renaissancekünstler von Raffael und Bramante bis Michelangelo finanziert wurden. Doch zeigt dieses Beispiel auch sehr schön, dass die Geduld der Menge (Crowd) nicht unerschöpflich ist. Der Ablass wurde zu einem der wichtigsten Gründe für den durchschlagenden Erfolg der Reformation. In dem Kapitel wird zudem eines der eindrücklichsten Beispiele für nachhaltiges Investment in dem Bereich, den wir heute Corporate Social Responsibility nennen würden, vorgestellt: die Sozialwohnungen am Kappenzipfel in Augsburg – besser bekannt als die Fuggerei –, gestiftet von Jakob Fugger, *dem* Reichen im Jahr 1521. Was diesen Fall so einmalig macht, ist die Nachhaltigkeit der Siedlung, die bis heute unverschuldet in Not geratenen Bürgerinnen und Bürgern der Stadt günstigen Wohnraum bietet.

Minimalismus. Das sechste Kapitel fragt nach Lösungsansätzen, die in der Forderung nach Konsumverzicht wurzeln. Menschen, die freiwillig ohne Geld und ohne festes Einkommen lebten, waren über Jahrhunderte fester Bestandteil jeder größeren Stadt und trugen maßgeblich zur Gestaltung des politischen und gesellschaftlichen Lebens bei. Dieses Kapitel führt uns weit zurück in die griechische Antike im 4. Jahrhundert v. Chr. zu dem Philosophen Diogenes in der Tonne, dem Begründer der sogenannten Kyniker, einer Philosophie, die den pragmatischen Verzicht als Weg zur Freiheit und zum guten Leben beschreibt. Das nächste Beispiel stammt aus dem Spätmittelalter. Mit der wachsenden Urbanisierung Europas seit dem späten 12. Jahrhundert, ausgelöst durch Klimawandel und eine damit verbundene demografische Expansion, entstanden plötzlich unzählige Gemeinschaften dieser Minimalisten – die sogenannten Bettelorden –, die nach dem Prinzip »Less is more« ihr Umfeld, insbesondere das soziale und wirtschaftliche Leben, nachhaltig prägten und unter anderem die originellsten Wirtschaftstheoretiker der Zeit hervorbrachten. Petrus Johannis Olivi aus Sérignan in Südfrankreich, ein radikaler Minimalist, legte eine zukunftsweisende Analyse des Marktgeschehens vor und definierte in seiner Schrift über Verträge – 500 Jahre vor Karl Marx – den Begriff des Kapitals.

Im letzten Kapitel werden Schlussfolgerungen aus der Vergangenheit für die Zukunft gezogen. Wirtschaft ist nicht alternativlos. Wir können auch anders. Wir können Veränderung. Menschen können und wollen viel mehr als nur Eigennutz. Erst Kooperation ermöglicht die Umsetzung individueller und kollektiver Ziele. Doch dafür braucht es Regeln, die dafür sorgen, dass die Menschen nicht dümmer handeln, als sie eigentlich sind. Das Buch endet mit Vorschlägen, die einen Weg aus der Alternativlosigkeit weisen könnten. Denn die Geschichte lehrt uns, dass Menschen viel mehr können als individuellen Eigennutz. Die Geschichte hat gezeigt, wir können auch ganz anders – wir müssen es nur wollen.

1. Waren wir arm vor der Erfindung des Kapitalismus?

1.1. Die Geschichte vom Fortschritt – Moderne Meistererzählungen und ihre Fallstricke

Es fällt uns heute schwer, die Geschichte der Menschheit nicht als eine Geschichte des Fortschritts und Aufstiegs zu erzählen. Dabei war das nicht immer so. Es gab viele Epochen, in denen man Geschichte anders dachte, zum Beispiel zyklisch, in immer wiederkehrenden Rhythmen, oder auf ein Endgericht zusteuernd, oder auch als Geschichte des Abstiegs. Erst im Laufe des 18. Jahrhunderts wurde der Fortschritt auf den Sockel gehoben. Es war das Zeitalter der sogenannten Aufklärung, in dem das Licht der Vernunft Europa erleuchtete und Immanuel Kant die Geschichte des Aufstiegs der Menschheit aus der selbst verschuldeten Unmündigkeit (1784) neu erzählte. Damit schuf er den Gründungsmythos der Moderne, der im Laufe des 19. Jahrhunderts in Wissenschaft, Politik und Wirtschaft reiche Früchte trug. Charles Darwins Theorie von der Entstehung der Arten (1859) erweiterte dieses Bild ins Reich der Natur. Mit dem »Stammbaum der Evolution«, in dem der biologische Aufstieg der Arten dargestellt wird, fand der Homo sapiens seinen Platz ganz oben an der Spitze, quasi als Sieger des biologischen Kampfes ums Dasein. Karl Marx und Friedrich Engels spornten das Proletariat an, endlich aus der Unterdrückung hin zur klassenlosen Gesellschaft aufzusteigen, während der Kapitalismus Technik und Wirtschaft als Motoren des Aufstiegs in eine Welt der ungehinderten Bedürfnisbefriedigung predigte. Ein weiteres, besonders unschönes Kapitel in dieser aufklärerischen Geschichte vom Aufstieg ist die Einteilung der Menschen in »Wir und die Anderen«. Denn der westliche weiße Mann trieb ja den Aufstieg voran, war er doch dem Rest der Welt überlegen, weil er diese Geschichte erfunden hatte. Mit seinem Fleiß, seiner Effizienz und Rationalität war er an die Spitze gelangt. Mit der Erfindung der Rassen, ebenfalls im 18. Jahrhundert, wurde diese Vorstellung mit vermeintlich wissenschaftlichen Argumenten fundiert. Die Folgen sind bekannt und belasten uns bis heute: Sklaverei, Rassismus, Kolonialismus und die Ausbeutung von Mensch und Natur in weiten Teilen der Erde haben globale Ungerechtigkeiten zementiert, die nur schwer rückgängig zu machen sind. Ähnlich die langfristigen Schäden und die Zerstörung, die der Mythos vom Eigennutz als Triebfeder des Fortschritts angerichtet hat. Dieser Mythos zählt vermutlich zu den robustesten Narrativen der letzten zwei Jahrhunderte. Zum Erfinder hat man Adam Smith erklärt, der in seinem Klassiker über den Wohlstand der Nationen (1776) im Kapitel über die Arbeitsteilung darauf hinweist, dass der Bäcker seine Brötchen natürlich nicht aus Nächstenliebe, sondern aus Eigennutz verkaufe, damit aber dennoch für das Wohl der Allgemeinheit sorge.[1] Daraus wurde im Umkehrschluss gefolgert, dass individuelles Gewinnstreben am besten sei für alle, für Innovation und Fortschritt, und dass folglich die Menschheit ihren Aufstieg dem Kapitalismus verdanke, dessen Anfänge, Frühformen und Vorboten bis weit zurück in die Antike verfolgt wurden.

Der Wind der Zukunft hatte die Menschen in Europa mit dem Beginn der Moderne vor über 200 Jahren erfasst, und die Geschichte vom Aufstieg passte nicht nur zur damaligen Zeit, sie hat sich auch erstaunlich lange gehalten, hat sich bis heute festgesetzt im kollektiven Gedächtnis. Man spricht in diesem

Fall von Metanarrativen, auch Meistererzählungen genannt. Gemeint sind damit nicht Geschichten im eigentlichen Sinne, also Geschichten, wie man sie in historischen Zeitschriften liest oder von Geschichtslehrern erzählt bekommt – nein, es sind Geschichten, die einfach da sind, die nicht darauf angewiesen sind, explizit erzählt zu werden. Narrative, also Erzählungen, die gleichsam unter der Oberfläche der eigentlichen Geschichte spielen, uns Sicherheit geben und Sinn stiften. Solche Meistererzählungen speichern Erfahrungswissen vieler Generationen und geben Orientierung für das Selbstverständnis der Gegenwart. Sie sind wichtig, und sie sind gut.[2]

Allerdings nur solange sie zu der Wirklichkeit passen, die sie erklären sollen. Die Frage ist, ob wir heute immer noch Erzählungen brauchen, die den Aufstieg der westlichen Welt erklären. Dieses Narrativ passte zur Zeit der Hochindustrialisierung und zum Zeitalter des Kolonialismus. Es begleitete die zunehmende Beherrschung der Natur durch Innovation und Technik seit der Erfindung der Dampfmaschine 1769, der Eröffnung der ersten Dampflokbahn der Stockton-Darlington Railway im September 1825, über die Inbetriebnahme des ersten Atomkraftwerks in Obninsk in Russland im Sommer 1954 bis zur Mondlandung im Juli 1969. Aber passt diese alte Geschichte auch für das 21. Jahrhundert? Die Welt hat sich weitergedreht. Die Natur schickt uns jetzt die Rechnung für die zwei Jahrhunderte gnadenloser Ausbeutung. Die Einteilung des Globus in »Wir und die Anderen« hat Verheerendes angerichtet, sodass es allen Grund gibt, diese Metanarrative auf den Prüfstand zu stellen. Welche sind noch nützlich? Von welchen können wir uns verabschieden?

War früher alles besser oder alles schlechter – Romantiker vs. Modernisten?

»Es war einmal vor langer Zeit, da waren wir alle arm, dann kam der Kapitalismus, und jetzt sind wir alle reich.«[3] Mit dieser Kurzformel hat Deirdre McCloskey – US-Ökonomin an der University of Illinois in Chicago – das naive Weltbild vieler ihrer Kollegen kritisiert. Der Kapitalismus gilt vielen noch immer als Schlüssel zum Heil. Dort, wo heute Armut herrscht, hat der Kapitalismus offenbar noch nicht richtig Fuß fassen können. Doch irgendwann werden der Kapitalismus und damit der Fortschritt auch in Afrika, Südostasien oder Südamerika obsiegen – so die stillschweigende Annahme.

Die Vorstellung, wonach früher, egal ob im Mittelalter oder im 19. Jahrhundert oder in den Jahren nach dem Zweiten Weltkrieg, alles schlimmer gewesen sei, durchzieht unsere kollektive historische Fantasie wie ein roter Faden. Genau wie im Übrigen die gegenläufige Erzählung davon, dass früher alles besser, einfacher, natürlicher, unkomplizierter und irgendwie menschlicher gewesen sei. Zwei seltsam widersprüchliche Erzählungen, die unser Gehirn jedoch irgendwie gleichzeitig gespeichert hat und je nach Bedarf abrufen kann, ohne dass sie sich allzu sehr in die Quere kommen. Die Debatte läuft unter dem Oberbegriff der »Modernisten vs. Romantiker«. Während Erstere die Segnungen der Moderne rühmen, trauern Letztere einer untergegangenen Welt nach. Beide Lager haben eines gemeinsam: Sie »exotisieren« die Welt der Menschen, die früher gelebt haben. Die »Romantiker« betrauern den Verlust der Einfachheit, der Solidarität der Großfamilien, des Lebens in Einheit mit der Natur ohne Entfremdung und Konsum. Die »Modernisten« sind heilfroh, die primitiven Lebensverhältnisse der Vergangenheit überwunden zu haben. Beide argumentieren nach dem gleichen Muster: Die Menschen früher waren anders als wir, gewalttätiger oder friedlicher, hatten es besser oder schlechter, je nach Weltanschauung und Diskussionszusammenhang, doch in jedem Fall waren sie »anders«. Man macht sie zu Fremden, distanziert sich von ihnen, vergleicht sich mit ihnen, um sich von ihnen abzuheben, egal ob man dies wie die Romantiker als »Opfer« oder wie die Modernisten als »Sieger der Moderne« tut. Man könnte von einer Form des historischen »Otherings« sprechen, ein Begriff, der in der Sozialpsychologie verwendet wird, um die menschliche Tendenz zur Einteilung der Menschen in »Wir und die Anderen« zu fassen.[4] In der Konstruktion der Mythen der Moderne spielt dieser Mechanismus eine wichtige Rolle als Motor der Selbstvergewisserung der Gegenwärtigen.

Von Läusen, Knochensägen und Langeweile

Als Beispiel dazu hier ein Auszug aus Steven Pinkers Buch *Gewalt. Eine neue Geschichte der Menschheit*, der die These vom Aufstieg der Menschheit aus einer gewalttätigen, finsteren Vergangenheit in eine friedliebende, gewaltarme Gegenwart vertritt. Aus seiner Sicht stellte sich das Leben früher wie folgt dar:

»Unsere Vorfahren waren von Läusen und Parasiten befallen und lebten über einem Keller, in dem sich ihre eigenen Exkremente häuften. Das Essen war fade, eintönig und nur unregelmäßig verfügbar. Die medizinische Versorgung bestand aus der Knochensäge des Arztes und der Zange des Zahnarztes. Beide Geschlechter schufteten von Sonnenaufgang bis Sonnenuntergang, und anschließend waren sie von Dunkelheit umgeben. Winter bedeutete mehrere Monate mit Hunger, Langeweile und quälender Einsamkeit in verschneiten Bauernhäusern. [...] Ihnen fehlten auch die höheren, edlen Dinge des Lebens wie Wissen, Schönheit und zwischenmenschliche Bindungen. Noch vor nicht allzu langer Zeit entfernten sich die meisten Menschen nie weiter als ein paar Kilometer von ihrem Geburtsort. Niemand wusste etwas über die ungeheuren Weiten des Kosmos […]. Wenn Kinder auswanderten, sahen ihre Eltern sie möglicherweise nie mehr wieder, hörten nie mehr ihre Stimme und lernten nie ihre Enkelkinder kennen. Und dann sind da die Geschenke der Moderne an das Leben selbst: zusätzliche Lebensjahrzehnte, Mütter, die am Leben bleiben und ihr Neugeborenes sehen, Kinder, die das erste Jahr auf Erden überleben. Wenn ich heute in Neu-England über alte Friedhöfe schlendere, bin ich immer wieder verblüfft über die vielen winzigen Gräber und die rührenden Grabinschriften. ›Elvina Maria, gestorben am 12. Juli 1845 im Alter von 4 Jahren und 9 Monaten. Vergebt mir die Tränen, hier weint eine Mutter. An diesem Ort schläft das verblichene Blümlein.‹«[5]

Spätestens mit dieser rührenden Szene am Grab eines vierjährigen Mädchens im Jahr 1845 hat Pinker uns auf seine Seite gebracht. Es muss furchtbar gewesen sein früher. Die Menschen hatten es schwer. Und natürlich wird ihm kaum jemand widersprechen, schon gar nicht jene, die sich ein bisschen auskennen mit Geschichte. Allerdings fällt doch auf, dass bei der ganzen Dramatik gänzlich offenbleibt, von welcher Vergangenheit nun eigentlich die Rede ist. Wann genau und in welchen Regionen haben unsere Vorfahren direkt über Kloaken gehaust? In welchem Jahrhundert gab es Ärzte, die keine Behandlungsmethoden außer der Knochensäge kannten? Wann gab es Menschen, die nie ihren Geburtsort verließen? Wie passt das zur mittelalterlichen Pflicht jedes Christen, eine Pilgerreise zu unternehmen? Wie passt das zu den vielen Migrationen der Geschichte, angefangen bei der sogenannten Völkerwanderung im 4. und 5. Jahrhundert n. Chr., zu den Angeln und Sachsen, die im 5. Jahrhundert nach England zogen, zu den Normannen, die seit dem 8. Jahrhundert in ganz Europa von der Atlantikküste bis nach Kiew, von Schottland bis nach Sizilien siedelten? Und wie passt es zu den überbuchten Schiffen und zu den Massen, die seit dem 12. Jahrhundert regelmäßig ins Heilige Land aufbrachen? Schließlich fragt man sich, wie sich diese bedrückende Immobilitätserfahrung unserer armen Vorfahren mit all ihren Qualen beim Auswandern unter einen Hut bringen lässt.

Was uns hier serviert wird, ist ein leichter Sommersalat, bunt gemischt mit Pseudowissen quer durch die Jahrhunderte. Eine nahezu vollkommene Zusammenschau des Allgemeinwissens über »früher« in unserem kollektiven Unterbewusstsein. Aber stimmt das denn?

1.2. Mussten unsere Vorfahren von morgens bis abends schuften?

Nehmen wir Pinkers Vorstellung von der unermüdlichen Schufterei unserer Vorfahren, von Sonnenaufgang bis Sonnenuntergang, und davon, wie sie anschließend in der Dunkelheit herumsaßen und weder Kunst noch Schönheit, noch zwischenmenschliche Beziehungen kannten. Was wissen wir über die Arbeitszeiten der Menschen in früheren Jahrhunderten? Wie war ihre Wochenarbeitszeit? Wie viele Arbeitstage und wie viele Feiertage hatte das Jahr?

Intuitiv gehen wir davon aus, dass Pinker recht hat. Und intuitiv stellen wir uns vor, dass der Kapitalismus die Mühsal des Arbeitslebens reduziert habe. Man vergleicht die moderne 40-Stunden- mit der 80-Stunden-Woche des 19. Jahrhunderts und geht davon aus, dass das früher schon immer so war. Erinnert sich an das harte Leben der mittelalterlichen Bauern, die tagaus, tagein ihre Feldarbeit verrichten mussten, von den armen Handwerkern, die in kalten, feuchten Werkstätten oft bis spät in die Nacht ihre Aufträge erfüllen mussten. Diese Bilder sind Rückprojektionen aus der Gegenwart in vermutete Vergangenheiten. Sie sind falsch! Vor der Erfindung des Kapitalismus arbeiteten die meisten Menschen nicht besonders lange. Rhythmus und Geschwindigkeit des Lebens waren andere. Die Menschen verfügten sicherlich über weniger Geld, aber sie hatten mehr Zeit.

Fünf-Tage-Woche, Blauer Montag und jede Menge Feiertage

Ein Arbeitstag im Leben eines Arbeiters in England, ein sogenannter Frontag, war ein halber Tag, und wenn der Arbeiter den ganzen Tag arbeitete, wurde dies als zwei Tage gerechnet. Die US-amerikanische Ökonomin und Soziologin Juliet B. Schor untersuchte die Entwicklung der Arbeitszeiten von Arbeitern im 20. Jahrhundert und verglich diese mit historischen Daten der Vormoderne.[6] Sie arbeitete dazu mit Metadaten aus Studien zu verschiedenen Städten und Regionen im mittelalterlichen England, die eine durchschnittliche Arbeitszeit von acht bis neun Stunden pro Tag für Handwerker, Bauarbeiter, Zimmermänner oder Schreiner ergaben. Die Zahl der Feiertage variierte von Region zu Region und von Diözese zu Diözese. Außer den 52 Sonntagen waren zum Beispiel in der Diözese Oxford im Jahr 1222 mehr als 40 Tage arbeitsfrei, darunter fünf Ferientage an Weihnachten und jeweils drei Tage Urlaub in der Oster- und in der Pfingstwoche. In manchen Regionen Frankreichs gab es mehr als 90 freie Tage, und aus Spanien wird berichtet, dass nahezu fünf Monate des Jahres arbeitsfrei gewesen seien. Auch hatten die Arbeiter Handlungsspielräume, bestimmten ihre Arbeitszeiten mitunter selbst – wenn auch nicht immer im Sinne des Arbeitgebers –, indem sie zum Beispiel das Wochenende verlängerten und am Montag »blaumachten«. Erst seit dem 16. Jahrhundert mehren sich die Verbote des Blauen Montags.[7] Der Kieler Wirtschaftshistoriker Gerhard Fouquet bemerkte dazu einmal trocken, dass »dem Schlendrian der spätmittelalterlichen Fünf-Tage-Woche« erst die Reformation ein Ende bereitete.[8] Man kann also mit gutem Gewissen davon ausgehen, dass die durchschnittliche Jahresarbeitszeit eines mittelalterlichen Arbeiters bei ca. 2000 Stunden lag, was in etwa dem heutigen Durchschnitt entspricht. Erst im 19. Jahrhundert wurden die Arbeitszeiten dramatisch angehoben, Kinder als Arbeitskräfte herangezogen und all die unmenschlichen Arbeitsbedingungen eingeführt, die wir aus den Romanen von Charles Dickens in so trauriger Erinnerung haben. Und dabei vergessen wir völlig, dass das 19. Jahrhundert nicht das Ende des Mittelalters, sondern der erste Höhepunkt der Moderne war.

Abb. 1: Entwicklung der durchschnittlichen Jahresarbeitszeit vom 13. bis ins 20. Jahrhundert.

Ist ein Leben ohne Waschmaschine lebenswert?

Hinsichtlich der Arbeitszeiten lässt sich also keine Verbesserung seit dem Mittelalter feststellen. Weder die Fünf-Tage-Woche noch die mittlere Jahresarbeitszeit von 2000 Stunden sind Errungenschaften der Moderne, ganz im Gegenteil. Sie wurden mit dem Anbruch der Moderne und der industriellen Revolution erst einmal abgeschafft. Doch wie sieht es mit dem Lebensstandard aus? Hier scheint die Lage eindeutig. Das Leben der Menschen im 14. Jahrhundert war ohne Zweifel viel unsicherer als unser heutiges. Unsichere Nahrungsmittelversorgung, Krisenanfälligkeit und Labilität zählen zu den wichtigsten Strukturmerkmalen. Doch ist verallgemeinernde Elendsmalerei unzulässig. Denn ausgerechnet die Zeitabschnitte mit dem niedrigsten Stand der Bevölkerung waren die mit der verhältnismäßig besten Versorgung.[9] Dennoch, aus heutiger Perspektive kann man eigentlich gar nicht anders, als die Menschen damals als bitterarm zu bezeichnen. Zumindest fehlten ihnen die Annehmlichkeiten, die für uns so selbstverständlich sind: Sie lebten ohne Waschmaschine, ohne Kühlschrank, ohne Telefon und all die anderen Segnungen der Technik. Unvorstellbar. Die Gefahr der Rückschauverzerrung (»Hindsight Bias«) ist offensichtlich, wir neigen dazu, vergangene Gesellschaften aus unserer heutigen Perspektive zu bewerten, und kommen gar nicht auf die Idee, die entscheidende Frage zu stellen: Ist möglicherweise auch ein Leben ohne Waschmaschine lebenswert? Diese provozierende Frage soll nicht dazu verleiten, die Vergangenheit schönzureden. Ganz im Gegenteil. Sie soll dazu anregen, nicht immer nur zu diskutieren, ob es früher besser oder schlechter war, und ein einfaches »anders« in Betracht zu ziehen.

Ernährung und Lebensstandard

Wie sah es mit der Ernährung aus? Fleischtage waren selten. Freitags und samstags, an den wöchentlichen Fastentagen, wurde generell vegetarisch gegessen. Mancherorts hatte die Woche sogar nur drei Fleischtage. Selbstverständlich war die sechswöchige Fastenzeit vor Ostern und in manchen Regionen eine 28-tägige Fastenzeit vor Weihnachten (Adventszeit), daraus ergaben sich zwischen 138 und 230 Fleischtage im Jahr. Die Begrenzung der Fleischtage galt schichtenübergreifend. So ermittelte man für den sicherlich nicht asketisch geführten Haushalt des Bischofs in Arles für das 15. Jahrhundert anhand exakt geführter Haushaltsbücher 214 Fleischtage. Nürnberger Verpflegungssätze aus dem Jahr 1449/50 weisen 109 kg Fleisch für Schweizer Söldner im Dienst der Stadt Nürnberg aus, also für gesuchte und hochbezahlte Spezialisten. 54,3 kg für Egerer Fußknechte, 32,7 kg für ausdrücklich sparsam zu verpflegende Kriegsgefangene. Der Straßburger Chronist Hug Villinger notiert in seiner Chronik aus dem Jahr 1527 eine Teuerung des

Fleisches. Der Grund dafür, so vermerkt er lakonisch, sei die Reformation, denn mit deren Einführung seien die Städter dazu übergegangen, auch freitags und samstags Fleisch zu essen.[10] Im 19. Jahrhundert ging der durchschnittliche Fleischkonsum eher zurück, lag im Jahr 1890 bei 37,7 kg. Heute verzehren die Deutschen im Schnitt 60 kg Fleisch im Jahr.[11]

Die Höhe von Lehrgeldern ist sicherlich kein idealer Maßstab zur Ermittlung des Lebensstandards, weil in die Summen eine Entschädigung für den Meister mit eingerechnet ist, dafür, dass er in den Lehrling investiert. Doch tauchen sie verschiedentlich in Rechnungsbüchern auf. So gab der Nürnberger Großkaufmann Hans Praun im Jahr 1472 seine Tochter zu einem Seidennäher in die Lehre. Er zahlte siebeneinhalb Gulden im Jahr für »kostung und lernung«. Ähnlich hoch war ein Stipendium für arme begabte Schüler, mit 8,75 Gulden im Jahr 1496 in Heidelberg. Das war schwerlich kostendeckend, doch kann davon ausgegangen werden, dass damit zumindest ein bescheidener Lebensunterhalt sichergestellt werden konnte. In Straßburg wurden etwa zur selben Zeit, im Jahr 1482, die Kosten für die Unterbringung eines Waisenkindes in einer Familie mit 5,7 bis 7,6 Gulden veranschlagt; in Nürnberg zahlte einer im Jahr 1496 für die Unterbringung eines Familienangehörigen bei einem Wirt umgerechnet aufs Jahr 14,5 Gulden, während der Jahresbedarf für eine einfache anspruchslose Familie zwischen 29 und 31 Gulden lag. Der Unterhalt für den Schreiber des Straßburger Kaufhausmeisters wurde laut Kaufhausordnung aus dem Jahr 1450 mit 19,4 Gulden veranschlagt, und in den Rechnungsbüchern der Gemeinde Stankt Lorenz in Nürnberg werden die Kosten des Orgelbauers, der im Jahr 1448/9 in Sankt Lorenz engagiert wurde, mit 31,5 Gulden für »Zehrkosten und Wein« berechnet.[12] Davon konnte ein Handwerker sehr gut in moderatem Komfort leben. Auch wenn die Umrechnung in Euro aufgrund regionaler Unterschiede und Schwankungen in den Wechselkursen nur schwer möglich ist, mögen diese Zahlen und Beispiele genügen, um den Mythos vom verlausten, gelangweilten, einsamen mittelalterlichen Menschen infrage zu stellen.

1.3. Europa im Hoch- und Spätmittelalter – Ein paar Daten und Zahlen

Klimawandel – Bevölkerungswachstum – Verstädterung

Die Mehrzahl der folgenden Beispiele konzentriert sich auf das Hoch- und Spätmittelalter, die Zeit zwischen dem Jahr 1000 und 1600. Daher im Folgenden zur besseren Orientierung einige grundlegende Zahlen und Daten zu den gesellschaftlichen, wirtschaftlichen und klimatischen Bedingungen, die größtenteils auf wissenschaftlich abgesicherten Schätzungen beruhen, da solides Datenmaterial, wie wir das für Gesellschaften des 20. Jahrhunderts haben, nicht vorliegt.[13]

Ungefähr mit der Wende vom ersten ins zweite Jahrtausend n. Chr. lässt sich zunächst ein leichter, dann ein sehr deutlicher Bevölkerungsanstieg beobachten. Auf dem europäischen Kontinent lebten um das Jahr 1000 ca. 20 Mio. Menschen, im Jahr 1200 an die 60 Mio. Menschen, um 1300 hatte sich die Bevölkerung weiter auf ungefähr 73 Mio. erhöht. Mitte des 14. Jahrhunderts sackte die demografische Kurve dramatisch ab und stabilisierte sich erst wieder Mitte des 15. Jahrhunderts bei 53–55 Mio., fast 10 Mio. weniger als im Jahr 1200. Ein Grund, vielleicht der wichtigste Grund für diese Entwicklung, war ein Klimawandel.

Seit der Jahrtausendwende waren die durchschnittlichen Jahrestemperaturen leicht gestiegen, das Klima wurde milder und freundlicher. Man spricht, zuweilen etwas irreführend, vom hochmittelalterlichen Klimaoptimum, das bis Ende des 13. Jahrhunderts anhielt (11. bis 13. Jahrhundert). Danach wurde es kälter in Europa, das Wetter verschlechterte sich dramatisch. Es kam zu einem Rückgang der landwirtschaftlichen Erträge, verursacht durch Unwetter und Seuchen. 1342 brach eine Serie extrem nasser und kalter Sommer an. Die Sommerkälte des

Jahres 1347 gilt als einmalig in der Klimageschichte der vorausgegangenen 700 Jahre. Davor, in den 1320er- bis 1330er-Jahren, waren die Sommer zwar warm, aber überwiegend trocken gewesen, was auch bereits zu Ernährungsengpässen geführt hatte. Die Pest hatte daher ein leichtes Spiel, nachdem der Erreger im Jahr 1347 auf einem Handelsschiff aus Caffa am Schwarzen Meer über Messina nach Europa eingeschleppt worden war. Seit Jahrtausenden war sie ein steter Begleiter der Menschheit gewesen, doch dass sie Mitte des 14. Jahrhunderts so heftig in ganz Europa wütete und fast ein Drittel der Bevölkerung starb, lag vor allem daran, dass die Menschen geschwächt waren und nur wenig Widerstandskräfte hatten. Die sogenannte kleine Eiszeit des Spätmittelalters (14.–16. Jahrhundert) war also der Grund für einen dramatischen Bevölkerungsrückgang.

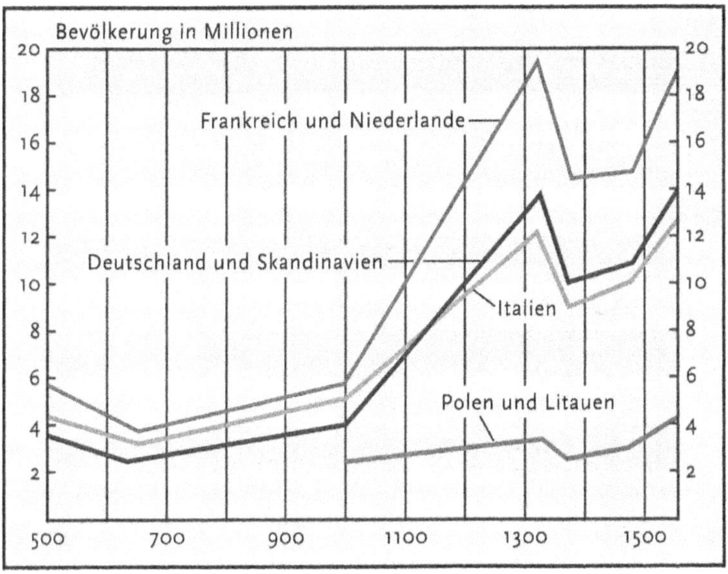

Abb. 2: Bevölkerungsentwicklung in Europa im Mittelalter.

Am deutlichsten waren diese Klimaveränderungen in den Alpen und an den nördlichen Küsten zu spüren. In den Bergen blieben Pässe wegen Schnee- und Eismassen zeitweise geschlossen, Gletscherzungen drangen seit der Mitte des 12. Jahrhunderts langsam in die Talregionen vor, der Meeresspiegel stieg seit dem 13. Jahrhundert stark an, große Landflächen gingen an das Meer verloren, Sturmfluten, wie die Marcellusflut im Jahr 1362, machten Sylt und Föhr überhaupt erst zu Inseln. Eine Antwort der Menschen auf die andrängende See war verstärkter Deichbau bereits seit dem frühen 10. Jahrhundert. So hatten genossenschaftliche Verbände an der flandrischen Küste geschlossene Deichsysteme mit Schleusen entlang der Küste errichtet. In den Niederlanden wurden im Laufe des 13. und 14. Jahrhunderts mehr als 70000 Hektar Land abgerungen. Auch entstanden vermehrt Kanalsysteme, die englische Stadt Bristol zum Beispiel wurde im Jahr 1247/8 durch umfassende Kanalanlagen direkt ans Meer angebunden und stieg zur zweitwichtigsten Hafenstadt Englands auf. In der Lombardei legte man den Ticinello an, einen Kanal, der zu Bewässerungszwecken Wasser von einem Nebenfluss des Po nach Mailand abzweigte und später zu einem schiffbaren Kanal ausgebaut wurde. Zahlreiche Brückenbauprojekte wurden geplant. Die Brücke von Avignon über die Rhone wurde im späten 12. Jahrhundert in Angriff genommen – wir werden darüber noch viel hören –, ein anderes berühmtes Beispiel ist die Karlsbrücke über die Moldau in Prag, deren Bau unter der Leitung von Peter Parler 1357 begonnen wurde. Auch in den Bergen überbrückte man Täler, so etwa die Schöllenenschlucht am Gotthardpass, und an der Brennerroute ließ ein Bozener Kaufmann, Heinrich Kunter, einen Saumweg durch die Eissackschlucht nach Klausen schlagen. In ganz Europa wurden Landflächen kultiviert und Wälder gerodet. Auch in bisher unzugänglichen und weniger fruchtbaren Regionen, zum Beispiel im kargen Zentralmassiv Frankreichs, siedelten nun Menschen. Immer mehr Menschen aus den Regionen nördlich der Alpen zogen in die kaum besiedelten Gegenden im Osten. Das neu gegründete Lübeck wurde zu einem Zentrum der Ostexpansion.

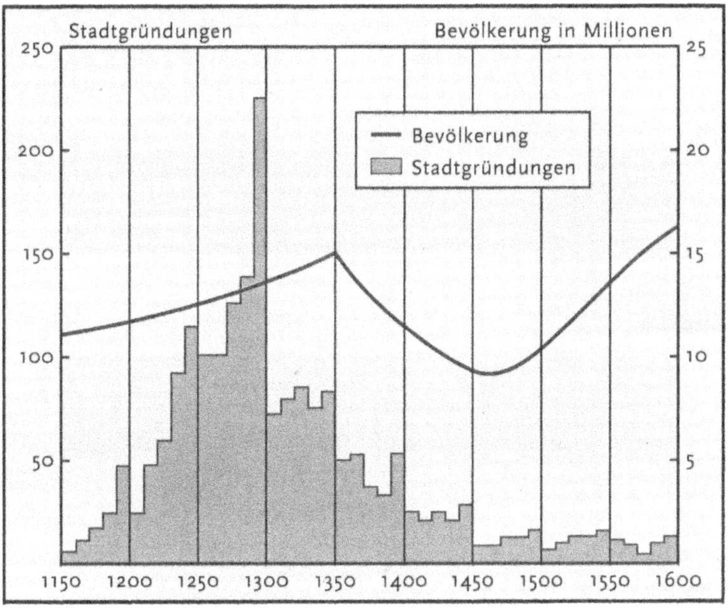

Abb. 3: Stadtgründungen und Bevölkerungsentwicklung in Mitteleuropa 1150–1600.

Eine Folge des demografischen Wachstums war die Urbanisierung der Gesellschaft, die Gründung neuer Städte. Sie entstanden in den reichsten landwirtschaftlichen Regionen, vermehrt bereits seit Mitte des 11. Jahrhunderts als urbane Zentren, die von der Wirtschaft der Bauern in der Umgebung lebten. Kein Bauer, so schreibt Konrad von Megenberg im 13. Jahrhundert, kehrt freiwillig aufs Land zurück, wenn er erst mal die »urbanitas« kennengelernt hat. Sie versprachen höhere Löhne und besseres Essen – die Städte waren für die Menschen damals wohl nicht weniger attraktiv als heute. An die 25 Prozent der ländlichen Siedlungen wurden in dieser Zeit verlassen. Man spricht von Wüstungen, Dörfer und Weiler, die aufgegeben wurden, weil es die Menschen massenhaft in die Stadt zog.

Im 13. Jahrhundert erlebte die Stadtgründungsaktivität ihren absoluten Höhepunkt. Bis ungefähr ins Jahr 1250 herrschten die sogenannten Gründungsstädte vor, von einem Landesherrn neu gegründete Städte wie Kiel (1242), Rostock (1218), Stralsund (1234) oder Berlin (1230). In der zweiten Hälfte des 13. Jahrhunderts werden dann bereits bestehende, expandierende Siedlungen mit dem Stadtrecht versehen, was eine Vielzahl von Kleinstädten und auch Zwergstädten mit oft nicht mehr als 800 Einwohnern hervorbrachte. Gegen Ende des 13. Jahrhunderts flaut dieser Stadtgründungsboom wieder ab. Die Zwergstädte machen europaweit circa 18,5 Prozent an der Gesamtzahl der Städte aus, die Großstädte nur 1,5 Prozent. Köln war die größte deutsche Metropole, man schätzt circa 35 000 Einwohner zu Beginn des 14. Jahrhunderts, Gent und Brügge lagen schätzungsweise bei 50 000 Einwohnern, ganz vorne lag Oberitalien, für Mailand, Florenz und Venedig rechnet man mit jeweils knapp 100 000 Einwohnern.

Je größer die Städte, desto ausgeprägter die sozialen Differenzen. Obwohl die Einteilung von Stadtbevölkerung in Schichten nicht ganz unproblematisch ist, unterscheidet man drei Schichten: die Oberschicht, zu der zum einen die städtische Führungselite, das Patriziat, gehört, und zum anderen die politisch weniger privilegierte Gruppe der Reichen. Zweitens gab es die Mittelschicht, bestehend aus den wohlhabenderen Kaufleuten und Handwerkern. Drittens die Unterschicht, der Schätzungen zufolge weit über die Hälfte der mittelalterlichen Stadtbevölkerung zuzurechnen waren. Dabei handelt es sich um Menschen, die in den Steuerlisten der Städte nicht auftauchen oder nur den untersten Steuersatz, zum Beispiel in Augsburg die sogenannte Habnit-Steuer, bezahlten. Diese Menschen vegetierten nicht am Existenzminimum dahin. Sie arbeiteten in kleinen Gewerbebetrieben, führten kleine Läden oder Werkstätten oder waren als Lohnarbeiter tätig. Nur ein geringer Anteil gehörte den wirklich Armen an, die auf städtische oder kirchliche Almosen angewiesen waren. Schichtabstufungen und -grenzen waren fließend. Immer hat es soziale Auf- und Absteiger gegeben.

Zur Vielfalt der mittelalterlichen Städte gehörten selbstredend immer auch »Ausländer«. Menschen aus der Fremde, die entweder lebenslang oder für eine gewisse Zeit in einer Stadt lebten. Internationale Geschäftsbeziehungen waren für Handel und Gewerbe gleichermaßen wichtig und funktionierten nur mit Menschen aus anderen Städten und Ländern. Auch waren die Menschen mobil. Dass ein Kaufmann aus Prato in Italien zehn oder mehr Jahre in Avignon lebte und dann nach Florenz übersiedelte, war völlig normal. Dass ein Student zum Studium seine Heimat verließ, um in Bologna, Paris oder Oxford zu studieren, war völlig normal. Dass ein Vater in der Normandie seine Tochter zum Onkel nach Paris schickte, damit sie dort unterrichtet würde, war im 12. Jahrhundert nichts Besonderes. Die größte ethnisch-religiöse Minderheit in fast allen großen und mittleren Städten Europas stellten die jüdischen Gemeinden. In Erfurt und Nürnberg leben um 1300 ca. 1000 Juden, die zwischen 5 und 10 Prozent der städtischen Gesamtbevölkerung ausmachten. In den meisten Städten waren es jedoch zwischen einigen Dutzend und wenigen Hundert Personen, zwischen 0,5 und 0,8 Prozent der städtischen Bevölkerung. Für das Gebiet des mittelalterlichen deutschen Reiches rechnet man um das Jahr 1300 mit ca. 100 000 Juden. Im Laufe des krisengeschüttelten 14. Jahrhunderts kam es zu einem Anstieg von Verschwörungstheorien, denen vor allem die Juden zum Opfer fielen, die vielerorts für die Pest verantwortlich gemacht wurden. Durch massenhafte grausame Vertreibungen und Morde im Laufe des 14. Jahrhunderts nahm die Zahl der Juden rapide ab und war um 1400 nach neuesten vorsichtigen Schätzungen auf ca. 40 000 gesunken.[14]

Schließlich zur Expansion des Handels und des Finanzwesens, der sogenannten kommerziellen Revolution des Mittelalters (R. Lopez). Die Entstehung einer auf Handel gestützten Wirtschaft – so die These – war eine der größten Errungenschaften des europäischen Mittelalters. Diese Revolution begann im 11. Jahrhundert im byzantinisch-östlichen Mittelmeerraum und überzog von dort im Laufe der nächsten Jahrhunderte zunächst Italien und dann ganz Europa. Mit der Renaissance im 15. Jahrhundert begann – nach Lopez – eine Periode des wirtschaftlichen Niedergangs.

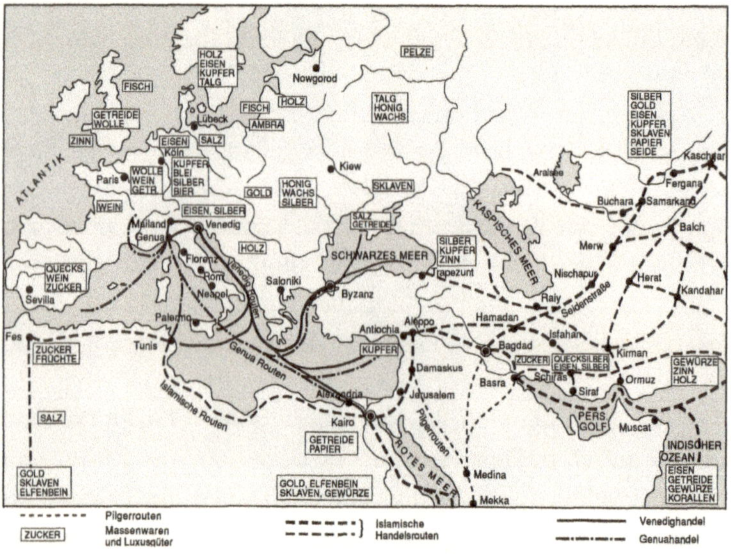

Abb. 4: Mittelmeerhandel und Karawanenrouten nach Asien (12.–13. Jahrhundert).

Das 21. Jahrhundert braucht neue Meistererzählungen

Waren wir arm vor der Erfindung des Kapitalismus? Hausten unsere Vorfahren von Läusen und Parasiten befallen über Kellern, in denen sich ihre eigenen Exkremente häuften? Die Antwort ist ein klares Nein. Oder, um präziser zu sein: Es gab Menschen, die so leben mussten, aber ganz sicher nicht mehr als heute. Solche Vorstellungen gehören ins Reich der Mythen der Moderne. Sie geben uns Sicherheit. Bestätigen uns darin, immer so weiterzumachen wie bisher, um den Rückfall in die primitiven vorkapitalistischen Zeiten zu verhindern. Die Erzählungen vom rationalen Entscheider, vom Aufstieg aus den Niederungen der Tauschwirtschaft auf die Höhen der Gegenwart, vom Segen des Eigennutzes? Sie passen ja irgendwie noch immer, diese Erzählungen. Sie sind ja nicht wirklich falsch. Und doch belegen sie genau jenen Platz, an dem das Neue entstehen soll. Was wir brauchen, sind Geschichten, die uns dabei helfen, die Herausforderungen des 21. Jahrhunderts zu meistern, nicht die des 19. Jahrhunderts. So wird es zum Beispiel höchste Zeit, dass der Eigennutzenmaximierer seine Hauptrolle wieder abgibt, und zwar an den Planeten Erde. Es wird Zeit, dass die Natur wieder vorkommt in unseren Meistererzählungen. Und Menschen aus Fleisch und Blut, nicht nur Modelle. Wir brauchen Märkte, auf denen sich Menschen treffen, nicht nur Angebot und Nachfrage. Konzepte, die mehr können als Knappheit reduzieren und Güterallokation. Es wird Zeit, dass wir die historische Erfahrung im Umgang mit Krisen und Herausforderungen als Ressource für die Gestaltung der Zukunft nutzen. Die Geschichte der Nachhaltigkeit ist im Grunde genommen eine Geschichte der Resilienz. Und dazu gehört in ganz besonderem Maße die menschliche Fähigkeit, aus Fehlern zu lernen.

Die folgenden Kapitel sind Angebote zum kreativen Denken. Vielleicht passt nicht alles, was man da so zu sehen und zu hören bekommt, vielleicht will man nicht alles glauben, was da erzählt wird, und man muss auch nicht alles glauben, es reicht, wenn man neugierig und zum Nachdenken angeregt wird. Wir treffen Menschen, die sich ganz andere Geschichten erzählten, die auf ihre Art wirtschafteten und Krisen meisterten – manche häuften Reichtümer an, andere erklärten Reichtum zur »Kotze des Glücks«, lebten ohne Geld, reisten durch die Weltgeschichte, gründeten Wohn- und Arbeitsgemeinschaften, ernährten sich als Vegetarier, gaben sich wechselseitig Kredite. Wir begegnen Menschen, für die Recycling alltäglich und das Gemeinwohl wichtig war und die Verzicht als eine Form des Wirtschaftens betrachteten, ohne Wachstum, ohne Massenkonsum, ohne Rational Choice Theory. Aber waren sie deswegen unterentwickelt? Arm? Froh, als endlich der Kapitalismus kam und ihrem Elend ein Ende bereitete? Vielleicht waren sie gar nicht so elend, vielleicht waren sie zufrieden, und vielleicht würden sie sehr viel über uns lachen. Erst mit dem Anbruch der Moderne wurde die Ökonomie zu jener grauen, traurigen Wissenschaft, die sich dem Diktat der Knappheit unterwarf. Und mit ihr begann die Sucht nach beständigem Wachstum. Vielleicht entdecken wir im Blick zurück, in der vergangenen Vielfalt des Wirtschaftens, Konzepte für unsere Zukunft?

2. Sharing

Wer teilt, hat's leichter

»... sie waren ein Herz und eine Seele; und auch nicht einer sagte, dass etwas von seiner Habe sein eigen sei, sondern es war ihnen alles gemeinsam. [...] Denn es war auch keiner bedürftig unter ihnen, denn so viele Besitzer von Äckern oder Häusern waren, verkauften sie und brachten den Preis des Verkauften und legten ihn nieder zu den Füßen der Apostel; es wurde aber jedem zugeteilt, so wie einer Bedürfnis hatte.« (Apg 4,32–35)

»[...] und brachen in ihren Häusern das Brot und hielten miteinander Mahl in Freude und Lauterkeit des Herzens.« (Apg 2,44–46)

Wie im Märchen hört sich das an. »Und sie lebten glücklich und zufrieden bis an ihr Ende.« Das Zusammenleben der ersten Christen in der Apostelgeschichte des Paulus weckt wohlige Gefühle: lauter gute Menschen, die Essen und Trinken bei Kerzenlicht miteinander teilen und Tag und Nacht nett zueinander sind. Alles gehört allen – klingt ebenso verlockend wie weltfremd. Überdies hat man doch im Sozialismus gesehen, wo das hinführt. Für Menschen scheint Privatbesitz das Richtige. Und für die Wirtschaft sowieso. So in etwa lautet die spontane Reaktion der meisten Menschen auf diese Idylle urchristlicher Gütergemeinschaft. Skepsis scheint angesagt. Doch liegen wir damit richtig?

Historisch gesehen ist die menschliche Fähigkeit, mit anderen zu teilen, alles andere als ein Märchen. Teilen war der Schlüssel zum Erfolg des Homo sapiens. Menschen, im Gegensatz zu Menschenaffen, beherrschen diese überaus anspruchsvolle Kulturtechnik: Sie sind in der Lage, auch ohne Aussicht auf unmittelbaren Nutzen für sich selbst wertvolle Dinge gemeinsam mit anderen Gruppenmitgliedern zu nutzen. Menschen sind zum Teilen geboren. Man muss sie dazu nicht erst erziehen. Das hat der Verhaltensbiologe Michael Tomasello in zahlreichen Vergleichsstudien mit Menschenaffen herausgefunden. Diese können zwar individuelle Intentionen ihres Gegenübers erfassen und darauf reagieren, doch Teilen erfordert geteilte Intentionalität, das heißt gemeinsame Absichten und geteilte Ziele. Nur Menschen kommunizieren zum Zweck des Teilens von Information und zur Abstimmung der Ziele, sind damit fähig zu einer gesteigerten Form der Kooperation und des Gruppenzusammenhalts, daraus ergibt sich ein wichtiger Selektionsvorteil.[15] Diejenigen, die in der Lage waren, ihre Suppe – im übertragenen Sinne ihre Beute, ihre Feuerstelle, ihre Jagdgründe, ihre Werkzeuge oder ihren Schlafplatz – mit anderen zu teilen, hatten es nicht nur mit dem Zugang zu Nahrung leichter, sondern auch mit Sex. Die, die teilen konnten, hatten mehr Kinder. Und bei der Erziehung der Kinder war die Fähigkeit zu kooperieren ebenfalls hilfreich. Überdies hatte Teilen einen weiteren unschätzbaren Nebeneffekt: Es ergab sich beim Teilen der Beute, beim Kochen und dann beim gemeinsamen Essen die Gelegenheit zu Klatsch und Tratsch. So konnten die gemeinsamen Regeln und Normen in Gesprächen kommunikativ gefestigt werden. Der Psychologe Robin Dunbar erklärte, dass auf diese Weise die Konflikte in der Gruppe gleichsam beim Teilen der Ressource Nahrung auf eine sozialverträgliche Temperatur heruntergekocht und so die Überlebenschancen der Gruppe erhöht wurden.[16] Daher hat sich die Erinnerung an die positiven Aspekte des Teilens fest in das kollektive Gedächtnis der Menschen eingeschrieben.

Homo oeconomicus vs. Homo cooperans

Aus der Kurzzeitperspektive der Moderne wird oft der Eindruck vermittelt, Teilen sei den Menschen fremd, eine sozial zwar erwünschte – von der Kirche und anderen moralischen Instanzen gepredigte –, aber eine der menschlichen Natur zuwiderlaufende Tugend. Das Gegenteil ist der Fall. Doch geriet dieses Wissen im Zeitalter des Eigennutzenmaximierers in Vergessenheit. Was geschieht, wenn wir statt Homo oeconomicus nun auch Homo cooperans wieder stärker in den Blick nehmen? Hier gibt es einen großen Nachholbedarf, denn die Wissenschaften, auch die Geschichtswissenschaft, hat sich lange nur auf Aufstieg des Kapitalismus konzentriert und dabei die zentrale Bedeutung der Sharing Economy aus den Augen verloren. Man hat vergessen, dass kooperative Wirtschaftsformen, kollektive Versorgungsstrategien und die gemeinschaftliche Nutzung von Ressourcen zu allen Zeiten bis heute komplementär zu privatwirtschaftlich organisierten Wirtschaftsformen existierten.[17] Dafür gibt es Gründe: Vor allem das Trauma der gescheiterten Planwirtschaften – seien diese kommunistisch, faschistisch oder idealistisch – hat die kollektive Erinnerung an die positiven Erfahrungen mit der Sharing Economy verdunkelt, und das Wissen um die historische Vielfalt von koexistierenden Wirtschaftsformen ist der Vorstellung gewichen, dass es praktisch nur zwei Wirtschaftssysteme gäbe, nämlich Planwirtschaft und Kapitalismus. Da das eine nicht funktioniert hat, müsse man nun zwangsläufig das andere machen.[18] Freilich spricht einiges dafür, dass auch die neue Sharing Economy von dieser Alternativlosigkeit geschluckt wird. Die Silicon-Valley-Erfolgsgeschichten der Sharing-Economy-

Weltmarktführer wie Airbnb oder Uber entpuppten sich schon nach einem halben Jahrzehnt als Albtraum des neoliberalen Kapitalismus, in dem die Kräfte des freien Marktes jenseits von Arbeitnehmerrechten und staatlicher Regulierung ungezügelt toben.[19] Wer mit etwas Realitätssinn an die Sache herangeht, erkennt hier rasch einen weiteren Beweis für die »Alternativlosigkeit«. Doch wo es Realitätssinn gibt, muss es auch Möglichkeitssinn geben, sagte einst Robert Musil. Wer mit Alternativlosigkeit argumentiert, steckt meist schon in der Klemme, ist in der Defensive und scheut die Veränderung. Horizonterweiterung kann helfen, die Angst vor Alternativen abzubauen. Die Vergangenheit hat genau dazu einiges zu bieten.

2.1. Teilen macht reich – Die Wirtschaft der Klöster

Die kollektive Nutzung von Ressourcen macht reich. Das lernt man am besten aus der Geschichte der Klöster, in denen das Prinzip des Teilens und der Verzicht auf Privatbesitz seit alters her gilt. Klostergemeinschaften sind Sharing Communitys, Lebensgemeinschaften mit Jahrtausenden an Erfahrung im Umgang mit kollektiven Nutzungsmodellen. Es gibt dieses Lebensmodell in vielen verschiedenen Ausprägungen – zeitlich begrenzt oder lebenslang – im Buddhismus, Hinduismus, Christentum und anderen Religionen, und zwar durch alle Epochen hindurch bis heute. Und es gab wohl noch nie so viele religiöse Lebensgemeinschaften wie im 20. Jahrhundert, dem Zeitalter der globalen Verbreitung von Aschrams, Hare-Krishna-Gemeinschaften oder Zen-Klöstern.[20]

Nutzen statt Besitzen in der Benediktsregel

Privateigentum gab es nicht. Das Laster des Besitzes muss mit der Wurzel aus der Gemeinschaft ausgerottet werden, schreibt Benedikt von Nursia um das Jahr 540 in einer Handreichung für seine Mönchsgemeinschaft, die sich südlich von Rom auf dem Monte Cassino niedergelassen hatte. In 73 kurzen Absätzen werden spirituelle und praktische Belange des alltäglichen Miteinanders geregelt.[21] Im Kapitel 33 legt er fest, dass keiner etwas als Eigentum haben soll, nicht einmal ein Buch, eine Schreibtafel oder einen Griffel. Im Gegenzug darf jeder Bruder erwarten, dass der Abt ihm alles Notwendige zuteilt, und zwar nach seinen individuellen Bedürfnissen. Das soll nicht heißen, dass jemand wegen seines Ansehens bevorzugt werden soll, sondern vielmehr, dass man Rücksicht nehmen muss auf die individuellen Schwächen. Wer weniger braucht, danke Gott und sei nicht traurig. Wer mehr braucht, werde demütig wegen seiner

Schwäche und nicht überheblich. Murren ist verboten. Geteilt werden auch sämtliche praktischen Aufgaben des Alltags, bis hin zum Küchendienst. Keiner wird ausgenommen, es sei denn, er ist krank oder verhindert, »denn dieser Dienst bringt großen Lohn und lässt die Liebe wachsen«, schreibt Benedikt im Kapitel 35. Denen, die nicht so gut klarkommen mit Hausarbeit, gebe man Hilfe, sodass sie nicht frustriert werden. Der Wochendienst geht von Samstag bis Samstag, und am Ende sollen alle Arbeitsgeräte gereinigt und die Tücher, mit denen sich die Brüder Hände und Füße abtrocknen, gewaschen werden. Danach geht alles sauber und unbeschädigt an den Cellerar – den Verantwortlichen für Wirtschaft und Personal im Kloster, zuweilen findet man auch die Bezeichnung Ökonom – zurück. Dieser gibt alles an den weiter, der den nächsten Wochendienst antritt. So weiß er stets, was er gibt und was er zurückerhält.

Ganz erstaunlich, wie präzise die Organisation dieser Sharing Economy im Kloster geregelt wird. Gegenüber der älteren Magisterregel, die Benedikt als Vorlage nutzte, hatte seine Fassung den großen Vorteil, dass er das Wesentliche in kurzen und klaren Anweisungen zusammenfasste.[22] Daher ging seine Regel als Gründungsdokument in die Geschichte des Mönchtums ein. Nicht zu Unrecht. Denn das hier vorgestellte Lebens- und Wirtschaftsmodell war absolut innovativ. So etwas hatte es bis dato nicht gegeben: ein arbeitsteilig durchorganisiertes Leben in Gütergemeinschaft, mit klaren Zuständigkeiten, mit anteilig für jeden verpflichtender Eigenleistung und ohne Rückgriff auf die Arbeit von Sklaven. Benedikts Modell setzte sich seit dem 9. Jahrhundert in ganz Europa durch und entwickelte sich zu einer der stabilsten Lebensformen der Sharing Communitys. Diese waren auch wirtschaftlich überaus erfolgreich und langfristig, so könnte man sagen, privatwirtschaftlichen Unternehmungen der Zeit weit überlegen, da die Unternehmensübergabe von einer Generation auf die nächste nur in Ausnahme mit Erbstreitigkeiten einherging. Im Zuge der Französischen Revolution kam es im späten 18. und frühen 19. Jahrhundert in ganz Europa zur sogenannten Säkularisation, in der sämtliche Kirchen und Klöster enteignet wurden. Die wichtigsten Gründe dafür waren der Reichtum und die überragende wirtschaftliche Macht, die diese Institutionen über die Jahrhunderte als Konsumptions- und Produktionsgemeinschaften erwirtschaftet hatten. Die Wirtschaftsmacht der Klöster war einer der Hauptgründe für deren Auflösung. Dass diese Größe über Jahrhunderte nicht zuletzt als erfolgreich arbeitende Sharing Communitys erwirtschaftet worden war, bleibt hier oft unerwähnt.

Kleiderkreisel im Kloster

Was den Privatbesitz angeht, sind alle Regeln gleichermaßen streng. Kein Privatbesitz, stattdessen kollektive Versorgung mit Kleidern, Nahrung, Bettzeug. Bei euch darf von persönlichem Eigentum keine Rede sein, schreibt Augustinus, ein anderer Ordensgründer, an seine Mönche in Mailand. Sorgt im Gegenteil dafür, dass euch alles gemeinsam gehört. Euer Oberer soll jeden mit Nahrung und Kleidung versorgen. Nicht, dass er jedem Einzelnen gleich viel geben müsste, denn im Hinblick auf die Gesundheit seid ihr nicht alle gleich, vielmehr soll jedem Bruder gegeben werden, was er persönlich nötig hat. Dabei wird deutlich, dass die Gemeinschaften sozial sehr heterogen zusammengesetzt waren. Heute würde man von sozialer Diversität sprechen. So geht Augustinus darauf ein, dass einige Brüder vor ihrem Klostereintritt einen üppigeren Lebensstil gewohnt waren. Man soll ihnen daher zunächst ruhig etwas mehr an Speise und Kleidung zugestehen, auch ein besseres Bett oder zusätzliche Decken. Die anderen, die kräftiger und somit glücklicher sind, weil sie weniger brauchen, also schon weiter fortgeschritten sind auf der Leiter der Bedürfnislosigkeit, brauchen dies nicht.

Kleidung ist ein prominentes Thema. Augustinus scheint sogar eine Art »Kleiderkreisel« im Kloster vorzuschlagen. Man lege Wert darauf, nicht durch teure Kleidung, sondern vielmehr durch gutes Verhalten angenehm aufzufallen, sagt Augustinus in seiner Regel. Wörtlich schreibt er weiter, dass die Kleidungsstücke durch eine oder mehrere Personen als gemeinsamer Besitz betreut werden sollen. Ihre Aufgabe ist es, die Gewänder zu lüften und auszuklopfen, damit sie nicht von Motten zerfressen werden. »Wie euer Essen aus einer gemeinsamen Küche kommt, so sollt ihr eure Kleidungsstücke auch aus einer gemeinsamen Kleiderkammer erhalten. Eigentlich sollte es euch gleich sein, welche Sommer- oder Winterkleidung ihr zugeteilt bekommt. Es sollte euch nichts ausmachen, ob man euch dasselbe Kleidungsstück aushändigt, das ihr abgegeben habt, oder eins, das schon ein anderer getragen hat.«[23] Und wenn ein Mitbruder zum Beispiel von seinen Eltern oder Verwandten Kleidungsstücke oder andere notwendige Dinge bekommen hat, soll er diese nicht heimlich für sich selbst zurückbehalten, sondern sie der Gemeinschaft überlassen, also dem Oberen geben. Einmal gemeinsamer Besitz geworden, soll der Obere die Kleidung oder was immer es sei, demjenigen geben, der sie nötig hat. Wer zuständig ist für die Reinigung der Kleider, oder für die Küche, oder für die Bücher in der Bibliothek, soll seine Tätigkeit stets ohne Murren ausüben. Der Bücherbeauftragte zum Beispiel gibt täglich zu einer vereinbarten Zeit – und nur dann! – die Bücher aus. Wer dagegen für die Ausgabe von Kleidung und Schuhwerk verantwortlich ist, darf nicht zögern, sie zu jeder gewünschten Zeit an diejenigen auszuteilen, die sie notwendig brauchen. Gute und schlechte Zeiten werden gleichermaßen geteilt. In keiner der Regeln fehlt eine Mahnung zum rücksichtsvollen Umgang mit Kranken. Sie dürfen Fleisch essen, werden ausgenommen von den Fastenzeiten und erhalten Pflege und medizinische Betreuung auf der Krankenstation. Das ist vermutlich mehr, als viele Menschen außerhalb des Klosters im Krankheitsfall in Anspruch nehmen konnten.

Im Grunde genommen fasst Benedikt in seiner Regel die älteren Vorbilder in nachahmenswerter Straffheit zusammen. Sein Erfolgsrezept: Kürze und Klarheit. Klare Zuständigkeiten, klare Kompetenzverteilung, klare Vorgaben, jedoch stets unter Berücksichtigung der Belange jedes Einzelnen. Nicht jeder ist für alles zuständig, und es gibt einen, der letztlich die Verantwortung trägt für die Belange der Gemeinschaft – der Abt. Auch gilt im Streitfall sein Wort, und seine Entscheidungen müssen von allen akzeptiert werden. Diese Gemeinschaften sind also weit entfernt von basisdemokratischen Lebensformen unserer Zeit. Dennoch lohnt sich der Blick in diese Texte, weil sie im Ringen um eine ausgeglichene Balance zwischen dem Wohl jedes Einzelnen und dem Gemeinwohl eine Fülle von Erfahrungen und damit Orientierungs- und Handlungswissen zu bieten haben.[24]

Selbstversorgung führt zum wirtschaftlichen Aufstieg

Das Kloster soll nach Möglichkeit so angelegt werden, dass sich alles Notwendige, also Wasser, Mühlen und Garten, innerhalb des Klosters befindet und auch die verschiedenen Handwerke dort ausgeübt werden können, schreibt Benedikt im Kapitel 66 seiner Regel. Die Mönche sollten nicht ständig durch viel Hin- und Herwandern abgelenkt werden. Auch sollten sie nicht von Almosen leben, sondern von ihrer eigenen Hände Arbeit, eigenes Gemüse anbauen, eigenes Brot backen, selbst gemachte Schuhe tragen. Gärten für den Gemüseanbau, Getreide für Brot,

Weinberge für den Messwein, Flachs für Kleidung, Tiere für Wolle und Leder? Dafür braucht man Land, Äcker, Wiesen, Werkstätten, Werkzeuge, also Produktionsmittel. Diese wiederum gehörten allen gemeinsam. Eine Form des Besitzes, die erlaubt war, denn das Ideal der Besitzlosigkeit galt nicht für die Gemeinschaft, sondern lediglich für den einzelnen Mönch oder die einzelne Nonne. Dieses Prinzip der individuellen Besitzlosigkeit, das kollektiven Besitz zulässt, lässt sich kulturübergreifend in vielen religiösen Gemeinschaften beobachten. Aber es gab auch andere Richtungen. Im frühen 13. Jahrhundert etwa kam es in ganz Europa zur Gründung neuer Gemeinschaften, die sich dezidiert auch für die kollektive Besitzlosigkeit entschieden. Die sogenannten Bettelorden. Der heilige Franziskus gilt als radikalster Vertreter dieser Haltung. Als die Bürger von Assisi ihm und seinen Anhängern ein Haus schenken wollten, in dem sie wohnen konnten, kletterte er persönlich auf das Dach und schmiss eigenhändig einen Ziegel nach dem anderen hinunter. Eine Protestaktion gegen jede Form des Besitzes, auch für die Gemeinschaft![25] Grund dafür war der enorme wirtschaftliche Erfolg, den die Benediktinerklöster mit ihrer Lebensweise verbuchen konnten. Das Prinzip dieser monastischen Sharing Economy funktionierte ganz hervorragend. So gut, dass die Gemeinschaften tatsächlich immer reicher wurden. Beten und arbeiten zahlte sich aus. Was auch daran lag, dass nicht nur Gegenstände des täglichen Gebrauchs, Kleider oder Werkzeug, geteilt wurden, sondern auch der Tagesablauf. Gemeinsame Rhythmen, Rituale, Routinen waren fest verankert in der Tradition acht täglicher Gebetszeiten, dem sogenannten Stundengebet.

Diese Rhythmisierung des Arbeitsalltags im Kloster erleichterte die Bewältigung der Aufgaben und trug wesentlich zur wirtschaftlichen Stabilisierung bei. Die Gebete wurden gesungen.[26]

Es gibt Forschungen, die behaupten, die Klöster hätten mit der Routine des Stundengebets die Menschheit auf die Stechuhr und damit auf die Arbeitsrhythmen in den Fabriken der Moderne vorbereitet. Darüber kann man streiten. Kein Zweifel besteht daran, dass diese klösterlichen Sharing Communitys ihr Zusammenleben und die gemeinsame Arbeit gut durchorganisierten und dabei die verschiedenen Aufgabenbereiche entsprechend den Bedürfnissen ihrer Mitglieder strukturierten. Das veranschaulicht die Darstellung eines Klosters auf dem Idealplan aus dem frühen 9. Jahrhundert: Man sieht eine regelrechte Klosterstadt, mit dem Kreuzgang als Ort der Kommunikation und Bewegung im Zentrum. Der Plan ist geostet. Nördlich des Kreuzgangs liegt die Kirche – der Raum für die spirituellen Bedürfnisse der Mönche, im Süden des Kreuzgangs das Refektorium, der Speisesaal, wo der Körper Nahrung findet. Sodann Schlafsaal (Dormitorium), Gemeinschaftsraum (Kapitelsaal), Schreibstube und Bibliothek, auch Armarium genannt, was so viel heißt wie die Waffenkammer des Klosters, weil die Bücher und ihre Weisheiten die geistlichen Waffen der Mönche waren. Küchen, Latrinen, Wärmeraum (Kalefaktorium), Wäschekammer (Vestiarium) sowie Bade- und Waschräume. Der Kernraum des Klosters, die sogenannte Klausur, war der Gemeinschaft der Mönche oder Nonnen vorbehalten und blieb für Nichtangehörige des Klosters streng verschlossen. Im Süden liegen die Wirtschaftsgebäude, Stallungen und Werkstätten, die Räume für die Unterbringung der Bediensteten und Gäste im Norden. Küchen und Brauhäuser sind im Gelände verteilt, ebenso Krankenstation und Heilkräutergarten, Schulgebäude, Gemüse- und Obstgärten sowie der Friedhof.[27]

Eine Optimierung erfuhr dieses System mit der Gründung des Zisterzienserordens Ende des 11. Jahrhunderts. Bernhard von Clairvaux war einer seiner berühmtesten Mitglieder. Man

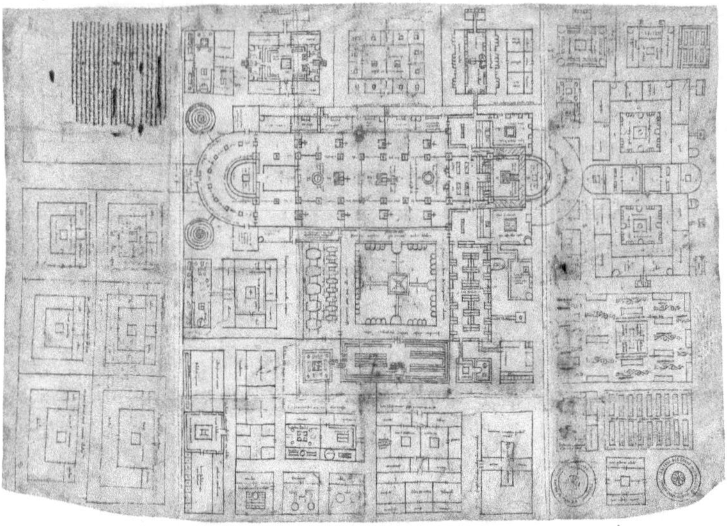

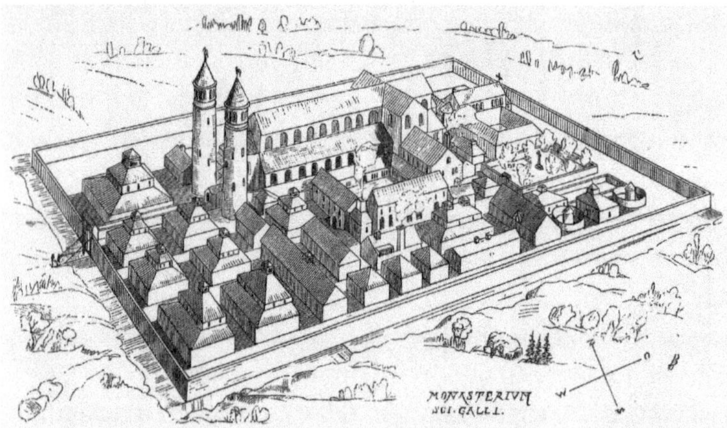

Abb. 1a + b: Der St. Galler Klosterplan, oben im Original, unten als Modellbau.[28]

forderte radikale Bescheidenheit, eine Rückkehr zur Handarbeit und die Konzentration auf die spirituellen Aufgaben der Mönche. Dazu setzten die Zisterzienser auf Rückzug, gründeten ihre Klöster in möglichst abgelegenen Tälern und machten sich weitestgehend autark, um nicht auf Schenkungen angewiesen zu sein. Um dies alles zu bewältigen, arbeiteten die Zisterzienser mit sogenannten Konversen. Mitglieder der Gemeinschaft, die zwar keine Mönche waren, aber trotzdem zur Gemeinschaft gehörten. Im Unterschied zu den Mönchen, die sich regelmäßig ihre Haare schnitten (Tonsur) und sich rasierten, trugen die Konversen Bärte. Sie erhielten einen eigenen Wohntrakt im Kloster, und man übertrug ihnen die Verantwortung für die Klosterwirtschaft. Die gesamte Versorgung der Gemeinschaft sollte vom Kloster selbst geleistet werden. So wurden Kornmühle, Backhäuser, Brauereien, Keltereien in den Klöstern integriert, um die auf den eigenen Ländereien gezogenen Produkte zu Nahrungsmitteln zu verarbeiten. Kleidung und Schuhe zum Beispiel stellte man aus der Wolle der eigenen Schafe und aus den Häuten des Nutzviehs her. Gerber verarbeiteten die Häute zu Leder, und Schuhmacher stellten die Schuhe für alle Mönche her. So konnten einmal im Jahr Schuhe an alle Bewohner des Klosters ausgegeben werden, Lederschuhe für die Arbeit am Tag und für die Mönche zusätzlich auch Filzschuhe für die Nacht, denn diese brauchten für ihr Nachtgebet warmes Schuhwerk. Wie man sich leicht denken kann, führte das schon zu Überschussproduktion. Zudem erreichten die Produkte eine so hohe Qualität, dass auch Menschen außerhalb der Klöster ihre Waren gerne bei den Zisterziensern bestellten. Nicht nur Schuhe, auch Tuche, Werkzeuge, landwirtschaftliche Geräte oder Ziegel konnten verkauft werden.

Die Natur als Partnerin – Beispiel Wasserkraft

Für ihre integrierte Landwirtschaft nutzten die Zisterzienser in besonderem Maße die Wasserkraft und wurden berühmt als hervorragende Wasserbaukünstler. Es gab kein Zisterzienserkloster ohne einen Wasserlauf. Trinkwasserversorgung, Abwasserbeseitigung, Bewässerung der Gärten, Speisung der klostereigenen Fischteiche und schließlich zum Betreiben der klösterlichen Mühlen, seien dies Kornmühlen oder Lohmühlen für die Gerber. Eine wunderschöne Beschreibung für den Umgang der Zisterzienser mit dem Wasser quasi als »Kooperationspartner« liefert folgendes Lob des Wassers, aus der Feder des Biografen von Bernhard von Clairvaux im frühen 13. Jahrhundert. Der Autor schwärmt davon, wie ein Arm des Flusses Aube, an dem das Kloster gebaut wurde, die zahlreichen Werkstätten der Abtei durchquert, um die Arbeit der Mönche zu unterstützen. Dabei behandelt er den Fluss gewissermaßen wie einen übereifrigen Mitarbeiter: Einmal eingelassen ins Kloster stürzt sich der Fluss zuerst mit Ungestüm in die Mühle, wo er sehr beschäftigt ist und sich Bewegung verschafft, sowohl um den Weizen zwischen den Mühlsteinen zu zerstoßen, als auch um das feine Sieb anzutreiben, das das Mehl von der Kleie trennt. Weiter geht es in die benachbarte Brauerei, dort füllt er die Kessel, und dann in die Walkmühle, wo Tuch hergestellt wird. Er hebt und senkt abwechselnd die schweren Stampfer und erspart so den Walkern eine große Strapaze. Anschließend treibt er auch die Räder der Lohmühle an und hilft den Gerbern. Dann verlässt er schäumend die Mühlräder, besänftigt sich und wird weicher, teilt sich in viele kleinere Arme, besichtigt unterwegs die verschiedenen Arbeiten im Kloster und sucht überall aufmerksam jene, die seinen Dienst benötigen, sei es zum Kochen, Sieben, Zermalmen, Gießen, Waschen oder Mahlen. Nie verweigert er seine Mitarbeit. Zu guter Letzt nimmt er noch den Müll mit und lässt so alles sauber hinter sich.[29] Die Natur wurde so als Partnerin mit ins Boot geholt. Der Orden zeichnete sich durch rege Bautätigkeit aus und hatte eine wichtige Rolle in der Erschließung von Land, etwa durch Rodung von Wäldern, Trockenlegung von Sümpfen oder den Bau von Dämmen und Deichen.

Sharing Communitys und Marktpartizipation

Trotz oder vielleicht wegen der vielfältigen wirtschaftlichen Aktivitäten dieser monastischen Sharing Communitys blieb das Ideal der wirtschaftlichen Autarkie letztlich unerreichbar: Für die Versorgung mit Salz oder die Beschaffung von Eisen für die Herstellung von Werkzeugen zum Beispiel war man auf die Märkte angewiesen. Damit war die Beteiligung am Marktgeschehen ohnehin unvermeidbar, und zudem mussten die klösterlichen Produkte auch irgendwo Absatz finden. Die Zisterzienserklöster wurden zu extrem erfolgreichen Produktions- und Verbrauchergemeinschaften und damit zu finanzstarken Großunternehmen.[30] Kloster Salem am Bodensee hatte im Jahr 1311 an die 310 Klosterangehörige, davon 130 Mönche und 180 Konversen. Bebenhausen zwischen 1262–81 hatte 60 Mönche und 130 Konversen. Das wesentlich kleinere Kloster Schöntal zählte im Jahr 1330 45 Mönche und 35 Konversen. Dazu kam jeweils ein Vielfaches an Menschen, die zur erweiterten *familia* des Klosters gehörten. Die sogenannten Familiaren, heute würden wir von assoziierten Mitgliedern sprechen, sodann Pfründner, das waren Menschen, die sich ein Wohnrecht im Kloster gekauft hatten, sowie Gäste, Lohnarbeiter und Klosterbedienstete.

Überschattet werden diese wirtschaftlichen Erfolgsgeschichten der Sharing Communitys in den mittelalterlichen Klöstern durch den Vorwurf des Verrats an den Idealen der eigenen Gemeinschaft. Wo bleibt das Gelübde der freiwilligen Armut angesichts dieser grandiosen wirtschaftlichen Erfolge? Die

Zeitgenossen, ganz besonders diejenigen aus anderen Klöstern, werden nicht müde, die Konkurrenz madig zu machen: Wo sind die ursprünglichen Ideale? Darf sich einer Mönch nennen, der so einen dicken Bauch hat? Im Grunde bestätigt diese Kritik nur das Dilemma der Sharing Economy. Sie funktioniert. Und ganz offenbar nicht nur kostendeckend, sondern auch gewinnbringend. So wurde ausgerechnet der wirtschaftliche Erfolg den gemeinschaftlich wirtschaftenden Mönchen und Nonnen des Mittelalters immer wieder zum Verhängnis.

2.2. Commons und die Kunst, Externalitäten zu internalisieren

Sind Sharing Communitys gut für die Umwelt? Wirtschaften Genossenschaften nachhaltiger? Beuten Nutzergemeinschaften die Erde weniger aus als die Privatwirtschaft? Die Dringlichkeit dieser Fragen rückte erstmals ins öffentliche Bewusstsein, als im Jahr 1987 die Weltkommission für Umwelt und Entwicklung (WCED) den Bericht »Our common future« veröffentlichte. Bekannt wurde der Bericht als Brundtland-Bericht, benannt nach der damaligen Kommissionsvorsitzenden, der ehemaligen norwegischen Ministerpräsidentin Gro Harlem Brundtland. In ihre Zeit fällt die »Entdeckung der Nachhaltigkeit«, denn die Kommission stellte fest, dass die kritischen, globalen Umweltprobleme ein Ergebnis der großen Armut im Süden und der nicht nachhaltigen Konsum- und Produktionsmuster im Norden sind. Daraus entstand die Forderung nach einer Strategie, die Entwicklung und Umwelt zusammenbringt. Umschrieben wird dies im Bericht mit dem heute geläufigen Begriff *sustainable development*, der später mit »nachhaltige Entwicklung« übersetzt wurde. Der Bericht definiert Nachhaltigkeit als die Fähigkeit der Befriedigung der Bedürfnisse der Gegenwart, ohne zu riskieren, dass künftige Generationen ihre Bedürfnisse nicht mehr befriedigen können. Dabei geht es in erster Linie um die Zukunft der »Global Commons«, der globalen Allmend-Ressourcen, also all jener Güter, deren langfristige Nutzung überlebenswichtig für die gesamte Menschheit ist: Wasser, die Erdatmosphäre, Böden, Luft zum Atmen. Durch die zunehmenden ökologischen und wirtschaftlichen Verflechtungen kommen hier traditionelle Formen nationaler Souveränität zunehmend an ihre Grenzen, denn die Verschmutzung der Ozeane, der Luft oder der Böden macht nicht an nationalen Grenzen halt. Sie betrifft alle. Zukunft gibt es nur gemeinsam.[31] Die ganze Welt wird aus dieser Perspektive zu einer globalen Sharing Community. Die daraus folgenden Handlungsempfehlungen des Berichts wurden zwar zur Kenntnis genommen, doch haben die Menschen die Notwendigkeit des Schutzes der globalen Allmendegüter verdrängt oder ignorieren sie weiterhin.[32]

Nachhaltigkeit wurde im Wald erfunden

Lange vor der Brundtland-Kommission wurde im frühen 18. Jahrhundert Nachhaltigkeit als Überlebens- und Wirtschaftsprinzip formuliert, und zwar von Hans Carl von Carlowitz (1645–1714) in *Sylvicultura oeconomica* (1713), wörtlich übersetzt etwa ökonomischer Waldbau. Der Publizist Ulrich Grober gab diesem Werk den Ehrentitel der »Geburtsurkunde« der Nachhaltigkeit.[33]

Carlowitz war Leiter des sächsischen Oberbergamtes in der Stadt Freiberg in Sachsen, der Hauptstadt des damaligen Silberbergbaus. Der sächsische Wald zählte schon damals zu den intensiv vor allem für den Bergbau (Eisen, Kohle, Silber) genutzten Wäldern. Feuer war unentbehrlich, und so stieg der Holzbedarf gemeinsam mit dem Ausbau der sächsischen Montanindustrie. In seiner Schrift entwickelt Carlowitz eine Handreichung zur Bekämpfung von Holzmangel. Er rät zur planmäßigen Aufforstung der Wälder. Mehr noch, er entwickelt die Idee, dass der Holzverbrauch in einem gesunden Gleichgewicht mit der Regenerationsfähigkeit des Waldes stattfinden müsse. Man muss den Wald »mit Behutsamkeit« nutzen, sodass dies auch später »perpetuirlich« stattfinden kann und junges Holz Zeit zum Nachwachsen hat. Der pflegliche Umgang mit dem Wald war ein zentraler Begriff, um die langfristige zeitliche Kontinuität der Nutzbarkeit zum Ausdruck zu bringen. In diesem Zusammenhang erklärt er, dass die Erhaltung und der Anbau des Holzes so anzustellen sei, dass eine »continuirliche beständige und nachhaltende Nutzung« möglich sei: Hier taucht zum ersten Mal der Begriff von der nachhaltigen Nutzung in einer schriftlichen Quelle auf.[34] Carlowitz' Konzept wurde von Anna Amalia von Braunschweig-Wolfenbüttel (1739–1807) umgesetzt. Als Herzogin von Sachsen-Weimar und Eisenach und als Regentin ihres Sohnes, führte sie die weltweit erste Forstreform durch, die im Erlass der Weimarischen Forst-Ordnung von 1775 mündete. Darin wurden die »Conservation« der Wälder und die »Steurung des HoltzMangels« geregelt, mit dem Ziel. für »die Nachkommenschaft [...] die gehörige Sorge zu tragen«. Der »Abtrieb« des Holzes dürfe nicht mehr »nur nach Gut-Dünken oder Holtz-Bedürfnis« der gegenwärtigen Generation geschehen, sondern müsse die Ansprüche der »Posterität« berücksichtigen. Im sächsischen Wald bahnte sich ein neues Denken an, das die Nachhaltigkeitsidee des 21. Jahrhunderts vorwegnahm. Nicht – im heutigen Sinne – die »Nachfrage«, nicht »der Markt« oder gar die Luxusansprüche der Eliten sollten der Maßstab der Ökonomie sein, sondern die »wahren Kräfte der Forste«, die Tragfähigkeit der Ökosysteme.

Es gelte, so formulierte das auch Heinrich Cotta, Gründer der Königlich Sächsischen Forstakademie in Tharandt im Jahr 1790, »der Natur zu folgen, die sich kein Gesetz vorschreiben lässt, aber uns erlaubt, ihr nachzugehen und ihre eigenen auszuspähen«.[35] An der Universität Marburg hatte ebenfalls im ausgehenden 18. Jahrhundert der dortige Professor für Kameralistik Heinrich Jung-Stilling den Begriff der Nachhaltigkeit bereits in eine frühe Form von Maslows Bedürfnispyramide eingeordnet. Von den Grundbedürfnissen, zu denen er Wohnung, Kleidung und Möbel zählt, aber auch alles, »was fröhlich und heiter« macht, also Musik oder Kunst, kommt er an die Spitze der Pyramide, an der die »üppigen« und falschen Bedürfnisse stehen, die lediglich das eigene Beste bezwecken ohne Rücksicht auf die Gemeinschaft und die Nachkommen. Vielmehr zählt er die Vorsorge für die Belange der anderen zu den menschlichen Grundbedürfnissen. Im Hinblick auf den Wald heißt das konkret, dass »jährlich nicht mehr und nicht weniger gehauen wird, als nachwächst, so dass also auch der Nachkommenschaft die Befriedigungsmittel ihrer Holzbedürfnisse sicher gestellet werden«.[36] Carlowitz, Anna Amalia, Cotta und Jung-Stilling reagierten mit ihren Forderungen und Maßnahmen für eine nachhaltige Waldwirtschaft auf damalige Missstände, die Carlowitz in seiner *Sylvicultura oeconomica* auch mit Illustrationen anschaulich macht.

Abb. 2: Raubbau an den Wäldern um 1700, wie ihn Hans Carl von Carlowitz in seiner *Sylvicultura oeconomica* darstellt.

Mit solchen Darstellungen wird der Eindruck vermittelt, dass die Menschen willkürlich alles abholzten. Doch bleibt unklar, wer hier eigentlich am Werk war. In wessen Auftrag arbeiteten die Holzfäller? Seit wann fanden solche Kahlschläge statt? Die Abbildung verschweigt, dass Rodungen dieser Art ja ihrerseits eine Folge des gesteigerten Holzbedarfs im erzgebirgischen Bergbau waren. Und dieser wurde überwiegend von staatlicher Seite, also damals vom Herzogtum Sachsen-Weimar betrieben und forciert.[37] Und so wird oft mit dieser schönen Erzählung über die Entdeckung der Nachhaltigkeit in den sächsischen Wäldern des frühen 18. Jahrhunderts die Vorstellung vermittelt, es sei zuvor überall nur Raubbau und Kahlschlag betrieben worden, weil es weder geregelten Waldbau noch Gesetze, Ökostandards oder Zertifizierungen zur Aufforstung gegeben habe. Aber stimmt das denn? Selbstverständlich gab es Regeln zu einer nachhaltigen Waldwirtschaft, lange bevor Carlowitz seine Gedanken dazu in der *Sylvicultura oeconomica* verschriftlichte. Es scheint vielmehr, dass diese Regeln im Laufe des 17. Jahrhunderts mit der Intensivierung des Silberbergbaus in Sachsen in Vergessenheit geraten waren und Carlowitz sie als einer der Ersten wiederentdeckte, im wörtlichen Sinne wiederentdecken musste. Denn es wird oft übersehen, dass die Missstände, auf die Carlowitz reagierte, selbst gemachte waren, überdies sehr »moderne«. Nicht die Bauern oder die traditionelle Waldwirtschaft haben die Wälder kaputt gemacht, sondern die zunehmend industrielle Nutzung des Waldes. Das Erzgebirge war seit dem Spätmittelalter neben Nordengland eine der zentralen Montanregionen Europas. Mit der Intensivierung des Bergbaus und der Metallverhüttung seit dem späten 17. Jahrhundert stieg der Holzbedarf massiv an, und der Wald wurde flächendeckend für diese zentral vom Staat – damals war dies der sächsische Kurfürst – vorangetriebene Industrie gerodet. Der Raubbau am sächsischen Wald war also nicht die Folge traditioneller Nutzung, sondern vielmehr eine unbeabsichtigte Nebenfolge des sogenannten Fortschritts.

Nachhaltige Waldwirtschaft vor der Erfindung der Nachhaltigkeit

Ein schönes Beispiel sind mittelalterliche Waldgenossenschaften im heutigen Elsass und in der Südpfalz, die sogenannten Haingeraiden. Der Begriff bezeichnet sowohl den Wald als Ressource als auch die Gemeinschaft seiner Nutzer. Es handelt sich um Dorfgemeinschaften, die sich gemeinsame Regeln zur nachhaltigen Nutzung ihrer Wälder gaben.[38] Denn dort fanden die Menschen fast alles, was sie zum Leben brauchten: Brennholz, Bauholz, Weideland für die Tiere. Auch diente der Wald in periodischer Zwischennutzung als Ackerland. Man rodete ein abgegrenztes Gebiet, gewann so wertvolles Bauholz, brannte dann die Reste ab, nutzte die Asche als Dünger und baute auf dem Land dann für einige Jahre Getreide an und ließ danach ein Jahr das Vieh weiden, bevor die Fläche wieder für den Wald zum Aufwuchs freigegeben wurde. Auch das Laub war nützlich, vor allem als Streu für das Vieh oder als Füllmaterial für die Betten. Nüsse, Beeren, Pilze und Früchte leisteten einen wichtigen Beitrag zum Speiseplan der Menschen. Nadelwälder boten Harze, die gesammelt wurden, Baumrinde wurde als Verpackungsmaterial für Käse verwendet, Eichenrinde war unentbehrlich für das Geschäft der Gerber, schließlich lieferten die Köhler mit der Holzkohle einen wichtigen Rohstoff für die Arbeit in der Dorfschmiede, wo Nägel, Messer, Hufeisen geschmiedet wurden. Diese Waldgenossenschaften waren hochgradig durchorganisiert: An der Spitze der Gemeinschaft stand der Geraideschultheiß, der zusammen mit zwölf Vertretern aus den zugehörigen Orten sowie mit einem Waldmeister und dem Geraideschreiber den sogenannten Geraidestuhl bildete. Schultheiß und die »Zwölfer« wurden gewählt, das Gremium trat mindestens einmal jährlich zur Geraideversammlung »an der Tannehardt« zusammen. Hier wurden seit alters her die Angelegenheiten der Gemeinschaft besprochen, Konflikte gelöst, Verstöße gegen die Regeln sanktioniert. In den Quellen ist auch die Rede von der »Geraidekiste«, einer Art Archiv der Gemeinschaft, in dem die Urkunden, Unterlagen und laufenden Dokumente abgelegt wurden.[39]

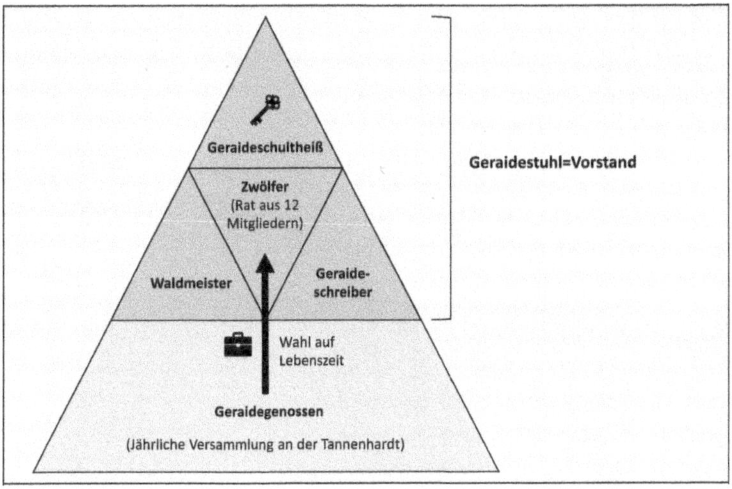

Abb. 3: Die Organisation der Haingeraiden, einer mittelalterlichen Waldgenossenschaft im Elsass und in der Pfalz.

Solche Waldgenossenschaften sind nur eines von vielen historischen Beispielen für gut funktionierende Commons. Im Deutschen bekannter ist der Begriff der Allmende, wörtlich aus dem Althochdeutschen *alagimeinida* = Al(ge)meinde.[40] Man findet in der Geschichte eine ganz erstaunlich große Bandbreite von Commons-Institutionen, in denen Individuen, Haushalte und Rechtspersonen kooperierten, zum Beispiel Weide- und Auftriebsrechte auf die Gemeinweide, Sammelrechte im Gemeindewald, aber auch gemeinschaftlich bewirtschaftete Immobilien- und Maschinenparks, Stallungen oder Lagerräume. Auch Mühlen, Hammerschmieden, Waschhäuser, Bad- und Backstuben, Dörröfen, Öltrotten, Käsekeller, Scheunen und Getreidespeicher, Werk-, Hafner- und Ziegelhütten wurden vielerorts gemeinschaftlich betrieben. Auch die Trockenlegung von Sumpfland, das Verlegen und die Instandhaltung von Abwasserleitungen, Brücken, Wegen und Bewässerungsanlagen wurde gemeinschaftlich organisiert und finanziert.[41] Wann eigentlich haben wir das alles vergessen? Warum dominiert heute das Bild von der »Tragödie der Allmende«?

Die sogenannte Tragödie der Allmende – ein überholtes Konzept

Die gemeinschaftliche Nutzung von Ressourcen ist das große Thema der Zukunft, denn Wälder, Wasser oder die Atmosphäre, das sind alles Güter, die von allen gemeinsam genutzt und daher von allen gemeinsam bewirtschaftet werden müssen. Das kann niemals gut gehen, sagte der Biologe Garrett Hardin in einem aufsehenerregenden Beitrag aus dem Jahr 1968. Er veranschaulichte seine These mit folgendem Gedankenexperiment: Man stelle sich einmal eine Bergweide vor, frei zugänglich zur Nutzung für alle. Jeder intelligente, rational kalkulierende Bauer im Dorf wird möglichst viel Vieh auf diese Weide treiben, denn es kostet ihn nichts und er profitiert unmittelbar, weil er Futter spart und die Kühe trotzdem Milch geben, die er verkaufen kann. An den Kosten für etwaige Schäden durch Überweidung muss er sich nur anteilig beteiligen, weil ja die Gemeinschaft dafür zuständig ist. Überdies, so das Gedankenexperiment, entstehen Kosten erst mit Verzögerung, wenn die Weide wirklich ruiniert ist. Schlussfolgerung: Der Bauer, der nicht möglichst viele seiner Tiere auf die Gemeinschaftsweide treibt, ist ein dummer Bauer, denn nur so kann er seinen individuellen Nutzen maximieren. Alle sind Gefangene dieses Systems. Eine Gesellschaft, die an die Freiheit der Gemeingüter glaubt, rennt zwangsläufig in den Ruin. »Freedom in a commons brings ruin to all.«[42]

Intuitiv nickt man zustimmend, scheint sich ein solches Szenario doch mit unserer Alltagserfahrung zu decken: Der Ärger über die »für alle frei zugängliche« Teeküche, in der sich Geschirr- und Müllberge türmen und keiner den Wasserhahn repariert. Was von allen gemeinsam genutzt wird, das wird von allen gemeinsam vernachlässigt (*quod communiter geritur, communiter neglegitur*). Das hat doch schon Aristoteles gesagt. Daher ist der durchschlagende Erfolg von Hardins »Tragödie der Allmende« nicht weiter verwunderlich. Sein Aufsatz zählt zu den am meisten zitierten wissenschaftlichen Beiträgen des 20. Jahrhunderts in fast allen Disziplinen und liegt bis heute vielen Forschungen zur Allmende zugrunde.[43] Welche Lösungen bietet Hardin? Von technischen Innovationen verspricht er sich wenig. Der einzige Weg, den er sieht: Der Staat – ein starker Staat – muss das individuelle Recht der Partizipation an den gemeinsamen Ressourcen regulieren, indem er die Freiheit zur Fortpflanzung einschränkt. Alles andere führe zwangsläufig in den Ruin: »Freedom to breed will bring ruin to all.« Solche Sätze haben ihm den Vorwurf des Rassismus und der Fremdenfeindlichkeit eingebracht.[44]

Die Stimme der politischen Ökonomie

Die prominenteste Gegenstimme zu Hardins »Tragödientheorie« ist die der Ökonomin Elinor Ostrom, die 2009 mit dem Nobelpreis ausgezeichnet wurde: Die gemeinsame Nutzung von gemeinsamen Ressourcen (Allmendegütern) ist möglich.[45] Neben Markt und Staat brachte Ostrom eine dritte Größe ins Spiel: die Fähigkeiten der Menschen zur Selbstorganisation und zur Kooperation. Mitglieder von Nutzungsgemeinschafen, die zugleich Produzenten und Verbraucher sind, haben ein großes Eigeninteresse am Erhalt der Rahmenbedingungen ihrer wirtschaftlichen und sozialen Existenz. Sie kennen die konkreten Bedingungen und leisten daher – in ihrem eigenen Interesse und mit Blick auf die anhaltende Nutzung der Ressource – oft wesentlich effizientere Arbeit, als dies eine externe »Obrigkeit« oder die Mechanismen des Marktes vermögen. Dazu jedoch braucht es ein Bündel von Voraussetzungen, von denen die Entfaltung der Kompetenzen von Nutzergemeinschaften wesentlich abhängt.

Die Gesetze der Nachhaltigkeit – »Elinor's Laws«

Unter welchen Bedingungen kann die gemeinsame Nutzung gemeinsamer Ressourcen gelingen? Ostrom und ihr Team formulierten acht Design-Prinzipien für eine funktionierende Allmendenutzung. Silke Helfrich, die derzeit führende Gemeingut-Forscherin Deutschlands, propagierte diese als »Elinor's Laws«:[46]

1. **Grenzen.** Gemeingüter sind kein Niemandsland und haben in aller Regel klar definierte Nutzergruppen. Das erste Gesetz betrifft die Notwendigkeit klarer, lokal akzeptierter Grenzen. Dieses Gesetz betrifft Grenzen zwischen legitimen Nutzern und Nichtnutzungsberechtigten, aber auch die zwischen dem System der spezifischen Gemeinressourcen und dem größeren sozioökologischen System.
2. **Kohärenz** zwischen den Regeln und den Bedingungen vor Ort. Die Regeln für die Nutzung und die Regeneration der gemeinsamen Ressource müssen den örtlichen Bedingungen entsprechen. Diese dürfen die Menschen nicht überfordern und müssen aufeinander abgestimmt sein. Die Verteilung der Kosten muss proportional zur Verteilung des Nutzens gestaltet werden. Es geht nicht an, dass Gewinne privatisiert und Verluste sozialisiert werden.
3. **Entscheidungsfähigkeit.** Die an dem Ressourcensystem beteiligten Personen sollten selbst teilnehmen können an den Entscheidungsprozessen über die Regeln und – ganz wichtig – deren Änderungen.
4. **Monitoring.** Sowohl Nutzer als auch Ressource bedürfen zum Schutz der Überwachung. Die dafür zuständigen Personen

zählen selbst zu den Nutzern und sind den anderen rechenschaftspflichtig.

5. **Sanktionen.** Regelverletzungen müssen kontrolliert und sanktioniert werden, und zwar in einem abgestuften Verfahren, beginnend auf niedrigem Niveau, das sich verschärft, wenn Nutzer die Regeln wiederholt verletzen. Die Sanktionen müssen glaubhaft und umsetzbar sein.
6. **Konfliktlösungsmechanismen.** Die Möglichkeit zur schnellen, günstigen und direkten Lösung von Konflikten innerhalb der Gemeinschaft und mit den lokalen Behörden muss in den Regeln der Nutzergemeinschaft verankert sein. Dazu braucht es auch Klarheit über die lokalen Räume, in denen jeweils die Konflikte gelöst werden.
7. **Anerkennung.** Funktionierende Allmenden brauchen ein Mindestmaß an staatlicher Anerkennung ihrer Rechte als Nutzer und ihrer Rechte, eigene Regeln zu setzen.
8. **Einbettung.** In den meisten Fällen sind Gemeinressourcen aufs Engste mit einem größeren Ressourcensystem verbunden. Nach Ostrom braucht es lokale Zentren der Verantwortung (sie spricht von polyzentrischen Governance-Strukturen), die auf verschiedenen Ebenen miteinander verknüpft sind. Die Steuerung wird nicht zentralistisch diktiert und hierarchisch organisiert, sondern vor Ort entschieden.

Ohne Verzicht auf kurzfristige Gewinne geht es nicht

Aus der Perspektive der Geschichtswissenschaft kann man festhalten: Es gibt historische Beispiele für erfolgreiche Commons. Allerdings waren diese nie nach dem Laissez-faire-Prinzip organisiert. Stets gab es klar definierte Regeln der Zugehörigkeit, deren Einhaltung durch Kontrollen überwacht und durch Strafen sanktioniert wurden. Viele dieser Regeln betrafen bewusste Verzichte auf Gewinne, sie klangen »unrentabel« in den Ohren der Effizienzmaximierer der Moderne. Daher drängten diese systematisch auf Abschaffung der lokalen Nutzergemeinschaften. Da Commons stets auf die örtlichen Besonderheiten ausgerichtet waren, standen sie dem Gedanken des zentralen staatlichen Durchgriffs, wie er im 19. Jahrhundert forciert wurde, im Wege. Damals passte es nicht mehr ins Konzept, dass Ackerland in regelmäßigen Abständen brachlag oder dass das effiziente Flößen von Baumstämmen grundsätzlich verboten war. Denn solche Regeln bedeuteten massive Einbußen für das laufende Wirtschaftsjahr. Und doch beharrte man zum Beispiel auf Einhaltung der Brache und verzichtete so auf Gewinne. Heute würde man sagen, dass die umweltpolitischen Zusatzkosten bereits im Vorfeld internalisiert wurden. Man bezahlte gewissermaßen, indem man Schaden gar nicht erst verursachte. Die Vorteile dieser vorausschauenden Planung kamen langfristig allen zugute. Auch den Enkeln.[47]

Wasser – Die Bodenseefischerei 1350–1900

Wie gelang es den Bodenseefischern, den See als kollektive Ressource über Jahrhunderte als Allmende zu nutzen, ohne diese zu zerstören? Das ist die Ausgangsfrage des Trierer Historikers Michael Zeheter, der dazu in seiner Dissertation die Ordnungen der Fischer untersuchte. Die Parallelen zu heute sind unübersehbar. Die Bodenseefischer wussten, dass der Erhalt ihrer Fischgründe überlebensnotwendig war. Es ging ihnen nicht um ökologische oder Umweltschutzmotive im heutigen Sinne. Nachhaltigkeit war die Überlebensstrategie dieser Menschen. Entsprechend wird es im Folgenden nicht darum gehen, Spuren des modernen Nachhaltigkeitsdenkens in der Geschichte zu finden, sondern im Gegenteil, es stellt sich die Frage, wann eigentlich die Fähigkeit, langfristig zu denken und auch im Sinne der nachkommenden Generationen zu handeln, verlorenging.

Abb. 4: Der Bodensee mit Anrainerstaaten.

Der Bodensee ist noch heute internationales Gewässer.[48] Die Regierungen der Schweiz, Deutschlands und Österreichs konnten sich nie über eine Grenzziehung einigen, daher steht der große Obersee bis heute unter der gemeinsamen Herrschaft der drei Anrainerstaaten. Das hat historische Gründe. Über Jahrhunderte hinweg teilte man sich die Nutzung des Sees und dessen Ufer: die Klöster St. Gallen und die Reichenau, der Fürstbischof von Konstanz, die Zisterzienserabtei Salem, die Grafen von Nellenburg, die Grafen von Tettnang und schließlich die vier freien Reichsstädte Buchhorn (heute Friedrichshafen), Lindau, Überlingen und Konstanz (bis zur Eroberung durch die Habsburger 1548). Sie alle hatten Besitzungen am Ufer des Bodensees, die sie an Lehenfischer vergaben. Doch außerhalb dieser privaten Rechtstitel stand in Ufernähe der See allen Nutzern zur Verfügung. Das galt für Unter- und Obersee gleichermaßen.[49] Allerdings konnten in der Praxis nur geübte Fischer diese Allmende nutzen, denn es war ein gewisses Know-how zur Fischerei in den tiefen Gewässern des Sees notwendig. Die Arbeit auf dem offenen Wasser war hart und gefährlich. Die Fischer nutzten Zugnetze, Stellnetze, Reusen und Angeln. Gefangen wurden alle Arten von Fischen: Bekannt sind die Bodenseefelchen, die besonders im November und Dezember während der Laichzeit sehr leicht zu fangen sind und sich getrocknet und geräuchert auch als Eiweißquelle über längere Zeit halten. Sodann Barsch, am Bodensee auch Egli oder Kretzer genannt, der meist mit Angeln oder Stellnetzen gefangen wurde. Der Hecht war als Raubfisch im Schilf besonders begehrt. Aber auch Karpfen, Rotaugen, Rotfeder, Schleie und Brachse fing man häufig, wenngleich diese Fischarten nur von denen gekauft und verzehrt wurden, die sich keinen besseren Fisch leisten konnten. Fisch war ein Grundnahrungsmittel. Man war am Bodensee nicht auf den in anderen Teilen Mitteleuropas üblichen konservierten Salzwasserfisch wie Hering oder Stockfisch angewiesen, der durch hohe Transportkosten und Zölle ohnehin viel zu teuer war. Die Bodenseefischerei war keine Subsistenzwirtschaft, sondern eingebunden in einen steten Wirtschaftskreislauf, und die leicht verderbliche Ware musste direkt auf den Fischmärkten der Region verkauft werden. Die wichtigsten waren Konstanz und Lindau, denn hier kauften sowohl die Städter als auch die Bewohner des Umlandes und die Klöster. Diese sorgten auch für eine anhaltende Nachfrage auf dem Fischmarkt und setzten damit Anreize für die örtlichen Fischer, ihre Gewinne zu steigern. Hinzu kam Intensivierungsdruck, denn Gewinne ließen sich durch stärkere Ausbeutung des Sees ganz ohne Zweifel steigern. Und da der Bodensee eine Allmende war, gab es keine übergeordnete Autorität, die diese Ausbeutung hätte verbieten können.

Wenn es nach Garrett Hardin ginge, dann hätten wir hier also einen klassischen Fall der Tragödie der Allmende: eine zwar nachwachsende, aber begrenzte Ressource, von deren intensiver Ausbeutung die Anlieger einen individuellen Nutzen ziehen konnten. An Anreizen zur stärkeren Nutzung fehlte es nicht: Mehr Netze, effizienter und engmaschiger, oder mehr Fischer hätten den einzelnen Nutzer konkurrenzfähiger gemacht. Was fehlte, war eine übergeordnete Autorität, die zum Beispiel Fangquoten hätte vorgeben können. Stattdessen entschieden die Nutzer selbst. Der See war nicht in Privatbesitz. Er wurde auch nicht von einer zentralen staatlichen Gewalt reguliert, sondern in kollektiver Bewirtschaftung durch Anlieger, die alle gleichermaßen freien Zugang zum See hatten.

Trotz dieser scheinbar idealen Bedingungen für eine Allmendetragödie konnte diese am Bodensee offenbar vermieden werden. Was waren die Gründe? Wie konnte das gelingen? Der Historiker Michael Zeheter analysierte diesen Fall und kam zu dem Ergebnis, dass der Ausschlag für den Erfolg die unmittelbare Beteiligung der Fischer war: Die Fischer und die jeweiligen örtlich agierenden Obrigkeiten waren gleichermaßen beteiligt und verantwortlich, sie entschieden, wie viel und mit welchen Methoden gefischt wurde. Dazu hatten sie sich als Kooperationen in den Fischerzünften der Städte Konstanz und Lindau organisiert, die ab dem späten 14. Jahrhundert die politische Macht am Bodensee von den Patriziergeschlechtern übernommen hatten.

Die von den Zünften erlassenen Fischerordnungen dokumentieren eine hohe Detailkenntnis hinsichtlich der gängigen Methoden. Ganz offensichtlich werden konkrete Missstände offensiv angesprochen. Regeln zum Material der Netze, Reusen und Angeln, Schonzeiten und Fangbeschränkungen wurden festgelegt, um gezielt Fischarten zu schützen, Verstöße wurden mit Sanktionen belegt, beginnend mit Geldstrafen, Beschlagnahmung bis hin zu Gefängnisstrafen. An der Ausführlichkeit dieser Regelungen kann man deutlich erkennen, dass es sich hier um Ordnungen handelt, die *bottom-up* entstanden sind und nicht von oben nach unten oktroyiert wurden. Dafür sprechen auch die stete Anpassung und Überarbeitung der Ordnungen auf den regelmäßig stattfindenden Fischertagen. Hier wurde alles besprochen, was anstand. Die Verhandlungen führte der Zunftmeister, ein älterer und erfahrener Fischer, der auch der Ansprechpartner des Stadtrates war.

Bewusstsein für die Fragilität der Ressourcen

Schon aus den frühesten Ordnungen geht ein Bewusstsein für die Fragilität der erneuerbaren Ressource Fisch hervor. Man war sich einig darüber, dass die gemeinsam genutzten Vorräte durch Schonzeiten und Fangquoten geschützt werden mussten, um die langfristige Nutzbarkeit zu garantieren. Daher wurden stets aufs Neue konkrete Maßnahmen ausgehandelt, um Überfischung zu verhindern. Einem Brief des Konstanzer Zunftmeisters an seinen Überlinger Kollegen aus dem Jahr 1531 entnehmen wir ein sehr ausgeprägtes Problembewusstsein für die potenziellen Konsequenzen einer zu starken Ausbeutung der Fischbestände: Wenn alle Fischer sich an die Ordnung hielten, schreibt der Konstanzer Zunftmeister, und keine jungen Fische fischten, so würde der See wieder voll werden, auch wenn derzeit fast keine Fische vorhanden zu sein schienen.[50] Heute würde man dies als Nachhaltigkeitsmaßnahme bezeichnen.

Doch waren nicht ökologische oder Umweltschutzmotive die entscheidenden Treiber, sondern das vergleichsweise eigennützige Interesse des Erhalts der Lebensgrundlage. Man könnte auch sagen, die Bodenseefischer waren uns heute einen entscheidenden Schritt voraus. Statt über Sinn und Unsinn von Umweltschutz zu diskutieren, waren sie Realisten, hatten ein klares Verständnis von den Konsequenzen ihres Handelns und regulierten entsprechend das Verhalten aller Beteiligten im Sinne langfristiger Überlebenssicherung. So ist in den Quellen verschiedentlich die Rede von der Unordnung im See, die durch

Missachtung der gemeinsam erlassenen Ordnungen entstehe und die sich negativ auf die langfristigen Erträge auswirke. Nachhaltigkeit war ganz klar ökonomisch definiert: Wenn wir uns nicht an die gemeinsamen Abmachungen halten, dann werden unsere Erträge langfristig sinken. Dabei spielte auch die soziale Komponente eine wichtige Rolle: Wenn wir uns nicht an unsere Ordnungen halten, können wir den Fischbedarf der Bevölkerung nicht decken. Dabei werden explizit auch die Interessen der weniger zahlungskräftigen Kundschaft immer wieder ins Feld geführt. Ergänzt wurden diese Fischerordnungen durch die Marktordnungen am Bodensee, in denen der Verkauf des Fangs geregelt wurde. Man legte Höchstpreise für bestimmte Fische fest, um Wucher zu verhindern und die ärmeren Kunden zu schützen. Überdies wurden Mindeststandards für die Qualität und Frische der Ware festgelegt. Fisch vom Vortag zum Beispiel musste durch das Abschneiden der Schwanzflosse als solcher kenntlich gemacht werden. Dank dieser Kombination aus Fischer- und Marktordnung kontrollierten die Fischerzünfte der Städte Konstanz und Lindau große Teile der Bodenseefischerei. Sie setzten damit Standards, und Fischereiordnungen wurden so zum bevorzugten Mittel der Regulierung der Bodenseefischerei. Im Zuge dessen erließen auch andere Herrschaften, wie zum Beispiel die Reichsabtei St. Gallen, ihre eigenen Fischerordnungen.

Strategien der Nachhaltigkeit in der Bodenseefischerei

Offenbar bewährten sich die Ordnungen. Anders lässt sich nicht erklären, dass sie über Jahrhunderte in Gebrauch blieben. In steten Beratungen auf den Fischertagen wurden sie immer wieder neu ausgehandelt und angepasst an die konkreten klimatischen und wirtschaftlichen Bedingungen. Die Vorgaben änderten sich zum Teil massiv, aber nicht willkürlich. Zeheter wertete 34 Fischerordnungen und Fischereiverträge aus den Jahren zwischen 1350 und 1774 aus und fand heraus, dass sich die Verordnungen und Vorschriften im Laufe der Zeit zum Teil erheblich veränderten – und zwar nicht willkürlich, sondern in Reaktion auf sich verändernde Bedingungen. Hatte sich eine Vorschrift bewährt, konnte sie über Jahrhunderte hinweg gültig bleiben. So zum Beispiel die Regelung der Maschenweite der Stellnetze. Diese war 1455 auf 37 Band festgelegt. Die Nutzung der alten Netze wurde für ein weiteres Jahr zugelassen, doch danach waren ausschließlich die weitmaschigeren Stellnetze zu verwenden.[51] Diese Regelung blieb offenbar stabil bis 1774. Die Vorgaben für Zugnetze dagegen wurden wiederholt geändert. Die Maschen der Netze wurden weiter, sodass auch größere Fische entkommen konnten. In der nächsten Ordnung wurde eine Sonderregelung für die Rotaugenfischerei eingeführt, die wieder mit engeren Maschen betrieben werden durfte. Offenbar gab es viele Rotaugen, sodass dort die Gefahr der Überfischung Anfang des 17. Jahrhunderts nicht drohte. Man hat also flexibel reagiert und passte die Bestimmungen regelmäßig den Bedürfnissen der Fischer und den Gegebenheiten im See an. Das gilt auch für das 18. Jahrhundert. Beides waren Phasen starken Bevölkerungswachstums, in denen die Kapazität der Landwirtschaft in der Region an ihre Grenzen stieß. Fisch war eine Nahrungsquelle, deren Erträge durch eine Intensivierung gesteigert werden konnten. Vermutlich gab es auch immer mehr Fischer. Das lässt sich aus den Diskussionen auf den Fischereikonferenzen schließen. Es fällt auf, dass sich in diesen Phasen insgesamt die Verschärfungen häufen. Kurzfristige Interessen standen langfristigen entgegen. Man musste Kompromisse finden zwischen einer Intensivierung der Fischerei zur Deckung des steigenden Bedarfs und der langfristigen Sicherung der Ressource Fisch.

Man musste also umdenken. Statt die regelmäßigen Änderungen in den Fischerordnungen als Beweis für deren Nichtfunktionieren zu lesen, sieht man heute darin das Geheimnis des Erfolgs: Denn die Entwicklung der Bodenseefischerei vom späten Mittelalter bis ins 19. Jahrhundert war eine Erfolgsgeschichte. Die Ressource Fisch wurde von den Fischern über Jahrhunderte hinweg effizient genutzt, ohne dass es zum andauernden Niedergang der Bestände oder zu bedenklichen Versorgungskrisen in der Bevölkerung kam. Eine Tragödie der Allmende konnte vermieden werden! Was waren die Gründe? Nach Zeheters Einschätzung waren zwei Kriterien maßgeblich: Erstens bestimmten die Fischer selbst über die Regulierung der Fischerei, konnten sich also die Regeln geben, die nach ihren Erfahrungswerten angemessen waren. Sie wurden an Fischertagen gehört, ihr Wissen wurde von den zuständigen Obrigkeiten geschätzt, und sie schufen so selbst die Voraussetzungen für jede Modifikation der Fischerordnungen. Zweitens konnten Fremde, die den Regeln nicht unterworfen waren, von der Nutzung der Ressource ausgeschlossen werden. Oder umgekehrt formuliert: Das Regelwerk sorgte dafür, dass alle Fischer, die Zugang zu den bedeutenden Märkten am See wollten, sich den Regeln der Commons unterwerfen mussten. Wer fischte, egal wo und in wessen Auftrag, war an die Regeln des Sees gebunden. Freilich begünstigte die leichte Verderblichkeit des Fischs diesen Kooperationszwang. Denn es war beinahe unmöglich, Bodenseefisch in großen Mengen auf weit entfernten Märkten anzubieten und so die Fischerordnungen zu umgehen.[52]

Berge – Alpennutzung und die Fernweidewirtschaft

Seit Menschengedenken sind Berge Gemeingut. Seit Menschengedenken wurden Bergweiden von den Bewohnern der Täler gemeinsam genutzt. Wie das geschah, lässt sich über weite Strecken nur indirekt erschließen, anhand archäologischer Quellen, zum Beispiel Mauerreste ehemaliger Sommerweidehütten im

Hochgebirge, historische Viehpfade, durch saisonale Düngung veränderte Vegetation und andere Spuren, die die Bergweidewirtschaft – auch Alm- oder Alpwirtschaft genannt – über die Jahrhunderte in den Landschaften hinterlassen hat. Erst aus dem Spätmittelalter liegen aussagekräftige schriftliche Quellen vor. Zu den ältesten gehören die »Alpbriefe« aus den Schweizer Gemeinden, die seit dem späten 14. Jahrhundert üblich wurden. Ein schönes Beispiel ist ein solcher Brief betreffend den Alpen Mühlebach und Ueblis in der Innerschweiz aus dem Jahr 1416.[53] Man findet Bestimmungen über die Höchstzulassung für den Viehbestand, Klärung der Zugehörigkeit zur Nutzergemeinschaft für die betreffenden Alpen sowie die Festlegung der Termine für Alpauf- und -abfahrt und für die Instandhaltung der Alp. Aufgaben wie Säubern und Roden werden gemeinschaftlich und nach Bedarf durchgeführt. An genau festgelegten Tagen sind alle Alpgenossen mit so vielen Knechten, wie es ihren Anteilen entspricht, zu Aufräumarbeiten verpflichtet. Wer nicht kommt, muss zahlen oder die Arbeit nachholen. Wenn einer sein Auftriebsrecht nicht wahrnimmt, soll ihm ein Drittel seines Zinsguthabens gutgeschrieben werden. Dass die Anteile an den Nutzungsrechten nicht veräußert werden dürfen, wird ebenfalls festgelegt. Schließlich werden fünf Alpvögte (sogenannte Leider) benannt, denen die Überwachung und Einhaltung der Regeln und die Erhebung der Bußen für den Fall der Übertretung obliegt. Man kann daraus schließen, dass auch die Nutzung der Bergweiden als Commons nicht ohne Regeln auskam. Selbst die ältesten überlieferten Ordnungen dokumentieren klare Vorschriften und Zugangsbeschränkungen. Regelmäßig findet sich auch der Zusatz, dass Änderungen dann erfolgen, wenn die Mehrheit das für notwendig erachtet (»wenn der merteil dunkte, dz es notdtdurfftig sye«).

So viel in Kürze zu den wohl bekanntesten Fällen der Weideallmende. Oft wird aus Beispielen der Schweizer Alpen die Schlussfolgerung abgeleitet, dass solche genossenschaftlichen Wirtschaftsformen am besten geeignet seien für lokale, sesshafte, zahlenmäßig überschaubare und langfristig stabile Gemeinschaften mit geringer Mobilitätsrate, sowohl sozial als auch räumlich. Will heißen, nur tendenziell eher »rückständige« Gesellschaften konnten sich kollektive Bewirtschaftungsformen leisten. Und daraus wiederum folgt der Schluss, dass dieses Modell in der modernen, international vernetzten und hochmobilen Welt nicht geeignet sei. Hier liegen gleich zwei Fehleinschätzungen vor: Es wird zum einen die Geschlossenheit dörflicher Gemeinschaften *über*schätzt und zum anderen deren Mobilität *unter*schätzt. Ein geläufiger Irrtum, der davon ausgeht, dass die Menschen früher, insbesondere auf dem Land, ihr ganzes Leben in ein und demselben Dorf verbracht hätten. Das trifft sicherlich auf viele zu. Aber auf viele auch nicht. Aus den Quellen zu den Innerschweizer Dörfern zum Beispiel geht hervor, dass die Mobilität viel höher war, als man erwarten würde. Es finden sich zahlreiche Hinweise auf temporäre Wanderungen von Frauen und Männern, auf Hirten und Senner, die in jungen Jahren auswärts arbeiteten. Selbst die oft vermutete soziale Stabilität scheint den modernen Erwartungen zuwiderzulaufen. Eine zentrale Rolle kommt in vielen dieser Genossenschaften dem »talwip« (wörtlich »Talweib«) zu, einer Frau, die in Genossenschaftsanliegen das Sagen hatte, während die Männer als »Kuhmelker« für die Handarbeit zuständig waren.[54]

Transhumanz in den südfranzösischen Pyrenäen

Die gemeinsame Nutzung von Bergweiden in der sogenannten Fernweidewirtschaft, auch Transhumanz genannt, wird am Beispiel der südfranzösischen und nordspanischen Pyrenäen vorgestellt. Im Gegensatz zur sommerlichen Bewirtschaftung einzelner Almen sind hier Herden jedoch ganzjährig unterwegs. In mehrwöchigen Wanderungen werden sie zu jahreszeitlich wechselnden, oft Hunderte von Kilometern voneinander entfernt liegenden Weidegebieten getrieben. Diese Form der gemeinschaftlichen Nutzung von Bergweiden reicht bis in die Antike zurück. Erst gegen Ende des 19. Jahrhunderts, im Zuge der umfassenden Privatisierung von Land und Boden, ging sie stark zurück. Der Fachbegriff Transhumanz ist aus dem südfranzösischen *transhumer* abgeleitet, wobei *humus* sowohl Boden als auch Gegend oder Land bedeutet. Man könnte also Transhumanz wörtlich mit »Überlandweidewirtschaft« übersetzen. Die Übergänge zur Almwirtschaft und zum Nomadismus sind fließend. Entscheidend ist der kontinuierliche Wechsel zwischen Winterweiden im Tiefland und Sommerweiden im Gebirge. Hauptverbreitungsgebiet war der erweiterte Mittelmeerraum, besonders in Regionen mit höheren, im Sommer kühlfeuchten, im Winter kalten und oft schneebedeckten Gebirgen: von Portugal über Italien, die Türkei bis nach Armenien, von Südfrankreich über Katalonien bis nach Andalusien.[55]

Der Wanderschäfer aus Montaillou

»Leichtfüßig ging er, auf den Schuhen aus gutem Korduanleder, die er sich als einzigen Luxus leistet, über Berg und Tal durchs Leben.«[56] So fasste der Historiker Emmanuel Le Roy Ladurie das Lebensgefühl des Wanderhirten Pierre Maury zusammen, anhand dessen Lebensgeschichte die Weidewirtschaft der Transhumanz vorgestellt werden soll. Pierre stammte aus Montaillou, einem Dorf ungefähr 100 Kilometer westlich von Perpignan, auf halber Strecke zwischen Toulouse im Norden und Barcelona im Süden, Teil eines weitläufigen Netzwerks von Dörfern, die vorwiegend Schafwirtschaft betrieben und die Tiere ganzjährig auf Fernweiden hielten.[57] Die Wanderhirten dieser Region haben – unfreiwillig – ganz außergewöhnliche Selbstzeugnisse hinterlassen: schriftlich fixierte Aussagen über ihre Ideen und Vorstellungen, über ihr Alltagsleben, ihre Verwandten und Freunde diesseits und jenseits der Pyrenäen, dank derer wir unglaublich viel wissen. Wie unter einer Lupe wird der Mikrokosmos dieser Bergwelt in den Quellen sichtbar. Warum das so ist, dazu müssen wir kurz ausholen:

Montaillou ist ein berühmtes Dorf. Vielleicht das berühmteste Dorf Frankreichs. Berühmt allerdings nicht so sehr für seine Wanderhirten, sondern vielmehr für seine Ketzer, die sogenannten Katharer. Es ist das »Dorf vor dem Inquisitor«, dem im Jahr 1975 der französische Historiker Emmanuel Le Roy Ladurie eine Studie widmete, die zu Recht zu den berühmtesten Geschichtsbüchern des 20. Jahrhunderts werden sollte. Er wertet darin ausschließlich Protokolle von Ketzerverhören aus, die in den Jahren 1318 bis 1324 entstanden waren. In den Protokollen der Gerichtsschreiber – die sämtliche Aussagen aus der okzitanischen Sprache in lateinische Notizen und dann in Reinschrift in große Pergamentbände übertrugen – werden die Stimmen von Menschen vernehmbar, die unter normalen Umständen nie verschriftlicht worden wären. Sie liefern einen großen Reichtum an Informationen und ungewöhnlich detaillierte Einblicke in das Alltagsleben spätmittelalterlicher Fernweidehirten.[58]

Grundherr in Montaillou war der Graf von Foix, der sich durch seinen Beamten, den Kastellan (Chatelain) vertreten ließ, der im sogenannten Château wohnte, einem Steinbau auf der Höhe. Zur Zeit des Pierre Maury war eine gewisse Béatrice de Planissoles die Kastellanin. Um das Château herum lagen terrassenförmig angelegte Häuserreihen und Gärten, mit der Kirche ganz unten. Die Bewohner, Handwerker und Bauern hielten kleine Landparzellen. Archäologische Grabungen haben gezeigt, dass man intensiven Ackerbau betrieb und Hafer, Weizen, Gerste und insbesondere Rüben anbaute.[59] Insgesamt 55 Häuser existierten im Dorf, in denen die Menschen oft gemeinsam mit ihrem Vieh unter einem Dach wohnten. Die Mitglieder der Hausgemeinschaft fluktuierten, zeitweise wohnten angestellte Arbeiterinnen und Arbeiter mit im Haus. Es gab keine Leibeigenen. Mägde und Knechte standen in Vertragsverhältnissen, und stets waren Gäste im Haus. Viele der Frauen lebten als Wanderarbeiterinnen. Mehrgenerationenfamilien waren eher selten. Die Aussagen der Dorfbewohner zeigen, dass die Abstammung für den Zusammenhalt keine besonders große Rolle spielte, wichtiger waren weit verzweigte Verwandtschaftssysteme und Nachbarschaften.[60]

Pierre Maury, der Wanderhirte, wurde um das Jahr 1282 als Sohn einer Weberfamilie des Dorfes geboren. Wie fast alle Familien im Ort betrieben auch die Maurys zugleich Landwirtschaft und Viehzucht. Und, wie ebenfalls fast alle im Dorf, waren sie Anhänger der katharischen Kirche. Einer der Brüder Pierres arbeitete als Holzfäller, zwei seiner Schwestern wurden jung verheiratet, drei weitere Brüder arbeiteten ebenfalls als Schäfer. Dank der Ausführlichkeit der Aussagen Pierres wissen wir außergewöhnlich gut Bescheid über diesen Wanderhirten. Um das Jahr 1300 war er als 18-jähriger Schäfer auf dem Gemeindeland von Montaillou tätig. Im Herbst verließ er sein Elternhaus, um im Tal auf den wärmeren Weiden im heutigen Département Aude ein Auskommen zu suchen. Dort verdingte er sich als Schäfer bei seinem Vetter Raymond Maulen in Arques, ging eine kurze Beziehung mit einer gewissen Bernadette ein, die ihm jedoch zugunsten der Tochter eines »guten Christen«, also eines Katharers, ausgeredet wurde. Man stellte ihm eine Zukunft als künftiger Schwiegersohn des Raymond Pierre, eines wohlhabenden Katharers in Arques, in Aussicht. Allerdings war dessen Tochter noch nicht im heiratsfähigen Alter, und Pierre sollte noch etwas warten. Unterdessen wurde er von seinem künftigen Schwiegervater als Schäfer unter Vertrag genommen. Aus Pierres Aussagen vor Gericht geht hervor, wie die Haushalte in diesen Dörfern von einem steten Kommen und Gehen geprägt waren. Die Inquisition interessierte sich natürlich vor allem für verdächtige Objekte, und der Bischof stellte sehr präzise Fragen. So erfahren wir, dass Pierre als Schäfer auf den Hochweiden arbeitete und einmal die Woche ins Tal abstieg, um sein Brot zu holen. Bei dieser Gelegenheit traf er regelmäßig Gäste im Haus seines Arbeitgebers an: Andere Schafzüchter, Hirten und herumziehende katharische Prediger waren anwesend, deren Lehren Pierre beim gemeinsamen Mahl gern lauschte. So ließ er sich irgendwann bekehren. Berühmte Prediger wie Pierre Authié, Prades Tavernier oder Guillaume Belibaste faszinierten ihn. Es war offenbar selbstverständlich, dass den Gästen auch ein Nachtlager angeboten wurde, und immer wieder erwähnt Pierre, dass es zum Frühstück dann Eier und Speck gab, und fast immer enden seine Ausführungen mit dem lakonischen »Und ich ging wieder zu meinen Schafen«.[61] Den Großteil dieses Sommers – Pierre muss um die zwanzig gewesen sein – verbrachte er in den Bergen, an einem Ort namens Rabassole. Gemeinsam mit sieben anderen Schäfern, deren Namen stets penibel verzeichnet werden, bildeten sie die Belegschaft einer »cabane« oder Hütte. Gemeint ist mit diesem Begriff sowohl die Unterkunft für die Schäfer als auch die zeitweilige Arbeitsgemeinschaft. »Ich war der ›cabanier‹ oder Hüttenobmann«, erklärte Pierre dem Inquisitionsgericht. »Ich machte den Käse ... und gab vorüberwandernden Häretikern gekochtes Fleisch, Käse, Milch und Brot.« Pierres führende Stellung unter seinen Kameraden auf der Alm überrascht einen nicht weiter, wenn man anderswo in den Protokollen lesen kann, dass er bei allen als sehr tüchtig galt. Von seinem Arbeitgeber wissen wir, dass er Pierre stets als Oberschäfer sehen wollte, als den, der »die übrigen Schäfer regiert«.[62]

Wir wissen auch, dass Pierre Maury Ende des Sommers 1305 seinen Arbeitgeber in Arques verließ und bei einem gewissen Barthélemy Borrel in den Dienst trat. Dieser hatte seine Herden jenseits der Pyrenäen bei Tortosa in Katalonien. Mit zwei Gehilfen wanderte er in den Süden, gemeinsam mit vielen anderen Wanderhirten und Wanderarbeitern, die auf der Suche nach Arbeit oder auf der Flucht vor der Inquisition waren, über die Pyrenäen nach Katalonien. Während man im Sommer die Weiden auf der Nordseite in der Grafschaft Foix nutzte, lagen die wärmeren Winterweiden auf der Südseite der Pyrenäen. Pierre berichtet minutiös über jeden einzelnen seiner Arbeitsverträge, er wechselte regelmäßig seine Auftraggeber, auffällig häufig waren dies auch Frauen. Nicht selten wanderten die Herdenbesitzer selbst mit ihren Herden mit, wie etwa Ramond Boursier aus Puigcerda, für den Pierre in den Jahren 1310 und 1311 in den Höhenlagen der südlichen Pyrenäen arbeitete. Später verdingte Pierre sich bei einem Katalanen namens Barthélmy Companho. Acht Schäfer hüteten dessen Herde, zwei davon wie Pierre aus dem Gebiet um Montaillou. Einige Zeit verbrachte er bei einer inzwischen ausgewanderten Tante, Guillemette Maury, die in der Nähe von Tortosa wirtschaftlich sehr erfolgreich als Geschäftsfrau ansässig geworden war. Auch bei ihr wohnte er hin und wieder. Interessant ist, dass er für die Zeit, während der er anderer Leute Schafe in den Bergen hütete, seine eigenen Tiere vermietete. Gewinne und Verluste wurden zu gleichen Teilen ausgerechnet und zwischen den Vertragspartnern aufgeteilt. Und weiter geht das Wanderleben. Sechs Wochen nach Norden in die Cerdagne, das Gebiet an der Grenze zwischen Katalonien und Roussillon. Im Sommer dann führte er die Schafe einer gewissen Dame Brunissende auf die Bergweiden im Oberland der Ariège, immer in Begleitung von Helfern, seien dies junge Verwandte oder andere Schäfer mit ihren Herden. Im Herbst kehrte Pierre ins südliche Katalonien zurück und führte die Herden seines alten Dienstherrn Arnaud Faurés auf die Winterweide in der Plana de Cenia bei Tarragona. Im Sommer wanderte er wieder nach Norden und ließ dort gemeinsam mit anderen Schäfern aus Montaillou in der Nähe des Puymauren-Passes bei l'Hospitalet weiden. Und so ging es immer weiter, in ununterbrochener Wanderschaft zwischen Katalonien, der Cerdagne, Aragon und dem Ariège zwischen Winter- und Sommerweiden.

Im Gegensatz zu den Alpwirtschaften der Innerschweiz waren die Wanderhirten der Pyrenäen ganzjährig mobil. Diese Form der Nutzung kollektiver Ressourcen beruhte im Grunde auf einer privatwirtschaftlichen Organisationsform. Die Quellen sprechen von der »boria« als der Grundlage dieser mobilen Fernweidewirtschaft. Der Begriff bezeichnet sowohl die Scheune und Stallungen beziehungsweise Einzäunungen als auch das wirtschaftliche Unternehmen eines Hirten. Seine Geschäfte waren über weitläufige Verwandtschaftsnetzwerke jenseits und diesseits der Pyrenäen organisiert. So war zum Beispiel eine der wichtigsten Geschäftspartnerinnen von Pierre Maury seine entfernte Verwandte Guillemette Maury in Katalonien. Die wirtschaftlichen Beziehungen beruhten ausschließlich auf Verträgen mit regelmäßig wechselnden Dienstherren. Meist waren das Lohnverträge mit festen Sätzen und je nach Risiko mit oder ohne Gewinnbeteiligung.[63] Die Grenzen zwischen Lohnarbeit und Pacht waren fließend. Und auch die Schäfer selbst hatten eigene Tiere, die sie zeitweise verpachteten oder auch als Zahlungsmittel verwendeten. So verpfändete Pierre einmal 30 seiner Schafe, als Teil des Kaufpreises für 100 Schafe, die er einem Züchter namens Raymonde Barry abgekauft hatte.[64]

Dass die Weiden zu einzelnen Gemeinden gehörten, schien kein Grund zu sein, sie nicht zu nutzen. In einem Protokoll wird erwähnt, dass Pierre zwei Sommer lang seine Schafe am Pal-Pass, auf dem Gebiet der Gemeinde Baga, in der Nähe von Barcelona weidete und einen Sommer über am Cadi-Pass, auf dem Gebiet von Josa, bei Gerona im Gebirge. Solche Hinweise der Zeugen auf territoriale Grenzen lassen vermuten, dass diese Gemeinden für die Nutzung ihrer Flächen Abgaben von den Schäfern erhoben. Auch gab es Weiden in Dorfnähe und in Privatbesitz oder auf Gemeindeland, das oft nominell einem adeligen Grundherrn gehörte, aber nicht belangt wurde. Es ist nicht ersichtlich, nach welchem Prinzip die Schäfer die Weiden unter sich aufteilten. Zuweilen wurden sie ausgelost, zum Beispiel unter den Schäfern aus Montaillou, wenn diese ihre Tiere auf die Weiden von Arques führten. Auf der katalanischen Seite der Pyrenäen waren die Bedingungen härter. Wollte man dort auf Gemeindeland eines Dorfes, musste der Schäfer seine Einbürgerung beantragen beziehungsweise ein Mädchen aus dem Dorf heiraten: Davon zeugt die Geschichte des jungen Jean Maury, eines Neffen von Pierre. Als er in Casteldans, einem Dorf in der Nähe von Lérida, seine Schafe weiden lassen wollte, befahlen ihm die Gemeinderäte, entweder unverzüglich zu heiraten oder mit seiner Herde weiterzuziehen, ehe seine Schafe die Dorfweiden kahl gefressen hätten. Da Jean Maury auf die Schnelle keine Frau finden konnte, die ihn hätte heiraten wollen, musste er das Dorf verlassen. Er zog weiter in das Nachbardorf Juncosa, wo er eine heiratswillige Frau namens Mathena fand. Mit der Hochzeit war in der Regel der erste Schritt in die Sesshaftigkeit getan. Meist endete das Leben als Wanderhirte mit der Familiengründung. Auch Pierre Maury war verheiratet, allerdings nur für kurze Zeit, und zwar mit der Geliebten des Katharerpriesters Guillaume Belibaste. Es scheint, Pierre gab seinem Freund ein Alibi für die

Schwangerschaft seiner Freundin. Und dazu reichten drei Tage. Danach wurde die Ehe durch Belibaste höchstselbst wieder geschieden. Was Pierre Maurys Frauen anbelangt, scheint es damals üblich gewesen zu sein, eine Freundin oder Bettgefährtin jeweils für einen Sommer mit in die Berge zu nehmen, man pflegte also gewissermaßen saisonale Beziehungen, die genauso schnell gelöst wie eingegangen wurden.[65]

Le Roy Ladurie kommt fast ins Schwärmen bei der Beschreibung der Lebensform dieser Fernweidehirten der pyrenäischen Transhumanz: Sie waren Wanderer ohne Haus und Hof. Selbst wenn sie es durch Herden und Geld zu verhältnismäßigem Wohlstand brachten, waren sie kaum versucht, ihr Herz an Besitz zu hängen. Mobil, wie sie waren, hatten sie für Immobilien kaum Verwendung. Stattdessen war Pierre auf einen Reichtum an Beziehungen bedacht: flüchtige Beziehungen zu seinen Geliebten, deren Gesellschaft ihn auf den Weiden oder in den Tavernen erfreute, Beziehungen zu seinen Geschwistern, Cousins und Cousinen, Tanten und Onkel und Freunden. Er fühlte sich wohl in diesem Netzwerk. Er hieß sein Schicksal willkommen, liebte seinen Beruf und seine Lebensweise. Seine Schafe bedeuteten ihm Freiheit. Nie hätte er dies gegen die Verlockung der Sesshaftigkeit eingetauscht, die ihm manche der Freunde oder Arbeitgeber schmackhaft zu machen versuchten, sei es durch Heirat, Adoption oder das Angebot eines Hauses. Er zog es vor, ein Wanderer zu sein, unbehaust und doch überall zu Hause. Hab und Gut wären ihm bei diesem Lebenswandel eine Bürde geworden. Auch war er gelassen im Umgang mit Reichtum. Wenn er Geld oder Schafe verlor, konnte er das leicht verschmerzen, denn er wusste, dass sich durch seiner Hände Arbeit früher oder später wieder etwas verdienen ließ.

Die gemeinsame Nutzung der Berge als Weideland für die Schafe wird in den Pyrenäen im 14. Jahrhundert im Wesentlichen auf privatwirtschaftlicher Basis über Verträge geregelt. Es gab damals keine großen Gemeinde- oder Bezirksherden (*ramados*). Diese kamen in diesen Gegenden erst im 19. Jahrhundert auf. Im Spätmittelalter, zu Zeiten des Pierre Maury, gehörten die Herden einzelnen Besitzern oder kleinen Gesellschaften von Privatpersonen.

Es wäre also falsch anzunehmen, dass der Gemeinsinn ein Relikt prähistorischer Gesinnung in entlegenen, rückständigen Berggegenden gewesen sei. Das Gegenteil ist der Fall. Während man im 14. Jahrhundert die gemeinsame Nutzung der entlegenen Hochebenen als Weideflächen privat organisierte, setzte sich das Prinzip der genossenschaftlichen Organisation erst später durch.[66] Auch darf die Bedeutung der Dorfgemeinden für das Leben der Schäfer nicht überschätzt werden. Ihre Organisationseinheit war die *cabane*, wo eigenverantwortliche Schäfer für eine Saison in Kleingruppen zusammenlebten. Hier wurde der Käse produziert, hier wurden die Schafe nach dem Auftrieb geschoren, hier wurden auch Durchreisende bewirtet. Damit waren diese Räume auch überregionale Kommunikationszentren. Auch Kulturtransfer fand hier statt. Bei archäologischen Grabungen in Montaillou wurden Spinatreste im Kochgeschirr gefunden. Dieses Gemüse kam aus dem arabisch-andalusischen Raum über die Fernweidehirten nach Zentraleuropa.[67]

Die Fernweidewirtschaft in den Pyrenäen wurde hier vorgestellt als eine Form der privatwirtschaftlich, auf Vertragsbasis organisierten Commons-Nutzung. Zwar sind keine schriftlichen Ordnungen, vergleichbar mit den Alpbriefen der Innerschweiz, überliefert, doch es gab Regeln. Kenntnisse über die Wege der Transhumanz, Kenntnisse der örtlichen Verhältnisse, Wissen über die vernünftige Dauer eines Aufenthaltes, sodass die Weideflächen auch im folgenden Jahr noch nutzbar wären. Dieses

Erfahrungswissen wurde von einer Generation an die nächste weitergegeben, wenn die Junghirten als Gesellen und Begleiter mit den erfahrenen Hirten mitzogen. Auftretende Konflikte – so jedenfalls der Eindruck, wenn man an Pierre Maurys Festmahl für die bischöflichen Schergen denkt – wurden zuweilen auch mit Lebenserfahrung sehr individuell und kreativ gelöst. Dass diese Kultur bis ins 19. Jahrhundert überdauern konnte, lag in erster Linie daran – zu diesem Schluss kommt Le Roy Ladurie –, dass es dieser Wirtschaft nicht um Wachstum, sondern um Selbsterhaltung ging.[68]

»Es kommt nicht darauf an, die Welt zu verbessern, sondern darauf, sie zu verschonen.« ***Odo Marquard***

Historisch gesehen lässt sich Hardins Ansatz nicht halten. Darüber ist sich die Forschung einig. Allerdings liegt das auch daran, dass Hardin weniger an historischer Allmende interessiert war als am Problem der rücksichtslosen Ausbeutung der globalen Gemeingüter. Und da hat er sicherlich recht mit seiner Warnung, dass man sich nicht auf das verantwortliche Denken und das ökologische Gewissen jedes Einzelnen verlassen sollte.

Doch war Hardins Bild von der für alle frei zugänglichen Gemeindeweide irreführend, insofern als er damit vermutlich unbeabsichtigt die Möglichkeit erfolgreicher Allmendenutzung von vorneherein ausschloss. Ihm unterliefen zwei Denkfehler. Der eine besteht in der Annahme, dass Allmende ein für alle frei zugängliches Gut sei, und der zweite in der Unterstellung, dass ein rational denkender Mensch der sei, der ausschließlich auf seinen eigenen unmittelbaren Nutzen bedacht ist.

Beide Prämissen sind so nicht haltbar. Historisch gesehen ist Allmendeland ohne Nutzungsbeschränkungen ein Adynaton, also so selten wie ein schwarzer Schimmel. Es gab sie nie, diese Art von Allmende. Auch ist die Gleichsetzung von Allmende mit einem System, in dem Gewinne privatisiert und Verluste sozialisiert werden, schlichtweg falsch. Das zweite Problem ist die Gleichsetzung von »rationalem Denken« mit der Verfolgung eigener Interessen. Gilt nicht die Fähigkeit zu vorausschauendem Denken und langfristiger Planung als das hervorragendste Merkmal menschlicher Intelligenz? Im Bild von der Bergweide gesprochen, wird ein intelligenter Bauer die Ressourcen und damit die Lebensgrundlage für seine Kinder doch nicht freiwillig zerstören. Was hat er denn davon, wenn er jede Menge Milch verkauft, aber schon jetzt weiß, dass seine Kinder arm sein werden, weil die Allmende nicht mehr existieren wird? Auch die Annahme, dass kooperatives Verhalten unwahrscheinlich sei, müsste heute zumindest genauer erklärt werden, denn die neueren Forschungen aus der Verhaltenssoziologie, der Behavioural Economics ebenso wie aus der Experimentalpsychologie, zeigen das Gegenteil. Michael Tomasello, wie eingangs skizziert, würde widersprechen. Menschen sind sehr wohl in der Lage, konstruktiv zu kooperieren. Nicht die gemeinsame Nutzung von Ressourcen ist das Problem, in den Ruin führt vielmehr, wenn Menschen sich so verhalten, wie Ökonomen es in ihren Lehrbüchern beschreiben.[69]

Prinzipien der Gemeinwirtschaft nach der historischen Erfahrung

All die vorgestellten Beispiele – und sie repräsentieren nur einen kleinen Ausschnitt des breiten historischen Spektrums – folgen in ihrer Ausrichtung klaren ökonomischen Logiken, deren Einhaltung sich über die Jahrhunderte als nachhaltige Nutzungsform bewährt hat. Der Schweizer Allmendeexperte Daniel Schläppi fasste die Prinzipien dieser Gemeinwirtschaften zusammen: Sparsamkeit strukturiert die Organisation als ein zentrales Gebot ebenso wie die Sorge um den Erhalt der Ressourcenbasis.

Die Vorstellung, dass der Erhalt des Gemeinwohls von stetem Wirtschaftswachstum abhängen könnte, lässt sich nirgendwo erkennen. Stets dominierte die Sorge um den Erhalt der Lebensgrundlage. Stets wird Langfristökonomie betrieben. Vorausschauend werden Externalitäten wie langfristige Umweltschäden schon im Vorfeld internalisiert, und zwar durch die Inkaufnahme kurzfristiger Verluste. Auch waren ökologische Zusammenhänge den Menschen gegenwärtig. Sie waren Experten der Nachhaltigkeit, auch wenn sie das Wort nicht kannten. Doch ging es – im Unterschied zu heute – den Menschen im vorindustriellen Zeitalter nicht um Naturschutz, sondern um die Bewahrung ihrer Lebensgrundlage.[70]

2.3. Beginenhöfe – Frauen-WGs und Urban Gardening

Teilen macht nicht nur reich und ermöglicht Nachhaltigkeit, Teilen macht auch handlungsfähig. Nicht nur Mönche und Nonnen, Schweizer Alpbauern, pyrenäische Wanderhirten oder der Pfälzer Wald liefern dafür Beispiele. Viele Meisterwerke unserer Kultur verdanken Entstehung und Erhalt gemeinschaftlichem Engagement. Dazu zählen beliebte Touristenattraktionen in den europäischen Städten, die gotischen Monumentalbauten wie Notre-Dame in Paris oder das Rathaus in Brüssel. Sie entstanden als kommunale Projekte und wurden in Gemeinschaftsleistung von den verschiedenen städtischen Gruppen vorangetrieben.[71] Solche Großprojekte dokumentieren ein Selbstverständnis der Städte als Sharing Communitys. Ein Selbstverständnis, das Geschäftssinn und wirtschaftliche Kreativität keineswegs untergrub. Ganz im Gegenteil. Wirtschaftliches Wohlergehen – so scheint es – förderte vielfach den Gemeinsinn, und umgekehrt war Gemeinsinn dem wirtschaftlichen Wohlergehen der Menschen zuträglich.

Das wird in den europäischen Gesellschaften des 13. Jahrhunderts besonders deutlich. Das Klima war mild. Den Menschen ging es gut. Die Wirtschaft boomte. Handel und Städte florierten. Ausgerechnet dort, wo diese Entwicklungen am deutlichsten zu spüren waren – in den flandrischen Handels- und Hafenstädten wie Brügge, Antwerpen, Gent, Löwen –, entwickelte sich eine neue Form des Zusammenlebens in der Stadt: Wohngemeinschaften von Frauen, die jenseits familiärer Bindungen in sogenannten Beginenhöfen zusammenlebten. Gefördert wurden sie durch Stadtherren, Stiftungen, Kirche und Stadtbürgertum gleichermaßen. Die heute noch erhaltenen Beginenhöfe sind vor allem deshalb berühmt, weil man dort die ältesten

Stadtgrünflächen Europas findet. Entstanden sind sie auf Initiative einzelner Stifterinnen und Stifter, ihren Erhalt jedoch verdanken sie dem gemeinsamen, generationenübergreifenden Engagement der Bewohnerinnen und verschiedenster städtischer Interessengruppen. Die gelebte Vielfalt reichte von losen Nachbarschaften Alleinstehender über Mehrpersonenhaushalte bis zu Wohngemeinschaften in Großgruppen. Geteilt wurde das alltägliche Leben, manchmal Gebet und Arbeit, nur selten Besitz. Diese ungewöhnlichen Sharing Communitys der mittelalterlichen Städte ließen ihren Mitgliedern ungeahnte Handlungsspielräume. Aus diesem historischen Vorbild kann man ein Gemeinschaftsmodell der »Ermöglichungsgemeinschaften« mit großem Inspirationspotenzial für die Zukunft ableiten.

Sharing Communitys machen Weltgeschichte

Was ist ein Beginenhof? Aus städtebaulicher Perspektive handelt es sich um einen urbanen Landschaftstyp, der hauptsächlich in belgischen und niederländischen Städten verbreitet ist. Beginenhöfe bestehen aus mehreren Häusern, Plätzen, Straßen, Gärten, mit Kirche oder Kapelle, Krankenhaus, Wirtschaftsgebäuden wie Brauerei, Mühle, Backhaus, Scheunen und auch landwirtschaftlichen Nutzflächen, also mit einer regional organisierten, stadtnahen Nahrungsversorgung. Sie weisen in aller Regel eine schützende Ummauerung mit zwei oder mehr Eingangstoren auf oder sind von städtischen Kanälen umgeben. Einige Beginenhöfe haben sogar eigene kleine Häfen beziehungsweise Schiffsanlegestellen. Die Stadtarchitekten unterscheiden, je nach Grundriss, zwei Typen. Zum einen den Straßenbeginenhof (*stratenbegijnhof*), in dem die Wohnhäuser und Wirtschaftsgebäude entlang kleiner Straßen und Gassen gebaut wurden. Daneben gibt es den Platzbeginenhof (*pleinbegijnhof*). Hier wurde die Wohnanlage um einen oder zwei größere Plätze mit Kirche oder Krankenhaus herumgebaut. Heute sind überwiegend Mischformen erhalten, die durch Baumaßnahmen über die Jahrhunderte zustande kamen, aber auch – wie das unten stehende Beispiel in Löwen zeigt – oft schon in den älteren Grundrissen angelegt sind.[72]

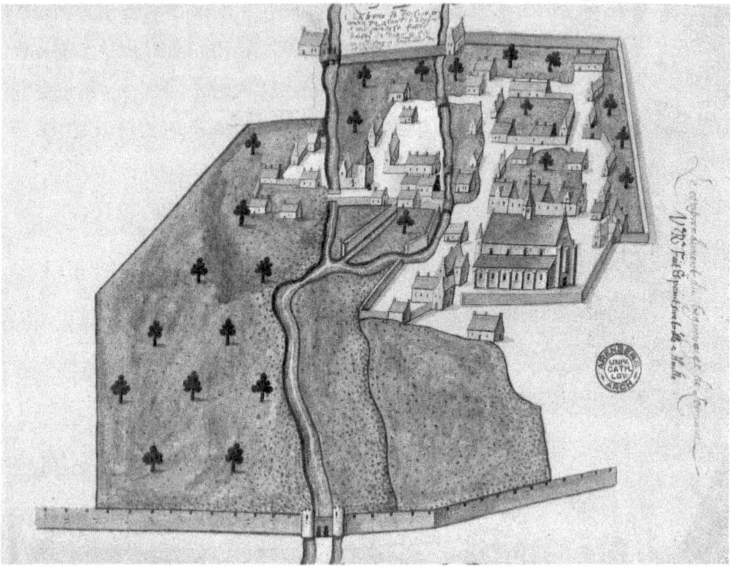

Abb. 5: Der Große Beginenhof in Löwen. Eine Mischform von Platz- und Straßenhof. Kolorierte Zeichnung von Pierre de Bersaques, um 1598–99.[73]

Weltkulturerbe »Beginenhof«

Beginen gab es europaweit. Die Wohnform der Beginenhöfe blieb jedoch beschränkt auf niederländische und belgische Städte. Historisch belegt sind 77 Höfe, 26 davon sind bis heute als städtische Ensembles erhalten. Davon wurden 13 im Jahr 1998 in die Liste des UNESCO-Weltkulturerbes aufgenommen. Als Begründung werden das erhaltenswerte architektonische Ensemble, die gelungene Integration städtischer Grünflächen und die Bewahrung des flandrischen Erbes genannt. Alle Höfe gehen in ihrer heute erhaltenen baulichen Substanz auf das 17. und 18. Jahrhundert zurück. Sie punkten mit alten Baumbeständen, wohnlichen Reihenhäusern, verträumten Plätzen, Luft zum Atmen, Gärten und großzügigen Grünflächen - und dies alles mitten in den historischen Stadtzentren. Aus Gründen der Anschaulichkeit zunächst ein kurzer Spaziergang durch einige der Höfe dieses Weltkulturerbes:[74]

Der Beginenhof in der Stadt Hoogstraten, ganz im Norden Belgiens an der Grenze zu den Niederlanden, wurde erst im 14. Jahrhundert als Platzbeginenhof gegründet, und zwar direkt neben dem städtischen Rathaus. Im 17. Jahrhundert wurde viel umgebaut und erweitert - in 62 Häusern lebten 160 Beginen. Ein- und zweistöckige weiß getünchte Häuschen säumen eine großzügige Freifläche östlich der Kirche. Auch ein alter Friedhof gehört zu diesem Ensemble. Die gesamte Anlage wurde Ende des 20. Jahrhunderts umfassend renoviert und mit einem großen Stadtfest wieder eingeweiht. Als typischer Straßenhof gilt Lier, mit 156 Häusern. Das zugehörige Krankenhaus wurde nach einem Brand im Jahr 1970 von der Stadt wiederaufgebaut, die Apartments werden seither als begehrte, zentral gelegene Wohnungen zu günstigen Preisen an weniger begüterte Bewohner der Stadt vermietet. Auch den Großen Beginenhof in Mechelen hat man in jüngerer Zeit wieder zu einem attraktiven städtischen Wohnviertel umgewidmet. Hier lebten Ende des 16. Jahrhunderts zwischen 1500 und 1900 Bewohnerinnen! Ein idealtypischer Platzbeginenhof ist in Sint-Alexius in Dendermonde (Termonde) erhalten. 61 Häuser sind um einen im Dreieck angelegten Platz gebaut. Die Anlage wurde im Jahr 1288 gegründet und war ursprünglich vollständig vom Wasser des Flusses Dendre umgeben. Die heute erhaltene Bebauung stammt zwar aus dem 17. Jahrhundert, doch ist der Grundriss mittelalterlich.

Abb. 6: Der Beginenhof in Dendermonde, Grundriss eines typischen Platzbeginenhofs.

St. Elisabeth Ten Wijngaarde heißt der Beginenhof in Brügge, gegründet im 13. Jahrhundert. Der Name, wörtlich »Zum Weingarten«, deutet auf eine ursprüngliche Randlage in den Weinbergen der Stadt hin, vermutlich außerhalb der damaligen Stadtmauer. Doch im Zuge der Stadterweiterung im 13. Jahrhundert wurde der Hof Teil der Kernstadt und wuchs zu einem eigenständigen Stadtquartier heran, umgeben von einer Mauer und dem städtischen Kanal. Der Ausschnitt aus einem Stadtplan von Brügge aus dem 16. Jahrhundert (Abb. 7) zeigt deutlich die vielen verschiedenen Bautypen innerhalb des Beginenhofs. Es gibt kleine Häuser, gebaut wie Einfamilienhäuser, und größere Gemeinschaftsgebäude. Die Prominenz der Kirche (markiert mit 42), die mittig auf dem geräumigen Platz gebaut wurde, ist typisch für viele Beginenhöfe. Neben dem Westportal, jenseits der drei Bäume, sieht man das Krankenhaus mit einer eigenen kleinen Kapelle. Außenmauern sind an den Ost- und Südseiten erkennbar, werden jedoch im Norden und Nordwesten durch angrenzende Häuserreihen außerhalb des Hofes verdeckt. Die Wohnhäuser der Beginen sind um die zwei Plätze herum und entlang der Straße gebaut. Der Haupteingang der Siedlung liegt im Osten der Kirche, links oben im Bild, und war über eine Brücke vom Weinbergplatz über den Kanal zugänglich. Ein anderer Eingang ist unten rechts erkennbar.

Abb. 7: Der Beginenhof St. Elisabeth Ten Wijngaarde in Brügge, 1562.

Diese Brücke über den Kanal zum Weinbergplatz mit einem Eingangstor aus dem 17. Jahrhundert ist noch heute erhalten. Der Hof beeindruckt durch die großzügige zentrale Grünfläche inmitten der weißen, meist zweistöckigen Häuser. Die Kirche, mit einem erhaltenen gotischen Türmlein, liegt hier etwas versteckt, am östlichen Rand der Anlage. In den Quellen finden sich Hinweise auf die heute nicht mehr vorhandenen landwirtschaftlichen Gebäude, Stallungen und Scheunen.

Abb. 8: Brügge. Beginenhof mit Eingangsbrücke und gotischer Kirche.

Abb. 9: Brügge. Zentrale Grünfläche umgeben von den Beginenhäusern.

In der Stadt Gent gibt es gleich drei Beginenhöfe: Der Kleine Beginenhof, Ter Hoye (auch Onze-Lieve-Vrouw) entlang der Langen Violettenstraat umfasst in seinem heutigen Bestand aus dem späten 17. Jahrhundert an die 80 Einfamilienhäuser und sieben größere Wohnhäuser (Konvente), alle angelegt um zwei große Plätze als eigenständiges Stadtviertel. Der Große Beginenhof (Groot Begijnhof Sint-Elisabeth) im Genter Stadtteil Sint-Amandsberg vermittelt den Eindruck eines beschaulichen, bewohnten Stadtparks mit integrierter Landwirtschaft. Der Beginenhof in Diest erlebte im späten 17. Jahrhundert eine Hochphase. Nach Zahlen des städtischen Meldeamts lebten dort im Jahr 1674 insgesamt 410 Beginen und 65 Kinder.[75] Schließlich eine Besonderheit zum Beginenhof in Sint-Truiden. Dort findet man die ausgedehnten landwirtschaftlichen Flächen, einen Kräutergarten sowie die einzige heute noch gut erhaltene »Beginenfarm« (*ferme béguinale*).

»Cities of Ladies«

Die Schöpferinnen dieser außergewöhnlichen, urbanen Landschaften waren Frauen. Beginenhöfe wurden nahezu ausschließlich und über Jahrhunderte hinweg von Frauen bewohnt und bewirtschaftet. Schon die Zeitgenossen sprachen von Beginenstädten (*civitas beghinarum*), und der US-amerikanische Historiker Walter Simons prägte den treffenden Begriff der »Cities of Ladies«.[76]

Was verbirgt sich dahinter? Frauen, die alleine, zu zweit, mit Personal oder in größeren Gruppen in Privathäusern oder in eigens erbauten Gemeinschaftshäusern zusammenlebten. Jede der Frauen ging ihrer eigenen Arbeit nach. Sie kamen aus unterschiedlichsten sozialen Schichten. Es gab keine Gütergemeinschaft. Manche waren ehemals verheiratet, hatten Kinder, andere waren jung und lebten als »fromme Jungfrauen« in der Gemeinschaft. Sie legten in der Regel kein Gelübde ab. Beim Einzug verpflichteten sie sich lediglich zur Einhaltung der Regeln des Hauses und zum Gehorsam gegenüber der »Meisterin«, doch konnten sie die Gemeinschaft ebenso formlos verlassen, wie sie eingetreten waren, zum Beispiel, um zu heiraten. Manche bekannten sich zu individueller Armut, andere behielten ihren Besitz. Die Frauen lebten eine Lebensform intensivierter Frömmigkeit, doch waren sie keine Angehörigen des geistlichen Standes, wenngleich sie von ihrer Umgebung nicht selten als Nonnen oder Klosterfrauen wahrgenommen wurden. Obwohl es sich nicht um einen überregional organisierten Zusammenschluss Gleichgesinnter handelte, entwickelten sich ihre Niederlassungen in vielen Regionen ähnlich. Warum, ist ungeklärt.

Fast alle Höfe entstanden im 13. Jahrhundert. Kapital und Land wurde über Stiftungen lokaler Wohltäter aufgebracht. Die Frauenquote unter den Stiftern betrug 45 Prozent. Führend waren Johanna und Margareta von Konstantinopel, Mutter und Tochter, die als Gräfinnen von Flandern und Hennegau eine lange Regentschaftszeit von 74 Jahren verzeichneten (1206 bis 1280). Auch die Königin von Frankreich gründete Beginenhöfe, ebenso adelige Damen wie eine gewisse Jutta, die Witwe von Wilhelm von Montjoie (Sittard), oder wohlhabende Nonnen oder Stiftsdamen wie Isabelle de Houpelines (Mons) oder die Äbtissin Guda von Rennenberg (Thorn). Doch waren der Großteil der Stifterinnen weltliche Damen, oft Witwen, die ihren Land- und Immobilienbesitz in den Städten zu Beginenhöfen umwandelten beziehungsweise anordneten, dass diese nach ihrem Tod zu Beginenhöfen werden sollten.[77]

Das heutige uniforme Erscheinungsbild der Beginenhöfe war ursprünglich nicht gegeben.[78] Sie waren zwar großteils im 13. Jahrhundert durch Stiftungen und Landschenkungen ermöglicht worden, doch verband sich mit den Stiftungen kein

Meisterplan, sondern lediglich ein Freiraum für künftige Entwicklung in Form von städtischem Bauland und Wohnraum. Die Anlagen wurden nach und nach gebaut, immer wieder erweitert und umgebaut wie andere Stadtteile auch. Ausschlaggebende Faktoren für die Vergrößerungen waren Zuzug und die Initiative der Bewohnerinnen. Die Beginen selbst waren es, die ihre Häuser erbauen ließen, entweder aus eigenem oder aus Stiftungsvermögen. Größere Bau- und Umbauprojekte wurden in vielen Städten von den Kommunen und Kirchen unterstützt. So finanzierten die Hamburger Beginen ihren Umbau an der Wende vom 15. zum 16. Jahrhundert mit Finanzhilfen, die der Bischof durch den Verkauf von Ablässen aufbrachte. Vermögende Mitglieder der Hamburger Blauen Schwestern, ebenso wie Hamburger Familien, unterstützten den Umbau mit Spenden.[79] So wurden städtische Kapitalflüsse gezielt in die Beginenhöfe gelenkt. Zuweilen versuchten auch Nichtmitglieder, sich in einen Beginenhof einzukaufen, etwa durch den Erwerb einer Immobilie ebenda. Aus den Statuten, aber auch aus Gerichtsprozessen wird deutlich, dass die Meisterinnen mancher Beginenhöfe versuchten, ein Vorkaufsrecht der Gemeinschaft geltend zu machen, doch konnte das offenbar nur in Einzelfällen durchgesetzt werden. Erst in der Neuzeit wurden die einzelnen Häuser Gemeinschaftsbesitz der Höfe, der dann an einzelne Frauen auf Lebenszeit verpachtet wurde. Im Mittelalter blieben die Immobilien im Besitz der Frauen, wurden von diesen verkauft oder vererbt, sei es an andere Beginen oder an die Verwandtschaft, die sie ihrerseits an andere Beginen weiterverkaufen konnte.

Entstehungsgeschichte und Theorien zur Erklärung

Die historische Forschung prägte den Begriff der »semi-religiösen« Lebensform für die Beginen, weil diese ein Leben intensivierter Frömmigkeit führten, aber keine Nonnen waren.[80] Der

Begriff Begine (lat. *beg[u]inae*, *beguttae*) taucht zum ersten Mal im frühen 13. Jahrhundert auf. Was genau er bedeutet, ist unklar. Manche leiten ihn von einer »heiligen Begga« ab, andere von einem gewissen Lambert le Bégue aus Lüttich. Man hat auch vermutet, dass *bigin* eine Kurzform von Albigenser gewesen sein könnte, eine Bezeichnung, die damals zuweilen gleichbedeutend mit Ketzer oder Häretiker, für »falschgläubige« Christen, verwendet wurde.[81] Doch ist in den Quellen seit dem 12. Jahrhundert auch neutral von *mulieres religiosae* die Rede, zur Bezeichnung von Frauen, die ein Leben der Frömmigkeit, jenseits der Familie, in der Gemeinschaft mit Gleichgesinnten führten. Manche fanden das nicht gut, andere – wie zum Beispiel ein anonymer Chronist aus Colmar Anfang des 13. Jahrhunderts – freuten sich über die Vielzahl und Vielfalt von Frauengemeinschaften, die in dieser Zeit entstanden.[82] Auch in die Vorstellungen des 19. und 20. Jahrhunderts wollte diese Lebensform so gar nicht passen. Man argumentierte mit Frauenüberschuss oder damit, dass die Kirche die Frauen in Klöster gesteckt habe.[83]

Dass Frauen selbstständig in Wohngemeinschaften lebten, will noch immer nicht zu den landläufigen Vorstellungen vom Mittelalter passen, denn intuitiv meinen wir zu wissen, was »früher« normal gewesen sei, nämlich die ortsansässige sogenannte traditionelle Familie. Dabei ist genau die eine der folgenreichsten Erfindungen der Moderne. Davor war die Vielfalt viel größer! Seien dies Gelehrtengemeinschaften in einem universitären College, Händlergemeinschaften, spezialisiert auf den Fernhandel, religiöse Gemeinschaften in einem Kloster, Gewaltgemeinschaften von Söldnern oder Nomadengemeinschaften der Transhumanz, wie die Wanderhirten in den Pyrenäen. Zu dieser Vielfalt zählen auch die Wohngemeinschaften der Beginen. Eine Auswertung des vorhandenen Zahlenmaterials macht deutlich, dass ihr Anteil an der damaligen Gesamtbevölkerung von Fall zu Fall zwischen 1 und knapp 8 Prozent schwankt. Zum Vergleich: Der Anteil von Wohngemeinschaften an der Gesamtbevölkerung in deutschen Städten des frühen 21. Jahrhunderts liegt bei 5,9 Prozent.[84]

Kleine Höfe (35-100 Beginen)

Beginenhof	Jahr	Einwohner
Breda	1535	32
Zoutleeuw	1526	36
Hesdin	1324	38
Tienen	1526	39
Valenciennes	1485	49
Kortrijk	1526	52
Turnhout	1480	60
Bergen op Zoom	1526	65
Lier	1480	69
Cantimpret in Mons	1365	84

Mittelgroße Höfe (100-400 Beginen)

Champfleury in Douai	1272	100
St. Catherine in Antwerpen	1526	101
Groot Begijnhof in Louvain	1526	125
St. Catherine in Diest	1558	144
Wijngaard in Brügge	1455	153
Groot Begijnhof in ´s-Hertogenbosch	1526	183
St. Catherine in Tongeren	1322	230
Herentals	1480	266
Klein Begijnhof in Gent	1500	269
Dendermonde	1480	275
Wijngaard in Brüssel	1526	326

Große Höfe (1000-1900 Beginen)

Groot Begijnhof St. Elisabeth in Gent	Spätes 13. Jh.	610-730
St. Christophe in Liège	Mitte 13. Jh.	1000
Groot Begijnhof St. Catherine in Mechelen	Spätes 15. Jh.	1500-1900

Abb. 10: Übersicht zur Zahl der Bewohnerinnen aus 31 Beginenhöfen (nach Simons).

Wie organisiert man Sharing Communitys in der Stadt? Warum nimmt der Bischof von Lüttich, Robert von Thourette, die Beginen seines Bistums, dazu gehörte damals auch Aachen, unter seinen Schutz? Er verbietet Übergriffe und Beschimpfungen der »frommen Frauen«, die es also wohl gegeben haben muss. Eine Tracht bot Schutz gegen solche Übergriffe, wie die Uniform der Polizei oder der Talar des Richters. Sie zeigte an, dass hinter dieser Frau eine starke Gemeinschaft stand, dass sie den Schutz der Kirche und der Stadt gleichermaßen genoss. Ein Hauptproblem dieser neuen gemeinschaftlichen Lebensform in der Stadt war ihre Offenheit. Denn die Beginen waren Frauen, die ein Gemeinschaftsleben außerhalb des Schutzes ihrer Familien und jenseits von Klostermauern erprobten. Daher ist es nur zu verständlich, dass in den Hausordnungen der Beginengemeinschaften die Interaktion an der Schnittstelle zwischen Stadt und Beginenhof besondere Aufmerksamkeit erhält. Regelmäßig taucht der Satz auf, dass keine Begine ohne Erlaubnis den Hof verlassen dürfe.

Am Beispiel der Hausordnung des Beginenhofs in Aachen soll die Interaktion zwischen Beginenhof und Stadt näher beleuchtet werden. Dort muss die Meisterin die Erlaubnis geben oder – und dieser Zusatz scheint mir entscheidend zum richtigen Verständnis dieser Bestimmung – eine Mitbewohnerin. Man könnte diese Bestimmung in unsere Gegenwart vielleicht folgendermaßen übersetzen: »Es muss jemand Bescheid wissen, wann du gehst und wann du kommst. Damit dir nichts passiert.« Ähnlich weich formuliert sind die Bestimmungen zum Übernachtungsverbot außer Haus: Verboten wird nicht die Übernachtung außer Haus, es wird vielmehr geregelt, dass bei aushäusigen Übernachtungen das Einverständnis der Meisterin oder des Hofpfarrers einzuholen sei. Eine Form der Kontrolle, die möglicherweise vielmehr Fürsorge als Überwachung bedeutete. Die Regelung der Teilnahme an aushäusigen Feierlichkeiten weist in die gleiche Richtung: Keine Begine solle Einladungen zu Hochzeiten, Wochenbettfeierlichkeiten, Einweihungsfeiern und Tischgesellschaften folgen. Das hört sich streng an, doch entscheidend ist der Nachsatz: »wenn es irgendwelche Zweifel gibt«. Auch bei Übernachtungen Fremder im Hof hört sich die Bestimmung zunächst drastisch an: Es darf keine Begine eine Person in den Hof führen oder länger als acht Tage beherbergen ohne Erlaubnis der Meisterin oder des Hofpfarrers. Fast schmunzeln muss man beim Verbot, mit Männern während der Nacht zu sprechen oder die Türen und Fenster zu öffnen, um mit ihnen zu sprechen. Der entscheidende Zusatz »ohne einen wichtigen Grund oder ein zwingendes Bedürfnis« spricht Bände. In einer späteren Überarbeitung der Aachner Hausordnung aus dem Jahr 1333 wird das Baden mit Männern verboten – was im Klartext heißt, dass dies üblich war. Auch die Gesellschaft von Männern, die spätabends heimlich auf den Hof kommen, wenn die Beginen zum Nachtgebet in die Kirche gehen, sollten die Beginen besser meiden. Ein ausdrückliches Gebot, dass eine Begine doch bitte jeden Sonntag zur Kirche gehe, könnte darauf hindeuten, dass selbst dies keine Selbstverständlichkeit war.[85] Vermutlich war das Alltagsleben im Beginenhof viel »alltäglicher« und weltlicher, als dies die Bilder frommer, weiß verschleierter Frauen aus dem 19. Jahrhundert uns denken lassen. Damit soll nicht das Motiv der Frömmigkeit in Zweifel gezogen werden, vielmehr geht es darum, deutlich zu machen, dass Beginen mehr waren als nur »fromme Frauen«. Die Quellen geben keinerlei Hinweise auf eine einheitliche Lebensweise der Beginen. Heute würden wir von *bottom-up*-Bewegungen vor Ort sprechen. Die einzige Eigenschaft, die die Beginen in allen Zeiten und Regionen auszeichnet, besteht in ihrer großen Anpassungsfähigkeit an lokale, gesellschaftliche und wirtschaftliche Rahmenbedingungen oder, um es mit den Worten der Kölner Beginenexpertin zu formulieren: »Diese Frauen waren richtig gut darin, sich selbst immer wieder neu zu erfinden.«[86]

»Ihr redet, wir handeln.«

Ein letzter Aspekt zum Thema Ermöglichungsgemeinschaft. Viele dieser Frauen haben uns ihre Gedanken in Schriften hinterlassen. Dazu zählen absolut brisante, zeitkritische Werke wie der *Spiegel der einfachen Seelen* von Margarete von Porete, die auf dem Scheiterhaufen endete. Andere hinterließen Spuren in vergleichsweise unspektakulären Textgattungen, wie zum Beispiel in sogenannten Predigtsammlungen. So hat ein nordfranzösischer Dominikaner Ende des 13. Jahrhunderts einen spannenden Dialog zwischen einem gelehrten Professor der Pariser Universität und einer Begine in seine Sammlung predigttauglicher Geschichten aufgenommen. Die Begine erklärt dem Professor den Unterschied zwischen den ewig forschenden Akademikern und den tatsächlich handelnden Frauen in folgenden Worten:[87]

> Ihr redet, wir handeln
> ihr lernt, wir tun was
> ihr analysiert, wir wählen,
> ihr kaut, wir schlucken
> ihr verhandelt, wir kaufen
> ihr glüht vor, wir fangen Feuer
> ihr vermutet, wir wissen,
> ihr fragt, wir nehmen
> ihr arbeitet, wir halten inne
> ihr werdet immer dünner, wir nehmen zu
> ihr läutet, wir singen
> ihr singt, wir tanzen,
> ihr blüht, wir tragen Früchte,
> ihr kostet hier und da ein bisschen, wir essen.

Kaum vorstellbar, dass der anonyme Dominikaner diese Worte je in einer Predigt verwendete. Aber aufgeschrieben hat er sie. Vielleicht weil ihn dieses Denken faszinierte. Es werden zwei verschiedene Typen des Wissens in konstruierten Gegensätzen einander gegenübergestellt. Die gelehrte Form der Universitäten und das intuitive Wissen der handelnden Frauen. Die Begine nutzt Paradoxien, ein beliebtes Stilmittel der Mystik, um ihre Überlegenheit über die Welt der Gelehrsamkeit an den damaligen Universitäten zum Ausdruck zu bringen. Die Frauen erleben sich als die, die etwas tun, während die Männer Reden schwingen, Analysen erstellen, Verhandlungen führen und zögerlich hier und da Projekte anstoßen. Frauen dagegen sind die, die handeln. Beginen waren Frauen, die etwas zu sagen hatten und dabei die Erfahrung machten, dass Reden Silber sein mag, doch Handeln Gold. Greta Thunberg fände in diesen Gemeinschaften sicherlich Rückendeckung.

Die Kressegärtnerei der Begine aus Douai

Obwohl die Beginenhöfe uns heute vor allem als die grünen Oasen und Gärten der Städte beeindrucken, wissen wir leider nur ganz wenig über ihre historischen Gärten und die Landwirtschaft. Eine Annäherung ist nur über Umwege und Seitenpfade möglich, zum Beispiel über die Architektur der Höfe, die eine gewisse Ähnlichkeit zu den damaligen stadtnahen landwirtschaftlichen Betrieben nahelegt. Die Ummauerung der Beginenhöfe, oft zunächst direkt außerhalb der Stadtmauern errichtet, entsprach der üblichen Ummauerung der Gutshöfe in unmittelbarer Stadtnähe. Daher rührt vermutlich auch der Name »Hof«, da die Mehrzahl der Beginengemeinschaften zur Zeit ihrer Gründung vor den Toren der Stadt lagen und entsprechend wie Gutshöfe angelegt worden waren.[88] Mit dem raschen Wachstum der Städte und der Erweiterung der Stadtmauern lagen viele der Höfe bereits Ende des 13. Jahrhunderts im oder am Rande des städtischen Innenbereichs. Es ist anzunehmen, dass die landwirtschaftlichen Freiflächen innerhalb des Hofes ähnlich wie die Gärten der damaligen Klöster und Gutshöfe genutzt wurden. Ähnlich wie die Klöster besaßen die Beginen das Recht, Kirchen mit Friedhöfen zu errichten. Diese integrierten Friedhöfe waren von ihrer Gestalt her in der Regel Grünflächen. Die Toten sorgten so für urbane Grünflächen. Vieles spricht für eine teilweise Autarkie der Beginenhöfe: Die hauseigene Brauerei deckte den internen Bedarf – in Tongeren wird heute für ein Bier namens »Dagelyckx« als Beginenbier Werbung gemacht, doch waren die Erzeugnisse der Beginenbrauereien wohl kaum für den Verkauf bestimmt. Nur der beim Brauen anfallende Trester wurde als Viehfutter oder Dünger verkauft. Darüber geben Rechnungen Auskunft.[89] Manche Beginen handelten auch mit dem Gemüse und den Lebensmitteln, die andere anbauten. Maroie, eine Begine aus Douai zum Beispiel, vermietet Feuchtbeete für den Anbau von Wasserkresse. Ihr Name, Maroie le Cresoniere, legt nahe, dass sie eine Art Kressegärtnerei betrieb und sowohl mit Kresse als auch mit Setzlingen handelte.[90] In der Hausordnung der Beginen von Valenciennes aus dem Jahr 1262 wird festgelegt, dass die Frauen ihren eigenen Lebensunterhalt unter anderem mit Mähen beziehungsweise Ernten (*miessoner*) verdienen sollen. Zwar fehlt in den Quellen jeder Hinweis darauf, dass die Beginen auf den Feldern gearbeitet haben, doch weiß man, dass zum Hof in Valenciennes ein Bauernhof »de la Basse-cour« gehörte und von der Gemeinschaft verpachtet wurde. Was spricht dagegen, dass manche der dort anfallenden Arbeiten von Beginen übernommen wurden? Landwirtschaftliche Betriebe und Nutzflächen innerhalb und außerhalb des Hofes werden im Zusammenhang mit den Beginenhospitälern vielfach erwähnt, so zum Beispiel für Brügge oder Valenciennes.[91]

Dass es Beginen gab, die auf den Feldern außerhalb der Städte arbeiteten, Vieh hüteten, Federvieh züchteten oder Gemüse anbauten zum Verkauf auf dem städtischen Markt, das geht aus Quellen zu Valenciennes, Tongeren, Dendermonde und Sint-Truiden hervor.[92] Dort steht auch der einzige heute noch erhaltene Beginenbauernhof in seiner Gestalt aus dem 18. Jahrhundert.

Abb. 11: Der Beginenbauernhof in Sint-Truiden, Belgien.

»Geglückte Geschäfte hinterlassen, wie glückliche Menschen, keine geschichtlichen Spuren.« *Fernand Braudel*[93]

Anders etwa als Kreditgeschäfte zählen landwirtschaftliche Tätigkeiten zu jenen Belangen, die nur selten schriftliche Dokumentation erforderlich machten. Vielleicht einfach deshalb, weil der Umgang mit der Natur, das Hüten des Viehs, die Sorge um die Gärten, Säen und Ernten so selbstverständlich zum

Alltag der Menschen gehörten, dass darum kein Aufhebens gemacht wurde. Hierin besteht ja ein generelles Problem der Geschichtswissenschaften: Wir haben nur das, was aufgeschrieben wurde. Vor allem Texte sind für die Nachwelt als Vergangenheit noch fassbar. Alles andere bleibt Spekulation. Daraus ergeben sich einige verhängnisvolle Konsequenzen, denn geschrieben wird in der Regel dann, wenn es Konflikte gibt. Friedliche Geschäfte werden per Handschlag geregelt und nicht vor Gericht. Daher ist unser Blick auf die Vergangenheit einseitig getrübt, wir sehen vieles nur durch die Brille von Konflikten. Denn erst dann fangen die Menschen an zu schreiben, notieren, wer wem wie viel schuldet, was ihnen gehört, wer im Recht und wer im Unrecht ist, wer gewonnen und wer verloren hat. Es werden Anwälte, Notare, Juristen engagiert, die Urkunden aufsetzen, Gesetze oder Chroniken verfassen, um Beweise zu liefern. All die vielen Geschäfte, Beziehungen, Verhandlungen und Prozesse, die relativ harmonisch abgelaufen sind im Laufe der Geschichte der Menschheit, verschwinden einfach. Nach dem Motto: »War da, fand statt, lief gut, hat funktioniert.« Aber keiner erinnert sich daran! Denn keiner hat was aufgeschrieben. War ja nicht nötig. Funktionierte ja. Und schon hat der tiefe Brunnen der Vergangenheit alles verschluckt. Keine Chance, je wieder ans Licht zu kommen! Und so zählt vielleicht auch die Landwirtschaft der Beginenhöfe zu jenen geglückten, alltäglichen Geschäften, die nur selten Eingang in schriftliche Überlieferung fanden. Damit wird hier nicht behauptet, dass es in der Landwirtschaft nur glückliche Menschen und glückliche Geschäfte gegeben habe, doch waren die Konflikte mit den Unwägbarkeiten der Natur – insbesondere den Unwägbarkeiten des Wetters – möglicherweise Konflikte, in denen Urkunden und Verträge nichts nutzten.

Beginengärten als vormoderne Urban Gardens?

Auch über die ursprüngliche Gestalt und Bewirtschaftung der Beginengärten wissen wir kaum etwas. Denn die Höfe waren keine statischen Gebilde. Wie die Städte, in denen sie sich befanden, veränderten sie sich ständig. Dabei fielen nicht nur die stadtnahen Nutzflächen der Beginenhöfe städtischer Bebauung zum Opfer, es veränderten sich auch die Anlagen selbst. Im heutigen Stadtbild erhalten sind die Grundrisse der Bebauungspläne des 17. und 18. Jahrhunderts. Unser Wissen über mittelalterliche Gärten rührt überwiegend aus der mittelalterlichen Kunst und Literatur. In jüngster Zeit werden diese zunehmend ergänzt durch experimentalarchäologische Forschungen, wie zum Beispiel im rekonstruierten Klosterdorf Lauresham (Lorsch).[94] Und zum Glück gibt es für die mittelalterlichen Gärten eine Art Meisterplan, den sogenannten St. Gallener Klosterplan. Hier werden unter anderem vier verschiedene Gartentypen inklusive konkreter Bepflanzungsvorgaben verzeichnet: der quadratische Garten, der Gemüse- und der Obstgarten und schließlich der Heilkräutergarten. Mit der Klosterkultur verbreiteten sich auch diese Gartentypen in ganz Europa, und es ist anzunehmen, dass sich die Gärten der Beginen im Rahmen dieser Typologie bewegten. Auch ist davon auszugehen, dass die Frauen ihre Anbauflächen in den Gärten und auf den außerhalb gelegenen Feldern und Höfen gemäß den Gepflogenheiten vor Ort nutzten und bewirtschafteten.

Dass Beginenhöfe als robuste Strukturen in manchen Städten über Jahrhunderte bis heute erhalten blieben, kann nur als stadtarchitektonischer Glücksfall bezeichnet werden. Und angesichts der enormen Anpassungs- und Wandlungsfähigkeit der Beginen verdient ihre Geschichte als historisches Beispiel für nachhaltiges Wirtschaften von Sharing Communitys studiert zu werden. Allerdings werden dabei manche Hoffnungen enttäuscht:

Beginen waren keine Guerilla-Gärtnerinnen. Beginenhöfe waren weder interkulturelle Mitmachgärten noch Bürgerinitiativen mit dem Ziel, Stadträume durch den Anbau aromatischer Kräuter und etwas Naschobst in Plastikkübeln wieder in grüne Oasen zu verwandeln.[95] Auch entstanden sie nicht in romantischer Absicht, als Relikte ländlicher Agrarnutzung oder als Entwürfe ländlicher Gegenwelten in den Städten, sondern als Teil ihrer städtischen Ökonomie aus Notwendigkeit. Die ältere Forschung hat die Verbindung von gemeinschaftlichem Leben und stadtnaher Landwirtschaft zur Versorgung der Menschen als Indiz für das »naiv-utilitaristische« Naturverhältnis des Mittelalters gewertet. Heute hat sich alles geändert: »Urbane Landwirtschaft« wird wiederentdeckt, nicht als Relikt ländlicher Agrarnutzung, sondern als Teil der städtischen Ökonomie.[96]

Sharing Communitys als Ermöglichungsgemeinschaften

Waren Beginenhöfe Sharing Communitys? Geteilt wurde städtischer Wohnraum. Geteilt wurde das Alltagsleben. Geteilt wurde Lebenszeit. Doch herrschte bei den mittelalterlichen Beginen nur in Ausnahmefällen Gütergemeinschaft.[97] Dennoch, oder vielleicht gerade deshalb, ermöglichten sie erstaunliche Möglichkeiten der Teilhabe und Nutzung verfügbarer Ressourcen zur Gestaltung des kommunalen Lebens.

Beginen hatten ein Recht auf Eigenbesitz. Beginen verfügten über eigenständige Einkünfte aus Arbeit oder Rentenbesitz, über ihr Erbe oder ein Witwengut. Sie waren voll geschäftsfähig im Rahmen der städtischen Ordnungen. Die einzelne Begine konnte also auch Bauherrin sein. Und je nach finanziellen Möglichkeiten entstanden größere oder kleinere, aufwendige oder bescheidene Bauten. Je nach Größe des Hauses wohnte eine Begine mit anderen Beginen, Freundinnen oder Verwandten zusammen. Auch Personal, also Dienstmägde, finden oft Erwähnung. Ganz offensichtlich war die Verpflichtung zur Armut nicht obligatorisch. Eine Begine konnte, aber musste nicht in freiwilliger Armut leben. Sie musste sich jedoch selbst ernähren können, sei dies durch eigene Arbeit oder durch persönlichen Besitz, den sie mitbrachte. Das Beginentum ist also keine nivellierende Lebensform: »Reiche Frauen wurden reiche Beginen und arme Frauen wurden (und blieben) arme Beginen.«[98] Für ärmere und mittellose Frauen gab es Stiftungen innerhalb des Beginenhofs, die eine Unterbringung in den Konventen innerhalb der Siedlungen ermöglichten. Dort fanden die Frauen Unterkunft und eine gewisse Grundversorgung für Licht, Heizung und Bauerhaltung. Für den täglichen Unterhalt waren auch diese Frauen selbst verantwortlich. Die finanzielle Autonomie der Beginen wird immer wieder unterstrichen.[99] Sie agierten in wirtschaftlicher Hinsicht selbstständig. Zwar wurden die Rechnungsbücher zuweilen von städtischer oder bischöflicher Seite geprüft. So mussten die Bilanzen der Hamburger Beginen am Ende eines Rechnungsjahrs einem vom städtischen Rat bestellten Prüfer vorgelegt werden. Dieser jedoch mischte sich nicht in die Wirtschaftsführung ein, sondern unterzeichnete durchgängig alles, selbst offensichtlich falsche Bilanzen.[100]

Womit verdienten die Frauen ihr Geld?

Beginen lebten nicht von Almosen. Wie sie sich finanzierten und wie sie wirtschafteten, variierte von Gemeinschaft zu Gemeinschaft. Auch spielten familiäre Hintergründe, soziale Herkunft, Erwerbsformen, Besitzstrukturen und religiöse Orientierung eine wichtige Rolle.[101] Manche Beginen hatten ihr eigenes Auskommen und lebten nahezu autark in einem der Häuser eines Beginenhofs, andere waren Mitglied einer größeren Gemeinschaft, in der Alltag, Versorgung und Mahlzeiten gemeinschaftlich organisiert waren. Nicht überall waren, wie in Hamburg,

Verpflegung und Unterhalt gemeinschaftlich organisiert. Nicht überall war, wie offenbar in Gent, der Arbeitsalltag gemeinsam, ja sogar in gemeinsamen Rhythmen von Gesängen und Gebeten, strukturiert.[102] Vieles deutet darauf hin, dass die Bewohnerinnen der großen flandrischen Beginenhöfe überwiegend in der lokalen Textilproduktion und -verarbeitung tätig waren. Dafür sprechen zahlreich überlieferte städtische Verordnungen für Beginenhöfe, die sich auffällig häufig mit Fragen des Wollhandels und der Tuchproduktion beschäftigen. Flandrische Beginen waren Textilhandwerkerinnen, kämmten und spannen Wolle, verarbeiteten sie zu Stoffen, färbten Tuche und Stoffe, bereiteten Flachs auf und machten ihn fertig für die Herstellung von Leinen. Die großzügigen Grünflächen und Gärten samt den Wasserläufen in den Beginenhöfen waren ideal für das Waschen und Bleichen von Wolle, Leinen und fertiger Kleidung. Auch als Näherinnen und vielleicht als Stickerinnen waren diese Frauen aktiv.[103]

Beginen auf dem Finanzmarkt – Beispiel Marseille

Oft liest man, dass Beginen in den europäischen Städten generell zuständig für die Krankenpflege gewesen seien. Allerdings zeigt die neuere Forschung, dass dies nicht generell, und im größeren Stil allenfalls für die Neuzeit, nicht aber für das Mittelalter zutrifft.[104] Viele Beginen lebten von den Erträgen ihres Besitzes. Sie treten als Stifterinnen in Erscheinung[105] oder tauchen auf den städtischen Finanzmärkten auf, etwa in Hamburg und Hannover.[106] In Marseille erlauben Notariatsakten einen ungewöhnlich präzisen Einblick in die wirtschaftlichen Aktivitäten der Beginen von Roubaud, die als Kreditgeberinnen regelmäßig in Erscheinung treten.[107] Sie verliehen Startkapital an junge Ehepaare, zum Beispiel zur Eröffnung einer Bäckerei oder eines Schuhmacherladens, investierten in Getreide, Immobilien und machten auch mit Lombarden, also Geldwechslern – heute würde man sie professionelle Banker nennen –, Geschäfte. Auch im Fernhandel waren sie aktiv, doch war dort ob des hohen Risikos Vorsicht geboten. So verlieh die Begine Nicolave Geld an den Unternehmer Chabert Aydini unter der Bedingung, dass das Kapital nicht in Überseegeschäfte investiert werden dürfe, weil ihr das *risigo maris* zu hoch war. Das Wort *risigo*, oder *risques*, bezeichnete im Übrigen ursprünglich die Gefahren des Seehandels und wurde aus dem Arabischen in alle europäischen Sprachen übernommen.[108] Aus den Registern geht auch hervor, dass Notartermine fast routinemäßig im Haus der Beginen in Roubaud stattfanden. Solche Dokumente veranschaulichen den wirtschaftlichen Aktionsradius der Beginen. Sie zeigen, dass diese in einer Form wirtschaftlicher Selbstständigkeit agierten, die erst durch ihren Status als Mitglieder einer Beginengemeinschaft ermöglicht wurde. Sie agierten ganz ohne Zweifel auch in ihrem eigenen Interesse, investierten Geld, um damit Gewinne zu erzielen, und lenkten damit die Kapitalflüsse in ihrer Stadt. Als Beginen konnten sie das. Denn sie waren Teilhaberinnen am sozialen Kapital dieser Gemeinschaft. Beginengemeinschaften waren Ermöglichungsgemeinschaften.

Zusammenfassung

Beginenhöfe als Sharing Communitys von Frauen waren eine Bereicherung für die Städte. Ihre Lebensweise machte Schule. Vielfach werden die Beginenhöfe als Vorbild für spätere kommunale Wohnbauprojekte und Stiftungen wie die Fuggerei in Augsburg gesehen. Das Modell setzte neue Energien frei. Die Beginen erfüllten wichtige Aufgaben in ihrem städtischen Umfeld. Nicht allein – wie das früher oft gesehen wurde – als fromme Betschwestern und Krankenpflegerinnen. Nein. Sie bereicherten das städtische Leben als Lehrerinnen an ihren Schulen, waren aktiv als vertrauenswürdige Verwalterinnen örtlicher Stiftungen und Hospitäler, sie kannten sich aus mit der Kultur des Sterbens, waren Expertinnen generationenübergreifenden Denkens, betrieben in ihren Gärten und den zugehörigen Betrieben stadtnahe Landwirtschaft und hielten als Kreditgeberinnen den städtischen Kapitalfluss am Laufen. Als Einzelpersonen hätten sie all dies nicht geschafft. Erst mit der Rückendeckung einer Sharing Community, geformt nach dem damals gängigen Modell der Klöster, wurde eigene Rechtsfähigkeit ermöglicht und damit ein Grad an Unabhängigkeit, der den Mitgliedern dieser Gemeinschaften bis dahin ungeahnte Handlungsspielräume ermöglichte. Die Beginenhöfe sind vielleicht eines der schönsten historischen Beispiele dafür, wie geteiltes Leben individuelle Freiheiten erweitern kann, wie Sharing Communitys im besten Fall als Ermöglichungsgemeinschaften bisher Undenkbares Wirklichkeit werden lassen.

3. Recycling

Wegwerfgesellschaften sind historisch betrachtet kurzfristige Ausnahmephänomene. Natürlich gab es immer Abfälle in den letzten 300 000 Jahren Menschheitsgeschichte, doch lange lag eine Stärke der Menschen in ihrer Fähigkeit zur möglichst lückenlosen Nutzung der verfügbaren Ressourcen. Wegwerfen bedeutete Verzicht. Verzicht auf vorhandene Werte. Verzicht auf Erträge bereits investierter Energie. Unsere Vorfahren waren viel zu intelligent, als dass sie auf Weiterverwertung ihrer Ressourcen verzichtet hätten: Die Mammutknochen und das Mammutelfenbein – einfach liegen lassen? Das wärmende Fell – in die Tonne? Fast alles war wertvoll. Es gab keine Abfälle! Knochen zum Bau der Behausungen, das Fell für Kleider und Bettzeug, aus Elfenbein konnte man sogar Musikinstrumente, zum Beispiel Flöten, schnitzen. Selbst den Mammutmist wusste man zu nutzen, eignete er sich doch getrocknet ganz hervorragend zum Feuermachen. Nur wenn man flüchten musste, ließ man alles liegen. Nur in Überflusssituationen produzierte man Abfall. Doch die Phasen des Überflusses waren in der Geschichte der Menschheit in aller Regel sehr kurz, in erster Linie deshalb, weil die Menschen die Paradiese, die sie entdeckten oder schufen, ebenso schnell wie gründlich wieder zerstörten. Daher war in der *longue durée* die Fähigkeit zur möglichst lückenlosen Weiterverwertung entscheidend. Recycling war ein Selektionsvorteil. Linearwirtschaft war unrentabel. Was wir heute Kreislaufwirtschaft nennen, oder Circular Economy, war historisch gesehen über Jahrtausende der Goldstandard erfolgreichen Wirtschaftens.

Die Menschen haben repariert und ausgebessert, was kaputtging, Secondhandmärkte florierten (Produktrecycling), verschlissene Produkte wurden in ihre Bestandteile zerlegt und einzeln weiterverwertet (Stoffrecycling), und natürlich war die Wieder- und Weiterverwertung von »Abfällen« ein selbstverständlicher Teil des Wirtschaftens. Die 30000 Jahre alten Flöten aus Mammutknochen sind ein schönes Beispiel für das, was wir heute Produktionsabfallrecycling nennen.[109]

»Abfall« – Eine kurze Stichwortgeschichte

Bevor wir uns mit historischen Beispielen des Recyclings beschäftigen, lohnt sich ein kurzer Abstecher in die Sprachgeschichte: Das Stichwort »Abfall«, im heute geläufigen Sinn als »nicht weiterverwertbarer Rest«, tauchte bis ins frühe 20. Jahrhundert in den Wörterbüchern gar nicht auf. Johann Heinrich Zedler erklärt in seinem »Grossen vollständigen Universallexicon aller Wissenschaften und Künste« aus dem Jahr 1732 das Stichwort »Abfall« in der Bedeutung von Treuebruch. So kann man zum Beispiel vom Staat abfallen oder vom Glauben. Zweitens kann Abfall die Ausnahme von der Regel bedeuten und drittens einen Niveauunterschied beim Wasser. In der *Ökonomischen Enzyklopädie* von Johann Georg Krünitz aus dem Jahr 1773 kommt die Bedeutung: »das was bei der Arbeit abfällt und in die Krätze geht«, also weiterverwertet wird, hinzu. Überdies führt Krünitz die Bedeutung des wirtschaftlichen Abstiegs an: »Verfall der Nahrung, Gewerbe und Hantierungen, [wodurch] die Bürger in ihrem Vermögen geringer werden und herunterkommen.« In den 1870er-Jahren, mit Beginn der Hochindustrialisierung in Deutschland, findet man – zum Beispiel in *Meyers Konversationslexikon* – den Verweis, dass sich bei der technischen Verarbeitung von Roh- und Halbprodukten Abfälle ergeben, die der weiteren Verarbeitung zugeführt werden und den Gegenstand weiterer

Industriezweige bilden. Kein Lexikon, in dem der Hinweis auf die Weiterverwertung fehlt. Moderne Techniken der lohnenden Verwertung von Industrieabfällen gelten als Gradmesser des Fortschritts einer Volkswirtschaft. Der Verfasser einer Dissertation zum Thema Abfallverwertung aus dem Jahr 1914 schreibt: »[...] nach dem jetzigen Stand der Technik kann man wohl behaupten, dass in den fortgeschrittenen Industriestaaten kaum noch irgendwelche Abfälle nutzlos verkommen, ja es lässt sich sogar aus dem Maß und Umfang, in welchem ein Volk die Abfälle seiner Produktion sammelt und verwertet, ein gewisser Rückschluss auf die Höhe seiner Kultur ziehen.« Das galt auch für Privathaushalte. In Berlin-Charlottenburg zum Beispiel war im Jahr 1906 die Mülltrennung per Polizeiverordnung eingeführt worden.[110]

Erst in den 70er-Jahren des 20. Jahrhunderts erklären die Wörterbücher den Abfall in Haushalten, Büros und bei Produktionsvorgängen als »geringwertigen Rest«. Der Hinweis auf Weiterverwertung taucht nicht mehr auf, stattdessen steht die Abfallbeseitigung im Zentrum. Es beginnt die Zeit der »Abfallbeseitigungseuphorie«. Jetzt zählen auch die bisher viel zu kostbaren Kunststoffe zu den Abfällen. Überdies kommt der radioaktive Atommüll dazu. Ungehemmte Abfallproduktion geht einher mit radikaler Entsorgungswut.[111]

Anders gesagt: Erst in der zweiten Hälfte des 20. Jahrhunderts haben die Menschen in den westlichen Industrienationen im großen Stil verlernt, wie Wieder- und Weiterverwertung geht. Bis zum Ende des Zweiten Weltkriegs waren Rohstoffe die wertvollste Ressource in den Produktionsprozessen.[112]

Die Vermüllung der Welt – Das »50er-Jahre-Syndrom«

Christian Pfister, Professor für Wirtschafts-, Sozial- und Umweltgeschichte an der Universität Bern, hat für diese Zeit, in der Energieverbrauch und Abfallproduktion gleichzeitig rasant anstiegen, den Begriff des 50er-Jahre-Syndroms geprägt. Grund dafür war die Überflutung der globalen Märkte mit billigem Öl.[113] Die »Ölschwemme« verbilligte die Förderung auch anderer Rohstoffe, wodurch die Rohstoffpreise fielen. Und wenn Rohstoffe nichts mehr kosten, dann sind die Produkte, zu denen sie verarbeitet werden, auch nichts mehr wert. Sie werden zu »Wegwerfprodukten«. Reinhold Reith spricht vom »vermehrten Ausbrechen von im Grunde noch verwertbaren Stoffen aus dem wirtschaftlichen Kreislauf«.[114] Ressourcenschonende Konsummuster und Verhaltensweisen verloren so in der zweiten Hälfte des 20. Jahrhunderts zunehmend an Bedeutung. Hochphasen des Überflusses machen Kulturtechniken des sparsamen Umgangs mit Ressourcen obsolet. Doch heute sind diese Kulturtechniken wieder gefragt. Mehr denn je. Die Kunst der Wiederverwertung könnte gar zur entscheidenden Überlebensstrategie für Homo sapiens werden.

3.1. Reparaturberufe und Secondhandmärkte

Karl Bücher und die Berufe der Stadt Frankfurt

Früher waren mehr Reparaturberufe! Zu diesem Schluss kam der Nationalökonom Karl Bücher im Jahr 1914, nachdem er jahrelang die Verwaltungsakten im Stadtarchiv Frankfurt auf der Suche nach den verschiedenen Berufsgruppen durchforstet hatte.[115] Seine wichtigsten Quellen waren die Vermögenssteuerlisten der Stadt, die sogenannten Bedebücher, die von 1320 bis 1510 in mehr als 80 vollständigen Jahrgängen damals noch erhalten waren (im Zweiten Weltkrieg sind diese dann vollständig verbrannt). Sodann ergänzte er diese mit Angaben aus den Bürgermeisterbüchern, eine Art Notizbücher (Memoriale) mit kurzen Angaben über Ratsbeschlüsse und Geschäfte. Weiter zog Karl Bücher seine Informationen aus den Frankfurter Gerichtsbüchern, in denen die Tatbestände der einzelnen Verfahren zusammenfassend eingetragen wurden. Diese Streitfälle gewähren oft auch Einblicke in den Frankfurter Berufsalltag. Schließlich ging er sämtliche Rechnungsbücher der Stadt durch, insbesondere die Boten- und die Baumeisterbücher, in welcher die Stadt als Auftraggeber alle Bezahlungen für geleistete Arbeiten verzeichnete. Auch ein Häuserverzeichnis aus dem Jahr 1438, die sogenannten Instanzbücher, sowie Bürgerverzeichnisse aus den Jahren 1387 und 1440 hat Karl Bücher durchgearbeitet.

Mehr als 1500 verschiedene Berufe im mittelalterlichen Frankfurt

Drei höchst erstaunliche Überraschungen brachte diese Studie zutage: erstens die Vielzahl, nämlich mehr als 1500 verschiedene Berufe im mittelalterlichen Frankfurt.[116] Die Quellen bieten einen ungeheuren Reichtum der Berufsgliederung vom Mühlenarzt (*molenarzt*), Sackträger (*motter*), Feinbäcker (*motzenbecker*) oder Wollunterkäufer (*scheper*) bis zum Scherenhändler (*scherenmenger*), Sohlenmacher (*solenmecher*) und Tuchflockenproduzenten (*noppersen*). Sodann überrascht der hohe Grad an Ausdifferenzierung. So gibt es allein 45 verschiedene Schmiede. Vom »smyd zum slosser, hufsmyd, messersmyd, kammensmyd, riegeler, scherensmyd, swertfeger armbruster, bogener, bis zum goldsmyd, silberborner und dem gurteler«.[117]

Überraschend viele Frauenberufe

Die zweite Überraschung: die Frauen und ihre Allgegenwart in den Steuerlisten. Bücher staunte über den hohen Anteil der Frauen am mittelalterlichen Erwerbsleben und konnte sich das damals nur mit einem – hypothetischen – Frauenüberschuss erklären.[118] Die aktuelle Forschung hat diese Hypothese widerlegt. So zeigte die Kölner Historikerin Sabine von Heusinger, dass Frauen im Mittelalter, auch in Frankfurt, als vollwertige Zunftmitglieder regelmäßig auftauchen. Lediglich von den militärischen Pflichten eines Zunftmitglieds waren sie befreit. Die ältesten erhaltenen Zunftordnungen datieren um das Jahr 1355. Überall sind Frauen als vollwertige Mitglieder geführt, die Schiffer sprechen eigens von weiblichen Mitgliedern, bei den Küfern besaßen Frauen das volle Zunftrecht, aber auch die Metzger erlaubten 1355 den Witwen, das Handwerk fortzuführen. Aus der Ordnung wird zudem deutlich, dass die Frauen nicht nur das Fleisch verkauften, sondern auch selbst schlachteten. Die Weißgerber hatten Lehrknaben und Lehrtöchter (*lereknaben oder lerefrauwe*) und sogar bei den Schmieden konnten Frauen das volle Zunftrecht erwerben. Die Hutmacher forderten von jedem Mitglied ihrer Zunft – es sei ein Mann oder eine Frau – bestimmte Zugangsvoraussetzungen. Die Fischerzunft stellte in einer Ordnung aus dem Jahr 1377 Meistertöchter und Meistersöhne gleich und sah auch die Möglichkeit vor, dass sich die

Töchter außerhalb der Zunft verheirateten. Die Ratsordnung für den Fischmarkt im Jahr 1388 regelt für alle *»fischer, frauwe oder man«*, dass nicht mehr als zwei Fischtröge pro Anbieter aufgestellt werden durften. Noch am ehesten nachvollziehbar scheint uns heute, dass eine Frau im Textilgewerbe als vollwertiges Mitglied einer Zunft handeln konnte, sei dies als Gewandmacherin, Wollenweberin, Seidenstrickerin oder Tuchschererin. Die heute sich allmählich wieder durchsetzende Verwendung gendergerechter Formulierungen war im Mittelalter der Normalfall: in den mittelalterlichen Zunftordnungen taucht regelmäßig die Formel *»es sei manne oder frauwe«* auf.[119]

Ruzsen – Lepper – Plecker – Das Reparaturgewerbe in Frankfurt

Ein dritter überraschender Befund war für Karl Bücher die Prominenz des Reparaturgewerbes, des sogenannten Altwerks oder Aufarbeitungsgewerbes. Ruzsen, Lepper und Plecker, oft auch Altruzsen, Altlepper und Altplecker waren die Oberbegriffe für diese Berufsgruppe, die je nach Spezialisierung auf bestimmte Produkte präzisiert wurden. Es scheint, sie übten ihr Handwerk oft ambulant aus, will heißen, sie waren mit ihren Buden auf Messen und Märkten vertreten und reparierten vor Ort, seien es Schuhe, Messer, Töpfe oder Kleider. Dass sich damit durchaus Geld verdienen ließ, wird daraus ersichtlich, dass diese Berufe von Anfang an, seit 1320 regelmäßig, in den Bedebüchern, also den Vermögenssteuerlisten der Stadt Frankfurt, auftauchen. Im Schnitt zahlten im 14. Jahrhundert jährlich zwischen 10 und 16 Schuhruszen Vermögenssteuer. Den Höchststand erreichte die Branche im Jahr 1372, in dem 26 Schuhruzsen in Frankfurt tätig waren. Im 15. Jahrhundert änderte sich der Sprachgebrauch. Die vormalige Berufsbezeichnung Ruzsen verliert sich, stattdessen bürgert sich der Lepper ein.

Abb. 1: Ott Norlinger, Altreuß, alias Flickschuster aus den Hausbüchern der Nürnberger Zwölfbrüderstiftungen, 1549. Der Schuster sitzt vor seinem Arbeitstisch und flickt mit dem in beiden Händen gehaltenen Schusterdraht – mit Pech eingeriebenes Garn – einen Schuh. Auf dem Arbeitstisch liegen ein Paar Schuhe, zurechtgeschnittene Sohlen, ein Schustermesser, ein Pfriem und das runde Bestechholz. An der Wand stecken zwei Schuhleisten, zwei weitere sind am Boden verteilt, dort steht auch ein Zuber. Fertige Schuhe liegen auf dem Auslagebrett.

Reparaturberufe und die leidige Konkurrenz

Die Schuhruzsen oder Schuhlepper waren – im Unterschied zum Schuster oder Schuhmacher, der vorwiegend Neuware herstellte – für die Auf- und Umarbeitung alter Schuhe und Stiefel zuständig, daher auch die Bezeichnung Flickschuster. Durchgehend findet man Hinweise auf Konkurrenz zwischen den Flickschustern und den Neuschuhmachern, denn offenbar hat die Kundschaft zwischen beiden nicht scharf unterschieden und bei Gelegenheit auch beim Flickschuster ein neues Paar Schuhe gekauft. Immer wieder finden sich Ratsbeschlüsse und Paragrafen in den Zunftordnungen, die diese Konflikte zu regeln versuchten. Da jedoch auch die Reparaturberufe in Zünften organisiert waren, werden diese Konflikte aus den Zunftordnungen rekonstruierbar. Im Jahr 1386 erteilte Karl IV. dem Rat die Vollmacht, das Zunftwesen neu zu ordnen. In der Folge wurden alle Zunftordnungen überarbeitet. So genehmigte zum Beispiel der Stadtrat den Mitgliedern der Schuhlepperzunft, dass diese zusätzlich zur Dienstleistung Schuhreparatur auch neue Schuhe anbieten durften. Allerdings nur an ausgewählten Markttagen. Daraus lässt sich schließen, dass die Neuschuster dieses Recht infrage gestellt hatten. Und dieser Art Konflikte durchziehen die Geschichte der Frankfurter Reparaturberufe bis in die Frühe Neuzeit: Ein Ratsbeschluss aus dem Jahr 1500 besagt, dass die Flickschuster auch Pantoffeln und Sohlen herstellen, ihre Neuware jedoch ausschließlich zu Messezeiten in Frankfurt anbieten dürften. Weiter braucht ein Flickschuster unbedingt eine Zulassung (ein *hantwerck*), bevor er einen Angestellten einstellen darf. Das liest sich dann in der Ordnung folgendermaßen: *Die altrußen oder schuwelepper sollen schuwe, stieffel, soln und anders lappen, wie von alter, und ob sie zu zijten nicht zu arbeiten hetten, mugen sie pantoffeln und soln zu machen macht haben; doch das sie die nit zwuschen den messen zu Franckfurt feil haben.*

Auch sollen sie keyn knecht halten, den arbeit zu geben, sie haben dan das hantwerck.[120]

Das Angebot an Reparaturmöglichkeiten war beeindruckend spezialisiert. So wie Schuhe konnte man auch alle anderen Gebrauchsgegenstände routinemäßig reparieren lassen. Taschen brachte der *deschenplecker* oder die *deschenpleckerin* wieder in Form,[121] die *messerbusser* bereiteten die Messer samt Zubehör wieder auf, der *kannenplecker* war spezialisiert auf die Wiederaufbereitung von Metallkrügen und Töpfen.[122]

Auch Gebäude mussten regelmäßig renoviert werden. Dafür waren die *humpeler* zuständig, seit dem 15. Jahrhundert werden auch sie *altplecker* genannt, in diesem Falle *altplecker* im Steinmetz- und Baugewerbe. In einer Zunftordnung der Zimmerleute aus dem Jahr 1498 wird festgelegt, dass die Zimmerleute – zuständig für den Neubau von Dachstühlen, aber auch Häusern – die *humpeler* und *altplecker* in Ruhe ihre Arbeit machen lassen und ihnen nicht mehr das Werkzeug verstecken sollen. Offenbar kamen sich die beiden Berufsgruppen immer wieder in die Quere. Und die Zimmerleute setzten sich gegen die preisgünstigeren Konkurrenten zur Wehr, indem sie ihnen das Werkzeug versteckten. In der gleichen Zunftordnung werden die Zuständigkeiten noch einmal nachdrücklich geregelt: Die *plecker* nämlich sind zuständig für Ausbesserungen und dürfen keine Neubauten errichten.[123] Ähnlich wie Flickschuster und Neuschuhmacher kamen sich auch professionelle Handwerker im Baugewerbe und die vermutlich schlechter ausgebildeten *altplecker* immer wieder ins Gehege.

Das Problem, damals wie heute: Reparieren ist nicht im Interesse der Produzenten von Neuware. Ein Schuhmacher, der davon lebt, dass er neue Schuhe verkauft, kann naturgemäß wenig Interesse daran haben, dass ein Flickschuster seine Produkte immer wieder aufarbeitet und damit seinen Absatz vermindert.

Abb. 2: Stuhlflicker, Scherenschleiferin und Messerschleifer in Mailand, spätes 18. Jahrhundert.

Secondhandmärkte

Ähnliches gilt für Secondhandläden. Unter der Bezeichnung *altgewender* oder *altwendere* tauchen Verkäuferinnen und Verkäufer von getragener Kleidung auf. Die lateinische Erklärung *venditores antiquorum vestimentorum* wird übersetzt als *die do alde kleyder odir hußrat verkeuffen*. In den Vermögenssteuerlisten sind sie ebenso regelmäßig verzeichnet wie die Reparaturberufe, sind also fester Bestandteil des Frankfurter Berufslebens. Gleich sechs *altgewender* werden im Jahr 1361/2 erwähnt, überwiegend Frauen. Sie alle bezahlten Steuern gemäß der städtischen Marktrechtsverordnung.[124] Auch hier fürchteten die Schneider Konkurrenz durch den Gebrauchthandel. So wird im Jahr 1440 die städtische Schneiderordnung wieder einmal überarbeitet. In einer Ergänzung zum Abschnitt über den Umgang mit Konkurrenz von fremden Schneidern werden auch die Befugnisse der Secondhandschneider, die jetzt *altplecker* genannt werden, geregelt. Es wird festgelegt, dass ein *altplecker* nur die Ware anbieten darf, die tatsächlich auch in seinen Laden passt, und dass er zur Aufbereitung seiner Waren außer den Mitgliedern seiner Familie und seinem Knecht keine weiteren Mitarbeiter beschäftigen darf.[125]

Und dann gibt es noch die *kleiderhocke* oder auch *cleyderhockin*, ein Beruf, der offenbar nahezu ausschließlich von Frauen ausgeübt wurde. So wird im Jahr 1428 eine gewisse *Gele eyn cleyderhockin* als Steuerzahlerin genannt. Zuweilen taucht auch die *unterkeufere* als Berufsbezeichnung auf. Auch sie war in der Secondhandbranche aktiv, vermutlich als eine Art Zwischenhändlerin und Maklerin in den unterschiedlichsten Marktsektoren, seien dies Immobilien, Werkzeuge, Innenausstattung, Möbel oder Kleidung. Wer altes Mobiliar ankauft, um es weiterzuverkaufen, der muss zwangsläufig auch mit guten Handwerkern in Kontakt stehen, denn die Ware muss ja vor dem Weiterverkauf ausgebessert und aufgearbeitet werden. In einer Ordnung aus dem Jahr 1485 wird ausdrücklich festgelegt, dass die *unterkeufere* ausschließlich Ware in Kommission nehmen darf und keine eigene Ware, wörtlich »keine alten Geräte, sei es Harnisch, Bettzeug, Hausrat oder anderes«, kaufen oder anbieten darf. Bezahlt wurde jeweils nach erfolgreicher Vermittlung zwischen Besitzer und Käufer. Auch als Schätzerinnen bei Erbteilungen, Versteigerungen oder Pfändung tauchen diese Frauen auf. Für einen solchen Fall wird genau geregelt, dass jeweils maximal zwei *hockyn* als Schätzerinnen eingesetzt werden sollen. Deren Tagessatz wird auf drei Schilling zuzüglich Spesen für Kost und Logis festgelegt.[126] Vergleichbare Studien für Nürnberg liefern einen ganz ähnlichen Befund: *Fürkeufeln* oder *underkeufeln* sind in Nürnberg im 15. Jahrhundert in der Stadt ansässige Händler, die die Waren auswärtiger Händler weiterverkaufen. *Keuffel* oder *keufflin*, die weibliche Form, ist die Nürnberger Bezeichnung für Alt- oder Gebrauchtwarenhändler. In den Akten der städtischen Verwaltung, in Rechtstexten und Gerichtsbüchern tauchen immer wieder *geschworene fürkeuflin* auf, die offenbar beides gleichzeitig sind: Altwarenhändler auf eigene Rechnung und Sachverständige oder vielmehr Makler auf dem Gebrauchtwarenmarkt im Auftrag der Stadt. Während die *underkeuffeln* ausschließlich als Makler für Getreide, Gewand- und Gewürzhandel und Grundstücksverkäufe tätig waren und keinen eigenen Handel betreiben durften, waren den *furkeufeln* eigene Geschäfte erlaubt. Valentin Groebner empfiehlt, von *fürkeuflin* zu sprechen, der weiblichen Berufsbezeichnung, denn Ende des 15. Jahrhunderts wird dieser Beruf ausschließlich von Frauen ausgeübt. Voraussetzung war der Nachweis eines angemessenen Betriebskapitals.[127] Allerdings sind Studien zur Geschichte der Reparaturberufe äußerst selten. Museen treiben die Erforschung der Kulturtechniken des Flickens und Wiederverwertens voran.[128]

Ein blinder Fleck in der Forschung

Ähnlich wie den Frauen und den Reparaturberufen erging es auch den Secondhandmärkten: Die historische Forschung hat sie einfach ignoriert. Und das, obwohl die Zirkulation von gebrauchten Gegenständen einen zentralen Bestandteil der Märkte darstellte. In der Textil- und Möbelbranche dominierte das Geschäft mit Gebrauchtwaren die Branche bis weit ins 19. Jahrhundert. Einer der Gründe dafür, dass man das lange Zeit übersehen hatte, war die Konzentration auf die Bereiche Produktion, Handel und Gewerbe. Ein weiterer Grund war der französischen Historikerin Laurence Fontaine nach die Erfindung der Nationalökonomie seit dem späten 18. Jahrhundert. Mit dieser wurde der Marktbegriff eingeengt, alle Geschäfte, die nicht im direkten Sinn über die offiziellen Währungen abgewickelt wurden, verbannte man in das Reich der archaischen Vorstufen der aufkommenden modernen Wirtschaft.[129] Fontaine ist es auch zu verdanken, dass die Erforschung der Secondhandmärkte in jüngster Zeit einen Aufschwung erlebt. In ihrem Buch findet sich eine wunderbare Beschreibung eines solchen Markttreibens aus der Feder des Romanschriftstellers Louis-Sébastien Mercier. Er beschreibt in seinen »Tableaux de Paris« aus den Jahren 1781 bis 1789 die florierenden Secondhandmärkte unter den Säulen von Les Halles, den Pariser Großmarkthallen im Zentrum der Stadt.[130] Man könne hier alles finden, was es braucht, um ein Haus einzurichten, vom Keller bis zum Speicher: Betten, Schränke, Stühle, Tische, selbst wenn 50 000 Menschen heute nach Paris kämen, um sich neu einzurichten, fände man auf diesem Markt alles, was es braucht – für alle. Noch spektakulärer klingt der nur einmal wöchentlich außerhalb der Stadt an der Place de Grève stattfindende Markt. Dort trafen sich die Frauen, Schwestern, Cousinen, Töchter und Tanten der Secondhandhändler auf dem Saint-Esprit. Unter der Woche fanden hier die öffentlichen Hinrichtungen statt. Montags hatten die Henker frei, und der Platz wurde als Marktplatz genutzt, wo Frauen- und Kinderkleider verkauft wurden. Mercier beschreibt, wie sich hier Petites-bourgeoises, Bordellbesitzerinnen oder strenge, sparsame Hausfrauen trafen, um sich mit all dem zu versorgen, was sie brauchten: von der Haube über Kleider, Blusen, Bettwäsche bis hin zu Schuhen. Regelmäßige Gäste waren Polizisten in Zivil, denn auch Diebe, die versuchten, ihre Beute zu Geld zu machen, trieben sich hier herum. Mercier bezeichnet diesen Markt als die öffentliche Altkleiderkammer (*la défroque*) einer ganzen Provinz. Das Kleid der verstorbenen Präsidentengattin wird von einer Madam gekauft, und ein armes Arbeiterkind schmückt sich mit der Haube des Dienstmädchens der Marquise. Man möchte nicht wissen – so Louis-Sébastien Mercier –, woher die Kleidung kommt, das unschuldige Mädchen trägt die Wäsche, in der gestern noch die Opernsängerin getanzt hat. Am Abend dann gehe der ganze Zauber zu Ende. All die Ware verschwindet auf magische Weise. Nicht ein einziges Mäntelchen bleibt zurück, und der unerschöpfliche Reichtum wird erst am darauffolgenden Montag wieder sichtbar.[131]

Fazit: Reparieren – Die Kulturtechnik der Zukunft

Reparaturgewerbe und Secondhandmärkte waren zentrale Bereiche vormoderner städtischer Wirtschaft und Geschäfte mit Secondhandprodukten *keine* Domäne der Armen.

Wann eigentlich haben die Menschen aufgehört zu reparieren? Warum fallen uns heute außer Schuhmacher und Handy-Doktor kaum noch Reparaturberufe ein? Auf diese Frage gibt es verschiedene Antworten:

1. Reparieren lohnt sich nicht! Ein neuer Pullover ist so billig, dass es teurer wäre, den alten zur Schneiderin zu bringen und ausbessern zu lassen.
2. Geplante Obsoleszenz. Gemeint ist damit das schon bei der Produktentwicklung eingebaute Unbrauchbarwerden etwa durch sich rasch abnutzende Verschleißteile. Im Jahr 1932 formulierte der Immobilienmakler Bernard London seine Idee als Maßnahme gegen die wirtschaftliche Depression. Er empfahl, Gebrauchsgegenstände wie Werkzeug, Haushaltsgeräte oder Schuhe bereits bei der Produktion mit einer materialbedingten Verfallsgrenze auszustatten. Man müsse dafür sorgen, dass die Produkte nach einer bestimmten Zeit unbrauchbar würden. Damit sollte die Wirtschaft wieder angekurbelt werden. Langlebige Produkte, so Londons Einschätzung, könne man sich nur dann leisten, wenn es der Wirtschaft gut gehe. In Zeiten der Rezession brauche man eine konstante Nachfrage, für die man im Zweifel durch eingebaute Sollbruchstellen in der Mechanik eines Geräts oder im Material eines Kleidungsstücks selbst sorgen müsse.[132]
3. Reparaturfeindliches Design macht Reparieren zunehmend unmöglich. Nicht nur Mobiltelefone, Elektro- und Küchengeräte, sondern auch Fernseher, Drucker, Computer und Autos sind davon betroffen.

Doch zeichnet sich auch hier eine Trendwende ab. Verbraucherinnen und Verbraucher, aber auch Herstellerinnen und Hersteller setzen zunehmend auf Selbstbestimmung und Unabhängigkeit. Es gibt Studiengänge für Design, das Reparaturfähigkeit und Wiederverwertbarkeit priorisiert. Bewegungen wie ifixit.com werben mit dem Slogan: »Repair is good for manufacturers, good for the economy, and good for the rest of us.« Der Gründer Kyle Wiens fordert ein Recht auf reparierbare Produkte und sieht darin einen Akt der Selbstermächtigung im Interesse eigenbestimmter Kundschaft.[133] Zunehmend kommen reparable Mobiltelefone auf den Markt. Die Kulturtechnik des Reparierens erlebt ein Comeback. Viele sind bereit, mehr Geld für die Instandhaltung und Wiederherstellung von Geräten auszugeben, doch fehlt es hier an flächendeckendem Service. Die Hersteller haben mehr Interesse am Vertrieb neuer Produkte, und so kämpfen wir uns durch die Reparaturschleifen. Das Auto zur Inspektion, den kaputten Toaster zurück in das Elektrogeschäft, das Handy mit Wackelkontakt einschicken. Das müsste nicht so sein. Das war schon mal anders und könnte wieder anders sein.

Für den Kunden jedenfalls wäre das ein Traum. Man stelle sich das einmal vor: Der kaputte Toaster, das Handy, die alte Stehlampe oder der Föhn, sie würden nicht länger vorwurfsvoll im Keller rumstehen. Man stelle sich vor, es käme regelmäßig ein Reparaturservice vorbei, um nachzufragen, ob es was zu reparieren gibt. Ein neues Berufsbild, das mit mobilem Reparatur- und Recyclingservice den Markt erobert. Berufsbilder ändern sich täglich. Es ist höchste Zeit, die in Vergessenheit geratenen Reparaturberufe neu zu erfinden.

3.2. Papier – Ein Recyclingprodukt schreibt Weltgeschichte

Über zwei Jahrtausende war Papier ein Recyclingprodukt, bevor man im 19. Jahrhundert zu Holzpapier überging. Davor wurde es aus Hadern hergestellt, also aus Altkleidern, Lumpen, ausgedienten Schiffstauen und Schneiderabfällen. Ein klassischer Fall von Altstoffrecycling. Als sich dann mit Anbruch der Moderne vor 200 Jahren das Holzpapier durchsetzte, wurde ein neues, für die globalen Baumbestände verhängnisvolles Kapitel in der Geschichte des Papiers eröffnet. Eines, das nun endlich wieder geschlossen werden muss. Die technischen Möglichkeiten der Nutzung alternativer Rohstoffe für die Papierproduktion waren nie so günstig wie heute. Die Umstellung auf neue Ressourcen ist möglich, man muss sie nur wollen. Noch immer boomt die Papierindustrie, trotz Digitalisierung. Der Papierbedarf weltweit ist in den letzten knapp 40 Jahren von 170 Millionen Tonnen im Jahr 1980 auf 423 Millionen Tonnen im Jahr 2017 gestiegen. Aktuelle Hochrechnungen gehen von einer weiteren Verdoppelung des Zellstoffverbrauchs in den nächsten 40 Jahren aus.[134]

Verantwortlich dafür ist der boomende Onlinehandel, denn dieser steigert die Nachfrage nach Verpackungsmaterial – ein unbeabsichtigter Nebeneffekt der Digitalisierung. Weltweit wird der Waldbestand durch zunehmende Trockenheit, Brände und Rodungskampagnen dramatisch dezimiert, der Rohstoff Holz so immer knapper. Gibt es Möglichkeiten, unseren Papierbedarf zu decken, ohne unsere Wälder noch weiter zu zerstören? Papier sparen? Technologien verfeinern? Immer mehr Papier aus immer weniger Holz herstellen? Die Geschichte des Papiers zeigt Alternativen auf.

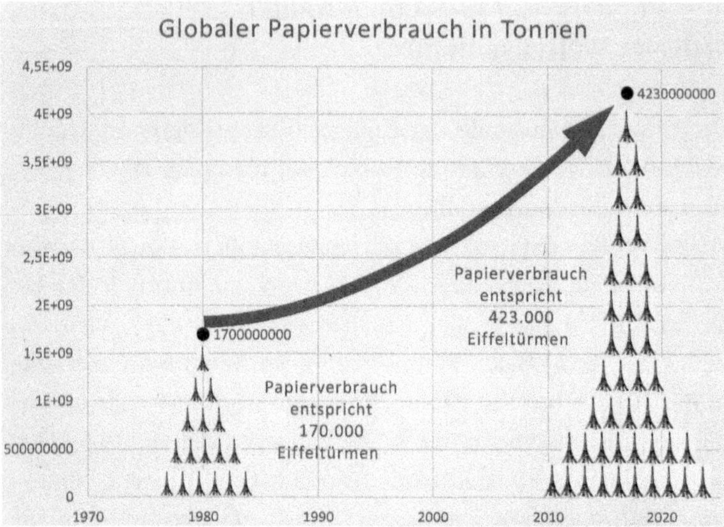

Abb. 3: Anstieg des globalen Papierverbrauchs im Zeitalter der Digitalisierung (1980–2020).

Eine kurze Geschichte des Papiers

Gemäß DIN 6730 ist Papier ein »flächiger, im Wesentlichen aus Fasern meist pflanzlicher Herkunft bestehender Werkstoff, der durch Entwässerung einer Faserstoffaufschwemmung auf einem Sieb gebildet wird«.[135] Dabei entsteht ein sogenannter Faserfilz, der nur noch verdichtet und getrocknet werden muss. Entwickelt wurde dieses Verfahren erstmals im Nordwesten Chinas im 2. Jahrhundert v. Chr. im Gebiet der heute autonomen uigurischen Provinz Xinjiang. Dort fanden Archäologen Papier, hergestellt in einem Verfahren, das die damals bekannten Methoden der Rindenbastverarbeitung mit denen der Filzherstellung kombinierte: Pflanzenfasern wurden zerstampft und eingeweicht, der so hergestellte Brei auf einem flächigen Sieb verteilt, dann entwässert und getrocknet.[136]

Abb. 4: Chinesischer Papiermacher, Darstellung aus dem Jahr 1637.

Laut chinesischer Überlieferung war der Erfinder dieser Technik ein gewisser Ts'ai Lun (auch Cai Lun), der Ende des 1. Jahrhunderts n. Chr. in Luoyang, zur damaligen Zeit Hauptstadt der östlichen Han-Dynastie, lebte. Ts'ai Lun war kaiserlicher Ingenieur, wie viele hohe Beamten der Zeit ein Eunuch, zuständig für die Waffen- und Instrumentenkammer am Kaiserhof. Dass er es war, der das Papier erfunden habe, erfahren wir aus einer Chronik, die wiederum 400 Jahre nach seinem Tod, im 5. Jahrhundert n. Chr. verfasst wurde. Der Chronist berichtet darüber, wie in alten Zeiten Bücher und Dokumente im Allgemeinen aus zusammengebundenen Bambusbrettchen hergestellt wurden, die Bündel aus kostbaren Seidenblättern zusammenhielten. Die Blätter waren sehr teuer, die Bambusbrettchen schwer und nicht sehr praktisch. So kam Ts'ai Lun auf die Idee, Baumrinde, Hanfstücke, Textilabfälle und Reste von Fischernetzen für die Papierherstellung zu benutzen. Sein

Verfahren bewährte sich, der Kaiser war begeistert, führte das neue Produkt in seinem Reich ein und beförderte den Erfinder in den Adelsstand.[137]

Das Papier – Produkt einer Recyclingrevolution

Die Erfindung von Ts'ai Lun ist eine der spektakulärsten Revolutionen überhaupt. Wie die meisten fiel sie nicht vom Himmel. Und wie die meisten Entdeckungen geht sie nicht auf einen einzigen Menschen zurück, sondern allenfalls auf die Fähigkeit eines Menschen oder eines Teams, vorhandenes Wissen aus ganz verschiedenen Bereichen und Gebieten miteinander in Beziehung zu setzen. Im Falle von Ts'ai Lun war es die Kombination eines im Nordwesten Chinas schon länger bekannten Herstellungsverfahrens mit der systematischen Umstellung auf einen neuen Rohstoff, nämlich Textilabfall. Statt »Seide« – gemeint ist vermutlich Papier aus Rindenbast des Papiermaulbeerbaums – verwendete er ausschließlich Recyclingfasern. Damit wurde die Rohmaterialbasis mit einem Schlag verbreitert, und Ts'ai Lun erreichte so eine Produktionssteigerung, die die flächendeckende Verbreitung des neuen Papiers, zunächst in ganz China und im Laufe des 3. und 4. Jahrhunderts auch in Korea, Japan, Zentral- und Südostasien, Nepal und Indien, ermöglichte. Im 8. Jahrhundert war das Recyclingprodukt auch in Zentren der Papierherstellung im Vorderen Orient etabliert. Es fanden sich bedeutende Manufakturen in Syrien (Damaskus), im Irak (Bagdad), in Ägypten (Kairo) und im Byzantinischen Reich. Dessen Hauptstadt Byzanz, alias Istanbul, bewahrt bis heute die Erinnerung an die Papiermacher im Namen des Stadtteils Kagithane, wörtlich »Papiermacherort« (vormals Vorvisis).[138]

Die verspätete Einführung des Papiers in Europa

Erste Spuren der Papierherstellung in Europa stammen aus dem 10./11. Jahrhundert aus dem maurischen Spanien. In Jativa/Xátiva (Nähe Valencia), Cordoba, Toledo und auf den Balearen lassen sich Hinweise auf Papierherstellung finden. Auch war zuvor Papier von arabischen, genuesischen oder amalfischen Schiffen über die Route Kairo (Ägypten), Kairouan (Tunesien), Valencia (Spanien) importiert worden. Doch erst im 13. Jahrhundert beginnt die Geschichte des europäischen Papiers.[139]

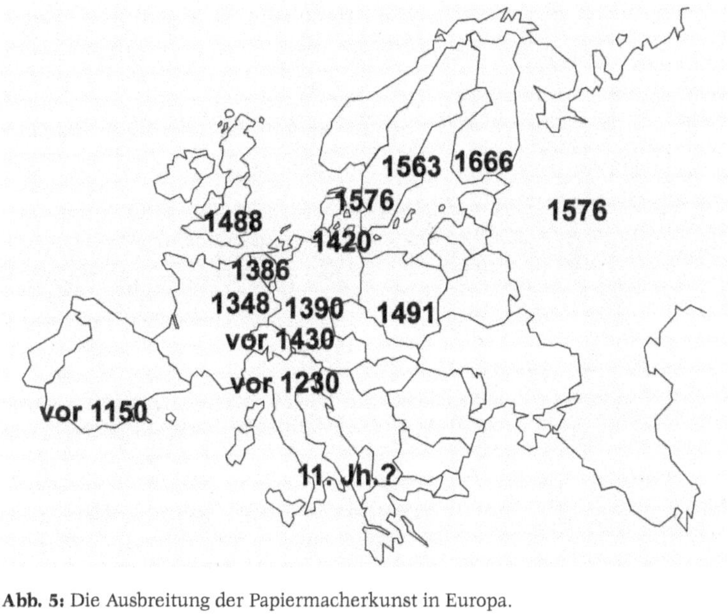

Abb. 5: Die Ausbreitung der Papiermacherkunst in Europa.

Der wichtigste Grund für die verspätete Markteinführung des Papiers in Europa war ganz einfach. Man meinte, kein Papier zu brauchen, hatte man doch Pergament: Tierhaut, von Haaren befreit und unter Spannung getrocknet.[140] Seit dem 8. Jahrhundert hatte sich dieser Beschreibstoff in Westeuropa durchgesetzt und das zuvor übliche Papyrus weitgehend verdrängt. Pergament war haltbarer als Papyrus und überdies leichter zu beschaffen. Gewissermaßen ein Nebenprodukt der Viehhaltung. Zwar waren aufwendige und zeitraubende Arbeitsschritte notwendig – beizen, schaben, kalken, aufspannen, trocknen, glätten und wieder schaben –, bis man die Haut eines Schafes, Rindes oder einer Ziege tatsächlich beschreiben konnte, doch war man, anders als bei Papyrus, nicht auf Importe aus Ägypten angewiesen. Auch hielten konservative Kräfte in den Notariaten, Kanzleien, Gerichts- und Klosterstuben Neuerungen für überflüssig. Umstellungen sind bekanntlich zunächst einmal mit Kosten verbunden, man wollte bewährte Technologien und Verfahren nicht einfach aufgeben. Langfristig jedoch war die Papierrevolution nicht zu verhindern. Auch die Menschen in Europa wollten irgendwann mehr als nur Pergamenturkunden. Die Zeit war reif für das »Zeitalter der weißen Magie« (Lothar Müller).[141]

Wie kam das Papier nach Europa?

Vielleicht war es ein findiger Händler aus Amalfi oder Genua, der Papierarbeiter aus den Werkstätten in Kairo nach Italien lockte, vielleicht auch ein geschäftstüchtiger Unternehmer aus Ägypten, der die Geheimnisse der Papierherstellung nach Italien verkaufte. Möglicherweise war es auch – so eine Legende – ein Kreuzfahrer, der in arabischer Gefangenschaft in Syrien oder Ägypten zum Papiermacher wurde und diese Kunst nach seiner Rückkehr in Europa einführte. Wir wissen es nicht. Fest steht einzig, dass irgendwann im 13. Jahrhundert die Kunst des Papiermachens in Italien Fuß gefasst hatte.

Bis heute streiten sich die Städte Genua, Fabriano in der Mark Ancona und Amalfi in der Provinz Neapel um den Ruhm der Erfindung des abendländischen Papiers. Denn in Amalfi – so die Tradition – sei schon lange vor dem 13. Jahrhundert Papier hergestellt und exportiert worden. Leider vernichtete ein Brand die Archive der Stadt, doch scheint es durchaus plausibel, dass man im stark byzantinisch und arabisch geprägten Königreich Sizilien schon früh Papier nicht nur importierte, sondern auch selbst herstellte. Nur so lassen sich die vielen frühen Papierdokumente in italienischen Archiven aus der Zeit des 11. und 12. Jahrhunderts erklären. Es spricht also viel für Amalfi, doch leider fehlen historisch stichhaltige Beweise. Die gibt es erst aus dem frühen 13. Jahrhundert, und zwar aus Genua. Ein Vertrag zwischen einem Papiermacher und dem Rat der Stadt aus dem Jahr 1235.[142] Fabriano hingegen wurde von den Zeitgenossen als Ausgangspunkt der neuen Papiertechnologie gesehen. Aus dem Jahr 1283 sind die ältesten Urkunden zur Herstellung von Fabriano-Papier überliefert. Fest steht, dass seit Ende des 13. Jahrhunderts die Papierherstellung in Nord- und Mittelitalien florierte. Es entstanden regelrechte Papiermühlenreviere, mit dem Zentrum Fabriano in den Marken. Fabriano-Papier wurde auf dem Landweg und über den Hafen von Fano an der Adriaküste bald rege exportiert, und bis heute kann man im »Museo della carta e della filigrana« in Fabriano die ältesten Spuren der europäischen Papiertechnik besichtigen.

Von Italien aus verbreitete sich die Kunst des Papiermachens in ganz Europa. Überall schossen Papiermühlen wie Pilze aus dem Boden. Am berühmtesten wurde Ulman Stromers 1390 in Betrieb genommene Papiermühle an der Pegnitz in Nürnberg. Mit der Entwicklung der Buchdruckerei im 15. Jahrhundert durch Johannes Gutenberg in Mainz erlebte die Papierproduktion einen europaweiten Aufschwung. Mit der Nachfrage nach Papier stieg auch die nach Lumpen.

Innovationen – das neue Lumpen-Recyclingprodukt

Eine wichtige Voraussetzung für die erfolgreiche Durchsetzung des Textilrecycling-Produkts Papier waren Akteure, die die Herstellung stetig optimierten und dafür sorgten, dass die Recyclingprodukte immer besser wurden. Diese Neuerungen sollen im Folgenden kurz skizzenhaft dargestellt werden. Eine überaus anschauliche Beschreibung liefert das Werk *Orbis sensualium pictus* des Reformpädagogen Comenius, ein illustriertes Schulbuch des 17. Jahrhunderts – die älteste erhaltene Enzyklopädie für Kinder, für manche ein frühes Beispiel für den gelungenen Einsatz didaktisch gut aufbereiteter Unterrichtsmaterialien, für andere eine Frühform des Comics:[143]

Abb. 6: Papiermühle aus Johann Amos Comenius, *Orbis sensualium pictus*, Nürnberg 1658.

Das Bild ist mit Ziffern versehen, auf die in der beigefügten Erklärung jeweils verwiesen wird. Die lautet folgendermaßen: Während man früher Fichtenholztafeln (1), Blätter (2), Rinde (3) oder Papyrus als Schreibmaterial verwendete, ist heute Papier üblich. Dies wird vom Papierer in der Papiermühle (4) hergestellt, und zwar aus alten Lumpen (5), die gestampft und zu einem Brei verarbeitet werden (6), der dann in der Bütte geschöpft wird (7). Die Bögen (8) werden zum Trocknen an die Luft gehängt. Daraus wird ein Buch (gemeint ist eine Papierlage) hergestellt (9), 25 Lagen sind ein Rieß (10) und 10 Rieß ein Ballen Papier (11). Was lange haltbar sein soll, wird auf Pergament geschrieben (12).[144]

Recyclinginnovationen des Spätmittelalters

Drei technische Neuerungen ermöglichten den flächendeckenden Erfolg des Recyclingprodukts und dessen Überlegenheit gegenüber dem herkömmlichen Pergament:

Erstens wurde die Technik der Zerkleinerung der Lumpen effizienter, und zwar durch den Einsatz von Stampfwerken, die nach dem Prinzip der bereits in der Textilherstellung üblichen Walkmühlen funktionierten. Man sieht diese Stampfmechanik im unteren linken Rechteck des Bildes (in einer Ausführung des 17. Jahrhunderts). Die Ingenieure der Zeit konstruierten das Stampfwerk mit mehreren starken Hämmern, die gegen eine gerillte Bodenplatte aus Metall schlugen. Die Hadern wurden in vier bis sechs nebeneinanderliegenden Trögen zunächst von ganz groben, dann von immer feineren Hammerköpfen völlig zerfasert. Betrieben wurde das Stampfwerk von der Kraft eines Wasserrads, das ebenfalls im Bild dargestellt ist. Das große Mühlrad ermöglichte den Dauerbetrieb des Stampfwerks. Überdies gab das Mühlrad den Takt und damit einen festen Arbeitsrhythmus vor.

Die zweite große Veränderung betraf den Einsatz starrer, aus Metalldraht gebildeter Schöpfsiebe anstelle der zuvor genutzten Rahmen mit Textilbespannung oder flexiblen Matten aus Bambus oder Halmen. Hier integrierte man aktuelle Erfindungen in der Drahtzugtechnik. Die Schöpfsiebe wurden mit feinsten Metalldrähten bespannt, die wiederum eine feinere Papierstruktur und die Regulierung der Blattdichte ermöglichten. Auf das feine starre Metallsieb ließen sich vorgeformte Figuren aus dünnem Kupferdraht aufnähen oder löten, die die Wasserzeichen im fertigen Blatt ergaben und als Herkunftsmarken bestimmter Mühlen beziehungsweise Qualitätsmarken für bestimmte Sorten fungierten. Ein zusätzlicher Arbeitsschritt ergibt sich dadurch, dass das frisch geschöpfte Papier nicht direkt auf dem Sieb abtropft, sondern auf einem Filz (Gautsch) abgelegt und getrocknet wird. Das Sieb kann vom Schöpfer sofort wieder eingesetzt werden, während der Gautscher das frisch geschöpfte Blatt entwässert und dann zum Trocknen »an die Lüft hängt« und zum Pressen vorbereitet.

Drittens kam das Leimen hinzu. Damit wurden die Papierblätter tintenfest gemacht. Bereits in arabischen Werkstätten hatte man zu diesem Zweck Stärke verwendet. In den europäischen Werkstätten verwendete man seit dem späten 14. Jahrhundert zunehmend Hautleim (Glutinleim aus tierischen Abfällen), der dem Papier Stabilität und Haltbarkeit verlieh.

Mit der Technologie veränderte sich auch die Betriebsstruktur. Die europäischen Lumpenrecycling-Unternehmen wurden zu arbeitsteilig organisierten Manufakturbetrieben, mit vielen Angestellten und streng durchgetaktetem Arbeitsbetrieb. Auch verdichtete sich die Produktion in ausgewiesenen Papierrevieren.[145] Und eine ganze Reihe an vor- und nachgelagerten Branchen und Zulieferbetrieben waren involviert, vom Lumpensammler bis zum Hautleimhersteller (siehe dazu das Kapitel über Recyclingberufe). Auch an der Verbesserung der Qualität des Produkts wurde unablässig gearbeitet. Chemische Nachbehandlungen der Oberfläche sorgten für mehr Nutzerfreundlichkeit für Schreiber und Drucker. Auch die Aufbereitung der Lumpen wurde stets verbessert – durch einen vorgeschalteten Faulprozess und durch die Behandlung mit Kalkmilch vor dem Stampfen konnte noch feinere Papierqualität erzielt werden. Das höchste Fertigungsniveau erreichten die europäischen Druckerwerkstätten im 15. Jahrhundert, vor allem deshalb, weil man versuchte, das Erscheinungsbild des Pergaments möglichst genau nachzubilden.

Lumpen, alias Hadern, als Recyclingrohstoff

Im Vergleich zu Münzen, Eisenketten oder Mühlsteinen sieht man in Museen doch recht selten mittelalterliche Oberhemden oder Unterröcke. Textilien haben keine besonders lange Halbwertszeit. Sie vergilben und werden brüchig, folglich sind die Erhaltungsschancen viel geringer als etwa die von Waffen. Ein Sachverhalt, der unser Bild von der Vergangenheit maßgeblich verzerrt und möglicherweise auch stark martialisiert. Warum denken wir vor allem an Krieg, wenn wir an das Mittelalter denken? Weil Waffen – damals wie heute – aus haltbarem Material hergestellt werden und heute in vergleichsweiser großer Zahl erhalten sind, während die vielen Alltagsgegenstände der Menschen, vom Einkaufskorb bis zur Hängematte, aus vergänglichen Stoffen hergestellt wurden und auf den Müllkippen der Vergangenheit verrotteten, ohne Spuren zu hinterlassen.

Ein zweiter Grund für die wenigen erhaltenen mittelalterlichen Kleider ist darin zu suchen, dass Textilien vom 13. bis weit ins 19. Jahrhundert fest in einen Wiederverwertungskreislauf eingebunden waren. Sämtliche abgetragene Kleidung, von

Unterwäsche bis Umhängen, aber auch Bettlaken, Tischtücher oder Wandbehänge, wurden nicht weggeworfen, sondern verkauft. Stoffe aller Art waren wertvoll. Man konnte Geld damit machen. Denn jeder noch so kleine Fetzen war begehrt als Recyclingrohstoff, entweder für neue Textilien oder aber für die Papierherstellung. Der Lumpenmarkt wurde von den Papierherstellern und -händlern dominiert, die jeweils kleine Subunternehmer zur Beschaffung der Lumpen engagierten: der berühmt-berüchtigte Lumpensammler oder Haderlump, der im wahrsten Sinne des Wortes »über die Dörfer« ging und in regelmäßigen Abständen alles aufkaufte, was an Altkleidern angefallen war. Die meisten Lumpensammler arbeiteten für einen Auftraggeber, in der Regel Papiermüller oder Drucker. Auch brauchte man – aufgrund des hart umkämpften Marktes – eine »Lizenz zum Sammeln«.[146] Als Rohstoff für die Papierproduktion wurden Altkleider mit steigender Papiernachfrage immer wertvoller. Am teuersten waren weiße Stoffe aus Leinen oder das Baumwoll-Leinen-Gemisch Barchent, das zunächst in Italien, seit dem späten 14. Jahrhundert in Süddeutschland, zum Beispiel in Ravensburg, Ulm, Biberach, Regensburg und Augsburg hergestellt wurde. Weniger wert waren dunkle Stoffe und Wollgewebe, weil die tierischen Fasern viel kürzer waren als Pflanzenfasern und daher weniger hochwertiges Papier ergaben.

Lumpensammelprivilegien und Lumpenausfuhrverbote

Ob es sich nun um Leinentuch oder Barchent handelte, Lumpen waren ein heiß begehrter Recyclingrohstoff. Allerdings setzte dieser Rohstoff den Papiermachern auch enge Grenzen. Zwar wird erst im 18. Jahrhundert die Lage wirklich akut, doch klagen die Unternehmen schon im Spätmittelalter über Lumpenmangel, und es kommt zu harten Verteilungskämpfen unter den Papiermüllern und den Lumpensammlern. Aus Verordnungen der Zeit geht hervor, dass mit Erteilung der Betriebslizenz jeder Papiermühle ein Distrikt zum Lumpensammeln zugewiesen wurde. Wiederholt findet man Erlasse, die das Ausführen von Lumpen aus einem bestimmten Bezirk verbieten. Beide Maßnahmen zielten auf die Sicherung der Rohstoffquelle. Das älteste Lumpenprivileg stammt aus der Schweiz und wurde 1467 für den Papiermüller in Bern ausgestellt.[147] Im Jahr 1490 erteilte die Reichsstadt Nürnberg ein Ausfuhrverbot für Lumpen. Auch arbeiteten die Papiermüller eng mit den Papierhändlern zusammen, die ihrerseits den Lumpenmarkt zu regulieren versuchten. Seit dem späteren 15. Jahrhundert erschienen Druckereien als neue Großkunden auf dem Papiermarkt. Denn natürlich waren die Buchdrucker auf zuverlässige Papierlieferungen höchster Qualität angewiesen. Diese konnten sie zum Beispiel durch Großeinkäufe auf den Messen in Frankfurt am Main oder Leipzig sicherstellen oder durch Verträge mit Papiermühlen oder aber indem sie sich Anteile an Mühlen kauften oder als Pächter bestehende Mühlen übernahmen. Eine weitere Strategie ist seit dem frühen 17. Jahrhundert überliefert: Drucker, die im Auftrag von Städten, Universitäten oder Landesregierungen arbeiteten, ließen sich von ihrer Stadt oder dem Landesherrn die Papierbeschaffung durch Lumpenausfuhrverbote und schließlich auch durch Lumpensammelprivilegien sichern.[148]

Lumpenschmuggel in Leipzig

Im 18. Jahrhundert spitzte sich die Situation dramatisch zu, wie die folgende Geschichte aus Leipzig, der heimlichen Hauptstadt der Bücher, zeigt.[149] In monotoner Regelmäßigkeit finden sich Erlasse bezüglich der Ausfuhr von Lumpen. Aus dem Mai 1785 ist eine von vielen Verfügungen überliefert, die jedem harte Strafen androhte, der bei der Ausfuhr von Hadern erwischt wurde. Die Ladung samt »Pferde, Wagen und Geschirre« sollte konfisziert werden, und wer ohne »behördlich ausgestellte Attestate« Lumpen sammelte, musste mit den gleichen Konsequenzen rechnen. Doch offenbar halfen solche Verfügungen nicht viel, denn die Klagen über illegale Lumpensammler und Lumpenschmuggel über die sächsische Grenze nehmen auch nach 1785 kein Ende. Wie ernst die Situation war, kann man daran erkennen, dass die Leipziger Buchdrucker und Papiermacher, die ja eigentlich Konkurrenten waren, sich nun zusammenschlossen. Es ging um ihre Existenz. Bisher war Sachsen Marktführer in Papierproduktion und Druck. In ganz Preußen, in den Brandenburgischen Ländern, ja sogar in Österreich wurde auf sächsisches Papier gedruckt. Und auch Böhmen und Mähren holten ihre Papiere aus dem sächsischen Erzgebirge. Wenn man den Lumpenschmuggel nicht in den Griff bekommen würde, drohten der Papierbranche in Sachsen massive Einbrüche. Als die Leipziger dann noch erfuhren, dass feindliche Übernahmen aus Berlin drohten – der Papierhändler Ebert kaufte flächendeckend die Papiere aller Mühlen in Sachsen auf, und zwar schon vor der Fertigstellung –, schritten sie zur Tat. Sie schlossen sich zusammen und erwirkten zunächst beim Rat der Stadt das alleinige Sammelprivileg für einen von ihnen, nämlich für den Papierhändler Gottlob Leberecht Lehn.

Dieser trat zu Anfang des Jahres 1790 vor den Rat der Stadt und trug das hinreichend bekannte Problem vor: dass nämlich fremde Fuhrleute und andere Personen »allhier in Leipzig die Hadern aufkauften und so durch den dadurch entstehenden Mangel an Rohstoffen, die jetzige Theuerung des Papiers verursachten«. Sein Lösungsvorschlag jedoch war interessant: Er verlangte, dass ihm »die Freyheit des alleinigen Hadersammelns in der Stadt Leipzig und Umgebung« verliehen würde. Im Gegenzug bot er entweder eine jährliche Geldzahlung oder – alternativ – jährlich kostenlose Lieferungen von Papier in bestimmtem

Umfang. Seine Kollegen, wie zum Beispiel Johann Christian Hartmann oder der Leipziger Buchdrucker Breitkopf, standen hinter ihm. Zwar war der Papierhändler Lehn auch kein unbeschriebenes Blatt und selbst schon in Lumpenschmuggelgeschäfte in brandenburgische Mühlen verwickelt, doch bot einzig ein Sammelmonopol die Möglichkeit, den Markt zu kontrollieren. Und tatsächlich ging das Kalkül auf. Drei Monate später, am 31. März 1790, wurde Lehn das Sammelmonopol für Leipzig und Umgebung übertragen. Mit der »Lizenz zum Sammeln« war die Einschränkung des Absatzmarkts auf Leipzig verbunden.

Eine zweite Maßnahme ergriffen die Leipziger Papiermacher und Drucker. Sie formulierten eine Eingabe an die Regierung, in der sie a) eine Ausfuhrsteuer für sächsisches Papier in Höhe von 40 Prozent forderten und b) Erleichterung der Einfuhr von besserem Papier aus Frankreich, Holland und aus der Schweiz. Mit einiger Verspätung wurde auch auf diese Eingabe reagiert. Am 29.1.1793 wurde verordnet, »dass auf alle in Kursachsen eingehenden Papiere der Zoll gänzlich aufgehoben, und auch eine Kontrolle über das Hadernsammeln vorgeschlagen werden soll«.

Solche Akten bieten anschauliche Einblicke in die Alltagskonflikte der Papierbranche, und sie machen zugleich deutlich, wie schwierig es war, den Markt zu regeln, und wie bedrohlich das Rohstoffproblem sowohl für Drucker und Verleger als auch für Papiermacher war.

»Ja haben den diese Lumpen keinen vorrath?« *Leopold Mozart*

Der wichtigste Grund für die maßlose Nachfrage nach Papier im 18. Jahrhundert war ohne Zweifel die Aufklärung. Das 18. Jahrhundert war das Zeitalter der Bücher, der Flugblätter und Zeitungen. Die wichtigen Philosophen der Aufklärung waren vom

Lumpenmangel betroffen und natürlich die zunehmende Zahl der Leserinnen und Leser ihrer Bücher. Man stelle sich nur vor, *Die Kritik der reinen Vernunft* – immerhin fast 800 Druckseiten in der Erstauflage – hätte wegen Papier- beziehungsweise Lumpenmangels nicht gedruckt werden können. Oder – vielleicht sogar noch schlimmer – kein Orchester hätte Mozarts Requiem aufführen können, weil die Papierlieferungen rationiert wurden. Dass solche Überlegungen durchaus berechtigt sind, zeigt ein Brief, den Mozarts Vater Leopold am 7. Juli 1755 an seinen Verleger Jakob Lotter in Augsburg schrieb:

> *Monsieur mons tres cher amy!*
>
> *[…] Es wäre mir Leyd, wenn daß Papier ihnen und mir den spass verderben sollte. Ich war allezeit und bin noch der Meinung, daß man etwas nicht ansehen müsste, um eine Sache, so sonst Mühe kostet, auch auf schönes Papier zu bringen. können sie denn nicht das Papier auf die Condition kommen lassen, wenn es die Probe hält? Es wird wohl nicht ein Papiermacher alleine in der Welt seyn. Haben den diese Lumpen keinen vorrath? und müssen sie es allererst machen? Genug! warten sie lieber auf gut Papier; mir wäre sonst leyd vor ihre Mühe: denn ich wollte absolute, daß es so in die Augen fallen solle, daß im nimmer hören darf, was ich gehört hab, daß nämmlich von keinem Orte ein schönes Buch kommen kan, als von Hamburg und Leipzig. […] dero Ergebenster Dr: Leop: Mozart*[150]

Kaum vorstellbar, was passiert wäre, wenn die Menschen des 18. Jahrhunderts keine Lösung gefunden hätten. Wohin mit der künstlerischen und geistigen Kreativität dieser Zeit? Mozarts *Zauberflöte* wegen Lumpenmangels nicht entstanden, nicht gedruckt, nie aufgeführt! Bach, Händel, Haydn und all die anderen großen Komponisten des 18. Jahrhunderts. Die Schriften der Aufklärer, die Briefe Voltaires an Friedrich II. von Preußen, Rousseaus *Émile* und *Der Wohlstand der Nationen* von Adam Smith. Das Projekt Aufklärung hätte abgebrochen werden müssen – wegen Lumpenmangels!

Rohstoffmangel und Innovationsdruck

Doch dazu sollte es nicht kommen. Denn natürlich waren auch die Papiermacher, Naturforscher und Techniker der Zeit kreativ. Die erstaunlichsten Experimente zur Beschaffung von Lumpenersatzstoffen wurden durchgeführt. Heute würden diese experimentierfreudigen Unternehmerinnen und Unternehmer vermutlich ausnahmslos mit Innovationspreisen ausgezeichnet.[151] Ihre Stärke lag darin, auf ältere Erfahrung zurückzugreifen. Sie mussten das Rad nicht neu erfinden. Ganz im Gegenteil. Seit alters her wurde mit Lumpenzusatzstoffen experimentiert. Aus dem Jahr 1672 gibt es Berichte darüber, dass in der Lunckwitz-Mühle bei Zwickau Papier aus »guthen Theils andere[n] Materialien außer Lumpen« hergestellt worden sei. 1695 produzierte Georg Balthasar Illy in der Papiermühle in Schleusingen Papier aus Altpapier und Fabrikationsabfällen. Aus dem Jahr 1712 stammen Ratschläge eines Engelbert Kaempfer, der darauf hinweist, dass die japanische Papiermacherei ohne Lumpen auskomme und stattdessen Baumbast verwende.

»Man sage einem Papiermacher, dass sich auch aus Holze, aus Pflanzen usw. Papier machen lasse. Wie wenig wird man Glauben finden.« *Jacob Christian Schäffer, 1765*

Eine außergewöhnliche produktive Studie zu den Möglichkeiten alternativer Rohstoffverarbeitung in der Papierfabrikation stammt von Jacob Christian Schäffer, einem Regensburger Universalgenie. Geboren 1718 in Querfurt in Sachsen-Anhalt, wuchs er nach dem Tod des Vaters mit fünf Geschwistern in recht ärmlichen Verhältnissen auf, genoss jedoch in Querfurt, Glaucha und dann in den Frankeschen Stiftungen in Halle eine gute Schulbildung, studierte in Halle und wurde 1741 – mit gerade mal 23 Jahren – in Regensburg zum Pfarrer ordiniert. Bis zu seinem Tod im Jahr 1790 arbeitete er unermüdlich, doch nicht nur als Pfarrer, sondern auch als Naturwissenschaftler, Mediziner, Insektenforscher und Erfinder. Er hielt Vorträge auf internationalen Konferenzen, wurde vom dänischen König zum Ehrenprofessor und von der Nachwelt zum »Da Vinci von Querfurt« ernannt. Seine Schriften dokumentieren seine ebenso vielseitige wie praktische Begabung. Neben Leichenpredigten und Neujahrsansprachen verfasste er unter anderem eine »Artzneykräuterwissenschaft« (1759), eine Insektenlehre (1766), schrieb Abhandlungen über »Egelschnecken in den Lebern der Schaafe« (1762) und »eingebildeten Würmer in Zähnen nebst dem vermeyntlichen Hülfsmittel wider dieselben« (1756). Die Beschreibungen seiner zahlreichen Erfindungen führen uns in ein frühneuzeitliches Experimentallabor. Um der Holzknappheit seiner Zeit entgegenzuwirken und um die Wälder zu schonen, erfand er einen Niedrigenergie-Ofen.[152] Am berühmtesten wurde seine »beqveme und höchstvortheilhafte Waschmaschine« aus dem Jahr 1766, die heute als Prototyp der modernen Waschmaschine im Miele-Museum in Gütersloh steht. Und für die Papierknappheit seiner Zeit führte Schäffer »Versuche und Muster ohne alle Lumpen oder doch mit einem geringen Zusatze derselben Papier zu machen« durch.[153] Das zweibändige Werk erschien 1765 und wurde fünf Jahre später ins Holländische übersetzt. Allein aus wirtschaftlichen Interessen, so argumentiert Schäffer, müsse man alternative Rohstoffe zur Papierherstellung finden. Er selbst begann, mit Samenwolle der Schwarzpappel und mit Graswolle zu experimentieren. Dazu tat er sich mit einem ortsansässigen

Papiermacher namens Meckenhäuser zusammen. Als dieser jedoch gleich 25 Pfund Pappelsamen verlangte, ehe er überhaupt mit der Arbeit anfing, drohte die Sache zu scheitern. Denn die leichten Pappelsamen sind in dieser Menge natürlich nicht zu beschaffen. So begann das Projekt mit kleinsten Mengen, und die Ergebnisse waren enttäuschend: Das Wollpapier war »ungemein schlecht«, es zerbrach bei jedem Biegen und Zusammenlegen ... und es schien, als ob Mühe und Kosten vergeblich wären.[154] Das Papier aus Pappelwolle war zwar etwas besser, fast wie richtiges Papier aus Lumpen, es fehlte ihm nur die richtige Weiße. Auch waren die verschiedenen Bögen ganz unterschiedlich ausgefallen. Es stellte sich heraus, dass der Papiermacher den Rohstoff unterschiedlich lang im Kalkbad hatte liegen lassen und außerdem heimlich Lumpen untermischte. Daher kaufte sich Schäffer eine eigene Papierpresse und stellte einen Papiermachergesellen ein, der unmittelbar unter seiner Aufsicht arbeitete.

Von der Natur lernen – Bionik im 18. Jahrhundert

Noch vielversprechender erschien ihm das Vorbild der Wespen, die sich quasi als natürliche Papierherstellerinnen anboten. Daher untersuchte Schäffer auch Wespennester auf das Genaueste. Nicht die Wespennester selbst galten als potenzieller Rohstoff für Papier, doch war schon vielfach darauf hingewiesen worden, dass die Wespe die papierartigen Wände und Waben ihrer Nester aus Stoffen fertigte, die sie aus dem Holz zog. Folglich lag es nahe, es der Wespe nachzutun und Technologien zu entwickeln, die es erlaubten, jene Stoffe dem Holz zu entziehen, aus denen die Natur, also die Wespen, dieses »Wespenpapier« herstellte.

Abb. 7: Wollgras mit Samen. Aus: Schäffer, *Versuche und Muster ohne alle Lumpen oder doch mit einem geringen Zusatz derselben, Papier zu machen,* 1765, Tafel 1.

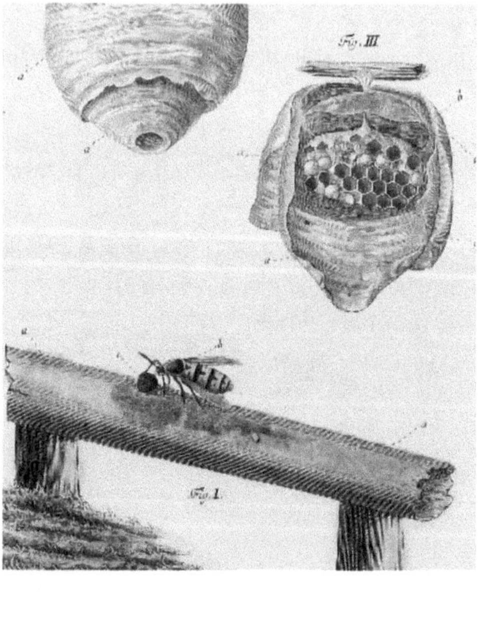

Abb. 8: Wespennester als Ideengeber für das Holzpapier. Aus Schäffer, *Versuche und Muster ohne alle Lumpen oder doch mit einem geringen Zusatz derselben, Papier zu machen,* 1765, Tafel 2.

Die Innovationsfeindlichkeit der Experten

Die Reaktionen auf Schäffers Experimente fielen zwiespältig aus. Experten der Papierproduktion waren skeptisch. Sie arbeiteten an der Effizienzsteigerung der herkömmlichen Methode und konnten sich die Verwendung alternativer Rohstoffe einfach nicht vorstellen: »Man sage einem Papiermacher, dass sich auch aus Holze, aus Pflanzen usw. Papier machen lasse. Wie wenig wird man Glauben finden.«[155] Ein anschauliches Beispiel bietet Georg Christoph Keferstein, Papiermüller aus Kröllwitz unweit von Halle. Er scheint erbost über Schäffers Vorschläge und schreibt 1766 ein Brevier für seine 15 Söhne über die hohe Kunst der Papiermacherei, inklusive einer Warnung vor den neumodischen Erfindungen eines Dilettanten aus Regensburg:[156] Sechs Argumente führt er gegen Schäffer und seinesgleichen ins Feld:

1. »Das geht nicht!« Grad so wenig wie man aus Hafer Weizen oder aus Eisen Gold machen kann, lässt sich aus Hanf Papier machen (dabei hätte der erfahrene Papiermacher durchaus wissen können, dass Leinen ja aus der Hanfpflanze hergestellt wird).
2. »Was bringt das?« Was hat die Welt davon, wenn sie weiß, dass sich auch dürre Blätter zermalmen und zu einer Art untauglicher Makulatur verwandeln lassen? Nichts!
3. »Wir brauchen keine Alternativen!« Lumpen wird es immer geben. »Wir werden also wohl beym Alten bleiben, und bloß aus Lumpen Papier verfertigen, denn so lange Menschen auf dem deutschen Boden sind, so gebrauchen dieselben Kleider, man rechnet, dass jeder Mensch jährlich zwey Hemden zerreist, nach gerade kommen dieselben doch in die Papiermühle, ohne das ich mich ängstlich darum zu bemühen nöthig habe.«

4. Der Markt wird das schon regeln, die Technik ist da, und Angebot und Nachfrage bestimmen, was produziert wird: »Ich richte mich nach meinen Kaufleuten und nach meinen einkommenden Vorräthen.«
5. »Alles nur Panikmache!« Papiermangel wird total übertrieben. Schon immer hat es Konjunkturkrisen gegeben! Die Krise seinerzeit sei durch den Siebenjährigen Krieg verursacht. Keferstein schließt nicht aus, dass die Nachfrage nach Papier schon bald rückläufig sein könnte.
6. Mögen die Spinner doch erst einmal liefern: Es gäbe – so der erfahrene Unternehmer – immer »lustige Köpfe«, die irgendwelche verrückten Ideen haben. Aber es solle doch bitte erst mal einer ein nützliches Werk produzieren, auf das man schreiben und drucken kann. Solange das nicht geschehen ist, »ebenso lange wird mein Misstrauen gegen diese Erfindung dauern«.

Doch fanden Schäffers Experimente auch Unterstützer. So wurde sein Werk in der Zeitschrift *Allgemeine Deutsche Bibliothek* überaus positiv rezensiert. Seine unermüdliche Experimentierfreude wird gelobt, mit der Schäffer den Nachweis erbracht habe, dass Papier auch ohne Lumpen hergestellt werden könne. Der Rezensent schließt mit der Aufforderung an die zeitgenössische Industrie, doch diese Versuche aufzunehmen und professionelle Verfahren der Herstellung zu entwickeln. »Des Verfassers Bemühung verdienet alles Lob und auch Unterstützung von den Papiermachern, die was er im Kleinen nicht hat vollkommen machen können, zum Theil vielleicht im Großen besser zustande bringen könnten.«[157]

Rohstoffe für die Papierherstellung, mit denen im 18. Jahrhundert experimentiert wurde:

Wespennester. Vor Schäffer hatte der französische Forscher René Réaumur in einem Vortrag an der Académie des Sciences in Paris im Jahr 1719 über die papierartigen Nester der Wespen berichtet. Man experimentierte im Folgenden mit den verschiedensten Holzarten, doch es sollte noch mehr als ein Jahrhundert brauchen, bis diese Idee in der zweiten Hälfte des 19. Jahrhunderts Produktionsreife erlangte.

Altpapier war ebenfalls ein aussichtsreicher Kandidat als Lumpenersatzstoff: Schon immer hatte man es in geringem Maße den Lumpen beigemischt, doch eine funktionierende Methode des Altpapierrecyclings setzt die effiziente Entfärbung des bedruckten Papiers voraus. Ein entsprechendes Verfahren wird im Jahr 1774 von dem Göttinger Justus Claproth vorgestellt. Er löste das Problem der Entfärbung (heute »De-Inking«) durch Auswaschen des Altpapiers mit Walkerde. Interessant ist die Langzeitperspektive. Heute macht Altpapier mehr als 80 Prozent der Papierrohstoffe aus. Schon Mitte des 20. Jahrhunderts waren die USA führend geworden in der Wiederverwertung von Altpapier.[158]

Feld-, Wald- und Wiesenpapier und eine geniale Vermarktungsstrategie. Zwei große französische Papierunternehmer, nämlich Anisson-Duperron, Direktor der Imprimerie Royale, und Léorier Delisle, Leiter der Papiermühlen von L' Ánglée bei Montargis südlich von Paris, experimentierten zugleich mit alternativen Rohstoffen – Brennnessel, Moos, Confera – und innovativen Vermarktungsstrategien. Heute würde man sagen, sie versuchten, das neue Papier als Lifestyleprodukt zu vermarkten. Dazu druckte Léorier Delisle die Werke verschiedener Autoren in kleiner Auflagenhöhe auf zwei oder drei verschiedenen Papiersorten. 1784 erschien *Les loisirs des bords du Loing* von Pelée de Varennes, 1786 die *Œuvres du Marquis de Villette*. Auch wenn der gewünschte Erfolg des Unternehmens ausblieb und offenbar nur wenige Bestellungen eingingen, so zählen diese wunderschönen und aufwendig gemachten Drucke auf je individuellen Papiersorten heute zu den größten Schätzen der Buchgeschichte.[159]

Stroh. Unter den Papieren, die man in Montargis unter Léorier Delisle druckte, waren auch Strohpapiere aus verschiedenen Getreidesorten. Stark gefördert wurde das Strohpapier an der Wende des 18. zum 19. Jahrhundert in England, von dem vermutlich hamburgischen Papiermacher Matthias Koops. 1800 erschien das erste auf Strohpapier gedruckte Buch mit dem Titel *Historical Account of the Substances, which have been used to describe events and to convey ideas from the earliest date to the invention of paper.*[160] Koops hatte sich ein Verfahren zur Strohpapierproduktion patentieren lassen und in Bermondsy, heute in Southwark London, eine Papierfabrik gegründet, die Neckinger Mills. Auch er versuchte, die Vermarktung des neuen Papiers durch Hybridausgaben voranzutreiben, und druckte seine Bücher auf zweierlei Papier. Den ersten Teil der Auflage auf vormals bedrucktem Alt-, den zweiten Teil auf Strohpapier. Untersuchungen aus den 1950er-Jahren haben gezeigt, dass es sich tatsächlich um Strohpapier handelt, mit einem geringen Zusatz an Hadern. Der Aufbau der Mühle war mit großem Aufwand vorangetrieben worden, allein der Grundstein, der extra aus Schottland importiert wurde, kostete 150 Englische Pfund – eine immense Summe. Doch nur zwei Jahre nach der Inbetriebnahme machte das Unternehmen pleite. Eine Schuldenlast von 10 500 Pfund Sterling hatte sich angehäuft. Nicht, weil sich das Papier nicht verkauft hätte, sondern wegen der unverhältnismäßig großen Planung der Fabrik.[161] Doch obwohl das Projekt gescheitert ist, kann das Jahr 1800 und die Strohpapierproduktion in den Neckinger Mills als Geburtsstunde der modernen Papierindustrie gelten. Heute ist völlig in Vergessenheit geraten, dass Strohpapier im 19. Jahrhundert international sehr erfolgreich in Produktion ging. Überall, in Europa und den USA, wurden Strohfabriken in Betrieb genommen. In den 50er-Jahren des 20. Jahrhunderts wurde Strohpapier noch einmal aktuell, weil man nach dem Zweiten Weltkrieg den Raubbau an den Wäldern als ein großes Problem ansah. Doch diese Bedenken verflüchtigten sich in den Jahren des Wirtschaftswunders.[162] Holzpapier war »alternativlos«, da am billigsten in der Herstellung – jedenfalls solange man die Kosten der Umweltbelastung durch Entwaldung, aber auch durch schwefelige Säuren, die zur Lösung von Lignin und Harz aus dem Holz reichlich verwendet werden müssen, weder als Problem sah noch als Kostenfaktor in die Kalkulation mit aufnahm.

Forschung im Gegenwind des Expertenwiderstands

Eines können wir lernen aus der Geschichte des Papiers: Experimente zahlen sich aus! Auch und gerade dort, wo gern Alternativlosigkeit gepredigt wird.

Zwar wird es immer Stimmen geben, die – wie der Papiermüller Keferstein aus Kröllwitz – keinen Handlungsbedarf sehen, doch hat wie so oft die Geschichte entschieden. Ähnlich wie Keferstein sich im Jahr 1766 nicht vorstellen konnte, dass man Papier je aus etwas anderem als Lumpen herstellen könne, so hat sich angeblich auch der Vorstand von IBM nach der Entwicklung des ersten Großcomputers im Jahr 1943 ziemlich vertan und die zukünftige Entwicklung seiner Branche völlig falsch eingeschätzt. »Ich glaube, dass es auf der Welt einen Bedarf von vielleicht fünf Computern geben wird.« (Thomas Watson, 1943).[163] Wie kann es zu solchen Fehleinschätzungen kommen? Das liegt ganz sicher nicht daran, dass Keferstein oder Watson zu wenig wussten oder sich nicht gut genug auskannten in ihrer Branche. Nein, es liegt daran, dass zu viel Selbstsicherheit und stures Vertrauen in bewährte Technologie zuweilen blind für aktuelle Entwicklungen und Bedürfnisse gegenwärtiger und künftiger Generationen macht. »[…] diese Leute hängen an ihren Schlendrian, und wollen von keinen Neuigkeiten, auf die sie nicht selbst gekommen sind, etwas wissen.«[164] So formuliert ein Freund und Unterstützer Schäffers im 17. Jahrhundert den Widerstand gegen die Rohstoffexperimente für die Papierproduktion. Hätte Keferstein sich seine erbaulichen Reden an die Söhne gespart und die Versuche Schäffers ernst genommen und dessen Erkenntnisse genutzt, hätte er sich möglicherweise in Zusammenarbeit mit dem experimentierfreudigen Pfarrer den Ruf als Erfinder des Holzpapiers sichern können. Doch wie die Mehrzahl der Papierfabrikanten der Zeit hielt er sich zurück.

»It takes twenty years to make
an overnight success.« *Eddie Cantor*

Bleibt zu hoffen, dass sich dieses Szenario nicht wiederholt. Die Suche nach Holzersatzstoffen in der Papierfabrikation läuft auf Hochtouren. Strohpapier wird wieder erfolgreich hergestellt und vermarktet. Die Papierfabrik Meldorf in Tornesch bei Elmshorn stellt Papier und Pappe aus Gras her, und es werden vermehrt Verpackungen mit Grasanteil verwendet.[165] Unlängst ist ein englisches Kochbuch von Anna Jones erschienen (*A Modern Way to Eat*), das auf Apfelpapier gedruckt wurde.[166] Zur Ermutigung an alle, die Lebenszeit, Geld und Energie in die Entwicklung von Recyclingprodukten der Zukunft investieren: Der lange Atem lohnt sich, oder: »It takes twenty years to make an overnight success.«

3.3. Bricolage und Assemblage – Die Wiederverwertung der Antike im Mittelalter

Das dritte Recyclingbeispiel aus der Geschichte handelt vom Zauber des Alten, vom Mehrwert der Vergangenheit. »Vintage«-Mode funktioniert nach diesem Prinzip. Man arbeitet mit Wertsteigerung durch den Rückgriff auf knappe, durch Alterung und Selektion rar gewordene Stücke. Die Patina des Alters lässt aus Massenprodukten Unikate werden, die im lustvoll spielerischen Umgang mit Geschichte und im Mixen von Stilen einen ganz neuen Eigenwert erhalten.[167] Das gilt für Kleidung, Mode, Möbel ebenso wie für kreative Konzepte, Geschäftsideen oder in der Politik. Ein Paradebeispiel aus dem Mittelalter ist der Karlspfennig: Kaum war Karl im Jahr 800 in Rom zum Kaiser gekrönt worden, ließ er die eben erst eingeführten Silberpfennige neu prägen. Bei der Ausgestaltung seines Konterfeis auf den Münzen bediente er sich ohne Skrupel im Werkzeugkasten der Vergangenheit, recycelte das Profil der römischen Kaiser, zeigte sich mit Lorbeerkranz auf dem Kopf und einer römischen Toga um die Schulter und ließ die alte Umschrift CARLUS REX FRANCORUM (Karl König der Franken) nach römischer Tradition zu KAROLUS IMP[ERATOR] AUG[USTUS] (Karl Kaiser Augustus) ändern. Recycling macht also nicht nur schöner, es kann auch Bedeutung verleihen. Freilich liest man in historischen Fachbüchern selten, dass all dies mit Recycling zu tun habe, Begriffe wie *Renovatio Imperii*, karolingische Renaissance oder Herrschaftslegitimation lassen auf den ersten Blick wenig Bezug zur Gegenwart vermuten, obgleich es hier wie da um die Amelioration der Gegenwart durch die Wiederverwertung von Vergangenheit geht.

Nur in der Kunstgeschichte hat dieses Upcycling eine eigene Forschungstradition hervorgebracht, die sogenannte Spolienforschung, die sich mit der sekundären Verwendung antiker Bauteile beschäftigt. Leider weckt die traditionelle Bezeichnung dieser Bauteile als Spolien, vom lateinischen *spoliare*, wörtlich »Beutestücke«, stets Assoziationen zu Raub- und Beutekunst. Und das trifft in manchen Fällen auch durchaus zu, wie zum Beispiel für die Pferde von San Marco in Venedig, die von den Venezianern im Jahr 1204 bei der Plünderung von Byzanz (Istanbul) geraubt und siegestrunken über dem Portal des Markusdoms aufgestellt wurden. Auch ist oft von Raubbau und von der Zerstörung des antiken Rom durch die mittelalterlichen Baumeister die Rede, wenn man das traurige Schicksal einer römischen Säule sieht, die zersägt und geviertelt als ausgetretene Kellerstufen dienen muss. Doch das ist irreführend, denn der Großteil der sogenannten Spolien dokumentiert weniger Beutekunst als vielmehr die meisterhafte Beherrschung von Recyclingtechniken im spätantiken und mittelalterlichen Baugewerbe. Auch stoßen Archäologen bei ihren Grabungen immer wieder auf mittelalterliche Materiallager für antike Bau- und Schmuckteile. Solche Funde sprechen für einen absichtsvollen und umsichtigen Umgang mit vorhandenen Ressourcen, in diesem Fall die Baumaterialien der Ruinen Roms. Die jüngere Forschung hat folgerichtig vorgeschlagen, den negativ konnotierten Begriff der Spolie einfach abzuschaffen und durch »Recycling« zu ersetzen.[168]

Baustoffrecycling seit der Spätantike

Im Laufe des 4. Jahrhunderts, nachdem unter Kaiser Konstantin das Verbot des Christentums aufgehoben worden war, kam es zu einer raschen Ausbreitung der neuen Religion im ganzen Römischen Reich. Damit stieg, wenn auch nur ganz allmählich, die Zahl der funktionslos gewordenen Tempel. Ebenfalls unter Kaiser Konstantin wurde nun Konstantinopel zur kaiserlichen

Residenz. Während in Konstantinopel die Baubranche boomte und die Stadt sich um ein Fünffaches vergrößerte, verfielen in Rom die Villen. Und es sollte noch schlimmer kommen. Denn Ende des 4. Jahrhunderts wurde das Römische Reich unter den Söhnen des Theodosius in zwei Hälften geteilt. Das Ostreich mit Hauptstadt Konstantinopel wurde von Arkadius regiert, das Westreich mit Sitz in Rom von Honorius. Letzterer beschloss im Jahr 404, seinen Regierungssitz von Rom nach Ravenna zu verlegen, und als dann im Jahr 410 n. Chr. die Goten unter Alarich Rom mit verhältnismäßig geringem Aufwand einfach plünderten, war die einstige Größe ganz offensichtlich dahin. Entvölkerung, Leerstand und Verfall der Bausubstanz folgten zwangsläufig. Viele Profanbauten, Privathäuser oder städtische Gebäude, Verwaltungspaläste, Theater, die großen Stadien – wer sollte das alles instand halten? Viele Gebäude blieben ungenutzt und zerfielen. Und wenn dann ein Römer trotz der Infrastrukturprobleme neu bauen wollte, was lag da näher, als die Baustoffe aus den verfallenen Stadtteilen zu recyceln? Denn natürlich war es wesentlich preisgünstiger, die vorhandenen Steine wiederzuverwerten, als in den Steinbrüchen neue Blöcke zu brechen.[169] Doch fand dieser Prozess ganz allmählich statt, und es ist wichtig zu betonen, dass in Rom dieser Tage keine Anarchie herrschte. Zahlreiche gesetzliche Regelungen das damalige Baurecht betreffend sind überliefert. Daraus wird klar, dass man versuchte, dem willkürlichen Abriss von leer stehenden Gebäuden Einhalt zu gebieten. So gibt es Gesetze, die den unkontrollierten Verkauf von Schmuckelementen, Türen, Dachziegeln, Balken, Türrahmen und sogar Bücherborden ausdrücklich verbieten. Freilich lässt ein solches Gesetz in erster Linie darauf schließen, dass all dies wohl gängige Praxis war. Auch sind Gesetze zum Schutz und für den baulichen Erhalt von Tempeln und anderen öffentlichen Gebäuden Roms erhalten. Insbesondere römischen

Beamten wird bei Androhung drakonischer Strafen untersagt, mit Baustoffen zu handeln. Man folgert daraus, dass die Tätigkeit in der stadtrömischen Verwaltung den Zugang zu und die Kenntnis um lukrative Bauruinen erleichterte und dass daher Beamte besonders aktiv im Spolienhandel waren. Nur aus absolut baufälligen und abrissreifen Gebäuden durften Schmuckteile entfernt werden. Auch wurde der Abriss nur dann gestattet, wenn zumindest offiziell Marmor und Säulen für ein neues öffentliches Gebäude zur Verfügung gestellt wurden. Schließlich wird auch der Export von antikem Baumaterial aus Rom in andere Städte oder in die Provinz untersagt. Einzig wenn der Eigentümer von Abriss- und Neubau der gleiche war, konnte eine Ausfuhrerlaubnis erteilt werden.[170]

Die Bestandteile eines antiken Tempels waren extrem vielseitig verwendbar. So eigneten sich die Quadersteine der Stufen hervorragend zum großflächigen Verbauen in Wänden und Mauern, die Säulenbasis wurde oft im Inneren rund ausgemeißelt und als Brunnenbecken verwendet. Die Säulen selbst konnte man einfach woanders einbauen oder zersägen und zum Beispiel zu Herrschersitzen umgestalten. Oder man höhlte sie aus und verwendete sie als Sarg, und sogar als Gartenwalze war ein gekürzter Säulenschaft brauchbar. Das oft reich verzierte Kopfstück einer Säule, das sogenannte Kapitell, war am vielseitigsten in den Möglichkeiten der Wiederverwertung: Man konnte es ohne größeren Aufwand aushöhlen und in ein Taufbecken oder einen Brunnen verwandeln. Auch lässt sich ein Kapitell leicht zur Säulenbasis erniedrigen, also als Fuß einer neuen Säule wiederverwenden. Der Historiker Arnold Esch fand weitere Beispiele dafür, wie antike Säulen zu Futtermörsern, Wappenhaltern oder Sonnenuhren umgearbeitet wurden. Schließlich das antike Marmorgebälk: Aufgerichtet wird es, in Wände eingebaut, zum Wandpfeiler (Pilaster), ausgehöhlt zum Sarkophag. Und auch die Bildhauer der Renaissance waren gierige Verwerter antiker Bauteile. Die Pietà von Palaestrina, gefertigt um 1555 von einem Künstler aus der Schule Michelangelos, wurde aus einem gewaltigen antiken Gebälkstück gefertigt, wie man an den Resten von Akanthusmotiven am linken Fuß der Maria Magdalena erkennen kann.[171]

Auf der Quaderseite eines Mauersteins in der Kirche von Sessa Aurunca in Italien findet sich ein eingeritztes Mühlespiel. Auf einem senkrecht stehenden Brett kann man nicht spielen, vermutlich wurde eine Bodenplatte aus einem antiken Gebäude hier zum Mauerstein.[172] Und auf ähnliche Weise sind in den Mauern der spätantiken und mittelalterlichen Kirchen Baustoffe antiker Tempel und Profanbauten reichlich und ohne Vorbehalte verbaut. Beim Rundgang um den Dom von Pisa fällt auch dem ungeübten Auge die seltsam gefleckte Architektur auf, mehr als 20 Spolien sind sofort erkennbar: drei Deckenbogen, fünf Platten mit Inschriften, fünf Reliefs und sieben Steine aus antikem Dachbalkenwerk. Spolien gehörten so selbstverständlich zum Erscheinungsbild mittelalterlicher Kirchen, dass sie zuweilen von den Steinmetzen sogar nachgeahmt wurden. Wer also ein Stück Antike brauchte für seine Architektur, konnte sie auch in hoher Qualität neu schaffen lassen. In der Krypta von San Michele in Foro in der Stadt Lucca zum Beispiel hat man Fensterumrahmungen entdeckt, die wie antik verzierte Bogen aussehen, aber offenbar vom mittelalterlichen Künstler lediglich nach dem Vorbild antiker Spolien gestaltet worden waren.[173]

Recycling römischer Baustoffe im 14. Jahrhundert

Wie haben wir uns dieses Recyclinggeschäft im mittelalterlichen Bauwesen praktisch vorzustellen? Ein anschauliches Beispiel stammt aus der italienischen Stadt Orvieto.[174] Um 1300 hatte man dort mit dem Bau einer Kathedrale im gotischen Stil begonnen. Von außen betrachtet sieht der Bau, mit Ausnahme der gotischen Westfassade, sehr ebenmäßig und fast nüchtern aus. Keiner würde vermuten, dass beim Bau dieser Wände Recycling betrieben wurde. Doch geht aus der Buchhaltung des zuständigen Bauunternehmens, der sogenannten Domfabrik, unmissverständlich hervor, dass für den Bau der gewaltigen Kirche massenweise Spolien aus Rom importiert wurden. Eine Rechnung aus dem Jahr 1321 belegt Zahlungen an eine Arbeitertruppe, die Geschäfte mit Steinmetzen aus Rom machte, um von dort Marmor zu beschaffen. Römische Steinmetzunternehmer wurden wiederholt für die Lieferung von Marmorblöcken bezahlt. Auch schickte man Agenten nach Rom mit dem Auftrag, geeignete Spolien zu sichten. Dazu nahmen diese offenbar die Unterstützung ortskundiger römischer Kollegen in Anspruch. So wird ein römischer Steinmetz (*marmorario*) für vier Tage Begleitung und Hilfe beim Ausfindigmachen geeigneter Steine entlohnt. In einer anderen Rechnung wird die Bezahlung explizit für Hilfe beim »Ausspionieren von Spolien« (*ad spiorandum pro marmo*) ausgestellt. Alternativ arbeitete man auch direkt mit den Steinmetzen und den Unternehmern zusammen, die römische Bauten an Ort und Stelle demontierten und die Einzelteile zum Verkauf anboten. Ein Eintrag im Rechnungsbuch der Domfabrik vom 10. September 1354 vermerkt eine Zahlung in Höhe von 45 Florentiner Gulden – eine stolze Summe – an einen gewissen Alexius Materie für einen Marmorblock aus dem Jupitertempel (beziehungsweise das, was man dafür hielt, vermutlich die Porticus der Octavia). Der Block wurde von römischen Marmorarbeitern noch vor Ort zersägt. Alexius muss einer der Unternehmer gewesen sein, der sich die Ausbeuterechte für den Jupitertempel gesichert und ebenda sein Steinmetzatelier eingerichtet hatte. Solche und ähnliche Einträge in den Rechnungsbüchern der Domfabrik belegen rege Geschäftsbeziehungen zwischen römischen Spolienunternehmern und orvietischen Importeuren. Auch Statuen römischer Götter wurden gerne genommen, mit nur wenigen Meißelhieben konnte man sie in christliche Heilige verwandeln. Im Rechnungsbuch der Domfabrik wird in einem Eintrag ein solcher Arbeitsauftrag festgehalten: Wenn möglich ladet auch zwei, drei Marmorstatuen mit ein, um daraus Heiligenfiguren für die Nischen in der Fassade zu machen. Magister Raphael, der Steinmetz – so wird hinzugefügt –, hat schon mehrere solcher Heiligenstatuen hergestellt und braucht Nachschub.[175]

Der nächste Rechnungsposten betrifft den Transport der Ware. Zwei Männer aus Viterbo erhalten Entlohnung dafür, dass sie mit ihren Ochsen vier Marmorblöcke über zehn Meilen von Ostia durch die Stadt transportierten. Eine Auszahlungsanweisung für die Verladung mehrerer Marmorblöcke im Tiberhafen ist erhalten. Vom Hafen ging es weiter flussaufwärts. Doch zuvor brauchte man noch eine Spolien-Exporterlaubnis des Kapitols (*licentia deferendi extra urbem dictum marmur in Capitoleo*), die ebenfalls Geld kostete. Hinzu kamen Zollgebühren, die am Ponte Molle, bei Gallese und Otricoli fällig wurden. In dem Städtchen Orte, an der Grenze zu Latium, wird der Tiber zu flach, die Spolien wurden vom Schiff auf Ochsenkarren umgeladen und auf dem Landweg nach Orvieto transportiert. Man arbeitete mit technischen Hilfsmitteln, entwickelte Kräne und Maschinen, mit denen Demontage, Transport und Wiedereinbringung von Spolien, insbesondere Säulen, ermöglicht wurden. Eine Skizze von Francesco di Giorgio Martini aus dem späten 15. Jahrhundert zeigt eine solche – leider wohl kaum funktionsfähige – Konstruktion.[176]

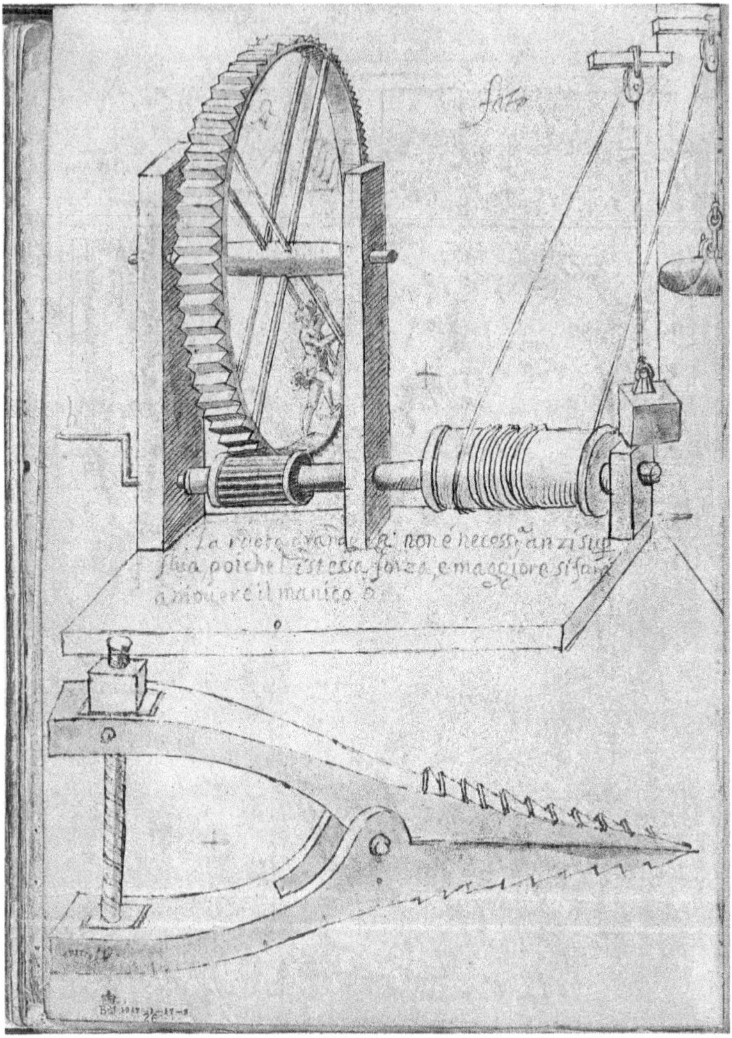

Abb. 9: Vorrichtung zur Bewegung antiker Säulen aus dem späten 15. Jahrhundert.

Das Beispiel Orvieto mag ja noch angehen, wenn es um die pragmatische Verwendung von Recyclingbaustoffen geht. Zwar waren die Kosten für die Entfernung der Spolien und insbesondere für deren Transport sicherlich beachtlich, aber immer noch preiswerter als die Herstellung neuer Bauteile. Doch änderte sich das Preis-Leistungs-Verhältnis erheblich, wenn die Transportkosten mit zunehmender Entfernung von Rom weiter stiegen. Damit kommen wir zum letzten Beispiel: Aachen im 8. Jahrhundert.

Warum Karl der Große antike Säulen in seinen Dom »einflicken« ließ

Abb. 10: Der Dom zu Aachen nach Albrecht Dürer, 1520.

> *»Zu Ach hab ich gesehen die proportionirten seulen [...] die Carolus von Rom hat bringen lassen und so einflicken.«*[177]

Als Albrecht Dürer im Jahr 1520 den Dom in Aachen besuchte, fielen ihm sofort die Säulen aus Porphyr und Granit auf. Mit dem Wort »einflicken« verbindet er offensichtlich nichts Despektierliches. Die Wiederverwendung alter Baustoffe schien ihm selbstverständlich, umso mehr als die Säulen genau jenem antiken Ideal entsprachen, das Vitruv schon im 1. Jahrhundert vor Christus beschworen hatte. Sie waren schön, sie waren alt und ganz offensichtlich sehr begehrt. Das zeigt auch ihre wechselvolle Geschichte. Nach einem Jahrtausend im Aachener Dom wurden sie im Jahr 1795 von Napoleon nach Paris verbracht. Fünf der insgesamt 38 Säulen gingen beim Transport in die Brüche, acht wurden im Louvre verbaut, und die restlichen 25 Säulen hat man 1815 wieder zurück nach Aachen transportiert. Napoleon war mittlerweile in der Verbannung auf der Insel St. Helena ruhig gestellt worden.[178] Warum dieser Aufwand? Warum all das Hin und Her? Um diese Frage zu beantworten, müssen wir die Geschichte des Aachener Doms etwas besser kennenlernen. Am Anfang war diese Prachtkirche eine einfache Pfalzkapelle, erbaut zwischen den Jahren 770 und 794. Karl, damals noch König der Franken, ließ nicht nur in Aachen, sondern auch in Ingelheim, Nimwegen oder Frankfurt befestigte Anlagen, sogenannte Pfalzen (von lat. *palatium*), erbauen. Nachdem der Frankenkönig an Weihnachten im Jahr 800 von Papst Leo III. im Petersdom zum Kaiser gekrönt worden war, wurde Aachen Kaiserpfalz, die Pfalzkapelle zum Kaiserdom und nach dem Vorbild der römischen Kaisertradition weiter ausgebaut. Das Projekt dieses frühmittelalterlichen vereinigten Frankenreiches wird bis heute mit dem Stichwort *Renovatio Imperii* (Wiederherstellung des Reiches) verbunden. Vorbild für die »Renovierungspläne« war das Römische Reich, genauer gesagt das Weströmische Kaisertum, das mit Romulus Augustulus, dem letzten weströmischen Kaiser, im Jahr 476 untergegangen war. Im Frankenreich nun sollte das Weströmische Kaiserreich nach mehr als 300 Jahren wiederauferstehen. Karl nahm dieses Projekt sehr ernst. Nach der Kaiserkrönung ließ er Kaiserurkunden im römischen Stil nach Konsulatsjahren datieren, die kaiserlichen Siegel trugen fortan ein Bild der Stadt Rom. Die Münzen wurden, wie schon erwähnt, nach römischem Vorbild umgeprägt, und Aachen sollte zu einem zweiten Rom ausgebaut werden. Auf dem Rückweg von der Kaiserkrönung im Jahr 801 ordnete er den Import von Baumaterialien auch aus Jerusalem nach Aachen an. Aus Ravenna wurde ein überlebensgroßes spätantikes Reiterstandbild nach Aachen verschickt. Auch die Bronzestatue einer Wölfin aus dem 2. Jahrhundert n. Chr. importierte man aus der Ewigen Stadt nach Aachen und knüpfte damit an den römischen Gründungsmythos an. Sogar für ein kaiserliches Ende traf der damals um die 50-jährige Karl Vorkehrungen, indem er einen spätantiken Marmorsarg direkt aus Rom mitführen ließ.

Bei so viel Aktionismus lassen sich kleinere Missgeschicke nicht vermeiden. Das Reiterstandbild, das ja die Größe des wiederauferstandenen Rom in Aachen verherrlichen sollte, zeigte keinen römischen Kaiser, sondern den ostgotischen Herrscher Theoderich, der gewissermaßen mit Schuld trug am Untergang des Römischen Reiches. Peinlich. Daher wurde das Standbild vermutlich schon in der Zeit Ludwigs, des Nachfolgers Karls, zerstört. Was die Wölfin aus Bronze betraf, so stellte sich heraus, dass es sich um eine Bärin handelte. Doch damit konnte man leben. Und auf dem spätantiken Marmorsarg war ein wunderbares Relief zu sehen. Bei genauerer Betrachtung stellte sich die dort abgebildete Geschichte als nicht ganz passend für einen christlichen Kaiser dar: Zu sehen sind Bilder aus dem Proserpina-Mythos, die Geschichte einer Jupitertochter, die von Pluto in die Unterwelt entführt wurde und seither unfreiwillig als Göttin der Unterwelt regiert.[179] Aber das waren Kleinigkeiten, die dem Gesamtprojekt kein bisschen schadeten. Karls *Renovatio Imperii* ist und bleibt ein Paradebeispiel dafür, wie sich ein Herrscher der Vergangenheit bedient, um seine Machtansprüche zu behaupten und damit die Gegenwart nach seinen eigenen Vorstellungen neu zu gestalten. Als Napoleon ein Jahrtausend später die Säulen unbedingt für seine neue Kaiserstadt Paris haben wollte, tat er nichts anderes.

Recycling schafft einprägsame Orte

In der bisherigen Darstellung des Baustoffrecyclings in Aachen wurde ein kleines, aber entscheidendes Detail übergangen: die Chronologie. Der Baubeginn der Aachener Pfalz lag im Jahr 800 schon fast 30 Jahre zurück. Karl war damals noch fränkischer Herrscher – mit großen Erfolgen zwar, doch mit ungewisser Zukunft. Und er wollte für seine Pfalz in Aachen unbedingt alte Baumaterialien aus Oberitalien importieren lassen. Wir wissen von diesem Projekt, weil er seine Pläne mit anderen mächtigen Politikern seiner Zeit absprach. Aus dem Jahr 787 ist eine Korrespondenz überliefert, in der Papst Hadrian I. dem Frankenkönig den geplanten Export von Baumaterialien, Mosaiken, Marmor und Kunstwerken vom Fußboden und von den Wänden des ehemaligen Kaiserpalastes in Ravenna genehmigt. Auch aus Rom, aus der spätantiken Kaiserresidenz in Trier und vermutlich auch aus der spätantiken Kirche St. Gereon in Köln ließ Karl Säulen aus Marmor und Mosaik nach Aachen bringen.[180] Außerdem wissen wir, dass Karl leidenschaftlich gern badete. Daher ließ er in Aachen die römischen Bäder wieder aufbauen. Auch das eine Form von Architekturrecycling. Die Bäder der Alten machten Aachen zu einem Ort der Erholung, sie boten einen Kontrapunkt zu dem anstrengenden Reiseleben eines Herrschers, dessen Reich sich immerhin von Nordspanien bis an die Nordsee erstreckte.[181]

Der Karlsthron – Badezimmer oder Spielsalon?

Lange wurde darüber gestritten, ob der altehrwürdige sogenannte Karlsthron tatsächlich zu Zeiten Karls erbaut wurde. Neueste Untersuchungen bestätigen eindeutig karolingische Ursprünge. Man darf also getrost davon ausgehen, dass der Thron bei allen 32 Königskrönungen, die im Dom zu Aachen stattfanden, dem künftigen Herrscher Sitzgelegenheit bot. Er besteht aus Marmorplatten. Man erwartet fein geschliffenes Material, beste Qualität, stattdessen findet man Graffiti. Kritzeleien aus vorkarolingischer Zeit auf Seiten- und Rückenlehne des Karlsthrons. Kreuze, Pilgerzeichen und sogar eine Inschrift in altgeorgischer Sprache. Das Rätsel der ursprünglichen Funktion dieses Marmors ist noch immer ungelöst. Zahlreiche Johanniterkreuze, die denen an den Säulen in der Grabeskirche in Jerusalem ähneln, lassen darauf schließen, dass die Platten aus Jerusalem oder Umgebung nach Aachen importiert worden waren. Einen konkreten Anhaltspunkt bietet möglicherweise ein eingeritztes Mühlespiel auf der rechten Seitenplatte. Es lässt auf eine Vergangenheit als eines der Spielbretter schließen, wie sie aus römischen Bädern bekannt sind. Sollte diese These zutreffen, dann wurde der berühmte, altehrwürdige Karlsthron aus Fußbodenplatten eines römischen Badezimmers zusammengesetzt. Die Alltäglichkeit dieser Vorstellung lässt schmunzeln. Doch noch aktueller ist derzeit eine andere These: Da die Seitenplatten des Throns mit zwei Zentimeter Dicke sehr dünn und daher ungeeignet als Bodenbelag gewesen seien, vermutet man eher eine Vergangenheit als Tischplatte. Das Mühlespiel spricht für einen Spieltisch, vermutlich auf einem hölzernen Tischgestell. In diesem Fall wäre der berühmte Karlsthron in Aachen das Recyclingprodukt der Inneneinrichtung eines antiken Spielsalons.[182]

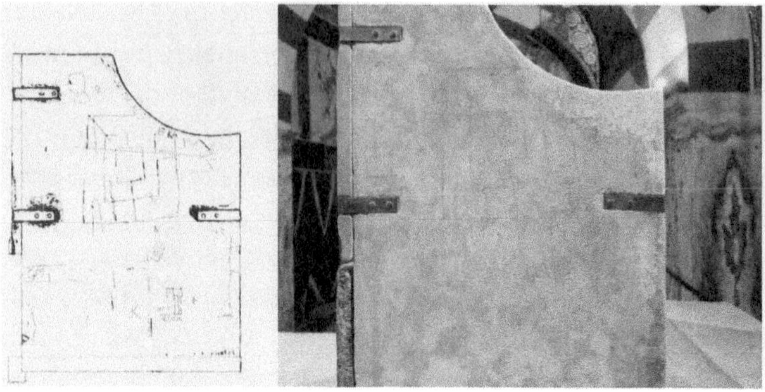

Abb. 11: Seitenlehne des sogenannten Karlsthrons im Aachener Dom. Das eingeritzte Mühlespiel an der Außenwand der Seitenlehne lässt auf eine frühere Verwendung als Spielbrett, vielleicht als Fußbodenplatte in einem römischen Bad, schließen.

Bricolage und Assemblage

Die Alltäglichkeit des Recyclings wird in diesem Beispiel sehr anschaulich. Egal ob Fußbodenbelag oder Spieltischplatte, der Thron Karls des Großen in Aachen wurde eben nicht aus den Überresten des Jupitertempels auf dem Kapitol in Rom erbaut. Stattdessen verwendet man, was zur Hand war. Während man im 19. und 20. Jahrhundert einen solchen Umgang mit antiken Baustoffen oft abschätzig als stümperhafte Versuche der Reinszenierung einer nie erreichbaren Vergangenheit betrachtete, kommen uns heute ganz andere Aspekte in den Sinn. Bricolage, Assemblage und Recycling sind die neuen Stichworte. Das 21. Jahrhundert ist in einem besonderen Maße »spolienaffin« (Bruno Klein), viel mehr als dies in der klassischen Moderne des frühen 20. Jahrhunderts üblich war. Wenn also heute, mit dem gegenwärtig steigenden Bewusstsein für Ökologie, dieses Phänomen wieder an Bedeutung gewinnt, dann können wir auch hier auf einen reichen Erfahrungsschatz zurückgreifen. Die Neu- und Weiternutzung wiederverwendbarer Bauteile war in der Alltagsarchitektur der Vormoderne der Goldstandard.

4. Mikrokredit

Oslo, den 10. Dezember 2006, Alfred Nobels Todestag jährte sich zum 120sten Mal. Der schwedische Rüstungsunternehmer war durch die Erfindung von Dynamit und rauchfreiem Schießpulver zu unermesslichem Reichtum gekommen, was ihm zu Lebzeiten den zweifelhaften Ruhm als »Kaufmann des Todes« einbrachte. Mit der Stiftung der Nobelpreise, insbesondere des Friedensnobelpreises, versuchte er seine Art der Wiedergutmachung. Im Jahr 2006 ging dieser an Muhammad Yunus für die Erfindung des Mikrokredits. Sein Beitrag zum Nutzen der Menschheit – so befand das Komitee – bestand in der Erfindung eines neuen Finanzinstruments. Es sei geeignet zur Herstellung dauerhaften Friedens, weil damit große Bevölkerungsgruppen die Möglichkeit erhielten, aus der Armut auszubrechen. Wie und dass dies funktionieren kann, hatte Yunus, Wirtschaftswissenschaftler mit Studium in den USA, später Professor an der Universität Chittagong in Bangladesch, der ganzen Welt vorgemacht. Und zwar mit seiner 1983 gegründeten Grameen Bank für die Ärmsten der Armen. Mit der Preisverleihung würdigte das norwegische Nobelkomitee seine Bemühungen um »die wirtschaftliche und soziale Entwicklung von unten«.

Muhammad Yunus gilt als einer der Pioniere in Sachen ökonomisch sozialer Nachhaltigkeit. Das Thema wird schon von Aristoteles angesprochen. Marktteilhabe war für ihn die Voraussetzung für gesellschaftlichen Zusammenhalt. »Denn weder gäbe es Gemeinschaft, wenn es keinen Austausch gäbe, noch Austausch, wenn es keine Gleichheit gäbe, noch Gleichheit, wenn es keine Kommensurabilität gäbe.«[183] So Aristoteles im fünften Buch der *Nikomachischen Ethik*, im Kapitel über die Gerechtigkeit im Austausch. Mit Kommensurabilität meint er – so wird vermutet – eine Form der Vergleichbarkeit. Aristoteles fragt danach, wie Gleichheit unter ganz unterschiedlichen Marktteilhabern hergestellt werden kann. Dabei spielt Geld eine wichtige Rolle, doch noch wichtiger ist das, was Aristoteles unter den Begriff »Bedürfnis« fasst: »Dass aber das Bedürfnis zusammenhält wie eine einzige Einheit, zeigt sich darin, dass die Parteien, wenn sie kein Bedürfnis nach einander haben – das heißt, wenn beide einander nicht brauchen oder einer von beiden den anderen nicht braucht – keinen Austausch vornehmen.«[184] Erst der Austausch schafft den Zusammenhalt. Einer, der so reich ist, dass er gar nichts mehr braucht, ist ebenso ausgeschlossen wie einer, der so arm ist, dass er nichts bieten kann. In diesem Sinne ist der Austausch das Entscheidende, genauer noch die Einbindung in den Austausch. Das heißt: Nur wer auch etwas zu bieten hat, egal auf welchem sozialen und wirtschaftlichen Niveau, gehört langfristig dazu. So lässt sich Marktteilhabe nicht auf Konsumfähigkeit reduzieren. Und es stellt sich die Frage, ob das Konzept des bedingungslosen Grundeinkommens geeignet zur Überwindung von Ungleichheit ist oder nicht vielmehr die Empfänger der Transferleistung immer weiter an den Rand der Gesellschaft drängt.[185] Im Folgenden drei historische Beispiele zum Bemühen um sozial nachhaltige Finanzpolitik auf kommunaler Ebene.

4.1. Mikrokreditbanken in den italienischen Städten – Monti di Pietà

Eine Maßnahme zur Sicherung ökonomisch sozialer Nachhaltigkeit auf kommunaler Ebene war die Gründung von Mikrokreditbanken. Dies war der Weg, den viele italienische Städte im späten 15. und frühen 16. Jahrhundert, im Zeitalter der Renaissance, einschlugen. Es war die Zeit der erstarkenden Kommunen. Die Städte blühten auf, kämpften für ihre Unabhängigkeit, waren stolz auf ihre neu gewonnenen Freiheiten, gründeten Unternehmen und Banken, und sie bündelten ihre wirtschaftlichen Kräfte in politischen Kooperationen. In Florenz gelang es im Jahr 1494, die Stadtherren zu vertreiben und eine Stadtrepublik zu gründen. Und just in dieser Phase entstand die wohl berühmteste Skulptur der Kunstgeschichte, der »David« von Michelangelo Buonarotti, der als Symbol der jungen, selbstbewussten Stadtrepublik vor der Signoria aufgestellt wurde. Just in dieser Epoche machten sich Städte intensiv über Gerechtigkeit auf den städtischen Finanzmärkten Gedanken. Denn damals wie heute gingen teure Kredite Hand in Hand mit unregelmäßigem Einkommen und mangelnden Kreditsicherheiten. Auch damals hatten ärmere Haushalte kaum oder gar keinen Zugang zu Finanzdienstleistungen und trugen aufgrund ihrer mangelnden Kreditwürdigkeit die höchsten Zinslasten. Das wollte man ändern. In den Renaissancestädten Italiens gab es umfassende Maßnahmen, um finanziell benachteiligte Randgruppen auf den städtischen Finanzmärkten zu schützen und ihnen zu helfen. Man erkannte, dass man nicht nur Banken für die großen Unternehmen brauchte, sondern auch für die »kleinen Leute«, und gründete die Monti di Pietà, kommunale Kreditanstalten in Form von Pfandleihbanken. Diese neuen Geldinstitute erweiterten die Kreditangebote auch auf das lokale Umland.[186] Zur

Kreditsicherung akzeptierte man Pfänder. So konnte ein Bauer aus dem Umland im März seinen Wintermantel im Monte zu Bargeld machen, das Saatgut kaufen, und im September, nach der Ernte, den Mantel wieder auslösen. Diese Pfandleihbanken arbeiteten nach strengen ethischen Regeln und ohne Gewinnorientierung. Gebühren und Zinsen waren sehr niedrig, um die Kreditnehmer nicht zu belasten, doch hoch genug, um den laufenden Betrieb zu decken und nicht in die roten Zahlen zu gelangen. Perugia hatte 1462 den Anfang gemacht, gefolgt von Orvieto, Gubbio, Spoleto und weiteren Städten in Umbrien, den Marken und in der Emilia Romagna. Innerhalb der nächsten drei Jahrzehnte wurden 50 Monti di Pietà gegründet, im Jahr 1500 zählte man 130 und Ende des 17. Jahrhunderts 500 Monti in Italien. Mit der bemerkenswerten Ausnahme von Venedig gab es kaum eine italienische Stadt ohne Monte. Der Monte in Florenz wurde 1496 gegründet, ungefähr zur gleichen Zeit, in der Michelangelo den Auftrag für den »David« erhielt.[187] Im Prinzip funktionierten diese Monti, ähnlich wie Staatsanleihen, nur auf städtischer Ebene. Sie existierten in vielen Städten Italiens unter verschiedenen Namen: Neben dem Monte Commune in Florenz gab es die Banco di Sant'Ambrogio in Mailand, Monte Vecchio in Venedig, Casa di S. Giorgio in Genua oder den Monte dei Paschi di Siena. Analog funktionierten die sogenannten *monti frumentari*, deren Kapitaleinlagen aus Getreide bestanden und nicht aus Geld. Hier wurde Kapital in Form von Naturalien »eingezahlt«, um bei Versorgungsengpässen einer Inflation auf dem Getreidemarkt gegensteuern zu können. Ebenfalls üblich waren sogenannte Monti delle Doti, in die Familienväter bei Geburt einer Tochter Einlagen einzahlten, die später inklusive Zinsen als Mitgift für heiratsfähige Töchter dienten. Vielerorts wurden auch *montes mortuorum* angelegt zur Finanzierung der Begräbniskosten.[188]

Was genau ist ein Monte di Pietà?

Monti di Pietà (lateinisch: *montes pietatis*) sind wörtlich übersetzt »Berge der Barmherzigkeit«. Genau genommen Kapitalberge, aus denen Werke der Barmherzigkeit in Form von Krediten für die Armen finanziert wurden. Der Begriff »Monte« (Singular) war ein im damaligen Bankenwesen üblicher Begriff für unterschiedlichste Formen der Kapitalbildung, insbesondere im kommunalen Bereich, eine Art städtische Bank also, deren Kapitalstock durch Pflichtanleihen vermögender Bürger gebildet wurde. Das so »angehäufte« Kapital durfte nur streng zweckgebunden für Finanzierung gemeinschaftlicher Anliegen investiert werden. Eines der bekanntesten Beispiele ist der Monte Commune in Florenz, der bereits im späten 13. Jahrhundert gegründet worden war, als kommunale Maßnahme zur Bewältigung der stetig anwachsenden öffentlichen Aufgaben und zur Überbrückungsfinanzierung im Kriegsfall und in Versorgungskrisen. Finanziert wurde das Ganze mit dem Geld der wohlhabenden Bürger der Stadt, die gemäß regelmäßiger Vermögensschätzungen des städtischen Finanzamts einen bestimmten Betrag einzahlen mussten. Die Zinsen aus diesen Kapitaleinsätzen betrugen in der Regel um die fünf Prozent. Zwar erhielt man die Anleihen nicht zurück, doch war es erlaubt, mit den Zinserträgen zu handeln, sie zu verkaufen, und bald schon wurden damit auch Spekulationsgeschäfte betrieben, denn immerhin handelte es sich um eine Form langfristig stabiler Rentenerträge.[189]

Mysterium Mikrokredite im Mittelalter[190]

Warum kennen wir sie heute nicht mehr, diese spätmittelalterlichen Mikrokreditbanken? Einer der Gründe dafür ist die Quellenlage. Problematisch gestaltet sich allerdings nicht ein Mangel, sondern ein Überfluss an Quellen. Die Monti, diese »Berge«

der Barmherzigkeit, haben Berge an Quellen hinterlassen – Statuten, Rechnungsbücher, unzählige Buchführungsregister, Rechtsgutachten, Pfandlisten und andere Verwaltungsdokumente. Vieles wartet noch immer in den Archiven der italienischen Städte auf Bearbeitung. Erschwerend kommt hinzu, dass die Verwaltung dieser Banken hochkomplex funktionierte. In den meisten Monti – mit Ausnahme der toskanischen – nutzte man die doppelte Buchführung. Sämtliche Vorgänge, also die relevanten Informationen zu jeder vergebenen Kleinkreditsumme, wurden fortlaufend in Rechnungsbüchern notiert, dann in verschiedene Buchführungsregister übertragen, in das Kassenregister (*quaderno di cassa*), in das des Pfandmeisters (*libro mastro*) oder in das allgemeine fortlaufende Register (*libro giornale*). Doch unterschied sich die Buchführung eines Monte von der kaufmännischen Buchführung. Während Kaufleute die Schwankungen der Vermögenswerte verfolgen müssen, strebten die Beamten eines Monte ein Gleichgewicht zwischen Einnahmen und Ausgaben an, um Stabilität und Kontinuität zu gewährleisten. Auch ergibt sich aus der Überlieferung kein einheitliches Bild der Organisationsstrukturen. Die Welt des Mittelalters war keine normierte wie die der Moderne. Man agierte in Reaktion auf lokale Gegebenheiten und passte die Regeln an die Bedingungen vor Ort an. So variieren die Verwaltungsabläufe, Anzahl und Titel der in der Bank tätigen Beamten von Stadt zu Stadt, ebenso wie Höhe und Laufzeit der Kredite, Organisationsstrukturen und Management. All dies erschwert die Erforschung. Es erfordert langjähriges Training und viel Geduld, sich in den Aufbau und die innere Logik der Quellen einzuarbeiten, ein Aufwand, der aus verständlichen Gründen bis heute viele abschreckt. Zwar gab es im frühen 20. Jahrhundert wirtschaftshistorische Vorstöße der Erforschung, auch haben italienische Lokalhistoriker die Geschichte ihrer Monti mit größter Sorgfalt aufgearbeitet, doch wurden all diese Forschungen außerhalb Italiens kaum wahrgenommen. Daher blieben die mittelalterlichen Mikrokreditbanken vergleichsweise unbekannt. Auch haben Wirtschaftshistoriker das Thema lange Zeit sträflich vernachlässigt, wohl auch deshalb, weil die Geschichte der Kleinkredite wenig Aussicht auf akademische Lorbeeren versprach. Man erforschte lieber die Geschichte der großen Bankiersfamilien und die Kreditgeschäfte der Fürsten und Könige. Der Glanz der Hochfinanz versprach mehr Ruhm und Ehre als die Niederungen des Alltags der Kleinkredite. Erst mit der Gründung des wissenschaftlichen Forschungszentrums »Centro studi Monti di Pietà« in Bologna, unter Vorsitz von Maria Giuseppina Muzzarelli, Vera Zamagni und Mauro Carboni im Jahr 2001, rückt die Aktualität dieser Mikrokreditbanken in ihrer Bedeutung für nachhaltige Entwicklungsziele und Fragen der Moralischen Ökonomie in den Blick nicht nur der historischen Forschung, sondern auch einer breiteren Öffentlichkeit.[191]

»Eine Schande, wer reich wird, und dabei immer mehr Armut produziert.«

Die Gründungsmotive für die mittelalterlichen Mikrokreditbanken lassen sich klar aus der wirtschaftlichen und sozialen Schieflage der Zeit und aus den Bemühungen im Kampf gegen Wucher und Armut herleiten.[192] Dazu muss man wissen, dass die oberitalienischen Städte im Spätmittelalter Dreh- und Angelpunkte der sogenannten kommerziellen Revolution (Robert Lopez) waren. Ihre wichtigsten Kennzeichen waren die Entstehung größerer Handelsgesellschaften, die Verbreitung kaufmännischer Rechnungslegung sowie die Zunahme der Spezialisierung in allen Bereichen des wirtschaftlichen Lebens. Es kam zur Ausweitung der Geldwirtschaft und zur Entwicklung neuer Finanzinstrumente und Banken. Nach Lopez veränderte die kommerzielle Revolution die mittelalterlichen Städte in einer Weise, wie sie erst wieder 400 Jahre später durch die industrielle Revolution für ganz Europa erfolgte. Der Marktplatz ersetzte die Kathedralen als wichtigstes Zentrum städtischen Lebens.[193]

Mit dem Fortschritt kam der Reichtum - aber nur für manche. Der Handel florierte, die Geschäfte liefen ganz hervorragend, und viele profitierten vom Wachstum. Andere dagegen drohten auf der Strecke zu bleiben und in die Verarmung abzurutschen. Für sie war die Teilhabe am Marktgeschehen immer schwieriger. Das lag unter anderem an dem erschwerten Zugang zu Kapital. Die ortsansässigen Finanziers, oft jüdische, aber auch christliche Geldverleiher, waren als Kreditgeber für die lukrativen Geschäftsmodelle ein wesentlicher Motor des städtischen Wirtschaftswachstums. Alle wussten das. Geldleihe - also ein funktionierender Finanzmarkt - war unentbehrlich für den Aufschwung. Und da ein Großteil dieser Geschäfte über jüdische Geldhäuser betrieben wurde, hatten die meisten Städte ein großes Interesse daran, diese in der Stadt zu halten, und regelten in Verträgen (*condotte*) die Konditionen der Kreditvergabe. Die Zinssätze der Branche entsprachen den Bedürfnissen der Kaufleute und Großinvestoren und waren - entsprechend der fantastischen Gewinnmargen in den oft riskanten Handelsgeschäften - sehr hoch, in der Regel zwischen 10 und 40 Prozent, denn natürlich kam es immer wieder zu Ausfällen. Für die Kleinkreditnehmer kamen solche Konditionen gleich gar nicht infrage. Und so wurde es bald unmöglich für eine Schneiderin oder einen Bäcker, an Kredite zum Großeinkauf von Stoffen oder Mehl zu gelangen. Das Damoklesschwert des wirtschaftlichen und sozialen Abstiegs schwebte über vielen ehemals selbstständigen Bürgerinnen und Bürgern der Stadt.

Meist waren es die Städte selbst, die dem zunehmenden Ungleichgewicht entgegenzuwirken suchten. Jede Gemeinde, die etwas auf sich hielt, konnte und wollte sich das auf Dauer nicht leisten. Eine Schande, wer reich wird und dabei immer mehr Armut produziert. Die Stimmen, die Zugang zu Krediten auch für die ärmeren Schichten forderten, wurden immer lauter, gemeinsam mit massiven Angriffen auf die gängigen Zinspraktiken der professionellen Geldverleiher. In diesem Milieu gediehen neue Konzepte der Mikrokreditfinanzierung für weniger wohlhabende Bürger der Städte. Hier war es der Stadtrat, dort der Bischof, der die Initiative für neue Formen der erschwinglichen Kleinkreditvergabe ergriff und erste Vorstöße zur Bildung von »Kapitalbergen« unternahm, ausschließlich zur Gewährleistung der Marktteilhabe für die weniger Begüterten. Dass man Pfänder als Kreditsicherheiten hinterlegte, war keineswegs ehrenrührig. Denn in Gesellschaften, in denen Sparen nicht so einfach war und in denen selbst die Banken keine attraktiven Angebote für Ersparnisse machen konnten, dienten vielfach Objekte des alltäglichen Bedarfs zugleich als »Wertspeicher«. Der Kauf von Kleidung, Haushaltswaren, Schmuck oder Möbeln war eine Form des Sparens, damit bildete man Rücklagen für den Notfall. Denn man konnte mit diesen Gegenständen ja bei Bedarf handeln, sie statt Bargeld einsetzen (Kaufverträge, Aussteuer, Erbschaften) oder eben als Pfand in Bargeld umwandeln. Der Bestand eines Haushalts hatte demnach eine doppelte »Identität«: Auf der einen Seite waren es Gegenstände, die man täglich benutzte, auf der anderen Seite Vermögensspeicher, die man in Notzeiten nutzen konnte. Dadurch, dass die Monti eine breite Spanne an Objekten als Kreditsicherheiten akzeptierten, erleichterten sie die Umwandlung dieser Wertereservoirs in Bargeld und sorgten somit für Zirkulation auf den Kapitalmärkten. Nach dem Rumpelstilzchen-Prinzip »Stroh zu Gold« galt hier gewissermaßen »Sachen zu Geld machen« (»Converting goods into cash«, Mauro Carboni). Das funktionierte ganz hervorragend, denn sobald wieder Bargeld da war, konnte man dieses wiederum in den Wertspeicher Kleidung, Töpfe und dergleichen umwandeln.

Beispiel Bologna – Ein klassisches Erfolgsmodell[194]

Im April 1473 wurde ein erster Monte in Bologna eröffnet, da jedoch die Finanzierung nicht gesichert und die öffentliche Unterstützung nur mäßig war, musste die Bank bereits im Dezember 1474 wieder schließen.

Abb. 1: Bologna, Palazzo del Monte di Pietà neben der Kathedrale San Pietro.

Erst 30 Jahre später, im Dezember 1504, wagte man einen zweiten Versuch, diesmal mit mehr Erfolg, denn das politische Klima hatte sich gewandelt. Der neue Stadtherr, Papst Julius II., unterstützte die kommunale Bank für die Armen und erteilte im Jahr 1507 als neuer Patron die Betriebslizenz. Man erkannte, wie einfach es ist, die Bedürfnisse der Armen zu befriedigen, indem man das untere Ende des städtischen Kreditmarkts kontrollierte. Daher verlieh man dem Monte den Status einer »städtischen Bank« und lockte private Spenden dadurch an, dass man sie mit öffentlichen Geldern gegenfinanzierte. So erhöhte sich der Kapitalbestand der Bank. Des Weiteren ermutigte die Stadt ihre Zünfte und Bruderschaften (heute würde man sagen: ihre Berufsvereinigungen und Vereine) dazu, die Geschäfte über den Monte abzuwickeln und ihr Kapital dort zu deponieren. Dieser zweite Start erwies sich als extrem erfolgreich. In der ganzen Stadt wurden im Laufe des 16. Jahrhunderts Filialen gegründet.

Die Entwicklung ging einher mit der Ausschaltung der Konkurrenz insbesondere der alteingesessenen jüdischen Pfandleihbanken, die man zu übertrumpfen suchte. In den Jahren zwischen 1504 und 1519 stieg die Zahl der Pfänder, will heißen der vergebenen Kleinkredite, von 5000 auf 20000 pro Jahr. Mitte des 16. Jahrhunderts hatte sich die Zahl auf fast 40000 verdoppelt. Ende des 16. Jahrhunderts waren es 70000, und ein Jahrhundert nach der Gründung, im frühen 17. Jahrhundert, war die Zahl auf 100000 Pfänder gestiegen. Bologna hatte in diesen Zeiten zwischen 60000 und 70000 Bewohner, damit stieg die Zahl der Pfandkreditgeschäfte von einem pro vier Einwohner Anfang des 16. Jahrhunderts auf zwei pro Einwohner Anfang des 17. Jahrhunderts.

Die Entwicklung Bolognas vom 15. bis ins 17. Jahrhundert wurde – wie die vieler anderer Monti – bis ins 20. Jahrhundert fortgeführt. Über die Jahrhunderte blieben diese Banken Anlauf-

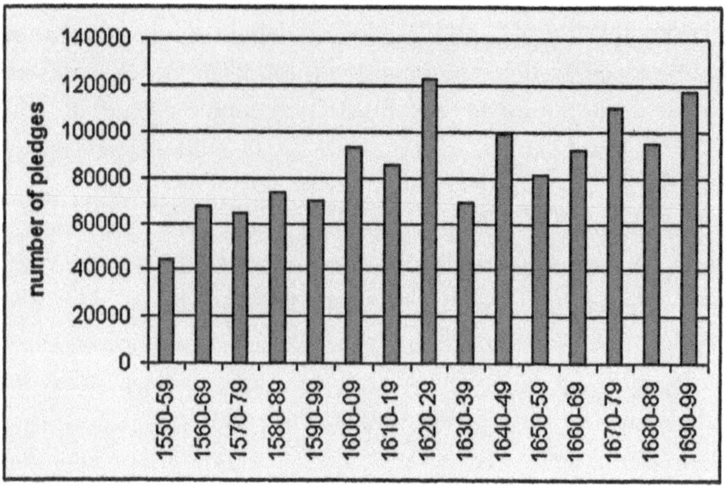

Abb. 2: Anzahl der Pfänder im Monte di Pietà von Bologna.

stellen für eine breite, arme bis mittelständische Klientel. Der langfristig nachhaltige finanzielle Erfolg dieses Modells rührte vor allem aus der Erweiterung des Angebots auch für wohlhabendere Kundschaft. Die Verwalter der Banken verstanden es, die verschiedenen Ansprüche der Kunden geschickt miteinander zu verbinden. Und aus den Finanzdienstleistungen für vermögende Haushalte wurde ein Geschäftszweig, der das weniger lukrative und kleinteilige Mikrokreditgeschäft hervorragend ergänzte und dazu beitrug, die laufenden Kosten und damit auch die Zinssätze für die Ärmeren niedrig zu halten.

Beispiel Padua – Keine Angst vor Veränderung

Ganz anders verlief die Gründung des Monte in Padua. Nach einem ersten – gescheiterten – Versuch im Jahr 1469 erfolgt 1491 die zweite Gründung. Hier war es der Prediger Bernardino da Feltre, unterstützt vom örtlichen Bischof, der das Unternehmen maßgeblich vorantrieb. Zwei Monate lang hatte er ununterbrochen in der Stadt und dem Umland nicht nur für den Monte gepredigt, sondern auch unermüdlich Spenden für die neue Bank gesammelt. Auch nach der Gründung setzte er sich weiter für das Projekt ein. 1492 kam er erneut nach Padua, diesmal mit dem Ziel, eine Bruderschaft, eine Confraternita del Monte, als Trägerinstitution für die Mikrokreditbank zu gründen. Ausschlaggebend für den Erfolg war sicherlich auch die regelmäßige Anpassung der Statuten und Regeln an die je aktuellen Bedürfnisse. Keine Angst vor Veränderung! So wurden 1522 die Statuten aktualisiert, 1534 fand eine grundlegende Reform der Verwaltungsstrukturen statt, auch fühlte sich der städtische Adel der Bank für die Armen verpflichtet und engagierte sich in der Leitung. In den kommenden Jahrzehnten übernahm der Monte auch karitative Funktionen im Bereich der Lebensmittelversorgung und gewährleistete Kreditzahlungen in städtischen Krisensituationen.[195]

Die franziskanischen Prediger – »Influencer Marketing«

Wie bereits erwähnt waren es in der Regel der Stadtrat, die Stadtherren und der Bischof, zuweilen Bruderschaften oder Einzelpersonen wie Stadtadelige oder Patrizier, die als Gründer dieser Mikrokreditbanken aktiv wurden. Doch nirgendwo war ein Monte ohne Weiteres einfach durchsetzbar. Man brauchte die Zustimmung – und vor allem die Kapitaleinlagen – der Bürger, man brauchte deren Unterstützung und Rückhalt. Hier nun kamen die wortgewaltigen Franziskaner ins Spiel. Viele der Prediger aus diesem Orden waren charismatische Persönlichkeiten, die nicht nur als Prediger, sondern auch als »kenntnisreiche Experten des Gemeinwohls und der Finanzverwaltung« (Skambraks) hohes Ansehen genossen. Ihre Expertise in Finanzangelegenheiten und die Vertrautheit mit den damals gängigen Wirtschaftstheorien rührte paradoxerweise aus dem Ordensideal der Armut. Denn sie lebten als Minimalisten die einfachste aller Lebensweisen und sahen ihre Aufgabe in der Predigt in den Städten. Der Franziskanerorden war spezialisiert auf eine »Ökonomie des Notwendigen«.[196] Und die meisten der im Zusammenhang mit den Monti aktiven Prediger waren Mitglieder eines erst neu gegründeten, besonders engagierten Reformzweigs des Ordens, der sogenannten Observanten, der eine Rückbesinnung auf die ursprünglichen Ideale des Christentums forderte. Als Wanderprediger waren diese Männer regelmäßig in Kontakt mit dem Volk und kannten daher die Verhältnisse der »kleinen Leute« aus unmittelbaren Begegnungen. Sie kannten den »solo-selbstständigen« Schneider, dem das Kapital fehlte, um seine Stoffe zu kaufen. Sie wussten, wie schwer er es hatte, aus der Schuldenspirale herauszukommen, in die ihn ein überteuerter Kredit gebracht hatte. Und sie wussten auch, dass die Armen auch durchaus sparten, doch bei welcher Bank hätten sie ein Konto eröffnen können? Bei keiner! Daher sparte man durch den Kauf langfristig haltbarer und wertvoller Alltagsgegenstände: eine Truhe, ein Wintermantel, ein wertvolles Kleid, Töpfe, Werkzeug oder Schmuck. Das Problem war also weniger die Armut als vielmehr die mangelnden Zirkulationsmöglichkeiten des Kapitals der Armen, will heißen ein Mangel an Finanzdienstleistungen zu sozialverträglichen Konditionen. All das wussten die franziskanischen Prediger und setzten sich daher gezielt für die Einrichtung von Banken für die kleinen Leute als oberste Pflicht der Städte ein. Ihre Botschaft lautete sinngemäß: Wenn ihr die wachsende Armut bekämpfen wollt, müsst ihr dafür sorgen, dass alle eure Einwohner, nicht nur die Reichen, Zugang zu Kapital haben. Sie unterstützten als öffentliche Sprachrohre städtische Initiativen, organisierten Spendenaktionen, mobilisierten die Kapitalgeber und förderten so die Gründung der Monti di Pietà. Das war wichtig für die Umsetzung des neuen

Konzepts. So half es den Initiatoren ungemein, wenn einer dieser Prediger im Anschluss an sein fulminantes Plädoyer für soziale Gerechtigkeit und wider die Todsünden des Geizes und der Habgier gleich noch zu Spenden aufrief oder eine Prozession organisierte.

Heute würde man diese Männer »Influencer« nennen. Mehr als 140 sind namentlich bekannt. Michele Carcano da Milano gilt als treibende Kraft für die Gründung der ältesten Monte in Perugia (1462), Bologna (1473) und Padua (1491). Ganz besonders einflussreich war Bernardino da Feltre, der maßgeblich zur Gründung von Monti in mehr als 20 Städten beitrug (Mantua, Narni, Parma, Cittaducale, Rieti, Lucca, Bassano, Padua, Faenza, Piacenza, Piove di Sacco, Asolo, Camposamoiero, Castelfranco Veneto, Codogno, Pavia, Monselice, Montagnana, Assisi, Orvieto, L'Avila, Trevi, Foligno, Norcia, Genua, Vicenza, Feltre, Verona, Brescia, Rimini, Cremona). Andere waren Fortunato Coppoli da Perugia (Borgo S. Sepolcro, Montepulciano, Cagli, Assisi, Pesaro, Spoleto, Spello, Amelia, Foligno, Cortona, Siena, Pistoia, Arezzo, Florenz), Marco da Montegallo (Fabriano, Fano, Iesi, Fermo, Roccacontrada, Vicenza, Ancona, Ripatransone) oder Michele da Acqui (Brescia, Cremona, Verona, Crema, Padua). All diese Menschen traten nicht selbst als Gründer der Banken in Erscheinung, agierten jedoch als Ideengeber und Stimmungsmacher. Sie propagierten das Konzept in ihren Predigten, hoben Ziele und Vorteile hervor, erklärten den Einwohnern der Städte das neue Konzept und machten unermüdlich Werbung. Vielfach waren sie auch an der Ausarbeitung der Statuten beteiligt und erklärten der städtischen Öffentlichkeit die Regeln der Pfandleihe. Und schließlich organisierten sie erfolgreich Spendenkampagnen und aktivierten Sponsoren.[197]

Die dunkle Seite der Geschichte – Monti di Pietà und die Vertreibung der Juden

Die Errichtung der Pfandleihbanken für die Armen erfolgte fast überall in Konkurrenz zu den bestehenden Geldverleihern und Pfandleihbanken. Das waren zwar in vielen Städten christliche Lombardenbanken und sogenannte Kawertschen, doch wandte sich die Stimmung im Zusammenhang mit der Gründung eines Monte ausschließlich gegen die ortsansässigen jüdischen Geldhäuser.[198] Dabei kam es vielerorts zu massiven und gewalttätigen Angriffen gegen die jüdischen Einwohner der Städte. Auch hier waren die franziskanischen Prediger als »Influencer« überaus wichtig. Diesmal in einer unrühmlichen Rolle, weil sie in ihren Predigten gegen den Wucher regelmäßig die jüdischen Geldverleiher anschwärzten und ihnen die Schuld an allem Übel in die Schuhe schoben. Liest man diese Predigten heute, schreckt man zurück. Wie kann der Kampf gegen die Armut, wie kann ein solch genuiner sozialreformerischer Idealismus mit so viel menschenverachtender Hetze gegen jüdische Einwohner einhergehen? Sie machten aus dem Kampf für die Armen einen Kampf gegen die jüdischen Mitbürger.[199]

Beispiel Perugia – Die jüdischen Bankiers finanzieren die Bank der Armen[200]

Ein einschlägiges Beispiel dafür liefert Perugia. Im Frühjahr 1462 war der soeben von einer Pilgerreise ins Heilige Land zurückgekehrte Franziskaner Michele Carcano in Perugia eingetroffen und forderte in seinen Predigten die städtische Regierung öffentlich dazu auf, die Verträge mit den jüdischen Geldleihern zu kündigen und umgehend einen Monte zu gründen, denn andernfalls drohe ihnen die Exkommunikation. Der Stadtrat traf sich und beschloss, Carcanos Vorschlägen Folge zu leisten. Man kündigte die Verträge mit den jüdischen Geldhäusern kurzfristig auf. Doch leider ging es mangels Kapital mit der neuen Bank nicht so richtig voran. Erst als man auf Betreiben des Papstes die Verträge mit den Juden erneuerte und sie im März 1463 wieder in die Stadt holte, gegen ein Darlehen zur Gründung des Monte in Höhe von 1200 Florin, kam wieder Bewegung in die Sache. Kurz zuvor hatte der Papst den jüdischen Bankern bereits die Wiederaufnahme ihrer Geschäfte in dem Perugia benachbarten Ort Deruta genehmigt. Offenbar kamen die größten Feindseligkeiten von missgünstigen Städtern. Sie verbreiteten systematisch Fake News. Verklagten ihre jüdischen Mitbürger vor den städtischen Gerichten, die sämtliche Anklagen als unglaubwürdig zurückwiesen. Alle Angeklagten wurden dann auch freigesprochen, aber die Vorwürfe waren in der Welt, und natürlich streuten die Ankläger nun Zweifel an der Glaubwürdigkeit der Gerichte. Etwa zur gleichen Zeit nahm der Monte erneut ein Darlehen in Höhe von 2000 Florin bei den jüdischen Geldleihern auf. Die Stadt war auf jüdisches Kapital angewiesen, damit der Monte überhaupt seine Geschäfte aufnehmen konnte. Weiter zeigte sich, dass jüdische Einwohner auch als Kunden in den Kassenbüchern der Monti auftauchten und Kredit- und Überweisungsgeschäfte tätigten. Ein Mitte des 16. Jahrhunderts erstelltes Gutachten des rechtsgelehrten Dominikaners Sisto de' Medici argumentiert, dass das Gemeinwohl, das *bonum commune*, der Stadt durch Gesetze gesichert werde, die sich an der Vernunft orientieren, und dass die Präsenz der Juden für die Gemeinschaft einer christlichen Stadt Vorteile habe, also vernünftig sei. Offenbar waren die Formen der Interaktion zwischen jüdischen und christlichen Städtern vielschichtig und komplex. Es war ein ambivalentes Verhältnis zwischen Kooperation und Konkurrenz, und in fast allen Städten erfolgte die Gründung der Monti mit Finanzierungshilfen jüdischer Geldgeber.

Beispiel Assisi – Der Papst als »stiller Gesellschafter« der jüdischen Bankiers[201]

In Assisi war ein Monte im Jahr 1468 auf Initiative der Franziskaner Fortunato Coppoli aus Perugia und Giacomo della Marca gegründet worden. Auch hier begleiteten massive Kampagnen gegen die ortsansässigen Juden die Gründung. Fortunato drohte mit Exkommunikation für den Fall, dass die Stadtherren die bestehenden Verträge mit den jüdischen Geldhäusern nicht kündigen würden, und so löste man die Verträge. Doch kam schon in Kürze ein Rückpfiff, und zwar direkt aus Rom, in Form einer Ermahnung, die Auflösung bitte unverzüglich rückgängig zu machen. Auch in diesem Gründungsprozess agierte die Kurie ganz offensichtlich auf der Seite der jüdischen Bankkaufleute der Stadt. Am 16. Juli 1469 erhielten die Stadtältesten einen Brief von Papst Paul II., unterzeichnet vom päpstlichen Schatzmeister und dem obersten Richter des päpstlichen Gerichts. Die zwei ranghohen Beamten der Kurie brachten den Unwillen des Papstes angesichts der Auflösung der Verträge mit den jüdischen Einwohnern zum Ausdruck und ermahnten Bürgermeister und Rat der Stadt, sie bitte zu respektieren. Die Briefe enthielten auch Ermahnungen an die franziskanischen Prediger: Wenn sie das Verhalten der Christen verbessern wollen, dann sollen sie das tun, aber doch bitte schön ohne damit den Juden Schaden zuzufügen, die schließlich ihre Gesetze auch respektierten. Allein dass sie andere Gewohnheiten haben als die Christen, sei doch kein Grund, ihnen zu schaden: Ihr müsst die Prediger ermahnen – heißt es im Schreiben an die Stadt –, sie sollen natürlich die Sünde verdammen und nach Möglichkeit ausrotten, aber sie müssen den Juden erlauben, nach ihrer Art und Weise zu leben. Denn gemäß der kirchlichen Gesetze ist die Präsenz der Juden unter den Christen erlaubt. Aufgrund dieses Schreibens erneuerten die Priores der Stadt Assisi die Verträge mit ihren jüdischen Einwohnern. Zehn Jahre später war es Kardinal Giuliano della Rovere, der spätere Papst Julius II., der an die Stadt schrieb und die Autorisierung der Verträge mit den Juden erneut bestätigte und ausdrücklich betonte, dass die Gefahr der Exkommunikation nicht drohe.

Zwischen Konkurrenz und Kooperation

Viele weitere Beispiele für die praktische Zusammenarbeit von jüdischen Bankhäusern mit päpstlichen und städtischen Autoritäten hat die Forschung der letzten Jahre zutage gefördert: In Amelia, wo der Monti im Jahr 1470 ebenfalls auf Initiative von Fortunato Coppoli gegründet worden war, setzten die jüdischen Bankiers ihre Geschäfte ohne Unterbrechung fort, mit offizieller Genehmigung. Zu ihren Kunden zählten sowohl die Stadt als auch der Bürgermeister und der Bischof von Perugia. Auch in Spoleto (1469) arbeiteten die jüdischen Banken mit offizieller Genehmigung weiter. In Folignio, wo auf Initiative des Giacomo della Marca 1466 ein Monte gegründet worden war, bestanden die Banken jüdischer Geldleiher weiter, trotz wiederholter Vertreibung. Bernardino da Feltre predigte in der Fastenzeit im Jahr 1480 lautstark gegen die Juden der Stadt, bis schließlich ein Gesandter des Herzogs von Mailand nach Pavia kam – mit Briefen, die den Prediger aufforderten, die Stadt umgehend zu verlassen, bevor er sie mit seinen Hassreden völlig ruiniert habe.[202] In Trevi schließlich wurden die jüdischen Banker nicht vertrieben. Stattdessen beauftragte der Stadtrat den franziskanischen Initiator Agostino da Perugia mit der Aushandlung angemessener Verträge.[203]

Die Kurie in Rom – das zeigen all diese Beispiele – agierte bereits seit der Mitte des 13. Jahrhunderts vielfach als Partner der jüdischen Banken. Wo es nicht möglich war, die Verträge, die die Städte einseitig gekündigt hatten, wiederherzustellen – wie in Perugia –, bot der Papst oft anderweitig Schutz, zum Beispiel indem er neue Niederlassungen in nahe gelegenen Orten erlaubte, wo die Finanzgeschäfte mit möglichst wenigen Nachteilen fortgesetzt werden konnten. Auch wurde in den angeführten Beispielen deutlich, dass die städtischen Autoritäten kein Interesse an Hassreden gegen ihre jüdischen Einwohner hatten, ja wiederholt verwies man sogar die Prediger aus der Stadt. Eine der wichtigsten Erkenntnisse schließlich ist die, dass wohl die meisten der mittelalterlichen Mikrokreditbanken für die Armen dank beträchtlicher Zustiftungen, in der Regel erzwungene Darlehen, jüdischer Banken entstanden. Sie spielten als Kapitalgeber für einen Großteil der neu gegründeten christlichen Mikrokreditinstitute eine zentrale Rolle. Auch zeigen aktuelle wirtschaftshistorische Auswertungen der Rechnungsbücher, wie eng christliche und jüdische Kreditinstitute in der Praxis und langfristig zusammenarbeiteten und sich dabei wechselseitig ergänzten. Jüdische Einwohner zählten zu den Kunden der Monti, legten ihr Geld dort an, nahmen Kredite auf und waren als Käufer bei den regelmäßigen Versteigerungen aktiv. Das hat man bisher so nicht sehen können, da die Konzentration auf die unerträglich judenfeindlichen Franziskanerpredigten die Sicht auf die Praxis verstellte, die sich irgendwo zwischen Kooperation und Konkurrenz abspielte.[204]

In Krisen ist es einfacher, nach Schuldigen zu suchen als nach Lösungen

Doch ändern diese Befunde der aktuellsten Forschung nur wenig an der massiven Verstärkung der Judenfeindlichkeit, die mit der Gründung der Mikrokreditbanken in den oberitalienischen Städten einherging. Feindseligkeit und Gewalt gegen jüdische Einwohner und Geschäftsleute der Städte war der Preis, den die Einrichtung der Banken für die Armen forderte. Bezahlen mussten die Juden. Es ist schwer, diesen Zusammenhang zu erklären. Vielleicht lassen sie sich als eine Form kollektiver Gewaltausbrüche gegen Minderheiten – oft Fremde oder in irgendeiner Weise andersartige Mitglieder der Gesellschaft – verstehen, die der französische Ethnologe René Girard als typische Krisenphänomene beschrieb. In seinem Buch *Der Sündenbock* rekonstruiert er, wie in Zeiten von Katastrophen, Seuchen oder Kriegen, aber auch in Zeiten wirtschaftlicher Wachstums- oder Schrumpfungsprozesse die Angst um die Existenz der Gemeinschaft um sich greift. Girard entwickelte ein Schema zur Funktionsweise sozialer Abwehrmechanismen, die in Krisenzeiten quasi wie ein kollektiver Reflex ablaufen (können): Statt nach gemeinsamen Lösungen sucht man lieber nach Schuldigen, deren pure Existenz zur Begründung der Krise ausreicht. Man erkennt die Schuldigen an sogenannten Opferzeichen. Das kann alles sein, vom Muttermal bis zu übermenschlicher Körperkraft, vom lahmen Fuß bis zur Jungfrauengeburt. Es reicht ein charismatischer Fingerzeig auf einen, der »anders ist als wir«, und schon ist der Sündenbock identifiziert, wird bekämpft, gepeinigt und hingerichtet. In solch blutigen Ausbrüchen kollektiver Gewalt – so Girards These – findet die bedrohte Gemeinschaft vermeintlich neue Stärke und Sicherheit. Die Forschung spricht gar von der »einheitsstiftenden Polarisierung von Gewalt«, die freilich stets nur vorübergehend wirkt.[205] Maria Giuseppina Muzzarelli schlug vor, die massive Aggression gegen die jüdischen Mitbürger seit dem späten 15. Jahrhundert, die bis dato in relativ friedlicher Koexistenz fester Bestandteil der oberitalienischen Städte gewesen waren, als eine Form polarisierender Gewaltexzesse zu verstehen. Die Epoche des wirtschaftlichen Aufschwungs ging für Städte mit massiven Herausforderungen einher, denen man unter anderem mit der Gründung von Mikrokreditbanken begegnete. Damit war der mittelalterliche Bann, das Verbot der Zinsleihe, nun endgültig gebrochen.[206]

Woher kam das Kapital der mittelalterlichen Mikrokreditbanken?[207]

In den folgenden Abschnitten soll auf die praktische Arbeitsweise in den mittelalterlichen Pfandleihbanken näher eingegangen werden. Wie genau lief die Kreditvergabe ab? Wer war zuständig? Wo wurden die Pfänder gelagert? Was durfte man verpfänden, und woher kam das Kapital? Zur letzten Frage zuerst: Grundsätzlich lassen sich vier Hauptkapitalquellen ausmachen. Die erste Säule waren Spenden, eingetrieben durch Spendenaufrufe, von Klingelbeutelaktionen in der Kirche bis zu umfangreichen Großspenden wohlhabender Bürger und testamentarisch verfügten Nachlässen. In manchen Städten war vor dem Monte eine Spendenkasse aufgestellt, die allabendlich geleert wurde. Sodann flossen Gelder aus städtischen Einnahmen durch Verpachtung von Gemeindeland oder den Verkauf von Getreide anteilig in den Monte. Viele Städte generierten Spenden auch im Rahmen von Prozessionen, in denen das städtische Gemeinschaftsgefühl öffentlich auf den Straßen inszeniert wurde. In Rom war der Monte von einer Bruderschaft (*compagnia)* organisiert, eine Art Verein oder eine Genossenschaft mit über 5000 Mitgliedern. Jedes Mitglied zahlte einen Beitrag zur Aufstockung der Rücklagen der Bank. Eheleute zählten als eine Person. Eine wichtige Einnahmequelle bot sich anlässlich der jährlich stattfindenden Pfingstprozession, die die Bruderschaft veranstaltete. Dieses Ereignis wurde drei Wochen im Voraus von den Pfarrern in den Kirchen angekündigt. Die städtische Elite Roms wurde eingeladen, Senatoren, Adelige und alle Ratsmitglieder, ebenso die führenden Vertreter der Städte Florenz und Genua, die Vorsteher der Klöster, die Gelehrten der Universitäten, kurz: alles, was in der Gegend Rang und Namen hatte. Jedem, der teilnahm, wurde vom Papst ein Plenarablass zugesagt, entsprechend konnten im Gegenzug großzügige Spenden erwartet werden. Eine dritte regelmäßige Kapitalquelle waren Erträge aus städtischen Gerichtsverfahren, das heißt Strafgelder, Wiedergutmachungszahlungen oder eingezogenes Diebesgut. Und schließlich kam – wie bereits ausführlich dargestellt – ein Großteil des Kapitals der neuen Pfandleihbanken für die Armen aus den Kassen der bereits bestehenden Geldinstitute, insbesondere der jüdischen Bankhäuser.

Trompeter, Pfandmeister und Katzen als Mäusejäger[208]

Zur reibungslosen Abwicklung der Kleinkreditgeschäfte war entsprechend Personal erforderlich. Hauptverantwortlich war der »Depositarius«, der mit seinem Namen für die Rechtmäßigkeit der Geschäfte stand. Heute würde man ihn als Bankmanager bezeichnen. Die zweite bedeutende Position bekleidete der Pfandmeister (Massaro oder Custos), in dessen Verantwortung das Pfandgeschäft lag. Ein wichtiges Ressort, denn die sachgemäße Registrierung und Aufbewahrung der Pfänder war Voraussetzung für das Funktionieren des Systems. Das ging nicht ohne ein sauberes und trockenes Lager. In den Statuten findet man dazu ausführliche Vorschriften, von der Regalgröße bis zur regelmäßigen Reinigung, von monatlich durchzuführenden Inventuren bis zur Verpflichtung, eine Katze zu halten, um Mäuse fernzuhalten. Dem Pfandmeister standen Gehilfen zur Seite, die die Pfänder der Kundinnen und Kunden entgegennahmen, um sie zunächst dem Schatzmeister (*estimatore*) zur Schätzung vorzulegen, bevor die Gegenstände verpackt und ins Lager gebracht wurden. Für den Kunden war vor allem der geschätzte Wert des Pfandes wichtig. Manche Statuten schreiben vor, dass der Schatzmeister bevorzugt ein Goldschmied sein sollte. Nachdem dieser den Wert des Pfandes festgelegt hatte, wurden Name und Nachname des Kunden, Wert des Pfandes sowie eine Zustandsbeschreibung über dessen Qualität (*qualitade de la cossa impegnata*) und die Höhe der gewährten Kreditsumme in ein Buch übertragen und ebenfalls auf einem Schuldschein vermerkt. Mit Unterzeichnung dieses Schuldscheins wird der Kreditvertrag abgeschlossen und die Kreditsumme vom zuständigen Beamten (*cassiere*), oder in manchen Banken vom Depositarius, ausgezahlt. Auch gab es klare Vorschriften dafür, was als Pfand akzeptiert wurde und was nicht: Kleider und Haushaltswaren wurden akzeptiert, religiöse Gegenstände wie Bibeln oder Kreuze nicht. Auch gestohlene Objekte durfte die Bank nicht annehmen. In der Regel betrug die Kreditsumme nur bis zu zwei Drittel des tatsächlichen Pfandwerts, um im Falle der Nichteinlösung Verluste zu vermeiden. Gemeinsam mit der Auszahlung des Geldes erhielt der Kunde einen Schuldschein mit den vereinbarten Konditionen über den Wert und die Laufzeit des Kredits. Im Rahmen dieses Verwaltungsverfahrens entstanden ausführliche Rechnungsbücher. Aus dem Monte in Reggio Emilia sind sieben umfassende Bände allein mit Pfandregistern erhalten. Daraus lässt sich ersehen, wie mittels detaillierter Buchführung die Verpflichtung der Monti zu Präzision und Transparenz umgesetzt wurde. Sie standen als öffentliche Banken in der Pflicht der Bürger, und auch im Kontrast zu den Praktiken privater Bankiers, die oft mit Absicht Unterlagen zu ihren Geschäften zerstörten oder gar nicht erst anlegten. Nach Ablauf der Kreditlaufzeit, meist zwischen sechs und achtzehn Monaten, löste der Kunde sein Pfand gegen Übergabe der geliehenen Summe und des Schuldscheins wieder ein. Nicht ausgelöste Pfänder wurden von einem eigens dafür zuständigen Beamten, dem Verkäufer (*venditore*), im Rahmen öffentlicher Auktionen versteigert, die ein Trompeter als Bote in der ganzen Stadt ankündigte. Auch mussten die betroffenen Kunden über die bevorstehende Versteigerung informiert werden, um ihnen die Möglichkeit der Auslösung zu bieten. Erzielte man bei der Versteigerung einen höheren Preis, floss der Gewinn entweder direkt an den Kunden, also den ursprünglichen Besitzer des Pfandes, zurück, oder an eine karitative Einrichtung.

Das Alltagsgeschäft wird auf diesem Bild aus dem Monte di Pietà in Faenza anschaulich dargestellt. Unten im Bild sieht man

Abb. 3: Die Pfandleihbank (Giovanni Battista Bertucci, »Il pignoramento«, 16. Jh. Banca di Faenza).

Gehilfen, die die Pfänder - Schmuck, Töpfe und Pfannen sowie eine Spindel - in Empfang nehmen. Man kann im Vordergrund zwei etwas kleinere rot gekleidete Gestalten erkennen, die den Kunden, in diesem Falle fünf Kundinnen, behilflich sind. Es handelt sich um die Bediensteten des Monte, junge Männer (*garconi, fancelli*), die als gewählte Mitarbeiter zur Unterstützung für ein Jahr gegen einen kleinen Lohn eingestellt wurden. Heute wären dies vermutlich Stellen, die im Rahmen eines freiwilligen sozialen Jahres besetzt würden. Der schwarz gekleidete Beamte mit weißem Kragen hinter dem Tresen, der den Sack eines Kunden entgegennimmt, ist wohl der Pfandmeister oder einer seiner Mitarbeiter. Die Pfänder werden dem Schätzer vorgelegt - vielleicht der schwarz gekleidete Beamte links im Bild hinter dem Tresen? Allerdings scheint dieser eher mit der Auszahlung eines Kredits beschäftigt. Zwei Schreiber am langen Tisch hinter dem ersten Tresen übertragen Sachwerte und Auszahlungssummen in die Rechnungsbücher der Bank und stellen die Schuldscheine aus. Ein dritter schwarz gekleideter Beamter nimmt vielleicht einen gerade ausgefertigten Schuldschein entgegen, um ihn dem Kassierer zur Auszahlung zu überbringen. Rechts im Bild lässt sich erkennen, wie die Pfänder sorgfältig zu Bündeln geschnürt werden - zur Vermeidung von Schäden bei der Lagerung.

Ganz offensichtlich waren Verwaltung und Organisation des städtischen Kleinkreditgeschäftes nur mit viel Personal zu bewältigen. Die kleinen Summen und kurzen Laufzeiten der Kredite trieben Umsatz und Arbeitsaufwand weiter in die Höhe. Damit lassen sich Personalaufwand und komplexe Organisationsstrukturen erklären.

Der Vorstand – Zum Beispiel in Rom

Jede Bank hatte auch einen Vorstand, bestehend aus wichtigen Persönlichkeiten der Stadt.[209] An der Spitze stand der »Protektor« gemeinsam mit drei Aufsichtsräten (*provisores*) sowie – sehr bemerkenswert im 16. Jahrhundert – drei Vorständinnen (*priores*), Mitglieder des römischen Stadtadels beziehungsweise Patriziertums. Des Weiteren zählten vier Abgeordnete (*deputati*), zwei Bürgermeister (*sindici*) und der Rat der Dreizehn, bestehend aus Repräsentanten der dreizehn verschiedenen Stadtviertel Roms, zum Vorstand. Die Besetzung macht deutlich, dass es den Betreibern des Projekts um eine möglichst breite Verankerung in den politischen und sozialen Eliten der Stadt ging. Alle Vorstandsmitglieder arbeiteten – im Gegensatz zu den Beamten der Bank – ehrenamtlich. Dabei trug der Depositarius an der Schnittstelle zwischen Bank und Vorstand die größte Last. Er war zuständig für die Angestellten und verantwortlich für den ordnungsgemäßen Ablauf, zahlte die Löhne aus, verwaltete das Geld, kontrollierte die Pfandlisten und war dem Vorstand monatlich Rechenschaft pflichtig. Und all dies ehrenamtlich! Die Position rotierte jährlich unter den Mitgliedern der städtischen Führungsschicht. Offenbar zählte das Engagement für die kommunale Kleinkreditbank zu den selbstverständlichen Pflichten der römischen Elite.

Wer waren die Kunden?

Kreditberechtigt waren ausschließlich Bedürftige aus dem Stadtgebiet, einschließlich des städtischen Umlands, dem sogenannten *contado*. In den Quellen ist immer wieder die Rede von den *pauperes pinguiores*, den starken Armen oder – wörtlich übersetzt – von den »fetten« Armen, also von jenen, die sich durch ihrer Hände Arbeit ernähren konnten und günstige Kredite für die Aufrechterhaltung ihrer Geschäfte benötigten. In aller Regel verfügten sie über keinen oder nur einen sehr geringen zu

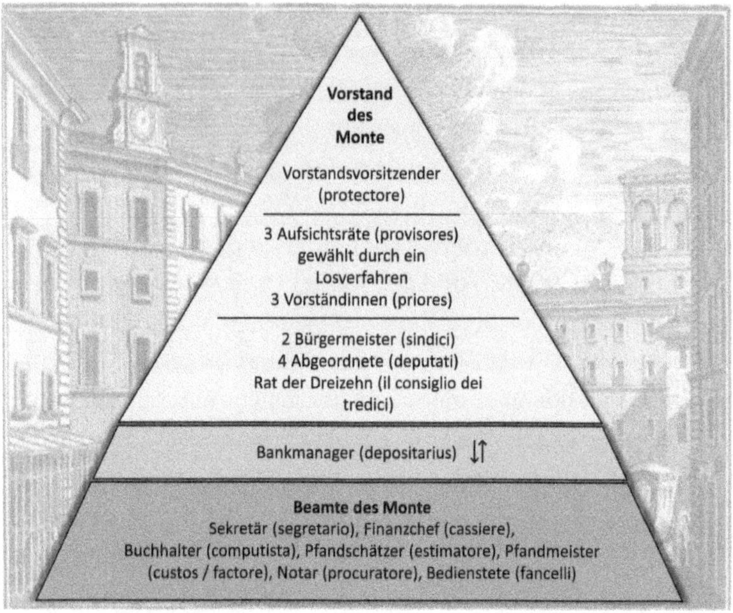

Abb. 4: Organigramm des Monte in Rom, nach den Statuten aus dem Jahr 1557.[210]

versteuernden Besitz. In der aktuellen historischen Forschung wird diese Gruppe oft unter dem Begriff der »kleinen Leute« zusammengefasst. Der Begriff Unterschicht ist irreführend, denn damit würde man vermutlich mehr als 90 Prozent einer mittelalterlichen Stadtgesellschaft zur Unterschicht degradieren. Die mittelalterlichen Zeitgenossen hantierten mit anderen Kategorien. Die *pauperes pinguiores* waren Leute, die zwar wenig hatten, aber dennoch nicht hilflos waren. Lebensformen der relativen Besitzlosigkeit waren nicht zwangsläufig unwürdige Lebensformen. Ganz im Gegenteil. Es war eine legitime Lebensform, eine für die Gesellschaft überlebenswichtige, die folglich – wenn nötig – Unterstützung verdiente. Für die Ärmsten der Armen, also all jene, die nicht in der Lage waren, für ihren eigenen Lebensunterhalt zu sorgen, für die »Hilfe zur Selbsthilfe« ein Schlag ins

Gesicht bedeutete, waren die Kleinkredite nicht gedacht. Diese Menschen, Behinderte, chronisch Kranke oder Bettler wurden als reguläre Almosenempfänger über städtische und kirchliche Netzwerke versorgt.[211]

Die Kunden der mittelalterlichen Monti zählten also nicht zu den Ärmsten der Armen. Sie waren keine elenden Armen, verfügten zwar kaum über Rücklagen, hatten kein Barvermögen und zahlten folglich keine Steuern, doch hatten sie durchaus Besitztümer in Form von Kleidung, Möbel, Werkzeug oder Schmuck. Daraus ergibt sich fast automatisch das Prinzip der Pfandleihe als Kreditinstrument. In Gesellschaften, in denen das Sparen wesentlich schwieriger war als heute und die Banken wenig Möglichkeiten boten, Ersparnisse zu vermehren, war das Verpfänden weder ein Akt der Verzweiflung noch ein Zeichen von Kurzsichtigkeit. Ganz im Gegenteil, der Erwerb von Alltagsgegenständen diente nicht allein dem Gebrauch, er war zugleich eine Sparmaßnahme für Notzeiten. So wurde der Kauf eines guten Kleides zur Investition in die Zukunft, eine Rücklage für Notfälle, die man bei Bedarf in Bargeld umwandeln konnte. Die Dinge des täglichen Gebrauchs waren zugleich Wertspeicher, ein Vorrat, den man in Notzeiten anzapfen konnte.[212] Dass zu den Kunden der Mikrokreditbanken neben den Armen auch Mitglieder bessergestellter Schichten zählten, denen Alltagsobjekte ebenfalls in der doppelten Funktion als Gebrauchsgegenstände und Wertespeicher galten, wird am genannten Beispiel Bolognas sehr schön deutlich. Dort hatte sich im Laufe des 17. Jahrhunderts das Pfandleihgeschäft so erfolgreich ausgeweitet, dass der Monte insgesamt fünf Filialen samt Lagerhäusern in der Stadt unterhielt. Mauro Carboni hat gezeigt, dass diese Ausweitung der Finanzdienstleistungen durch die Mischung der Klientel auch soziale Gegensätze ausgleichen konnte.[213]

Von Socken, Gürteln und Ofentüren[214]

Kreditnehmer verpfändeten alles: Juwelen, Werkzeug, Bettlaken, Gürtel, doch vor allem brachte man Kleider zur Bank, als Sicherheit für einen Kredit. Da die Banken detaillierte Pfandlisten führten, lassen sich ziemlich genaue Angaben machen. Maria Guiseppina Muzzarelli hat Pfandlisten aus Perugia (1469), Pistoia (1491) und Urbino (1492/3) ausgewertet und das breite Spektrum ausgeleuchtet. Die Listen aus Perugia und Pistoia wurden anlässlich der Versteigerung nicht ausgelöster Pfänder angelegt. Das Dokument aus Urbino verzeichnet die Pfänder, die gegen einen Kredit in der Bank hinterlegt wurden.[215]

Abb. 5: Pfänder: Werkzeug, Kleidung, Schmuck.

In Pistoia wurden überwiegend Haushaltswaren verpfändet. Mehr als die Hälfte der Pfänder, 399 von 680, waren Tischtücher, Bettlaken und Handtücher. Daneben 164 Kleidungsstücke und 52 Schmuckstücke. Im Gegensatz dazu findet man auf der Liste der hinterlegten Pfänder aus Urbino nur wenige Kleider. Für einen reich bestickten Gürtel erhielt man dort 60 Bologneser Pfennig Kredit, fast so viel wie für einen gut erhaltenen Leinenmantel (*camurra*). Das kleinste Pfand auf dieser Liste sind ein Paar abgetragene Socken, die ein Dienstmädchen namens Maddalena für einen Kredit von sechs Bologneser Pfennigen verpfändete, für ein Kissen erhielt ein anderer Kunde acht, für eine

Backform 14 Bologneser Pfennige.[216] Die Versteigerungsliste aus Perugia enthält insgesamt 703 Pfänder. Auch hier machen Kleidungsstücke den größten Teil aus, gefolgt von Tüchern, Bettwäsche, Kopfbedeckungen, Gürteln, Unterwäsche und Stoffen. Auch einige wenige Schmuckstücke, wie zum Beispiel ein Goldring, eine Korallenkette oder ein Edelstein finden sich hier. Auch hier gilt die Vermutung, dass wer Schmuck verpfänden konnte, vermutlich eher in der Lage war, den Kredit zurückzuzahlen und das Pfand auszulösen. Auch eine Waffe – laut Statuten eigentlich nicht akzeptabel – und eine Ofentüre (*porteletto de forno*) stehen auf dieser Liste. Letztere wurde übrigens von einem Bäcker ersteigert. Der Verkaufswert dieser Gegenstände variiert von einem Florin für Tischdecken oder Bettwäsche bis zu 14 Florin für mehrere fertige Damenkleider.[217]

Die Berufsbezeichnungen von Schuldnern und Käufern lassen Rückschlüsse zur Sozialstruktur der Kunden zu. Es dominieren Handwerker und Händler: Baumwollweber, Schneider, Kurzwarenhändler, Schmiede, Wollhändler, Färber, Barbiere, Maurer, Gewürzhändler, Fleischer, Geflügelzüchter, Bäcker, Schuhmacher und Kürschner. Sechs Frauennamen finden sich unter den Schuldnerinnen, unter den Käufern fehlen Frauen – jedenfalls auf dieser Liste aus der Frühphase des Monte in Perugia – gänzlich. Sollte man diesen Befund dahingehend deuten, dass Frauen auch im Spätmittelalter die zuverlässigeren Kreditnehmerinnen waren? Bei der Liste aus Perugia handelt es sich – wie gesagt – um eine Liste nicht ausgelöster Pfänder. Möglicherweise kommen Frauen hier deshalb nicht vor, weil sie ihre Kredite zurückzahlten und ihre Pfänder auslösten.[218]

Wie hoch waren die Zinssätze? Was sind Bearbeitungsgebühren, was ist Wucher?

Ähnlich wie im 21. Jahrhundert provozierte auch im späten 15. Jahrhundert die Gründung der Mikrokreditbanken massive Kritik. Ein viel diskutierter Punkt bestand in der Frage, ob Zinsnahme legitim sei oder nicht. Heute wird Wucher als überhöhte oder illegale Zinsnahme bezeichnet, gemäß mittelalterlichem Kirchenrecht jedoch wurde jegliche Gebühr für verliehenes Geld oder Ware als eine Form des Wuchers angesehen. Das Wucherverbot hatte seine Ursprünge in der Spätantike, wurde jedoch über Jahrhunderte weder problematisiert noch beachtet. Erst im 12. Jahrhundert, mit dem Beginn der kommerziellen Revolution und der damit einhergehenden Ausweitung der Kreditgeschäfte, nahm die Diskussion um die Legitimität von Zinsen Fahrt auf. Denn ganz offensichtlich ermöglichten Spekulationen mit Zinsgeschäften unerhörte Gewinne und führten somit zu einer Verschärfung der sozialen Ungleichheit. Die Kirche versuchte gegenzusteuern. Seit dem späten 12. Jahrhundert taucht das Zinsverbot in Konzilsbeschlüssen auf, Wucherern wurde das christliche Begräbnis verweigert, bevor sie nicht sämtliche Zinsgewinne an ihre Schuldner zurückgezahlt hatten, den Städten wurde verboten, Geldverleihern Lizenzen zu erteilen. Obwohl das kirchliche Zinsverbot in der Praxis nicht beachtet wurde, betraf es doch weite Teile des hoch- und spätmittelalterlichen Geschäftslebens, angefangen bei einfachen Konsumkrediten bis hin zu Geschäftspartnerschaften, Handelskooperationen oder Zinsen für städtische Schuldverschreibungen, wie sie in den Monti Commune üblich waren. Eine Folge war, dass in den Verträgen nach dem 12. Jahrhundert in der Regel der Begriff Zinsen vermieden wurde und man auf alternative Formulierungen zurückgriff. Doch waren sich auch die Theologen und Kirchenrechtler uneinig. Fundamentalisten, wie Thomas von Aquin, beriefen sich auf Aristoteles' Lehre von der »Unfruchtbarkeit des Geldes«. Dagegen kam ebenfalls im späten 13. Jahrhundert zum Beispiel der damals berühmteste Kanonist Heinrich von Susa, genannt Hostiensis, zu dem Ergebnis, dass Zinsen für Kredite dann legitim seien, wenn der Kreditgeber ein Kaufmann war, dem ein Recht auf Entschädigung für entgangene Gewinne zustünde, die er mit dem verliehenen Geld hätte erzielen können. Auch brachte das Zinsverbot manchen braven Bürger einer Stadt auf dem Totenbett in Gewissensnöte. Waren zum Beispiel die Zinsen für die Zwangsanleihen in den Monte Commune von Florenz Wucher und damit ein Hindernis auf dem Weg ins Paradies? Lohnte es sich, dass man dafür sein Seelenheil verspielte? Solche Überlegungen plagten zum Beispiel den Florentiner Kaufmann Angelo Corbinelli, der aus diesem Grund in seinem Testament die Klausel einbauen ließ, dass seine Erben künftige Anleihen verweigern sollten, falls die Kirche zu dem Ergebnis käme, dass die daraus bezahlten Zinsen Wucher seien.[219]

Mit solchen theologischen Spitzfindigkeiten um die Frage legitimer und illegitimer Zinsnahme setzten sich Gegner und Befürworter der Monti intensiv auseinander. Während einige Monti zunächst ganz ohne Zinsen arbeiteten, verlangten andere von Anfang an 5 Prozent (was damals ein sehr niedriger Zinssatz war). Begründet wurde dies als Bearbeitungsgebühren beziehungsweise zur Deckung entstehender Unkosten, etwa für sachgerechte Aufbewahrung der Pfänder, Miete für die Räume oder Löhne für die Mitarbeiter der Bank. Dem radikalen Zinsverbot stand die praktische Umsetzung von Finanzdienstleistungen für die Armen entgegen. Denn auch eine Mikrokreditbank braucht ja Mitarbeiter, die bezahlt werden wollen, Büros zur Abwicklung der Geschäfte, Lagerhallen für die Pfänder etc. Die damit verbundenen Unkosten mussten irgendwie gedeckt werden und die notwendigen Gelder irgendwo herkommen. Wo aber lagen die Grenzen zwischen »Unkostendeckung« und Zinsen? So waren manche der Meinung, dass selbst die moderaten Forderungen in Höhe von 5 Prozent eine als Aufwandsentschädigung getarnte Zinsnahme und damit Wucher seien. Andere verteidigten sich mit dem Verweis auf den dringenden Handlungsbedarf angesichts der drohenden Verarmung sowie mit dem auf Nachhaltigkeit: Würde man auf jegliche Gebühr verzichten, wäre das Grundkapital der Pfandleihbank in kürzester Zeit für Löhne, Miete und dergleichen aufgebraucht. Es entstanden in dieser frühen Zeit unzählige Gutachten, eingeholt von allen Seiten, zur Bestätigung oder Infragestellung der Legitimität dieser Mikrokreditbanken. Dabei kann man nicht pauschal sagen, die Kirche war gegen, die Stadt für den Zins. Ganz im Gegenteil. Oft waren es Stimmen aus Rom, die pragmatisch für eine moderate Zinsnahme plädierten. Selbst unter den charismatischen Fürsprechern der Monti, unter den franziskanischen Predigern, herrschte Uneinigkeit. Michele Carcano da Milano, einer der Initiatoren der ältesten Mikrokreditbank in Perugia, trat als radikaler Fundamentalist auf, war strikt dagegen und verdammte in seinen Predigten jeden, der Zinsen erhob oder Zinsnahme auch nur duldete – und zwar ausnahmslos, egal ob es sich um Betreiber einer christlichen Pfandleihbank, um jüdische Geldleiher, Augustiner Eremiten, Mitglieder des Stadtrats, christliche Kaufleute oder arme Witwen handelte. Ja sogar den Papst kritisierte Michele mehrfach für seine Toleranz in Sachen Zinsnahme. Andere prominente Franziskaner und Befürworter der Monte, wie Galvano da Padova oder Bernardino da Feltre, argumentierten für moderate Zinsen zum Nutzen der Gemeinschaft. Ihnen war klar, dass eine Bank für die Armen nur dann nachhaltig funktionieren kann, wenn sie zumindest kostendeckend arbeitet.[220]

Fazit: Die Moral Economy der Monti di Pietà[221]

Zusammenfassend lässt sich festhalten, dass die Einrichtung städtischer Kleinkreditinstitute in den italienischen Renaissancestädten ein großer Gewinn für das Gemeinwohl war. Die Banken ermöglichten Kreditvergabe zu günstigen Konditionen. Sie arbeiteten kostendeckend, nicht gewinnorientiert. Viele blieben bis weit ins 20. Jahrhundert erhalten. Sie stellten über Jahrhunderte Kleinkredite für die Menschen an den Rändern der Gesellschaft bereit. Außer finanzieller Unterstützung boten sie in vielen Städten zusätzlichen Schutz für die Armen. Die Gebäude eines Monte genossen ähnliche Privilegien wie eine Kirche: Sie waren Orte des Asyls. In Perugia zum Beispiel wurde öffentlich bekannt gegeben, dass einer, der mit einem Pfand in der Hand unterwegs zum Monte war oder mit einem Kredit aus dem Monte kam, unter keinen Umständen verhaftet werden durfte, selbst dann nicht, wenn er oder sie zuvor der Stadt verwiesen worden war. Vor dem Monte in Vicenza war eine Steintafel mit der Aufschrift angebracht: »Wer immer Du bist, ob Du fliehst vor der Verfolgung des Gerichts oder eines Feindes, wenn Du die heilige Schwelle berühren wirst, bist Du sicher.« Ähnliches wird aus Pistoia überliefert. Auch im dortigen Monte war man sicher vor Strafverfolgung durch städtische Gerichte, sobald man den Fuß über die Schwelle des Monte gesetzt hatte.[222] In solchen ganz praktischen Hilfsangeboten für jene, die im Zuge der kommerziellen Revolution auf der Strecke zu bleiben drohten, wird deutlich, dass hier nicht allein Gewinnmaximierung das Unternehmensziel war. Die Geschichte bietet also durchaus Vorbilder, Geschäftsmodelle sozialer und wirtschaftlicher Nachhaltigkeit, die langfristig über Jahrhunderte funktionierten, die Krisen, Pleiten, Revolutionen und sogar Napoleon überlebten, einfach deshalb, weil sie eine zentrale Funktion erfüllten: die Bereitstellung von Finanzdienstleistungen für sozial und wirtschaftlich schwächere Mitglieder der städtischen Gesellschaft. Dabei ging es nie darum – im Bilde gesprochen –, aus jedem Tellerwäscher einen Millionär zu machen. Nein, bei dem Modell mittelalterlicher Mikrokreditbanken ging es darum – im Bilde gesprochen –, dem Tellerwäscher zu ermöglichen, in Würde Tellerwäscher zu sein. Der Zugang zur Marktteilhabe, selbst auf dem wirtschaftlichen Niveau eines Schweinehirten, einer Dienstmagd oder eben eines Tellerwäschers, muss gewährleistet werden. Darüber – so scheint mir – waren sich die Menschen, die die spätmittelalterlichen Mikrokreditbanken gründeten, im Klaren. Und sie hätten Muhammad Yunus ganz sicher in den Vorstand gewählt.

4.2. Peer-to-Peer-Lending in mittelalterlichen Städten

Mikrokreditbanken gab es vor allem in den italienischen Renaissancestädten – die sogenannten kleinen Leute jedoch gab es überall. Auch in London musste ein Schuhmacher erst in Leder investieren, bevor er Schuhe herstellen konnte, ein Schneider in Barcelona hatte wohl kaum genügend Bargeld, um die neue Stofflieferung zu bezahlen. Die Frage ist also, wie diese Leute ihren Kapitalbedarf – und sei er noch so klein – deckten. Darüber haben sich Historiker lange Zeit nur wenig Gedanken gemacht. Sie konzentrierten sich auf die Geschäfte der Kaufleute und Bankiers, denn in ihnen sah man die ersten modernen, marktorientierten Menschen und damit die Vorreiter des modernen Finanz- und Bankenwesens. Der Rest der mittelalterlichen Welt – so die überkommene Meinung – sei marktfern und wirtschaftlich unterentwickelt gewesen. Man habe allenfalls getauscht, bei Verwandten Geld geliehen oder sich beim Feudalherrn verschuldet, bis endlich – dank der Entwicklung moderner Kreditinstrumente – auch die kleinen Leute finanziell unabhängiger geworden seien. Diese Einschätzung ist mittlerweile überholt. Denn in den letzten Jahren hat eine neue Generation von Historikerinnen und Historikern mit neuen Ansätzen und empirischen Quellenstudien ganz erstaunliche Entdeckungen gemacht. Ihr Ziel war die Erforschung des Geldbedarfs der kleinen Leute, und sie widmeten sich der Frage, wie die Menschen – jenseits von Hochfinanz und Fortschrittsnarrativ – ihren Alltag finanzierten. Dazu untersuchte man zwar längst bekannte, aber vielfach vernachlässigte Quellen, in denen Finanzierungsmodelle von Privathaushalten dokumentiert wurden. Um das Ergebnis in aller Kürze vorwegzunehmen: Aus den Quellen geht hervor, dass Kreditgeschäfte in der vormodernen Welt, auch bei den kleinen Leuten, genauso verbreitet waren wie in der modernen, wenn nicht sogar verbreiteter, da man vieles anschreiben ließ und überdies die Bargeldreserven begrenzter waren als heute.[223] Wie kann man das heute so genau wissen? Nun, weil die Menschen zur wechselseitigen Absicherung ihrer Kreditgeschäfte diese schriftlich fixierten. Nördlich der Alpen führte man vielerorts städtische Schuldbücher, in die man Kreditgeschäfte und die vereinbarten Modalitäten der Rückzahlung eintragen lassen konnte, um Konflikte zu vermeiden. Südlich der Alpen, im erweiterten Mittelmeerraum, ging man zum Notar, wenn man sich Geld lieh. Das Spannende daran: Keine Summe schien zu klein, als dass man sie nicht vor dem Notar oder dem städtischen Gericht festhalten lassen konnte. Zum Teil werden Pfennigbeträge oder das Geld für ein Paar Schuhe schriftlich vor dem städtischen Gericht oder beim Notar festgehalten. Das ist deshalb so interessant, weil die historischen Spielarten des Konsumkredits offenbar unglaublich vielfältig waren. Will heißen, dass wir nicht nur unsere Vorstellungen über die wirtschaftlich unterentwickelten Vorfahren revidieren müssen, sondern auch die Annahme, dass erst mit dem Kapitalismus und der Erfindung der Sparkassen und Raiffeisenbanken im 19. Jahrhundert die »Armen« endlich ein Konto eröffnen und damit am Finanzmarkt teilhaben durften. Könnte es sein, dass genau das Gegenteil der Fall war? Dass der Kapitalismus zunächst einmal zur Verdrängung eines Großteils der Bevölkerung von der Teilhabe an den lokalen Finanzmärkten geführt hat?

»In die Untiefen der Kleinkredite wagen sich nur wenige.«
Gabriela Signori[224]

Das liegt vor allem daran, dass die Arbeit mit diesen Dokumenten nicht wirklich vergnügungssteuerpflichtig ist. Lektüre und Auswertung von Gerichtsakten, Protokollen, Urteilsbeschlüssen,

Verbannungsurteilen wegen nicht bezahlter Schulden, Notariatsregister und andere Verwaltungsakten sind kein Zuckerschlecken. Doch lässt man sich erst einmal darauf ein, dann ergeben sich erstaunliche Einsichten hinsichtlich der schichtenübergreifenden Durchlässigkeit des städtischen Kreditmarkts: »Man gewinnt den Eindruck, dass nahezu alle bei allen Schulden haben konnten«, wie das der Züricher Historiker Simon Teuscher für die Stadt Thun formulierte.[225] Die lokale Führungsschicht, Inhaber von Ämtern, Mitglieder des Rates der Stadt genauso wie die Menschen am unteren Rand der sozialen Hierarchie. Weinausschenkerinnen gaben Kredite an Hausangestellte, Bauern schuldeten Viehzüchtern Geld, Kaufleute den Fuhrleuten, Handwerker ihren Dienstboten, Dienstboten ihren Hausherren und Stadtbürger dem Stadtschreiber, vielleicht für die Ausstellung von Besitzurkunden. Das Netz an Schuldenbeziehungen verlief kreuz und quer durch die kleinstädtische Gesellschaft. Auch wird deutlich, dass regelmäßig weit über den sozialen Nahbereich hinaus – also Familienangehörige und Verwandte – Kredite gewährt wurden.[226] An konkreten Beispielen aus verschiedenen europäischen Städten soll dies im Folgenden gezeigt werden. Wir beginnen mit Basel Ende des 15. Jahrhunderts. Die Konstanzer Historikerin Gabriela Signori hat erforscht, wie man dort private Kreditgeschäfte – Peer-to-Peer-Lending – dadurch absicherte, dass man sie im städtischen Schuldbuch vor dem Schöffengericht eintragen lassen konnte. Dank dieser städtischen Initiative ist es uns heute möglich, detaillierte Einblicke in die mittelalterliche Kreditwirtschaft der kleinen Leute zu erhalten.

Tod eines Schweinehirten

Anfang Februar des Jahres 1478 verstarb im Basler Spital der Schweinehirt Antonius. Wir wissen nicht, wie alt er war, wir wissen nicht, wo er gearbeitet hat, und auch nicht, woran er gestorben ist. Doch über seinen Besitzstand zum Zeitpunkt des Todes wissen wir alles, und zwar aufgrund folgender Liste, die ein Beamter des Basler Schöffengerichts am 10. Februar 1478 anlegte:

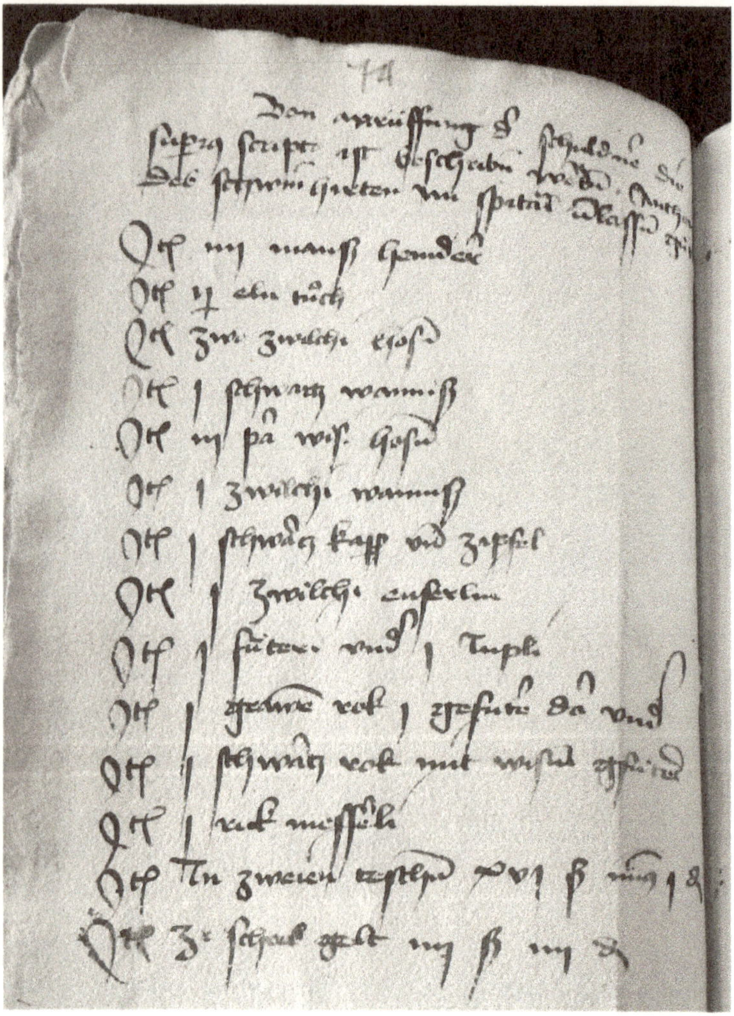

Abb. 6: Inventar des Besitzes des Schweinehirten Antonius, erstellt am 10. Februar 1478.[227]

Transkription und Übersetzung des Besitzverzeichnisses

Von anrueffung der schuldner, die	Von Anrufung seiner Schuldner
superius scripto ist beschriben worden Anthonien	am oben genannten Tag, ist beschrieben worden Antonius'
des schwinhirten im Spital verlassen gût:	des Schweinehirten im Spital hinterlassenes Gut:
Jtem 4 manß hemder	vier Männerhemden
Jtem 1 1/2 eln tûch	1 1/2 Ellen Tuch
Jtem zwo zwilchi hosen	zwei Leinenhosen
Jtem 1 schwartz wammiß	ein schwarzes Wams
Jtem 3 par wis hosen	drei weiße Hosen
Jtem 1 zwilchi wammiß	eine Leinenweste
Jtem 1 schwarcz kapp und zipfel	eine schwarze Kappe mit Zipfel
Jtem j zwilchi enserlin	ein Paar leinene Ärmel
Jtem j fueteri under 1 tupli	ein Futterkübel und ein hölzerner Kübel
Jtem 1 grawen rok, 1 gefuter dorunder	ein grauer Rock mit Unterfutter
Jtem 1 schwarcz rok mit wisem gfuter	ein schwarzer Rock mit weißem Futter
Jtem 1 ruk messerli	ein Taschenmesser
Jtem in zweien teschen 16 ß minus 1 d	in zwei Taschen 16 Schilling minus 1 Pfennig
Jtem ze schribgelt 4 ß 4 d.	Davon Schreibgeld 4 Schilling 4 Pfennige

Der Besitz des Schweinehirten ist erwartungsgemäß bescheiden, besteht er doch überwiegend aus Kleidungsstücken, zwei Mänteln, vier Hemden, Oberbekleidung, Unterwäsche, sodann etwa Werkzeug, Kübel und Messer und aus einem Barvermögen in Höhe von 16 Schilling, minus ein Pfennig. Ganz offensichtlich ein armer Mensch. Dass er im Spital verstarb, bekräftigt dies nur, denn Kriterium für die Aufnahme war damals weniger Krankheit als vielmehr Bedürftigkeit. Behinderte fanden hier Unterkunft, Alte, Arme, aber auch Obdachlose und Bettler. Zwar gab es auch die Möglichkeit, sich als vermögender Mensch im Spital einzukaufen, um im Alter Pflege und Versorgung zu finden – dann war man ein sogenannter Pfründner –, doch zählte Antonius ohne Zweifel nicht zu dieser Gruppe. Er war zu Lebzeiten in die Insolvenz geraten und arm im Spital verstorben.

Warum – so stellt sich die Frage – machte sich jemand die Mühe, die Habseligkeiten eines armen Schweinehirten in einem städtischen Dokument zu inventarisieren? Der Grund dafür wird aus den ersten drei Zeilen der Liste ersichtlich: Es geschah »Von Anrufung seiner Schuldner«, das heißt, die Gläubiger waren nach dem Tod des Schweinehirten bei der Stadt vorstellig geworden, um zumindest einen Teil der Kredite, die sie Antonius gewährt hatten, aus seinen Hinterlassenschaften zurückzuerhalten. Genau für solche Fälle führte man in Basel seit dem frühen 15. Jahrhundert eigens sogenannte Beschreibbüchlein zur Inventarisierung des Besitzes von Personen, die entweder keine Erben hatten oder zu Lebzeiten in die Insolvenz geraten waren. Auf Antonius traf vielleicht beides zu. Daher wurden seine Habseligkeiten von Amts wegen aufgenommen, um diese als Teilzahlungen für noch ausstehende Schulden den Gläubigern zukommen zu lassen. Die anfallende Bearbeitungsgebühr wurde vom Gesamtwert einfach abgezogen. Das »Schreibgeld«, 4 Schilling und 4 Pfennige, wurde vom Schöffengericht einbehalten (Jtem ze schribgelt 4 ß 4 d).

Aus diesem kurzen Eintrag vom Februar 1478 lässt sich zweierlei schließen: Selbst ein im städtischen Armenhaus verstorbener

Schweinehirt ist aus Sicht des Basler Schöffengerichts nicht zu arm, um noch ausstehende Kreditschulden zu begleichen. Zweitens – und noch überraschender an diesem Befund – war in Basel im späten 15. Jahrhundert offenbar selbst ein Schweinehirt kreditwürdig. Sonst gäbe es ja keine Gläubiger. Man könnte zwar einwenden, dass Antonius vielleicht früher einmal reich war und erst durch Überschuldung im Spital landete, doch ist es sehr unwahrscheinlich, dass er je zu den gutgestellten Basler Bürgern gezählt hatte. Schweinehirten waren weder Aufsteiger noch Absteiger. Es waren immer verhältnismäßig arme Schlucker. Doch offenbar kreditwürdige arme Schlucker.

Um dies zu verstehen, muss man etwas weiter ausholen. Denn neben den »Beschreibbüchlein« zur Erfassung des Nachlasses in der Insolvenz Verstorbener führte man bald auch weitere eigenständige Bücher beziehungsweise Buchreihen an den städtischen Gerichten ein. Eines zur Dokumentation abgeschlossener Kreditverträge (Vergichtbücher), eines für Sacharreste, also für Pfändungen, ein anderes für die Einnahmen aus öffentlichen Gerichtsverfahren. Alle diese Bücher sind im Basler Archiv erhalten. Von schier unfassbaren Datenmengen spricht Gabriela Signori.[228] Man versuchte offenbar in Reaktion auf die Ausweitung der Geld- und Warengeschäfte, die verschiedenen Etappen der Kreditvergabe, von der Kreditaufnahme über die Sicherheitspfändung bis zur Zwangsversteigerung, zu regeln. Zusammen dokumentieren diese Verwaltungsinstrumente eine Alltagspraxis der Kreditvergabe, die wir heute als Peer-to-Peer-Lending bezeichnen. Die städtische Kommune sorgte für die Absicherung dieser Geschäfte durch die Schaffung von Rechtssicherheit insbesondere für Kreditgeschäfte durch Eintragung in die städtischen Gerichtsbücher.[229]

Peer-to-Peer-Lending in Basel Ende des 15. Jahrhunderts[230]
Feierlich musste der Schuldner vor dem Gerichtspersonal, den Amtmännern, dem Schultheiß oder Vogt »in die Hand geloben und versprechen«, sich an die vereinbarten Zahlungsmodalitäten zu halten. Besonders wichtig war dies für Schuldner, die nicht aus Basel kamen. Sie mussten zusätzlich versprechen, sich bei Zahlungsverzug umgehend in der Stadt einzustellen und dort zu bleiben, bis mit dem Gläubiger eine neue Vereinbarung getroffen war. So geschehen im Fall des Martin Kempf und Jakob Spuri aus Lahr, die am 11. Januar 1480 vor den Basler Amtsmännern vorstellig wurden, weil eine vereinbarte Zahlungsfrist abgelaufen war. Sie verlängerten den Vertrag um zwei Wochen. Am 9. Februar, also mehr als drei Wochen später, erschienen die beiden Parteien erneut vor Gericht, weil die Schulden trotz Ablauf der Frist noch immer nicht zurückbezahlt waren. Man vereinbarte einen neuen Zahlungstermin, diesmal den 25. Juli 1480. Sollten die Außenstände bis dahin nicht beglichen sein, sollten die Schuldner im Wirtshaus »Zum Schlüssel« festgehalten werden, bis die Summe zurückgezahlt oder entsprechende Pfänder aufgebracht worden seien. Bei auswärtigen Schuldnern nahm man oft »Ross und Karren« als Sicherheit, bei höheren Schuldbeträgen auch Schuldbriefe, also Hypotheken auf den Besitz der Schuldner. Bürgen werden in den Basler Büchern nur ganz selten als Sicherheiten genannt und geraten im Laufe des 15. Jahrhunderts völlig aus der Mode. Wer die Schulden nicht fristgerecht beglich, dem drohte ein Stadtverweis. Er wurde unverzüglich vor die sogenannten Unzüchter gebeten und dann der Stadt verwiesen mit der Auflage, die Stadt erst dann wieder zu betreten, wenn er genug Geld hatte, sowohl Bußgeld als auch Schulden zu begleichen.[231]

Pferde, Brot und Schuhe – Wofür nehmen die Basler Kredite auf?[232]

Wofür die Menschen Schulden machten, wird beim Eintrag ins Vergichtbuch nur in Ausnahmefällen erwähnt. Ab und an taucht ein Pferdekauf als Grund für Kredite auf, verstreute Hinweise auf unbezahlte Rechnungen finden sich, sei dies für Brot, Holz, Leder, Leintuch oder Schuhe. So nehmen der Schuhmacher Konrad Oltinger und seine Frau Katharina beim Gerber Antonius Schmid einen Kredit in Höhe von 35 Pfund »umm Leder« auf. Es handelt sich also um einen Warenkredit. Regelmäßige Brotlieferungen waren der Grund dafür, dass sich die Wirtsleute »Zum Schwarzen Rüden« an der Kuttelbrücke beim Bäcker Hans Tumringer verschuldet hatten. Das Wirtsehepaar hinterlegte als Pfand das ganze Wirtshaus samt 18 Betten! Ein gewisser Peter Köhler aus Hüningen, einem Dorf vor den Toren der Stadt, schuldete dem Wirt »Zum Kopf« im Stadtteil St. Martin tausend Wellen Reisig. Wenn überhaupt, dann werden häufig Häuser als Pfand und zugleich als Ursache für Verschuldungen erwähnt. Häufig waren Käufer nicht in der Lage, den Kaufpreis aufzubringen. So erscheinen am 4. Mai 1480 der Sattler Hans Brunn und seine Frau Ennelin vor dem Schöffengericht. Sie hatten von dem Metzger Lienhard Seiler ein kleines Haus für 20 Gulden in der Basler Spalenvorstadt gekauft. Eine Woche später erscheinen die beiden Parteien schon wieder vor Gericht, weil das Ehepaar kein Geld hatte. Man vereinbarte daher Ratenzahlungen von jährlich einem Gulden und legte die erste Fälligkeit auf den 25. Juli, die zweite auf Weihnachten fest. Die Zahlungen sollten laut Vereinbarung bis zur Abzahlung – also 20 Jahre lang – fortgesetzt werden. Dieser Fall ist keine Ausnahme.

Wer nahm Kredite auf? Wer vergab Kredite? Eine Revue aus dem Jahr 1488

Die einfache Antwort lautet: jede und jeder! Die meisten Personen, die vor dem Basler Schultheißengericht ihre Schulden verzeichnen ließen, stammten aus Basel selbst. Es waren Schneider, Fischer, Metzger, Männer, Frauen, Klöster oder Geistliche. Sie treten als Gläubiger und als Schuldner auf. Die Gerichtsschreiber arbeiteten zum Zwecke der Übersichtlichkeit mit kleinen Erkennungsbildchen am Rand der Seiten, passend zu Beruf oder Name der Gläubiger. Der Schmied erhielt ein Hufeisen, der Metzger ein Beil, Hans Giger eine Geige, Wernlin Hafengießer einen Topf (Hafen) mit drei Beinen, der Fischer einen Fisch.

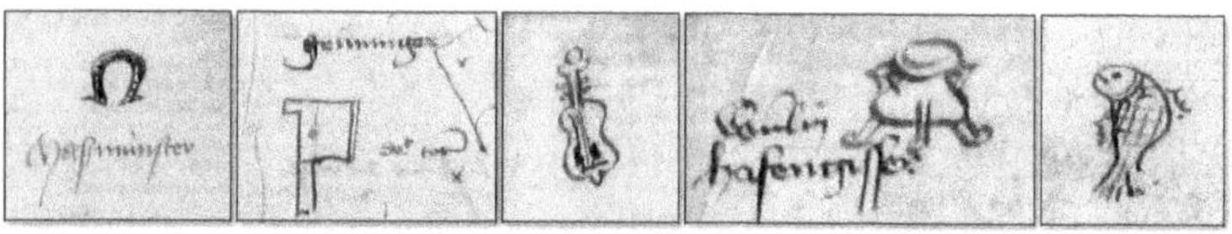

Abb. 7: Piktogramme als Erkennungszeichen für Namen oder Berufe im Vergichtbuch.

Frauen – Elsi Tieringer, genannt Engelhardin[233]

Ganz selbstverständlich treten Frauen auf dem städtischen Kleinkreditmarkt auf. Sie waren sowohl als Schuldnerinnen als auch als Gläubigerinnen aktiv. 1427 war in 206 von insgesamt 689 Einträgen eine Frau involviert, im Jahr 1480 in 82 von 360. Ein leichter Rückgang ist feststellbar. Die meisten agierten für sich selbst, kaum eine stand für die Schulden ihres Ehemanns ein. In der ersten Hälfte des 15. Jahrhunderts waren in mehr als ein Drittel der Geschäfte eine oder mehrere Frauen involviert. Ein anschauliches Beispiel bietet Elsi Tieringer, die Frau des Amtmanns Engelhard Tieringer, die im Sommer 1480 in die Insolvenz ging. Ihr Fall ist in den Gerichtsakten dokumentiert, ihr

Besitz wurde gepfändet und bietet erstaunliche Einblicke in den Mikrokosmos eines städtischen Unternehmens. Denn diese Frau, die anderweitig nicht in den Steuerbüchern auftaucht – also zu arm war, als dass sie steuerpflichtig, und auch nie Mitglied in einer der Zünfte der Stadt war –, führte offenbar ein gut funktionierendes Textilunternehmen. In ihrem Besitz befanden sich auffallend viele Mäntel und Röcke, auch wurden ihr Tuche, Garne und Weberblätter (Webkämme) geliefert, sodass man vermuten kann, dass sie entweder selbst Kleidung produzierte oder damit handelte, vielleicht auch beides. Sie hatte eine Mitarbeiterin namens Elsin Franken und war in der Stadt, insbesondere mit der städtischen Elite, gut vernetzt. Denn angesehene Bürger – vom Münsterkaplan bis zum Bürgermeister, von den führenden Kaufleuten bis zum stadtbekannten Papiermachermeister – zählten zu Elsis Geschäftspartnern. Leider kennen wir dieses Netzwerk nur aus der Perspektive des Scheiterns. Doch – Ironie des Schicksals – wissen wir genau aus diesem Grund über die vielfältigen Geschäftsbeziehungen dieser ansonsten im Dunkel der Geschichte unsichtbaren Baslerin ausnehmend gut Bescheid. Insgesamt 50 Geschäftspartner, 30 Männer und 20 Frauen, erschienen Anfang November 1480 vor dem städtischen Gericht, um ihre Ansprüche geltend zu machen. Elsi – wohl wissend, dass sie ihre Schulden nie würde zurückzahlen können – hatte in der Zwischenzeit das Weite gesucht.[234]

Transparenz schafft Vertrauen

War die Basler Lösung des öffentlichen Schuldbekenntnisses eine effiziente Möglichkeit der Kreditsicherung? Schikane oder vertrauensbildende Maßnahme? Trotz vieler Widersprüchlichkeiten war ein Eintrag im städtischen Schuldbuch ganz offensichtlich ein viel genutztes Sicherungsinstrument für sozial inklusive Kleinkredite. Damals wie heute schufen Kredite soziale und wirtschaftliche Abhängigkeiten, aber sie schlugen paradoxerweise auch Brücken zwischen den finanzstarken und den vermögensschwachen Teilen der Stadtbevölkerung. Ein Eintrag im Vergichtbuch entlastete. Denn eine vor Gericht anerkannte Schuld musste, sollte die Rückzahlung stocken, nicht erst umständlich bewiesen werden. Im Ergebnis erwies sich das Basler Verfahren als ausgesprochen effizient. Fast alle öffentlich bekannten Schulden wurden fristgerecht bezahlt. Ein paradoxes Ergebnis: Wer einen Eintrag ins Vergichtbuch fordert, möchte sich absichern gegen Zahlungsausfälle, geht lieber auf Nummer sicher, ist also misstrauisch. Doch gleichzeitig schafft der Eintrag das nötige Vertrauen, um eine Kreditvergabe überhaupt erst in Erwägung zu ziehen und damit die Zirkulation von Kapital in der städtischen Gesellschaft zu fördern.[235]

Kerbhölzer – Die Bitcoins der Vormoderne

Abb. 8: Kerbholz, einfache Rekonstruktion.

Jeder hat was auf dem Kerbholz. Jeder war irgendeinem etwas schuldig. Das haben die vorausgehenden Beispiele gezeigt. Kleinkreditgeschäfte zählten in allen europäischen Städten zur alltäglichsten Form des sozialen und wirtschaftlichen Austauschs.

Kehren wir noch einmal nach Paris zurück. Dort waren 65 Prozent der Lohnarbeiter und 60 Prozent der Angestellten zum Zeitpunkt ihres Todes verschuldet, Studien zu Lissabon und Amsterdam im 18. Jahrhundert liefern ähnliche Befunde.[236] Aus Lyon Mitte des 17. Jahrhunderts liegen Zahlen zu Konsumkrediten bei den städtischen Bäckern vor. Die Informationen stammen aus den Nachlässen, genauer gesagt aus den Abrechnungen, die nach dem Tod eines Bäckers von dessen Nachfolger, oft war dies die Witwe des Verstorbenen, erstellt wurden. Das Besondere an diesen Abrechnungen ist ihre Materialität: Sie bestanden nämlich nicht aus Papier und Tinte, sondern aus Holz, sogenannten *baton de comptage* (Schuldhölzer): Stäbchen oder Stäbe aus Holz, in die entsprechend der offenen Summe Kerben geritzt wurden. Aus diesen Abrechnungen, genauer gesagt Sammlungen von Schuldhölzern, geht hervor, dass ein Fünftel der Bäcker Brot und Brötchen im Wert von mehr als 1000 Pfund (*livres*) hatten anschreiben lassen, alle auf Kerbhölzern verzeichnet. Einer der Bäcker hatte 158 Schuldhölzer, auf denen mehr als 3000 Pfund (*livres*) angeschrieben waren. Ähnliche Befunde kommen aus der Metzgerbranche. Einer der Lyoner Metzger hinterließ Schuldhölzer, auf denen ausstehende Zahlungen in Höhe von mehreren Tausend Pfund verzeichnet waren.

Was genau ist das Kerbholz? Man könnte sagen, die Bitcoins des Mittelalters. Kryptowährungen, die auf analogen Signaturen und dezentralen Buchungssystemen basieren. Eine Währung, die eigentlich keine ist, denn das Schuldholz als Zahlungsmittel speichert eine Transaktion realer Werte in einem »virtuellen«, oder sagen wir in einem symbolischen Medium, dessen Gültigkeit über ein Netz gleichberechtigter Nutzer (peer-to-peer) abgesichert ist. Konkret handelt es sich um einen Holzstab, in den entsprechend des Verkaufswerts einer Sache oder Dienstleistung Kerben eingeritzt werden. Mit Geschäftsabschluss wird der Stab längs, mitten durch die Kerben, in zwei Hälften gespalten, die eine Hälfte verbleibt beim Verkäufer (dem Gläubiger), die andere beim Käufer (dem Schuldner). Bei der Abrechnung wird durch Zusammenfügen der beiden Teile sichergestellt, dass keiner die Höhe der Zahlung im Nachhinein manipuliert hat. Doch kann man diese Stäbe selbst auch als Zahlungsmittel einsetzen – nämlich innerhalb des Netzes gleichberechtigter Nutzer, die die Gültigkeit dieser Währung absichern. Konkret heißt das, dass der Metzger mit einem Kerbholz für einen Braten – also mit dem Geld, das ihm ein Kunde für einen Braten schuldet – beim Bäcker seine Wochenlieferung an Brot bezahlen kann. Das geht deshalb, weil der Bäcker als gleichberechtigter Nutzer des städtischen Marktes wusste, dass er sowohl dem Metzger als auch dessen Kunden vertrauen kann. Landläufig spricht man hier von dem Vertrauen in die Liquidität der Kunden. Entsprechend blieb diese Währung für Konsumkredite Geschäften mit zahlungsfähigen und langjährig bekannten Kunden vorbehalten.[237] Die Allgegenwart solcher Kerbhölzer nicht nur in sämtlichen europäischen Ländern, sondern auch darüber hinaus, liefert einen materiellen Beweis für a) die Alltäglichkeit von Schulden und Kreditgeschäften und b) für die Selbstverständlichkeit dezentraler, über gleichberechtigte Nutzer organisierte Buchungssysteme. Diese Befunde sind erst jetzt in den Blick der Forschung geraten. Es scheint, dass es fast keine Sprache – und keine Kultur – ohne ein Wort für diese Schuldenhölzchen gibt. Im Lateinischen heißen sie *tessera, talia*, auf Französisch *baton du comptage*, auf Italienisch *taglie de contrasegno*, im Englischen *tally sticks*, in Österreich *Raitholz*, in der Schweiz *Alpscheit* oder *Tesseln*. Überdies blieben diese Kryptowährungen in vielen Gegenden bis weit ins 20. Jahrhundert in Verwendung. Laut der letzten Überarbeitung des Bürgerlichen Gesetzbuchs in Frankreich (*Code civil*) waren sie noch im Jahr 2016 als Abrechnungsmethode anerkannt.[238]

Warum Historiker mit daran schuld sind, dass Mikrokredite in Vergessenheit gerieten

Die Geschichtswissenschaften waren vor allem an der Geschichte des Fortschritts im Sinne des 19. Jahrhunderts interessiert. »Wer suchet, der findet«, heißt es schon in der Bibel. Und so fand man Fortschritt, wo immer man ihn suchte, auch wenn dazu das eine oder andere Detail beiseitegeschoben werden musste. Die Geschichte der Kerbhölzer ist hier ein wunderbares Beispiel. Der Eintrag im *Lexikon des Mittelalters*, einem der einschlägigen deutschsprachigen Nachschlagewerke, erklärt die Geschichte des Kerbholzes sinngemäß ungefähr so: Ganz früher hat man Kerbhölzer verwendet, um Berechnungen vorzunehmen und Schulden festzuhalten. Mit zunehmender Schriftlichkeit und mit der Einführung des Papiers im 13. Jahrhundert wurden die Kerbhölzer allmählich zurückgedrängt und durch Brief und Siegel als modernere und zuverlässigere Beweismittel ersetzt. Ausnahmen im sonst eigentlich sehr fortschrittlichen Bergbau und in England werden kurz erwähnt.[239]

Dieser harmlose Eintrag zu einem völlig harmlosen historischen Artefakt macht deutlich, wie unreflektierte Vorannahmen die Wahrnehmung der historischen Befunde und deren Interpretation verschleiern. In diesem Fall war dem Verfasser des Lexikonartikels einfach klar, dass die Wirtschaft aus den primitiven Anfängen – in denen man mangels Schriftlichkeit noch Kerben in Holzscheite schnitzen musste, um sich Schuldverpflichtungen zu merken – aufgestiegen ist, hinauf zu fortschrittlicheren Zeiten, in denen man immerhin schon Papier und Schrift benutzte, also ordentliche Rechnungen und Schuldbriefe schrieb. Vom Holzstock zum Rechnungsbuch, und von dort direkt zur modernen Kreditwirtschaft. So die Vorstellung hinter diesem Lexikonartikel zum Kerbholz als Instrument primitiver Wirtschaftsformen, die schon im Mittelalter dem Fortschritt weichen mussten. Die historischen Befunde, also die Faktenlage, sprechen völlig gegen diese Annahmen. Archäologen und Historiker finden überall Kerbhölzer, flächendeckend in ganz Europa von Kiew bis in die Bretagne, von Stockholm bis nach Tunis, seit der Antike bis ins 20. Jahrhundert. Dieser Befund – eine überreiche Überlieferung – ist umso erstaunlicher, wenn man bedenkt, dass die Zerstörung eigentlich zur Logik der Nutzung von Kerbhölzern als Medien der Kreditsicherung gehörte. Denn wenn eine Schuld zurückgezahlt wurde, wenn ich beim Metzger allvierteljährlich mein Fleisch bezahlt hatte, wenn ich die angeschriebenen Brotschulden beim Bäcker beglichen hatte, dann hat man das Kerbholz zerbrochen oder verbrannt.[240] Dass so viele dieser Hölzer und Stäbe noch erhalten sind, kann nur als weiterer Beweis für die Selbstverständlichkeit von Peer-to-Peer-Lending gewertet werden und auch dafür, dass Schulden offenbar nicht immer dafür gemacht waren, zurückgezahlt zu werden. Die Frage ist nur, wann und warum wir das alles vergessen haben. Ist die Moderne schuld? Oder die Globalisierung? Der Historiker Ludolf Kuchenbuch fand einen anderen Grund, den er in den Begriff der »Verbankung der Verbraucher« fasste, zunehmend wurden sämtliche Geschäfte, auch private, ausschließlich über Banken abgewickelt. Damit kam das Peer-to-Peer-Lending aus der Mode.[241] Hier kommt man ins Nachdenken. Denn wenn diese Entwicklung historisch gesehen so jung ist, dann könnte das ja auch schnell wieder ganz anders werden, dann könnte man auf die Idee kommen, dass die vielen aktuellen Initiativen der Transformation hin zu regionalen Komplementärwährungen ebenso zukunftsfähig sein könnten wie all die Kryptowährungen, die auf den globalen Finanzmärkten so rasante Kursanstiege verzeichnen.

4.3. Stadtnahe Landwirtschaft – »Rent-a-cow« im Mittelalter

Dazu zum Abschluss ein Einblick in mittelalterliche Formen des »Kuh-Leasings«, eine Form der Naturalkreditfinanzierung, noch dazu ein traditionsreiches Modell der Abfederung und Kofinanzierung landwirtschaftlicher Risikogeschäfte durch Kooperation zwischen Stadt und Land, das über Jahrhunderte praktiziert wurde. Der Fachbegriff lautet Viehverstellung, oder Viehgemeinschaft: Ein Vertragspartner, der »Versteller«, überlässt einem anderen, dem »Einsteller«, einzelne oder mehrere Tiere für einen bestimmten Zeitraum zur Pflege und Nutzung. Gewinne und Verluste werden gemeinschaftlich nach einem festgesetzten Verhältnis, meist hälftig geteilt. In Erweiterung dieses Vertragsmodells kann der Einsteller zusätzlich auch eigene Tiere mit in die Viehgemeinschaft einbringen. Verbreitet war die Viehverstellung vermutlich in ganz Europa, einschlägig untersucht hat man vor allem Beispiele aus Italien, Frankreich, Spanien, Deutschland, Österreich und der Schweiz.[242]

Dieses Geschäftsmodell wird hier vorgestellt, um einen Einblick in die Organisation und Absicherung ökonomisch nachhaltiger Landwirtschaft zu bieten und vor allzu romantischen Vorstellungen vom urwüchsigen, einfachen Leben auf dem Bauernhof zu warnen. Naturverbunden war sie, die mittelalterliche Landwirtschaft, aber das hieß in erster Linie: den Launen der Natur ausgeliefert. Eine Maßnahme zur ökonomischen Absicherung war die Viehverstellung, oder auch Viehgemeinschaft. Sie funktionierte analog zur heutigen Gesellschaft bürgerlichen Rechts (GbR). Ihren Kern bildete der gemeinschaftliche Zusammenschluss zum Zwecke der Umsetzung wirtschaftlicher Projekte. Solche Geschäftsgemeinschaften waren damals vor allem im Mittelmeerhandel üblich. Dort hießen sie *commenda*, auch *societas maris*, also wörtlich »See(handels)gemeinschaften«. Zwei oder mehrere Unternehmer taten sich zusammen, der eine gab als Investor Kapital, der andere agierte als Entrepreneur, sorgte für die Durchführung und Umsetzung des Geschäfts, entweder in seinem eigenen Namen oder im Namen des Kapitalgebers. Er kaufte mit dem Kapital Weizen, Wein, Salz, Tuch oder andere Waren auf dem Markt in Marseille ein, heuerte ein Schiff und eine Mannschaft an, setzte Segel Richtung Akkon oder Kairo, verkaufte die Ladung und belud sein Schiff mit neuer Ware von den orientalischen Märkten, die er dann in Marseille wieder gewinnbringend weiterverkaufen konnte. Mit solchen Geschäften konnte man spektakuläre Gewinne erzielen. Allerdings waren sie überaus risikoreich, denn Ereignisse wie Seestürme, Unwetter, Piraten oder Konkurrenten, Verlust von Ware und Besatzungen mussten mit einkalkuliert werden. Mit der Commenda konnte man dieses gesteigerte Risiko zumindest abfedern, da sowohl Gewinne als auch Verluste gemeinsam getragen wurden.[243]

Bei der Viehverstellung handelt es sich genau genommen um eine *societas ruralis*, um einen Commenda-Vertrag im Bereich der Landwirtschaft und der Viehproduktion. Der Versteller wäre in diesem Fall der Investor (Kapitalgeber, Leihgeber). Das Kapital besteht nicht in Geld, sondern in Vieh, und zwar zumeist Großvieh, am häufigsten Kühe, aber auch Pferde, Maultiere, Ziegen, Schafe, Schweine, Hühner oder Bienen tauchen als Kapital in den Viehgemeinschaftsverträgen auf. Der Einsteller ist der Entrepreneur. Er ist verantwortlich für die Unterbringung, Pflege und die Fütterung des Viehs und kann das zur Verfügung gestellte Kapital nutzen – für die im Vertrag festgelegte Zeit. Das waren in erster Linie »Zugkraft, Mist und Milch«. Das heißt, er konnte die Zugtiere vor den Pflug oder vor den Karren spannen. Sodann hatte er den Mist, der wertvollen Dünger für die Felder bot, und schließlich die Milch als Rohstoff für die Herstellung von Käse. Bei den Schweinen bestand der Nutzen im Fleisch, bei den Bienen im Honig. Die bedeutendsten Erträge wiederum konnten aus der sogenannten Nachzucht erwirtschaftet werden: bei der Kuh das Kalb, beim Pferd das Fohlen, beim Schwein die Ferkel, bei den Bienen der neue Schwarm. Einsteller und Versteller teilten sich die Erträge aus der Nachzucht meist hälftig.[244]

Commenda und Viehverstellung haben gleichermaßen den Zweck der Abfederung riskanter Geschäfte durch Teilung von Gewinn und Verlusten. Zwar scheinen die Risiken des Seehandels viel offensichtlicher als die der Landwirtschaft, doch lagen auch hier die Ertragsaussichten durchaus im Hochrisikobereich: Kalte, lange Winter ließen die Futterpreise und damit die Kosten für die Überwinterung der Tiere in die Höhe schnellen, Unwetter konnten Ernten zerstören, Tierseuchen, Wetterschäden, Brände oder Plünderungen schmälerten die Aussicht auf Gewinne. Schließlich war die Nachzucht stets ein riskantes Unternehmen, da man nur wenig Einfluss auf die Qualität des Kalbes hatte. Und natürlich waren Geburten stets hoch riskant. Totgeburten finden häufig Erwähnung, ebenso wie Kühe, die beim Kalben starben. Durch die Verteilung von Gewinn und Verlust auf die Gesellschafter konnte man die damit verbundenen Ausfälle besser verkraften.

Ein verwandtes Modell, jedoch ohne Risikoabsicherung, wäre der sogenannte Eisernviehvertrag (*contractus ad caput ferreum*), der unter anderem in Südtirol belegt ist. Dabei stellt ein Pachtherr, also zum Beispiel ein Kloster oder ein Adeliger, seinem Bauern sogenanntes Eisernvieh zur Verfügung. Meist bestand dies aus sechs oder mehr Kühen, die einem Bauern, insbesondere Bergbauern, zur Pflege und Zucht überlassen wurden. Die Erträge verblieben beim Einsteller. Mit Ablauf des Eisernviehvertrags musste der Bauer lediglich sechs Kühe zurückgeben, nicht die Kälber. Die Nachzucht gehörte dem Bauern. Der Leihgeber erhielt nur sein Vieh zurück (»Eisernvieh stirbt nie.«).[245] Auf diese Art und Weise wurden Viehbetriebe (Schwaighöfe) in höheren Gebirgslagen unterstützt und damit der spätmittelalterliche Landesausbau in den Alpen gefördert. Was zunächst fast nach Subventionen klingt, war in der Praxis oft ein hoch riskantes Unterfangen, da im Falle des Verlusts der Tiere, sei dies durch Unfälle, Raub oder Krankheiten, der Einsteller zu 100 Prozent haftete, was ihn teuer zu stehen kommen konnte.

Rechte und Pflichten der Gesellschafter einer Viehgemeinschaft

Der Einsteller war verpflichtet, das Vieh mit aller Sorgfalt und Pflege (*cum omni cura et diligentia*) zu behandeln, es gut zu füttern, in den Wintermonaten von November bis April in ordentlichen Stallungen unterzubringen und im Sommer draußen grasen zu lassen. Ihm oblag die »Hut- und Wartepflicht«, also das Hüten und der Unterhalt der Tiere. Falls er das Stellvieh vernachlässigte oder gar ohne die Zustimmung des Verstellers weiterverkaufte, musste er Schadensersatz zahlen. Es gab Ausnahmen. Dann zum Beispiel, wenn der Verlust eines Tieres durch höhere Gewalt verursacht wurde. In den Rechtstexten wird in der Regel der Wolf erwähnt, der ein Schaf oder ein Pferd gerissen hat. In diesem Fall kann sich der Bauer von der Schadensersatzzahlung freistellen lassen, wenn er ein Beweisstück vorlegen konnte, den Kadaver des Tieres oder sein Fell, auch den Kopf oder Schweif. Bei Bienenvölkern, die durch Schwärmen verlustig gehen konnten, galten die leeren Bienenkörbe samt Waben als Beweisstück. Bei Unterschlagung, etwa durch Schlachtung einer verstellten Kuh, musste der Versteller in vollem Umfang entschädigt werden.

Mit der Hut- und Wartepflicht war auch der sachgemäße Umgang mit dem Tier verbunden. Dies wird insbesondere bei der Nutzung als Zug- und Spannvieh eigens immer wieder geregelt. Nach einer Ordnung aus Rottweil im Schwarzwald durfte ein eingestelltes Pferd zum Beispiel nicht an andere verliehen werden. Der Einsteller durfte es selbst nutzen, seinen Mist auf die Äcker ausbringen und das Pferd vor den Wagen spannen, um zu säen, zu ernten, zur Mühle oder zum Markt zu fahren. Doch vor den schweren Pflug oder auch vor die Egge durfte ein Pferd nicht gespannt werden – es sei denn, der Versteller gab dazu ausdrücklich sein Einverständnis.[246] Auch ist der Einsteller verpflichtet, die Erträge regelmäßig anzuzeigen und – vertragsgemäß – fortlaufend zu teilen.

Der Versteller auf der anderen Seite ist dafür verantwortlich, dass die Tiere nicht zur Belastung für den Bauern werden. Er ist ihm Entschädigung schuldig, wenn sich ein Ungleichgewicht einstellt. So heißt es in einem mittelalterlichen Rechtstext zur Viehverstellung, dass man Hühner nicht auf »halben Gewinn« brüten lassen darf, Kälber und Fohlen nicht auf »halben Gewinn« einstellen darf. Was ist damit gemeint? Hier werden Phasen im Lebenszyklus der Tiere angesprochen. Die Bestimmung sieht vor, dass unproduktive Phasen nicht zulasten des Bauern gehen dürfen, der sie füttert und pflegt. Ein Huhn legt keine Eier, wenn es brütet. Eine Kuh gibt keine Milch, wenn sie trächtig ist. Bringt dem Bauern also nichts. Auch Kälber und Fohlen sind in diesem Sinne unproduktiv, sie fressen nur Futter und brauchen Platz, aber der Bauer kann ihre Arbeitskraft noch nicht nutzen. Für diese Fälle sehen viele Rechtstexte vor, dass der Versteller zusätzlich Geld zahlt, zur Finanzierung der Mühe und der zusätzlichen Futterkosten. Man spricht in solchen Fällen von »Beihilfen«, die der Investor zusätzlich aufbringen musste. Das gilt zum Teil auch für die Winterfütterung mit

Trockenfutter, das oft gekauft werden musste und für den Einsteller eine kostspielige Angelegenheit werden konnte. Im bereits erwähnten Rottweiler Recht ist auch ein Sonderbeitrag seitens des Verstellers vorgesehen, wenn ein Schaf »kalt geht«, das heißt nicht trächtig wird. Der dadurch entstehende Gewinnausfall durch Ausbleiben des Lammes musste durch den Versteller kompensiert werden. In besonderen Fällen, dann wenn der Aufwand für Fütterung und Wartung nur minimal war – etwa bei ganzjährig weidenden Schaf- oder Ziegenherden –, wurde durch einen entsprechenden »Verstellungszins« seitens des Einstellers für Ausgleich gesorgt. In Ferrara zum Beispiel bestand dieser in Form von zwei Stück Schafskäse alle zwei Wochen pro Tier einer verstellten Herde. Auch wenn ein Pferd unfruchtbar blieb, wurde ein Verstellungszins fällig, da man davon ausging, dass der Bauer das Pferd weiterhin nutzen konnte, dem Versteller dagegen der erwartete Ertrag, nämlich das Fohlen entging.

Selbstverständlich ergaben sich aus den wechselseitigen Rechten und Pflichten auch Streitigkeiten, etwa über Mängel an den Tieren oder Krankheiten. Was tun mit einem Pferd, das lahmt und nicht vor den Wagen gespannt werden kann? Mit einer Kuh, die keine Milch mehr gibt? Wer trägt das Risiko, wenn die Kuh verunglückt oder beim Kalben stirbt und damit der Kapitalstock verlustig geht? Wer zahlt die Tierarztkosten? Und was geschieht, wenn einer der Vertragspartner die oft mündlich getroffenen Vereinbarungen nicht einhält, mehr fordert oder weniger zurückgeben will? Wer trägt das Risiko bei unverschuldetem Verlust, also wenn das Vieh durch höhere Macht wie Kriege, Plünderung oder Unwetter zu Tode kam? Zwar werden all diese Fragen entweder gewohnheitsrechtlich und in den Rechtstexten der Zeit geregelt, doch sind Gesetze bekanntlich nicht dazu geeignet, Konflikte zu verhindern, sondern vielmehr sie zu lösen. Daher verwundert es nicht, dass die Information über die Viehverstellung nicht selten aus Gerichtsprotokollen stammt.

Wieso geht man solche Geschäfte ein?

Vorteile für den Versteller: Statt eine Kuh im Herbst oder frühen Winter zum Schlachter zu geben, um die Kosten der Überwinterung zu vermeiden, konnte man sie verstellen, hatte keine Kosten, stattdessen erhielt man die Leihgebühr sowie den vertragsmäßigen Anteil an der Nachzucht, also den Wert eines halben Kalbes bei Vertragsende. Alternativ konnte man die Tiere auch verkaufen, doch waren im Herbst die Preise für Vieh oder Fleisch eher niedrig, da viele verkaufen wollten, um die Kosten der Überwinterung zu sparen.

Vorteile für den Einsteller: Statt eine Kuh zu kaufen, konnte man sie zu einem Fünftel des Kaufpreises einstellen lassen. Sie gab Milch und war als Zugvieh nützlich. Bei den Verträgen scheint man darauf geachtet zu haben, dass der Bauer die Tiere noch für den Umbruch der Äcker im Frühjahr oder Frühsommer (April/Juni) einsetzen konnte. In den Regelungen aus dem Ort Magdenau, der sogenannten Magdenauer Offnung, wird zum Beispiel geregelt, dass Kühe zum Veitstag am 15. Juni verstellt werden sollen, damit sie den Winter »verdienen« könnten. Gemeint ist damit wohl der Arbeitseinsatz beim Pflügen, bei der Ernte im Herbst und bei der Aussaat im Frühjahr, jeweils als Zugtier. Hinzu kommt die Nachzucht, die ebenfalls in die Wintermonate fiel, denn zu jener Zeit kalbten die Kühe in den Monaten von Herbst und Frühling. So vermehrte sich der Bestand der Viehgemeinschaft über den Winter, und die Kuh hatte die Kosten für die winterliche Stallhaltung somit »verdient«.[247] Nicht selten brachte auch der Einsteller selbst zusätzlich Vieh ein oder kaufte Anteile daran, sodass man in diesem Fall von einer kapitalteiligen Form der Viehgemeinschaft sprach. Das Ganze hatte für beide Vertragsparteien Vorteile. Man teilte sich die Kosten der aufwendigen Überwinterung.

Viehverstellung als Kreditgeschäft

All die geschilderten Szenarien klingen sehr anschaulich, und man sieht förmlich vor sich, wie der Versteller seine beiden Kühe im Juni in den Stall des Einstellers bringt und nach einem Jahr die beiden samt einem Kalb wieder abholt. Allerdings war ein solches Szenario vermutlich eher selten. Denn in der Praxis handelt es sich bei der Viehverstellung oft um Kreditvereinbarungen beziehungsweise Investitionshilfen für die landwirtschaftlichen Betriebe im städtischen Umfeld, die in ganz konkreten Fällen notwendig wurden und in der Realität die Übertragung von Besitzrechten über bestehende Viehbestände bedeuteten. Dazu ein Beispiel aus St. Gallen, aus einem der wenigen erhaltenen Viehgemeinschaftsverträge aus dem Jahr 1422.[248] Hier wird vertraglich geregelt, dass die Witwe Guta Landin aus St. Gallen dem Bauern Hans Högger in Hörisau sechs Rinder, zwei Pferde, ein junges Pferd, drei Fohlen, vier Kühe, zwei einjährige Kälber aus dem Vorjahr und zwei Kälber aus diesem Jahr »in die Ställe gestellt« und dafür 52 Pfund und 16½ Pfennige bezahlt habe. Diese Formulierung gehört zur Rechtssprache, darf jedoch nicht wörtlich verstanden werden. Vielmehr ist davon auszugehen, dass das Vieh vor Vertragsabschluss vollständig im Besitz des Bauern war und dieser einen Kredit brauchte. Dazu wandte er sich an Frau Guta Landin, die Witwe des ehemaligen Bürgermeisters von St. Gallen, die verschiedentlich als Geldgeberin, etwa für das Spital in St. Gallen, auftrat. Frau Landin gab Herrn Högger einen Kredit, indem sie sich als Teilhaberin zu 50 Prozent in sein Unternehmen einkaufte, mit einem Betrag von 52 Pfund und 16½ Pfennig. Als Zins erhielt sie die Hälfte der

Nachzucht. Auch erhielt sie nach Ablauf des Vertrags ihr Kapital zurück. Hier findet sich eine Schutzklausel für den Bauer Högger. Der Vertrag darf zwar von der Witwe als Kapitalgeberin jederzeit gekündigt werden, doch sollte die Kündigung beziehungsweise Teilung – wie in St. Gallen üblich – zum 11. November erfolgen, um Gewinne zu ermöglichen und die Kosten der Winterfütterung für den Einsteller zu vermeiden. Das Vieh gehörte also weiterhin dem Bauer Högger, jedoch nur noch zur Hälfte. Die andere Hälfte hatte er quasi verpfändet. Daher rührt auch der Begriff des Halbviehs oder Teilviehs. Zuweilen ist auch die Rede von »Zinskühen« oder es fällt der Begriff der »Rindermiete«.

Stadtnahe Landwirtschaft im 15. Jahrhundert

Nicht nur auf dem Land waren diese Geschäftsformen üblich, und es waren nicht nur adelige oder klösterliche Grundherren, die als Kreditgeber auftraten. Auch Städter machten dieserart Kreditgeschäfte mit Bauern aus dem Umland. Dazu zählten Privatpersonen, Kaufleute, Frauen und oft auch jüdische Händler, denen in der Regel größere Weideflächen und Stallungen fehlten, da ihnen nur selten Immobilienerwerb gestattet war. Die Praxis der Viehverstellung ermöglichte ihnen die Ausweitung ihrer Handelsgeschäfte insbesondere im Viehhandel. Ein gut dokumentiertes Beispiel für städtische Viehverstellung verdanken wir dem Basler Bürger und Kaufmann Ulrich Meltinger, der in der zweiten Hälfte es 15. Jahrhunderts lebte.[249] Aus seinen Rechnungsbüchern geht hervor, dass er neben vielen anderen Geschäften – Haus- und Immobilienbesitz, Handel mit Wolle und Tuch, Metallen, Wein, Gewürzen, Fisch, Getreide, Papier und Lumpen – auch als Viehversteller aktiv war.[250] Bei mehr als 20 Bauernfamilien hatte der städtische Unternehmer Halbviehverträge abgeschlossen, um bei ihnen Rinder zu überwintern und Kälber aufziehen zu lassen. Die Aufzeichnungen in Meltingers Rechnungsbuch vermitteln einen lebendigen Eindruck der Geschäftsbeziehungen zwischen Stadt und Umland. Der Unternehmer investierte in die bäuerlichen Betriebe, zog daraus Gewinne, hatte aber auch Verluste zu verschmerzen.

Zunächst war die Anschaffung von Großvieh kostspielig. Der Kaufpreis für eine Kuh betrug zwischen 40 und 70 Schilling (= 2 bis 3,5 Pfund). Am teuersten waren trächtige Kühe. Da die Bauern als Viehproduzenten auf dem Viehmarkt nur schwer mit den kapitalstarken Metzgern und Viehhändlern konkurrieren konnten, war es für sie oft strategisch günstiger, den potenziellen Käufer des Viehs von Anfang an in die Aufzucht einzubeziehen. Damit konnten die Kosten der Anschaffung von Zuchttieren mit dem Kapitalgeber geteilt werden. Vor allem wurde damit auch das Risiko gemeinsam getragen. Der Geldgeber war am Erfolg des Unternehmens interessiert und hat daher, wenn nötig, dem Bauern zu annehmbaren Bedingungen Futter oder Geld geliehen. In seinem Rechnungsbuch finden sich Einträge aus den Jahren zwischen 1474 bis 1477, die sinngemäß ungefähr folgendermaßen lauten: Dem Erhard Keller, Bauer von Neuwiller, hatte ich eine schwarzbraune Kuh und ein achttägiges Kalb gekauft. Er soll mir das Kalb vier Wochen aufziehen und es mir dann bringen. Dafür habe ich ihm 3 Pfund bar auf die Hand gezahlt. Das war am St. Martinstag. Er hat mir das Kalb dann gebracht, aber es war klein und nicht viel wert. Eine andere rote Kuh habe ich bei ihm eingestellt in Teilrecht. Keller hat mir dafür seinen Anteil in Höhe von 30 Schilling (= 1,5 Pfund) bezahlt. Doch leider ist die Kuh bei der Geburt des zweiten Kalbes gestorben. Das Kalb von damals hat mittlerweile (drei Jahre später) selber auch gekalbt.[251]

Hier sieht man, welch eine risikoreiche Angelegenheit die Aufzucht von Rindern war: Das erste Kalb der schwarzbraunen

Kuh entsprach offenbar nicht den Erwartungen des Verstellers, nach weiteren zwei Kälbern starb die Kuh, und so blieb dieses Geschäft über die Laufzeit von drei Jahren ein Nullsummenspiel: Am Ende hatte er wieder nur eine Kuh und ein Kalb. Viele andere Verträge dieser Art sind im Rechnungsbuch verzeichnet. Bei Ulrich Metzer war das erste von fünf Kälbern eine Totgeburt, Heinrich Muspach, selbst Bauer, aber oft auch als Unterhändler für Meltinger tätig, hatte zwei Kühe und zwei Kälber Meltingers in seinem Stall stehen. Auch hier starb eines der Kälber. Die Schweizer Historikerin Dorothee Rippmann, Expertin für Agrargeschichte, schätzt den Verlust auf durchschnittlich zehn Prozent, sodass in mindestens einem von zehn Fällen mit einer Totgeburt oder dem Tod des Kalbes vor Erreichen des Schlachtalters zu rechnen war.[252] Andernorts liefen die Geschäfte besser. Etwa bei Ruedi Wins im Stall in Oberwil. Die dort im Jahr 1471 eingestellte Kuh brachte noch im selben Jahr ein Kalb zur Welt, das für 17 Schilling verkauft werden konnte, sodann ein zweites Kalb im nächsten Jahr und im darauffolgenden ein Öchslein. Gemäß der Abrechnung vom November 1474 erhielt Meltinger zwei junge Kühe als Ertrag aus dieser Viehverstellung.

Die Forschung beurteilt diese Verträge sehr unterschiedlich. Die einen erkannten darin in erster Linie ein Finanzinstrument, das geeignet war, Abhängigkeitsverhältnisse zu stabilisieren. Die Städter hätten auf diese Art und Weise versucht, das Umland an sich zu binden oder gar auszusaugen. Die Verträge, so dieser Ansatz weiter, brachten die Vertragspartner in Interessengegensätze, denn die Abhängigkeit der Bauern von den Kapitalzuflüssen aus der Stadt förderte letztlich deren Überschuldung. Aus dem hier vorgestellten Fall des Ulrich Meltinger kann man jedoch ableiten, dass die Viehverstellung für den Kapitalgeber nicht zwangsläufig wirklich lukrativ war. In seinem Fall ging es vor allem um die Fleischproduktion. In anderen Gegenden, etwa in den Städten Flanderns und den Niederlanden, wo die Textilindustrie die Städte dominierte, war die Viehverstellung vor allem mit Schafen lohnenswert, deren Wolle in Ergänzung zu Wolle aus England ein wichtiger Rohstoff war.

Denkanstöße für die solidarische Landwirtschaft

Dieses Modell scheint interessant als Inspiration für aktuelle Verflechtung zwischen Stadt und Land im Bereich der Nahrungsversorgung. Stadtnahe Landwirtschaft braucht Modelle der Kooperation zwischen Stadt und Umland. Wie lässt sich das rechtlich und ökonomisch darstellen? Gibt es Modelle jenseits der heute überwiegend gängigen Kooperativen? Gibt es Fälle, in denen privatwirtschaftliche Unternehmensmodelle besser geeignet sind als genossenschaftliche? Die Viehverstellung böte dazu einige Anregungen: kapitalteilige Verträge, gemeinschaftliche Risikohaftung, Beteiligung der städtischen Konsumenten an den Kosten, Integration in den »Herstellungsprozess«, im Falle der Viehverstellung sind dies die Kosten für Aufzucht und Pflege der Kälber. Das gleiche Konzept wäre übertragbar auf Kosten für Saatgut, Bewässerung, Pflege, Jäten und Ernten von Gemüse. Kapitalgeber könnten investieren und wären entsprechend als anteilige Teilhaber am Gewinn beteiligt.

Hier drängt sich noch eine Analogie zur Geschichte der Waldgenossenschaften auf: Beide Institutionen wurden seit Beginn des 19. Jahrhunderts in vielen Regionen Europas sukzessive abgeschafft. Es handle sich, so die Meinung der »modernen« Rechtsexperten des 19. Jahrhunderts, um ein nicht nach einheitlichen, festen Prinzipien ausgestattetes Institut, sondern um einen Vertrag, welcher in den verschiedensten Formen und Gestaltungen vorkomme und dessen gewollter Inhalt durchgehend durch lokale Sitten und Gewohnheiten bedingt werde.

Lokale Sitten und Gewohnheiten jedoch waren das Feindbild dieser Modernisten, ein Hindernis auf dem Weg, die ganze Welt endlich in den Griff zu bekommen.[253]

Wann eigentlich gerieten Mikrokredite in Vergessenheit?

Warum musste Muhammad Yunus im späten 20. Jahrhundert dieses Finanzinstrument wiedererfinden? Das fragt man sich am Ende dieses Kapitels. Denn offenbar trugen Stadt- und Landgemeinden im Mittelalter auf ihre Weise Sorge um nachhaltige soziale und ökonomische Strukturen und waren darauf bedacht, auch den sogenannten kleinen Leuten Zugang zu Kapital zu sichern. So waren die mittelalterlichen Monti di Pietà eine Antwort der oberitalienischen Städte auf die kommerzielle Revolution, die zu einem nie da gewesenen wirtschaftlichen Aufschwung und der Verwandlung der Welt innerhalb eines Jahrhunderts geführt hatte. Gigantische Gewinne waren erzielt worden, gigantische Vermögen angehäuft. Dass diese Erträge des Aufschwungs denen gehörten, die sie erwirtschaftet hatten – also den Händlern, den Kaufleuten, den (oft) jüdischen Bankern –, daran bestand kein Zweifel. Doch gleichzeitig erkannte man, dass Wirtschaftswachstum langfristig nicht ohne Menschen funktioniert und dass die Zunahme an Reichtum mit der Zunahme gesellschaftlicher Ungleichheiten einhergeht. Die Reichen wurden immer reicher, die Armen immer ärmer oder, um genauer zu sein, die große Masse der »Nicht-Reichen« wurde zunehmend in die Armut gedrängt. Also steuerten die »Reichgewordenen« gegen, ergriffen Maßnahmen zur Umverteilung, gründeten Banken, die man heute Mikrokreditbanken nennen würde, brachten das notwendige Eigenkapital durch großzügige Einlagen zusammen und verpflichteten sich dazu, sich ehrenamtlich für die Bank einzusetzen. In den Satzungen wurden nicht gewinnorientierte Unternehmensziele festgeschrieben, man definierte das Kundenspektrum, schrieb den Zinssatz fest, erlaubte den Einsatz von Pfändern als Kreditsicherheiten und stellte so die zukünftige Teilhabe der »Nicht-Reichen« auf dem Finanzmarkt sicher. Die Förderer dieser Banken für die Armen waren im Übrigen die gleichen Menschen, die auch die Kunst eines Donatello, Leonardo da Vinci, Michelangelo Buonarroti oder Raffael förderten.[254] In anderen Städten fand man andere Lösungen. So zeigt das Basler Beispiel kommunale Anstrengungen der Sicherung von Peer-to-Peer-Lending durch die Möglichkeit des freiwilligen Eintrags in öffentlich geführte Schuldenbücher. Deren Auswertung zeigt zum einen, dass offenbar jeder bei jedem in der Kreide stand, und zum anderen, dass selbst ein armer Schweinehirt als kreditwürdiges Mitglied der Gemeinschaft angesehen wurde. Aus heutiger Sicht bemerkenswert ist zum einen das offenkundige Interesse der Stadt an der Kreditsicherung für die Finanzgeschäfte ihrer Bürgerinnen und Bürger – sonst hätte man nicht diesen verwaltungsmäßigen Aufwand betrieben –, zum anderen die Durchlässigkeit des städtischen Kreditmarkts. Man setzte auf den Erhalt der Marktteilhabe statt auf Almosen. Das galt im Übrigen auch für die langfristig säumigen Schuldner, die der Stadt verwiesen wurden. Die meisten kamen wieder zurück und zahlten ihre Schulden, blieben also der Gemeinschaft erhalten, nicht nur als Konsumenten, sondern auch als potenzielle Investoren. Die Kerbhölzer der Lyoner Metzger und Bäcker schließlich machen die Funktion von Schulden als »Sozialkitt« sehr schön deutlich. Durch wechselseitige Schuldverpflichtungen sind alle miteinander verbunden. Der Bäcker zahlt den Sonntagsbraten beim Metzger mit den Schuldhölzchen für Brot des Messerschleifers, die der Metzger wiederum mit den Kosten für den nächsten Schliff seiner Messer verrechnet: In einem solchen System wird Schuldenfreiheit zum Fluch, denn »nur wer was auf dem Kerbholz hat, gehört dazu«. Dies wird oft vergessen, ähnlich wie die bedeutende Rolle von Dienstleistungs- und Naturalkrediten, wie das Beispiel der Viehgemeinschaften zeigte. Die mittelalterlichen Gesellschaften hatten ein ausgeprägtes Interesse an der Schaffung und dem Erhalt der Marktteilhabe für alle. Kreditbeziehungen waren allgegenwärtig, es gab eine beeindruckende Vielfalt an Kreditinstrumenten und eine erstaunliche soziale Durchlässigkeit der Kapitalmärkte.

5. Spenden und Stiften

Ähnlich wie Mikrokredite zählen Spendenaktionen und Stiftungen zu den »Basismodulen« sozial nachhaltigen Wirtschaftens. So haben über die Jahrhunderte hinweg die erfolgreichen Unternehmen einer Region durch Investitionen in Gemeinschaftsprojekte ihre soziale Verantwortung wahrgenommen. Nicht nur das Gesundheitswesen, die Krankenpflege oder die Armenversorgung wurden so finanziert, sondern auch groß angelegte Infrastrukturprojekte wie zum Beispiel Straßen, Brücken,

Abb. 1: Pont Saint-Bénézet in Avignon heute, vier steinerne Brückenbogen mit Kapelle.

Deiche oder Leuchttürme. Dabei spielte in der mittelalterlichen Gesellschaft, wie im Übrigen in allen Kulturen, die Religion eine wichtige Rolle als Instanz der Umverteilung von Gewinnen. Die alttestamentlichen Ermahnungen zur Sorge um die Armen, die Androhung von Sündenstrafen für die Vernachlässigung der Witwen und Waisen, das Verbot der überhöhten Zinsnahme und die Verpflichtung zur Abgabe des Zehnten, aber auch die nimmermüden Predigten gegen die Todsünde des Geizes und der Habgier haben die Reichen – oft widerwillig – an ihre Pflicht erinnert, einen Teil ihrer Gewinne an die Gesellschaft zurückzugeben, der sie ja ihren Erfolg verdankten.

5.1. Spenden für Gemeinschaftsprojekte – Pont Saint-Bénézet in Avignon

Fast jeder kennt sie, die Brücke von Avignon, manche haben den tänzelnden Rhythmus von »Sur le pont d'Avignon« aus Kindertagen noch im Ohr. Eine wunderbare Brücke muss das sein, auf der die ganze Stadt tanzt, die hohen Herren und die feinen Damen, die jungen Fräuleins und die Offiziere, die Kinder und die Verliebten, ja sogar die Lausbuben. Doch ein Besuch in Avignon ernüchtert. Grade mal vier Brückenbogen stehen da etwas verloren in der Rhone. Gebaut wurde die Brücke im Mittelalter, ein architektonisches Wunderwerk, das sich in 22 steinernen Bogen über beide Flussarme der Rhone und die dazwischenliegende Île de la Barthelasse erstreckte. Ihre Gesamtlänge betrug 915 Meter. Den Ausgang nahm die Brücke auf der Höhe des Papstpalastes im alten Avignon, sie endete beim Tour Philippe le Bel am anderen Ufer in Villeneuve-lès-Avignon. Die Überreste dokumentieren ein einfaches, aber elegantes Bauwerk: flach gehaltene Bogen mit einer Weite von 33–35 Metern, 13 Meter hoch, gestützt von Pfeilern mit acht Metern Durchmesser. Wie fast alle mittelalterlichen Brücken war auch die in Avignon sehr schmal, lediglich 2,80 Meter breit, und sie hatte keine seitlichen Brüstungsmauern – also wenig Platz zum Tanzen. Getanzt wurde unter der Brücke (sous le pont).[255] Das Bauwerk entstand in nur acht Jahren zwischen 1177 und 1185. Man fragt sich bis heute, wie das gelingen konnte. Mittelalterliche Legenden erklären dieses Wunder der Technik mit dem Wirken Gottes: Ein Hirtenjunge sei nach Avignon gekommen und habe im Auftrag Gottes eine Brücke gebaut. Die historische Forschung rekonstruierte in mühevoller Kleinarbeit die Baugeschichte und kam zu dem Ergebnis, dass die Brücke im späten 12. Jahrhundert als Kooperationsprojekt lokaler Interessengruppen in

Avignon und aus dem Umland gebaut wurde, finanziert auf eine Art und Weise, die wir heute Schwarmfinanzierung nennen würden.

Alle haben die Absicht, eine Brücke zu bauen …

Die Rhone zählte – vor ihrer Zähmung im 19. Jahrhundert – zu den reißenden Gewässern Frankreichs. Der Verkehr über den Fluss in Avignon wurde mit kleinen Booten und Barken organisiert. Waren und Passagiere mussten einzeln verladen werden, auf der Île de la Barthelasse wieder aussteigen, die Ware wieder abgeladen, auf dem Rücken von Eseln über die Insel transportiert und dort erneut verschifft werden, um schließlich das Ufer bei Villeneuve zu erreichen. Auch gab es abschnittsweise kleinere hölzerne Brücken, die jedoch immer wieder den Fluten zum Opfer fielen. Die Flussüberquerung war mühsam, zeitaufwendig und unbequem. Wenn die Stadt keine Lösung fände, würde der Handel über kurz oder lang einen anderen Weg finden. Die Einwohner, Amtsträger und Kaufleute suchten nach Lösungen, doch traute sich keiner an den Bau einer Brücke – zu groß und zu teuer, und vor allem stellte sich die Frage: Wer sollte ein solches Projekt stemmen?

Es fehlte eine Zentralgewalt, die – wie etwa noch zu Römerzeiten – einfach den Befehl zum Brückenbau hätte erteilen können, Ingenieure und Baumeister sowie ein Heer von Handwerkern und Bauarbeitern zur Verfügung gestellt und die Kosten über Steuererhöhungen eingetrieben hätte. Im 12. Jahrhundert war Europa anders organisiert, nicht zentralistisch. Ein mittelalterlicher Herrscher konnte nicht einfach durchregieren, er war angewiesen auf die Kooperation seiner Vasallen, also der Fürsten, Herzöge und Grafen, deren Lehensherr er zwar war, die jedoch eigenständige Machtbefugnisse hatten. Auch in Avignon konnte der Bischof als Stadtherr nicht einfach durchregieren. Es gab einen zunehmend stärkeren Stadtrat, ähnlich wie in den Stadtrepubliken italienischer Machart. Man spricht von einer polizentrischen Welt, mit vielen - auf verschiedene Weise miteinander konkurrierenden - Machtzentren, die das Gleichgewicht auf einem rationalen lokalen Optimum hielten, doch Entscheidungsprozesse durchaus erschweren konnten.

Einer macht den Anfang – Bénézet aus den Cevennen

Hier kommt die Rolle des Einzelnen für historische Ereignisse ins Spiel. Oft fragt man sich, ob es Menschen sind, die Geschichte machen, ob ein Einzelner überhaupt Einfluss nehmen kann, ob er oder sie zählt. Die Antwort ist ein klares Ja. Individuelles Handeln war und ist entscheidend für die Zukunft. Im Falle der Brücke von Avignon war es ein junger Mann aus den Cevennen, der sich berufen fühlte, den Bau einer Brücke über die Rhone in die Hand zu nehmen. Das meiste, was wir über diesen jungen Mann wissen, wurde fast 100 Jahre nach seinem Tod, im späten 13. Jahrhundert aufgeschrieben und zählt zu den berühmten Legendenstoffen des Mittelalters. Doch es besteht kein Zweifel an der historischen Wirklichkeit dieser Persönlichkeit, denn schon zeitnahe Quellen berichten über die erstaunlichen Umstände des Baubeginns der Brücke in Avignon. So bezeichnet der Chronist Robert (1156–1212), ein Zeitgenosse aus der burgundischen Stadt Auxerre, den jungen Bénézet als Initiator des Brückenbauprojektes (*auctor pontis*),[256] und auch Vincenz von Beauvais erzählt, wie der Junge zunächst von allen belächelt wurde und sie dann doch überzeugte und eine groß angelegte Spendenaktion startete.[257]

Opus mirificum – ein wundersamer Akt städtischer Solidarität

Brückenbau im Mittelalter wird oft mit dem Bau einer Kathedrale verglichen. Von der Planung über die Grundsteinlegung bis zur Fertigstellung konnten Jahre, gar Jahrzehnte vergehen. Organisation und Management der Baustelle liefen in der Bauhütte zusammen. Unzählige Handwerker und Bauarbeiter waren vor Ort. Steinquader mussten gebrochen, behauen und von den Steinbrüchen hinab zur Baustelle transportiert werden. Man brauchte Gerüstbauer, Kalkbrenner, Zimmermänner, Schreiner, Maurer, Taucher und Baumeister für die Unterwasserarbeiter, Schiffer, Konstrukteure und Architekten. Natürlich lebten nicht alle diese Menschen in Avignon. Die Arbeiter kamen von überall her und mussten ernährt und untergebracht werden. Und natürlich musste die Finanzierung stehen.

Aus einem erhaltenen Kaufvertrag aus dem Jahr 1181 geht hervor, dass Bénézet die ersten gesammelten Spendengelder gezielt in den Kauf von Ufergrundstücken investierte. Er erhielt Unterstützung seitens des städtischen Adels, als Galburgis Malvasin ihr am Fluss gelegenes Haus samt Garten für das Projekt verkaufte.[258] Bénézet trat weiterhin unermüdlich als Redner auf, erklärte den Menschen die Vorteile einer Brücke, überzeugte sie von der Nützlichkeit, erläuterte, wie sehr ihre Geschäfte von einer Brücke profitieren würden, und machte sie als Spender zu Teilhabern an diesem Mammutprojekt. Auch feierliche Prozessionen durch die ganze Stadt wurden organisiert, bei denen viel Geld zusammenkam – heute würde man von groß angelegten Fundraising-Aktionen sprechen. Im Jahr 1177 wird mit dem Bau begonnen, Brückenbaumeister, Steinmetze, Lohnarbeiter, Bau- und Transportunternehmen der Stadt, alle werden beteiligt, und Bénézet wird nicht müde, in Avignon und Umgebung das nötige Geld für den Brückenbau aufzutreiben. Er muss ein begeisternder

Abb. 2: Die Mühen des Brückenbaus nach einer Darstellung aus dem späten 15. Jahrhundert.

Redner gewesen sein, denn die Baumaßnahmen gingen zügig voran, und bereits nach acht Jahren, im Jahr 1185, konnte die mehr als 900 Meter lange Brücke eingeweiht werden. Kurz vor der Fertigstellung verstarb Bénézet.[259] Der Legende nach war er noch keine 20 Jahre alt. Schon bald erhoben ihn die Einwohner Avignons zum Stadtheiligen.

Wie organisierte man Nachhaltigkeit im 12. Jahrhundert?

Wie ging die Geschichte weiter? Was geschah nach dem Tod des Initiators? Wie gelang die Verstetigung seines erfolgreichen Spendenprojekts? Wer kümmerte sich um den langfristigen Erhalt der Brücke, und wer übernahm die Folgekosten dieses Gemeinschaftsprojekts? Eine Daueraufgabe für die Stadt und ihre Bürger. Der Begriff *opera pontis*, wörtlich übersetzt das »Brückenwerk« (bzw. die Brückenwerke, franz. *les œuvres du pont*), fasst diese Aufgaben bündig zusammen. Aus Städten wie Basel und Straßburg wissen wir, dass dort für die Beseitigung von Wasserschäden und die laufenden Reparaturarbeiten an den Brücken eigene Handwerkerteams regelmäßig aus der Stadtkasse bezahlt wurden. Basel hatte seit dem späten 14. Jahrhundert einen Brückenmeister fest angestellt, als Werkmeister über den kommunalen Brückenbau.[260] Eine andere Möglichkeit, kostenaufwendige Bauten wie Brücken und deren Erhalt langfristig zu finanzieren, war im Mittelalter ebenfalls weitverbreitet, das Modell der kooperativen Organisation. Im Fall von Avignon war dies eine Institution, die sich in kürzester Zeit nach dem Tod des Bénézet in Avignon konstituierte: Die *fratres pontis*, die Brückenbrüder. Offenbar hat sich der harte Kern der Mitarbeiterinnen und Mitarbeiter des Bénézet zu einer Bruderschaft formiert – heute würde man vermutlich von einer Brückengesellschaft sprechen oder einer Stiftung –, die das Projekt im Sinne des Initiators weiter vorantrieb. Die Baustellenleitung in Avignon lag weitgehend bei der Stadt, die Verantwortung für die Nachhaltigkeit des Finanzierungsplans jedoch offenbar bei den *fratres pontis*.

Soziale Nachhaltigkeit dank Bruderschaften

Bruderschaften sind eine im Mittelalter weitverbreitete Form der Organisation gemeinschaftlicher Aufgaben. So gab es in vielen Städten Bau-, Straßen-, Brunnen- oder Brückenbruderschaften, die hauptsächlich den Betrieb der Bauhütten für öffentliche Baustellen organisierten. Sie hatten gemeinsame Statuten, Mahlzeiten und Trinkgelage und das Recht, eigene Kirchen, Kapellen und Friedhöfe zu betreiben. Charakteristisch ist die Verbindung von Infrastrukturmaßnahmen und Fürsorge für die Menschen, also im Falle der Brückenbruderschaften ganz konkret die Zuständigkeit der Bruderschaft für den Erhalt der Brücke, aber auch für das Wohl der Reisenden in dazu eigens errichteten und betriebenen Gasthäusern und Hospitälern.[261]

Streng genommen müssten die Bruderschaften »Geschwisterschaften« heißen, denn die Mitgliedschaft von Frauen und Männern lässt sich allerorts belegen. Ja, die Urkunden verwenden gar eine gendergerechte Sprache. Als der Bischof von Avignon dieser Gemeinschaft im August des Jahres 1187 – also ein Jahr nach Inbetriebnahme der Brücke – das Recht zugesteht, eine eigene Kirche und einen Friedhof zu betreiben, wird in der Urkunde ausdrücklich erwähnt, dass auf dem Friedhof keine Gemeindemitglieder einer Kirche aus Avignon, seien dies Männer oder Frauen (*ne … parrochianos vel parrochianas*) bestattet werden dürften. Es sei denn, die betreffende Person – ob Mann oder Frau – ist Mitglied der Brückengemeinschaft.[262] Auch hatten Frauen in diesen Gemeinschaften Ämter inne. In einem Kaufvertrag aus dem Jahr 1213 wird eine Frau namens Alicardis als Vertragspartnerin fassbar. Sie kauft als Mitglied und im Namen der Brückengemeinschaft (*soror domus pontis Rodani*) ein Grundstück von Gaufridus Molnerius. Man muss davon ausgehen, dass sie als Prokuratorin, also eine Art Geschäftsführerin der Brückenbrüder, tätig war, sonst hätte sie den Kaufvertrag nicht zeichnen können. Mit der bischöflichen Bewilligung einer eigenen Kirche und eines Friedhofs hatte die Brückengemeinschaft quasi die Anerkennung der Gemeinnützigkeit erhalten und damit das Recht, Spenden zu sammeln und anzunehmen.

Brückenbrüder und andere Kooperationen für soziale Nachhaltigkeit

Die Hauptaufgabe der Bruderschaft bestand in der Sicherung einer soliden Kapitalbasis zur langfristigen Finanzierung der Brücke. Wir sind darüber sehr gut informiert, weil relativ viele der mittelalterlichen Dokumente die Plünderungen der Archive während der Französischen Revolution überstanden haben. Ein sogenanntes *Chartulaire du pont*, also ein Urkundenbuch der Brücke, liegt heute in den Archives départementales de Vaucluse in Avignon.[263] Aus diesen Dokumenten lässt sich nicht nur die Geschichte der Brückenbrüder anschaulich rekonstruieren, man erkennt darin auch all die sozialen und wirtschaftlichen Umwälzungen in Avignon, die mit dem Brückenbau verbunden waren.

Diese sogenannten *opera pontis*, das im Mittelalter weitverbreitete Modell der Trägerschaft von Brückenbauten, wird rechtlich als eine Stiftung *causae piae*, also frommen, beziehungsweise gemeinnützigen Zweckes, bezeichnet. Brückenbau zählt, ebenso wie Straßen, Kirchen, Klöster, Altäre, Pilgerhäuser, Armenhäuser, Hospitäler, aber auch die Ansammlung von Vermögen zum Loskauf von Gefangenen, zur Rettung Schiffbrüchiger oder zur Ausstattung armer Jungfrauen, zu den frommen Werken, zum *opus pium*. Machte man im Mittelalter ein Testament beim Notar, so hatte dieser schon die Vordrucke bereit, also Urkundenformulare mit Nachlassbestimmungen (Legaten) für das Seelenheil (*pro remedio animae*) zugunsten von Kirche, Klöstern, Messen, Brücken, Häfen, Straßen, der Versorgung ehemaliger Bediensteter, Sklavenfreilassung und Armenfürsorge.[264] Man könnte umgekehrt formulieren: Fromme Werke waren im Mittelalter meist gemeinnützige Werke, und die *utilitas publica* wurde im Zusammenschluss von Personen gemeinschaftlich gefördert.

Was den Bau und den Unterhalt einer Brücke angeht, so war dies ein frommes Werk, ein *opus pius*. Zugleich bezeichnete der

Begriff die Gemeinschaft derer, die sich darum kümmerten und die als eine selbstständige, von Abgaben, Steuern und anderen Verpflichtungen befreite Sachgesamtheit angesehen wurde, die fähig war, Eigentum und Privilegien zu erwerben. So wird das Brückenwerk in den Quellen übereinstimmend als Rechtssubjekt angesehen, das Grund und Boden besitzen kann und in der Lage ist, Kapital für den Brückenunterhalt anzusammeln. Daraus ergeben sich auch die vielfachen Ämter in diesem Zusammenhang, es braucht Verwalter (*administratores*, *provisores* oder *fabricatores*) und schließlich Leiter und Vorsteher (*magister*). Auch hatten diese Körperschaften das Recht, Wirtschaftseinrichtungen zu betreiben, die zur Brücke gehörten, das konnten Badestuben sein (zum Beispiel in Regensburg), sie konnten das Brückenhaus betreiben und die Passiergebühren erheben, vorausgesetzt, sie hatten sich die Rechte dafür erworben. Die *fratres pontis* in Avignon haben diese Rechte unmittelbar nach der Eröffnung systematisch aufgekauft.

Die Brückenbrüder kaufen die Hafenlizenzen auf

Im Laufe der nächsten zwei Jahrzehnte kauften sie systematisch alte Hafenrechte auf, also die Anrechte auf Einnahmen aus dem Transitverkehr über die Rhône. Am 11. August des Jahres 1196 unterschrieb der ehemalige Vorstand und Haupteigner der Hafengesellschaft von Avignon, Geraldus Amici, den Vertrag. Ihm gehörte offenbar der Großteil der Einnahmen, und er verkaufte seine Anteile an den Prior der Brückenbrüder, namens Pontius, für die stolze Summe von 24 000 *solidi melgonenis*.[265] Das war ein stattlicher Preis. Ein Solidus Montpellierer Prägung war die gängige Währung damals. 20 Solidi waren ein Pfund (die Silberwährung), sodass hier insgesamt 1200 Pfund Silber investiert werden mussten zur Sicherung der Einnahmen, die ehemals an die Hafengesellschaft flossen. Viele andere verkauften ihre Anteile, und die Brückenbrüder übernahmen als Haupteigner den Transport über die Rhone, und die daraus fließenden Einnahmen. Auch Grundstücke, Gärten, Weinberge und Häuser wurden in den frühen Jahren gekauft, um mit den Mieten und Pachterträgen die Renovierungskosten für die Brücke zu decken. Wir wissen nur wenig über die Zusammensetzung der Gemeinschaft der Brückenbrüder. Vermutlich haben sie nicht zusammengelebt, sondern weiterhin ihre Wohnungen und Häuser in Avignon behalten. Das lässt sich aus einer Bestimmung schließen, die den mit Spendenakquise beauftragten Mitgliedern der Brückengemeinschaft dezidiert verbot, nach einer Sammelaktion zuerst bei sich zu Hause vorbeizuschauen (und dort womöglich einen Teil der Spenden zu deponieren?). Es wurde festgelegt, dass die erste Anlaufstelle nach der Rückkehr aus den umliegenden Bezirken in die Stadt stets das Haus der Brückenbrüder und der Altar des heiligen Bénézet sein müsse.[266]

Das Brückenhospital Saint-Bénézet in Avignon

Heutzutage fallen Brücken selbstverständlich in die Verantwortung der öffentlichen Hand. Ingenieure sind für die Infrastruktur zuständig, um die Mobilität der Menschen zu gewährleisten. Im 13. Jahrhundert zählte Straßen- und insbesondere Brückenbau zu den Werken der Barmherzigkeit. Denn Reisen war ein gefährliches Unterfangen, verbunden mit Unwägbarkeiten und zahlreichen Risiken. Man erlebte unterwegs ohne Zweifel viel mehr Überraschungen als heute. Darunter auch manche böse. Und so ist es naheliegend, dass zur Fürsorge für die Brücke schon bald die Fürsorge für die Reisenden hinzukam. Es entstand, wie bei vielen mittelalterlichen Brücken, auch in Avignon schon bald ein »Brückenhospital«, geführt von den Brückenbrüdern. Darunter dürfen wir uns kein Krankenhaus im heutigen Sinn vorstellen, sondern vielmehr eine Mischung aus Herberge für erkrankte und bedürftige Menschen. Das mittelalterliche Hospital war zunächst einmal eine Anlaufstelle, ein Ort des Empfangs für alle Reisenden, und erst in zweiter Linie ein Gesundheitszentrum im heutigen Sinn.[267] Die Welt der Hospitäler entwickelte sich zwischen 1180 und 1350 und war eng verknüpft mit dem Ausbau von Straßen, Handel und Pilgerwesen.[268] Es gibt gute Gründe für die Annahme, dass das Hospital in Avignon schon kurz nach dem Bau der Brücke – also im späten 12. Jahrhundert – gegründet wurde.[269]

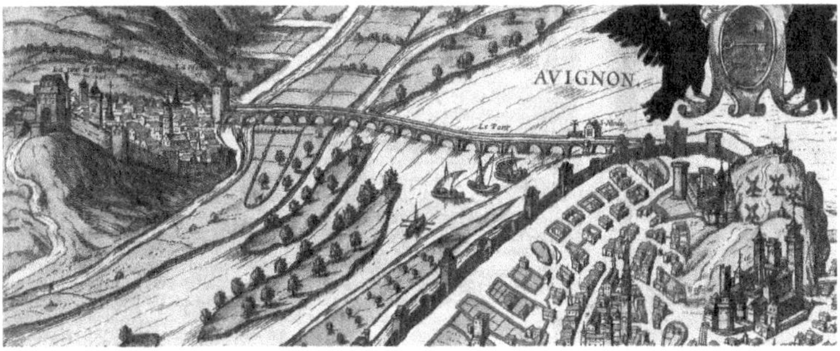

Abb. 3: Pont Saint-Bénézet, Avignon. Druck aus dem Jahr 1575 von Georg Braun und Franz Hogenberg, aus: *Civitates orbis terrarum.* Das Bild zeigt die Brücke, Pont Saint-Bénézet, über die Rhone vom Süden her gesehen, Villeneuve-lès-Avignon auf der linken Seite, Avignon auf der rechten. Grundstück und Gebäude am diesseitigen Brückenkopf waren vermutlich Standort des Hospitals und des Hauses der Brückenbrüder.

»Brückenbrüder« gab es im Mittelalter fast überall

Avignon war kein Einzelfall. Allein im Umkreis von etwa 50 Kilometern um Avignon gab es sechs weitere Brückenbruderschaften, die meisten davon mit einem Brückenhospital. Flussaufwärts lag die Brücke von Saint-Esprit, mit fast einem Kilometer heute die längste noch erhaltene mittelalterliche Steinbrücke in Europa. Flussabwärts lag Tarascon mit dem Pont Beaucaire. Eine weitere Brückenbruderschaft hatte sich bei der Brücke über den

Fluss Cavalon und auch bei der über die Ouvèze gegründet. Schließlich kommt noch Bonpas hinzu, ein Ort, der nach dem Bau der Brücke umbenannt wurde, von Maupas zu Bonpas, also von »schlechter Pfad« zu »guter Pfad«. Der Fluss Durance, ein Zufluss der Rhone, war ein gefährlicher und unberechenbarer Strom, dessen Überquerung den Reiseverlauf massiv behindern konnte.

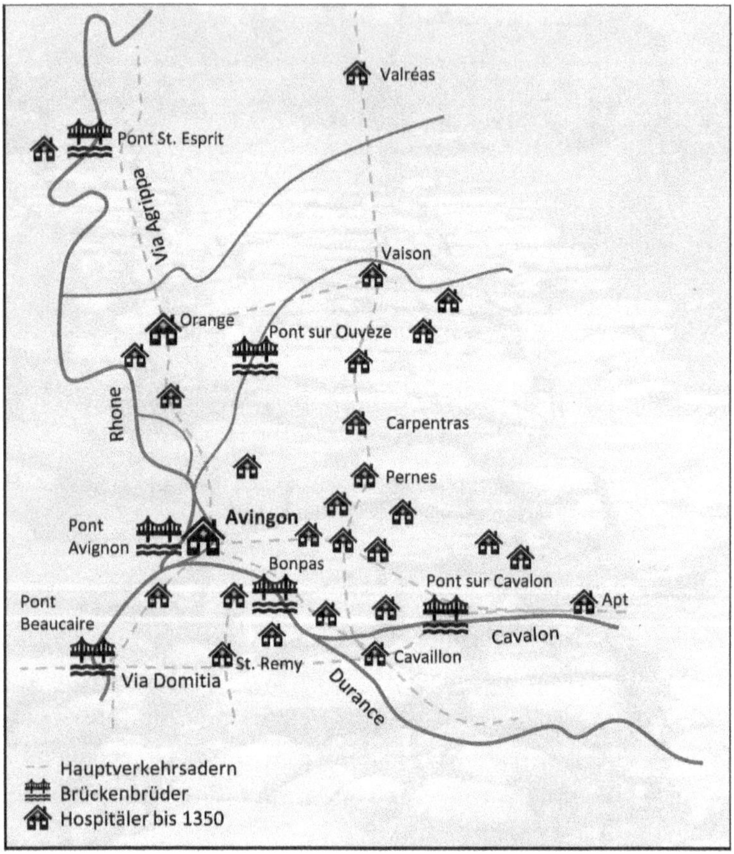

Abb. 4: Brückenbruderschaften und Hospitäler in der Region um Avignon (Grafschaft Venaissin).[270]

Hier in Bonpas, einige Kilometer nordöstlich von Avignon, finden sich die ältesten Belege für eine Brückenbruderschaft. Die dortigen *fratres* werden in den Quellen mehrfach als *hospitalierii et fabricatores* bezeichnet, also als Betreiber des zur Brücke gehörigen Hospitals und als Handwerker. Unter den Brückenbrüdern in Bonpas waren also offenbar Schreiner und Zimmerleute, die selbst beim Bau mit Hand anlegten. Zugleich führten die Brüder ein Leben vergleichbar mit dem der Mönche und waren eng mit dem örtlichen Kloster verbunden. So auch in Saint-Nicolas de Campagnac oder in Alès. Ganz anders in Avignon, wo sich die Brückengemeinschaft nur auf das »Fundraising« konzentrierte, während die Baugeschäfte von den örtlichen Autoritäten, dem Bischof und dem Rat der Stadt geführt wurden.[271] Die Brückengemeinschaften variierten also ganz erheblich von Ort zu Ort hinsichtlich ihrer Organisation, ihrer Verfasstheit und ihrer Zuständigkeiten. Mancherorts bestanden sie aus Menschen, die sich einem religiösen Leben in Gemeinschaft verschrieben hatten, gehörten also zu einem Orden – in anderen Orten handelte es sich um eine Interessengemeinschaft von Laien, die weiterhin ihre eigenen Häuser in der Stadt besaßen und dort auch wohnten. Sie gingen ihrer Tätigkeit als Brückenbrüder oder -schwestern wie einer regulären Arbeit nach.

Der »Brückenorden« in den Köpfen der Historiker des 19. Jahrhunderts

Überall gab es Brückenbruderschaften, doch waren diese je vor Ort ganz unterschiedlich organisiert. Das war im 19. Jahrhundert – dem Zeitalter, in dem die Moderne erfunden wurde – nicht einfach zu verstehen. Denn damals entdeckte man gerade die Vorteile der zentral, von oben organisierten Institutionen. Also konnte man all die lokalen Initiativen zum Wohle der Allgemeinheit nur mit einem zentral organisierten »Brückenorden«

erklären. Die historische Forschung des 19. und frühen 20. Jahrhunderts hat daher angenommen, dass es einen solchen Orden gegeben haben musste. Es kann doch nicht sein, dass Menschen in den verschiedensten Städten, bei ähnlichen Problemen, auf genau die gleichen Lösungen kommen. Also habe man – so die Logik des modernen 19. Jahrhunderts – irgendwann einen Brückenbrüderorden gegründet, den »*Ordo fratres pontifices*«, der überall seine Ableger hatte. Doch hat es einen solchen Orden im Mittelalter nie gegeben. Lediglich Menschen, die es wichtig fanden, sich um den Bau und Erhalt ihrer Brücke zu kümmern – vor Ort, als lokale Aktionsgemeinschaften. Je nach den Gegebenheiten waren das Menschen, die in Klöstern lebten, oder Bürger der Stadt, die sich zusammentaten, um die anstehenden Aufgaben zu meistern. Männer und Frauen, die sich auf lokaler Ebene organisierten, als unabhängige Institutionen zusammengehalten durch die Verantwortung für die Brücke der Stadt, verbunden mit dem Geist der Nächstenliebe und der Gastfreundschaft.[272]

Dass sich aus den Bauarbeiten an einer Brücke gleichsam selbstverständlich die Sorge um die Reisenden, Kranken und Armen ergab, ist spannend. Offenbar wurde bei der Bereitstellung von Infrastruktur und der Sorge um deren Nutzerinnen und Nutzer ganzheitlich gedacht. Ein weiterer interessanter Punkt: Die Brückenbrüder gab es vielerorts, doch war ihre Anwesenheit in den Städten nie mit einer wirtschaftlich führenden Rolle verknüpft. Sie waren da. Und sie haben zentrale Funktionen für die Gemeinschaft erbracht. Sie haben den Unterhalt der Brücke sichergestellt, die Versorgung der Reisenden und die Pflege der unterwegs in der Fremde Erkrankten übernommen. Auch um die Verarmten haben sie sich gekümmert, die ja andernfalls als Bettler die sozialen Probleme der Kommunen verschärft hätten. Dass sie diese Aufgaben nie zu einem wirtschaftlich bedeutenden Industriezweig ausbauten, war möglicherweise das

Geheimrezept ihrer Nachhaltigkeit. Man wollte nicht wirtschaftlich erfolgreich sein. Die Aufgabe dieser Unternehmen war die Ermöglichung von Austausch und Zirkulation (Brücke), verbunden mit Gastfreundschaft, Nächstenliebe (Gasthaus und Hospital) und Wertschätzung (Kapelle, in der die Bedeutung dieser Aufgaben als Arbeit für das Seelenheil anerkannt und aufgewertet wurde).

5.2. Nachhaltigkeit in Kultur und Soziales – Ohne Ablass kein Michelangelo

Als im späten 10. Jahrhundert der Abt Goffredus von Crowland in East Anglia ratlos vor den Trümmern seines niedergebrannten Klosters stand, kam ihm plötzlich eine geniale Idee zur Finanzierung des Wiederaufbaus. Er bat die englischen Bischöfe, Ablässe für den Neubau auszustellen. Die Bischöfe kamen der Bitte nach und gewährten allen, die einen Beitrag zum Wiederaufbau von Crowland leisteten, sei es durch Spenden, Arbeitsdienste oder die Bereitstellung von Baumaterial, einen Nachlass von einem Drittel ihrer zeitlichen Sündenstrafe. Goffredus schätzte den Geldbedarf offenbar realistisch ein und schickte Mönche nach England, Schottland, Irland, Frankreich, Flandern, Dänemark und Norwegen, um diesen Ablass bekannt zu machen. Mit Reliquien des heiligen Guthlac von Growland sowie Abschriften der bischöflichen Urkunden im Gepäck reisten sie durch alle Länder, um Geld für den Wiederaufbau ihres Klosters in East Anglia zu sammeln.[273] Das machte Schule. Künftig wurden der Bau von Kirchen und andere gemeinnützige Projekte durch den Verkauf von Ablässen unterstützt. Man machte es den Menschen leicht, für eine gute Sache zu spenden, indem man von Ort zu Ort zog, das neue Projekt kommunizierte und die einzelnen Schritte erläuterte, samt den Vorarbeiten, die alle schon erbracht worden waren. Um umständliche Bürokratie zu vermeiden, konnten die Menschen direkt, quasi mit nur einem Klick, spenden, denn die Sammelbüchsen wurden von Haus zu Haus getragen. Außerdem ließ man sich – um Missbrauch vorzubeugen – das Projekt von offizieller Stelle zertifizieren. Meist war dafür der Bischof und später auch der Papst zuständig. Die Mittel flossen großteils in Infrastrukturprojekte, Kultur und Kunst, aber auch in Einrichtungen der Armenfürsorge.[274]

Das mittelalterliche »Geschäft mit der Sünde« (Christiane Laudage) wird manchmal mit dem Emissionshandel verglichen.[275] So wie der CO_2-Ausstoß heute, ließ sich im Mittelalter die Freisetzung von Sünden nicht gänzlich vermeiden, also musste man diese regulieren. Und so wie Zertifikate heute als Anreize gedacht sind, den CO_2-Ausstoß zu drosseln, so sollten Ablassbriefe Anreize bieten, die Emission von Sünde insgesamt zu verringern. Etwas weniger tagesaktuell erklärt beruhte der Ablass auf der Annahme, dass es dem Menschen unmöglich sei, ein Leben zu führen, ohne anderen, sich selbst oder seiner Umwelt zu schaden. Die Kirche sprach von Sünde oder Schuld und hielt diese für unvermeidlich. Schadensbegrenzung konnte durch Bußleistungen geschehen, gewissermaßen als Kompensation für den unvermeidlich angerichteten Schaden. Diese bestand in Gebeten und guten Werken, etwa in der Sorge für Kranke, Gefangene oder Flüchtlinge. Schon früh kam die Idee der Übertragbarkeit dieser Bußleistungen auf: Personen, die keine Zeit hatten, selbst zu beten oder sich um Kranke und Bedürftige zu kümmern, konnten andere dafür bezahlen, an ihrer statt Bußleistungen zu vollbringen. Im Laufe des 12. Jahrhunderts wurde dieses Konzept auch auf Verstorbene erweitert, also auf die, die im Fegefeuer büßten – eine Vorstellung, die damals ganz neu aufgekommen war. Auch post mortem konnten Bußschulden von den Nachkommen noch abgezahlt und damit die Tage der Verwandten im Fegefeuer verringert werden.[276]

Die Ablassgelder wurden in generationenübergreifende Projekte investiert, etwa in Stiftungen, von deren Erträgen das Gehalt für das Pflegepersonal in den Krankenhäusern finanziert wurde. Denn diese verrichteten ja die guten Werke, die man sich mit dem Ablass erkauft hatte. Das galt auch für andere Tätigkeiten in den Bereichen Soziales, Infrastruktur, Kultur. Einige konkrete Beispiele werden hier kurz vorgestellt:[277]

Die Magdalenerinnen – ein Orden ehemaliger Prostituierter

Die Magdalenerinnen, in Deutschland nach ihrer Kleidung auch »Weiße Frauen« genannt, waren einer der bemerkenswertesten religiösen Orden des Mittelalters, denn sie entstanden aus dem Zusammenschluss ehemaliger Prostituierter. Ihr Anliegen war die Resozialisation von Sexarbeiterinnen, deren Zahl in den immer größer werdenden Städten erheblich zugenommen hatte. Auch damals war die Versorgung dieser Frauen im Falle von Krankheit und besonders im Alter ein Problem. Immer wieder stößt man auf Hinweise darauf, dass die Gesellschaft hier ratlos war. So hat zum Beispiel Papst Innozenz III. (1198–1216) im frühen 13. Jahrhundert ein Schreiben an die ganze Christenheit gerichtet, worin er jedem Mann vollständige Vergebung seiner Sünden zusagte, wenn er eine Frau aus dem Bordell befreite, sie heiratete und so ihre Versorgung sicherstellte. Allerdings lässt sich die Wirksamkeit dieser Maßnahme heute nicht mehr messen. Ein Jahrzehnt später unter Papst Gregor IX. waren weitere Möglichkeiten hinzugekommen, denn zwischenzeitlich hatten sich in vielen Städten lokale Initiativen gebildet. Der Hildesheimer Kanoniker Rudolf widmete sich dem Problem und forcierte die Gründung dieses Ordens ehemaliger Prostituierter. Das erste Haus entstand vermutlich in Worms. Der Papst war einverstanden, lobte das Unternehmen und stellte sich hinter das Projekt, das natürlich von vielen sehr kritisch beäugt wurde. Im Sommer 1228 stellte Gregor IX. ein Schreiben aus, in dem er die Gemeinschaft unter seinen besonderen Schutz stellte, und verlieh einen Ablass von 20 Tagen für alle Gläubigen in der Kirchenprovinz Mainz, die die Kirchen der Magdalenerinnen an Mariae Himmelfahrt und Mariae Verkündigung sowie am Festtag der Maria Magdalena besuchten. So galt einer der ersten päpstlichen Ablässe in Deutschland der

Förderung eines sehr umstrittenen Projekts, denn die ehemaligen Prostituierten hatten es auch als fromme Frauen nicht leicht. Ja, in Köln legte der Abt des Benediktinerklosters St. Pantaleon Beschwerde beim Papst ein, als die Magdalenerinnen in seiner Nachbarschaft eine Niederlassung gründen wollten. Daher hatten die Frauen internationale Unterstützung bitter nötig. Insgesamt spendete Papst Gregor IX. zwischen 1228 und 1237 neun Ablässe für einzelne Klöster und elf für den gesamten Orden der Magdalenerinnen, also insgesamt 20 Ablässe. Er wollte damit zum einen die materielle Not der Klöster, zum anderen die Vorurteile gegen die Gemeinschaften ehemaliger Prostituierter lindern und ihnen zu größerer Akzeptanz in der Gesellschaft verhelfen. Der Hildesheimer Kanoniker Rudolf wurde übrigens im Jahr 1237 wegen nicht näher benannter Verfehlungen seines Amtes enthoben.[278]

Ablassgelder für Krankenhäuser, Gastfreundschaft, Gefangenenfreikauf und Bildung

Auch andere soziale Projekte, die von einzelnen Gruppen und Organisationen vorangetrieben wurden und sich hauptsächlich durch Spenden finanzierten, erbaten beim Papst Unterstützung durch Ablässe. Krankenhäuser wurden überwiegend von Gemeinschaften betrieben, die entsprechend dem damals üblichen Modell als Orden organisiert waren, am bekanntesten vielleicht die Johanniter und die Deutschordensherren. Das größte Netzwerk unterhielt jedoch der Hospitalorden vom Heilig-Geist mit Sitz in Sassia in Rom mit einem Netzwerk von mehr als 750 Niederlassungen in ganz Europa, von Sizilien bis nach Skandinavien. Seine nördlichste Niederlassung wurde vor Kurzem in Halsnøy in Norwegen identifiziert.[279] Sein nachhaltiger auch wirtschaftlicher Erfolg als Betreiber von Krankenhäusern basierte auf den effizienten Sammelmethoden, die seit der Gründung im frühen 13. Jahrhundert durch Ablässe unterstützt wurden. Hinzu kam die Möglichkeit, in die Laienbruderschaft des Ordens einzutreten. Ein weiterer Trumpf. Denn die Mitglieder hatten damit unmittelbar teil an den spirituellen Verdiensten des Mutterhauses und des gesamten Ordens, die dort in Form von Gebeten und vor allem durch Hospitaldienste erbracht wurden. Angesichts der beachtlichen Größe des Ordens und der unzähligen guten Werke, die in den Krankenhäusern tagtäglich erbracht wurden, war man als Mitglied in der Bruderschaft des Ordens ziemlich gut abgesichert. Denn das karitative Grundkapital, an dem man partizipierte, stieg ja tagtäglich an. Dafür zahlte man lediglich eine einmalige Aufnahmegebühr und danach jährliche Mitgliedsbeiträge zur Unterstützung der Arbeit des Hospitalordens. Im Gegenzug erhielt man die Teilhabe an der internationalen Gemeinchaft.

Ablassgelder für Brücken, Straßen und Deiche

Nicht nur in Avignon wurde die Einwerbung von Spenden durch die Gewährung von bischöflichen und päpstlichen Ablässen unterstützt.[280] Der älteste Beleg für einen Brückenablass in Deutschland stammt aus Donauwörth. Hier plante Kaiser Friedrich II. im Jahr 1220, die hölzerne Brücke über die Donau durch eine steinerne zu ersetzen, und sicherte sich für sein Unterfangen religiösen Beistand. Aus dem Jahr 1229 ist ein Ablass des Bischofs von Eichstätt überliefert: Jedem, der für die steinerne Brücke spendete oder sich gar selbst an den Bauarbeiten beteiligte, erhielt Bußerleichterung von 30 Tagen. Ähnlich bei den Brücken in Esslingen (über den Neckar), in Dietz (über die Lahn) oder in Koblenz (über die Mosel) – überall wurde die Finanzierung durch Ablässe unterstützt.

In der Diözese Exeter wurden Ablässe zur Unterstützung der Finanzierung von 69 Brücken, Straßen, Häfen und Stadtbefestigungen für die Jahre zwischen 1351 und 1536 erteilt. Das gilt auch für Brücken und Befestigungsanlagen in York, Durham, Nottingham und zahlreichen anderen Städten Englands.[281] Als die Stadt Vechelde im Landkreis Peine im Jahr 1281 den langen Damm erneuern musste, stellte der Bischof von Hildesheim einen Ablass zur Unterstützung der Arbeiten aus, mit explizitem Hinweis auf die vielfachen Gefahren für Mensch und Lasttier. Es sei daher ein Werk der Barmherzigkeit, die Reparaturen der gefährlichen Straßen eifrig zu betreiben. Im Jahr 1306 stellte Bischof Olav von Roskilde einen Ablass für Hilfe und Spenden beim Bau von Hafenmauern und Leuchttürmen aus. Er unterstützte damit die Menschen auf der Insel Rügen beim Sammeln von finanziellen Mitteln. Auch wurden immer wieder Ablässe zur Hilfe und Rettung Schiffbrüchiger ausgestellt. Am 7. September des Jahres 1515 erhielt der Habsburger Kaiser Karl V. (1500–1558), damals noch Herzog der burgundischen Niederlande, einen beim Papst erbetenen Ablass für Brabant, Flandern, Holland, Seeland und Friesland zur Unterstützung des Deichbaus. Denn große Fluten hatten in den Jahren 1508, 1509 und 1514 ganze Ortschaften zerstört. Die Deichanlagen waren in desolatem Zustand, und es lag nahe, ihre Ausbesserung als frommes Werk zur Rettung der Küstenbewohner zu deklarieren. Auch machte diese Zweckbestimmung die Ablasskampagne für die Bevölkerung deutlich attraktiver als die von der Kirche ursprünglich vorgesehene Sammlung zur Finanzierung des Petersdoms in Rom. Karl hatte mit dem Papst verhandelt und für seine Gebiete in den Niederlanden die Umwidmung des Ablasszweckes erwirkt. Die heimatliche Verortung erhöhte die Aussicht auf Einnahmen, und tatsächlich kamen in den folgenden drei Jahren 180 000 Gulden zusammen. Allerdings fragten sich schon die Zeitgenossen, ob das Geld tatsächlich in den Deichbau floss oder nicht doch für andere Zwecke verwendet wurde.[282]

Ort/Stadt	Brücke, Deich	Datum	Ort/Stadt	Brücke, Deich	Datum
Fucecchio	Arno	1159 / 1314	Nottingham	Hoybelbrücke	1230
Terracina	Hafen?	1223	Wetherby	Wharfe	1233
Pisa	im Hafen	1185	Doncaster	Don	1279
Lavagna	Entella	1253/4	Mattersey	Idle	1284
Bologna	Reno	1186/7	Stamford	Wellland	1286/95
Bonpas	Durance	1064 / 1189	Gloucester	Severn	1286/95
Dep. Vaucluse	Durance	ab 1064	Wheredale	Whytton	1313
Noves	Durance	1316	Auckland	Were	1314
Castellane	Verdon	1404	Botyton	Hafen?	1314
Avignon	Rhone	1188/1319/1431	Billingham	Tees	1314
Lyon	Rhone	1184/1245/1254	Boston	Witham	1314
Pont-Saint-Esprit	Rhone	1265/1307/1319	Carleton	Ribble	1316
Vienne	Rhone	1321	Hatley	Brücke?	1316
Grenoble	Isére	1219	Vechelde	Brücke?	1281
Alais	Gardon	1308	Stavoren	Deich	1328
Carjac	Lot	1222	Hiddensee	Leuchtturm	1306
Entraygues	Lot	1269	Reval	Hafen	1336
Rodez	Aveyron	1339	Neapel	Deich im Hafen	1302
Larunde	Brücke	1305	Aquileia	Deich	1317
Montpellier	Lez	1267	Lübeck	„Großer Wall"	1241
Saumur	Loire	1184			
Nevers	Loire	1306			
Nantes	Loire	1310			
Talavera	Tajo	1222			
Donauwörth	Donau	1220/1229			
Wels	Traun	1236			
Esslingen	Neckar	1286			
Frankfurt	Main	1300			
Maastrich	Maas	1284			
Koblenz	Mosel	1343			
Dresden	Elbe	1275			
Durham	Elvetbrücke	1225			
Grafschaft York	Otleybrücke	1228			
Podesmed?	Deich & Brücke	1228			

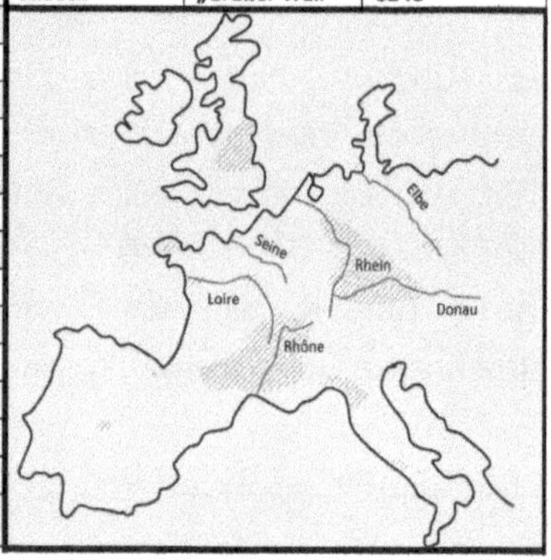

Abb. 5: Überblick zu den Brücken und Deichen, die über Ablässe zumindest teilfinanziert wurden.

Verwendungszweck Frieden

Ablässe wurden auch als Anreize für friedliches Verhalten gewährt.[283] Wiederholt wurden Ablässe für Friedfertigkeit ausgestellt, also für den Verzicht auf die Freisetzung von Sünde in Form von Rache, Blutfehden und militärischen Auseinandersetzungen. Im Jahr 1092 wurde auf einer Diözesansynode in Reims all jenen, die den Frieden hielten, Bußerlass für eine besonders schwere Sünde versprochen – das konnte eine schöne Entlastung bedeuten, je nachdem wie das persönliche Sündenregister aussah. In Konstanz setzte der Bischof im Oktober des Jahres 1105 einen Gottesfrieden bis Pfingsten im darauffolgenden Jahr fest. Auch für den Erhalt des sozialen Friedens, etwa durch Armenspeisungen, Gebete oder den Schutz von Frauen und Kindern, wurden Ablässe angeboten. Zugleich wurde auch jenen, die gegen Friedensbrecher militärisch vorgingen, ein Ablass gewährt. Selbst Schützengesellschaften verlieh man im Mittelalter Ablässe, denn sie bildeten das Herzstück der städtischen Verteidigung und leisteten damit einen wichtigen Beitrag zum Erhalt des Friedens auf kommunaler Ebene.[284] Sogar Städtebau wurde zum Teil über Ablässe finanziert, so ersuchte zum Beispiel die 1497 gegründete Bergwerkstadt Annaberg in Sachsen für ihr 20-jähriges Bestehen 1517 beim Papst um einen Jubiläumsablass.[285]

Ablass und vegane Ernährung – Die sogenannten Butterbriefe

In aller Regel kauft man sich einen Ablass gegen Sündenvergebung und zur Ersparnis von Bußtagen im Fegefeuer – entweder für sich selbst oder verstorbene Familienmitglieder oder Freunde. Doch gab es auch Ablässe für ganz spezifische Sünden, so zum Beispiel für die Nichteinhaltung der kirchlichen Fastengebote. Das mittelalterliche Kirchenjahr zählte, je nach Region, an die 120 Fastentage. In der Regel hieß das kein Fleisch, doch war es schon früh üblich geworden, an den Fast- und Abstinenztagen, vor allem in den 40 Tagen vor Ostern, nicht nur auf Fleisch, sondern auch auf Eier- und Milchspeisen zu verzichten. Butter, Käse und Milch wurden in den sogenannten Laktizinien gemieden.[286] Die Menschen legten also regelmäßig mindestens einmal im Jahr eine vegane Phase ein. Freilich konnte man Ausnahmen machen. Ein grandioser Zug an den Gesetzen der mittelalterlichen Kirche ist der, dass es für alles immer Ausnahmen gab. Stets wurden Sonderfälle mitbedacht, so auch für Speisevorschriften im Hinblick auf Milchprodukte. Man konnte sich von dieser Verpflichtung dispensieren, also entbinden, gewissermaßen beurlauben lassen. Zum Beispiel dann, wenn Milchprodukte die nahezu einzig verfügbaren Nahrungsmittel waren oder der Fischfang zu mager ausfiel. Seit dem 14. Jahrhundert wurden solche Dispense auch von der Päpstlichen Pönitentiarie erteilt, die Verbindung mit einem Ablassbrief ist zum ersten Mal unter Papst Clemens IV. im Jahr 1343 belegt. Die im heutigen Deutschland tätigen »Ablasskommissäre« waren ermächtigt worden, gegen eine kleine Zusatzsteuer für Ablässe zu Kreuzzugszwecken den Genuss von Milch- und Eierspeisen an allen Festtagen der Fastenzeit, außer dem Sonntag Quadragesimo, zu bewilligen. Die Erzbischöfe von Trier und Köln erwarben dieses Privileg im folgenden Jahr für ihre Kirchenprovinzen, und zwar auf alle Zeit. Der Erzbischof von Mainz stand zu der Zeit in Opposition zum Papst und scherte sich wenig um päpstliche Gnaden, kaufte also diesen Ablass nicht. Diese Laktiziniendispense, die man in den deutschen Gebieten auch Butterbriefe nannte, waren bei den Menschen sehr beliebt. Sie spendeten dafür gerne einen Beitrag zu einem kirchlichen oder gemeinnützigen Projekt. Ein Teil der Einnahmen, in der Regel ein Viertel, sollte nach Rom gehen – und zwar zur Finanzierung der Peterskirche. Als im Jahr 1547 in einer nach Bologna verlegten Sitzung des Konzils von Trient die Beseitigung des Ablasswesens in Angriff genommen wurde, beschloss man, auch die Butterbriefe abzuschaffen, sehr zum Verdruss der spanischen und portugiesischen Bischöfe. Denn in ihren Provinzen hatte man schon immer das gute Essen geschätzt, und Ausnahmen von den Fastengeboten waren der Hauptgrund dafür, Ablässe zu kaufen.[287]

Kunst – Die Hochrenaissance und der Petersdom in Rom

Bei Lichte besehen war die kulturelle Blüte der Renaissance das Ergebnis einer massiven umlagenfinanzierten Form der Kulturförderung. Das Finanzinstrument, das hier zum Einsatz kam, hieß Ablass. Donato Bramante (1444–1514), Giuliano da Sangallo (1445–1516) und Michelangelo Buonarroti (1475–1564) waren die Stararchitekten der Renaissance in Italien. Zu Lebzeiten standen sie in einer teils gleichgültigen, teils missgünstigen Konkurrenz zueinander. Doch eines hatten sie gemeinsam: Sie waren teuer. Dasselbe traf für ihre Kunstwerke und Bauten zu, doch scheint dies angesichts der künstlerischen Ausnahmeleistungen dieser Epoche heute irrelevant.

Zu den bemerkenswertesten Bauwerken dieser Epoche zählt der Petersdom in Rom. Nacheinander haben sich alle der drei großen Stars hier verwirklicht. Unter Papst Julius II. fand am 18. April 1506 die Grundsteinlegung statt. Der Papst hatte – sehr zum Ärger von Sangallo und Michelangelo – Donato Bramante

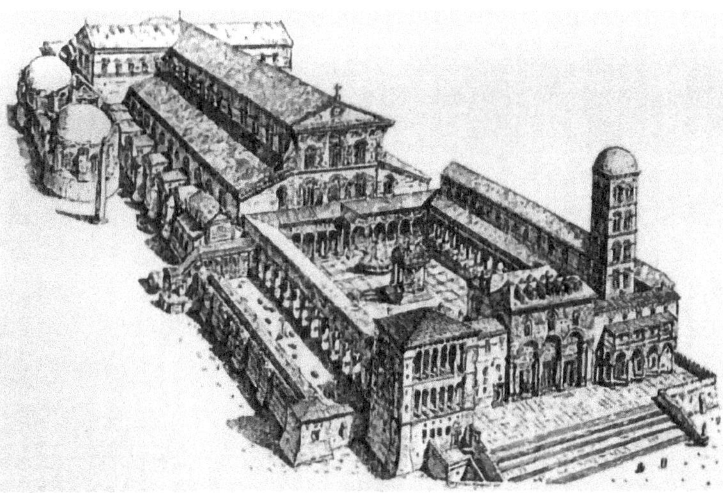

Abb. 6: Rekonstruktion von Alt-Sankt-Peter vor dem Pontifikat Julius II., 1503.

als Architekt für die neue Kirche gewählt. Denn Bramante war es gelungen, den Papst davon zu überzeugen, dass der neue Petersdom ein Zentralbau mit einer Kuppel gleich der des römischen Pantheons sein müsste. Julius II., der seinen Namen wohl eher nach Julius Caesar als nach einem der christlichen Heiligen gewählt hatte, war begeistert. Alt-Sankt-Peter war schnell abgerissen, und zunächst verliefen auch die Arbeiten am Neubau zügig, doch scheint Bramante seine Pläne immer wieder geändert zu haben. Als er im Jahr 1514 verstarb, ein Jahr nach seinem Auftraggeber Papst Julius II., hinterließ er vier Kuppelpfeiler und eine gigantische Baustelle. Unter Papst Leo X. und seinen Nachfolgern wurden verschiedene Architekten eingestellt, darunter Raffael, dann der Sohn von Sangallo, der jedoch seine ganze Energie in den Bau eines hölzernen Modells seiner Pläne investierte, statt auf der Baustelle die Arbeit voranzutreiben. Schließlich übernahm im Jahr 1546 Michelangelo die Baustellenleitung und brachte, seiner 72 Jahre zum Trotz, wieder ordentlich Schwung in den Laden. Als Erstes ließ er sich vom amtierenden Papst weitgehende Vollmachten und die »Lizenz zur Zerstörung« erteilen. Alle anderen Architekten, inklusive Baustellenleiter, wurden gefeuert, die Pläne der Vorgänger verworfen mit dem Argument, man müsse wieder zum eigentlichen Entwurf Bramantes zurückkehren.

Mit dem Großteil der Bauruine ließ er wohlgemerkt auch zwei der Pfeiler von Bramante abreißen. Am zentralen Kuppelbau hielt er allerdings fest. Als Michelangelo nach fast 20 Jahren Baustellenleitung 89-jährig verstarb, waren die Mauern des Peterdoms so weit hochgezogen, dass die Arbeit an der Kuppel beginnen konnte. Unter seinem Nachfolger Giacomo de la Porta wurde sie 1593 vollendet. Im Jahr 1626, nach Fertigstellung des Langhauses und der Fassade, wurde der Dom unter Papst Urban VIII. eingeweiht.[288]

So weit der kurze Abriss zum Bau des Petersdoms, um eine Vorstellung von den gigantischen Ausmaßen dieses Vorhabens zu gewinnen. Und natürlich war ein solches Projekt teuer. Auch in der Renaissance arbeiteten Stararchitekten nicht für Gotteslohn. Michelangelo soll in seinen besten Zeiten mehr als das 20-Fache seiner Kollegen verdient haben.[289] Kunstförderung war kostspielig, und außergewöhnliche Künstler erfordern außergewöhnliche Maßnahmen. Daher erteilte Papst Julius II. ein Jahr nach der Grundsteinlegung, am 12. Februar 1507, einen Ablass für Spenden zum Bau des Petersdoms, um die Gelder für das gigantische Bauvorhaben zusammenzubringen. Im November desselben Jahres wurde der zunächst für ein Jahr geplante Ablass entfristet und in eine europaweite Kampagne umgewandelt. Eine folgenschwere und geschichtsträchtige Kampagne, die schließlich zum Auslöser der Reformation wurde.[290] Angesichts der alles dominierenden Kritik am Petersablass wird seine Bedeutung für die Ermöglichung der Renaissance oft ausgeblendet. Es will nicht so recht zusammenpassen, dass der Ausgang der Menschheit aus dem finsteren Mittelalter ausgerechnet durch die mittelalterlichste aller Institutionen, nämlich das Papsttum gefördert wurde. Wenn hier also behauptet wird, dass mit dem Ablass Kapital in nachhaltige Projekte zugunsten zukünftiger Generationen gelenkt wurde, dann darf die Kunst der Renaissance als das wahrlich schönste Argument für diese These gelten.

Die zeitgenössische Kritik – Crowdfunding oder organisierter Bettel?

Die Kritik am Ablass ist so alt wie der Ablass selbst. Vor allem unter Theologen war der Unmut von Anfang an groß. Im 12. Jahrhundert schimpfte Petrus Abaelard, selbst kein Kind von Traurigkeit und berühmt für ein romantisches Verhältnis, das er als renommierter Pariser Professor mit seiner jungen Studentin Heloise unterhielt. Doch dieser Theologe äußert sich empört darüber, wie Pfarrer und Bischöfe bei Feierlichkeiten, wenn sie eine große Volksmenge beisammenhatten, von der sie einen reichen Spendeneingang erwarteten, ganz verschwenderisch mit der Ermäßigung der Buße umgingen, den Menschen das Blaue vom Himmel herunter versprachen, und alles nur aus reiner Begehrlichkeit.[291] Allerdings hielt sich zu seiner Zeit das »Geschäft mit der Sünde« noch in Grenzen. Richtig in Fahrt kam dieses Finanzierungsmodell im 14. Jahrhundert mit der Einführung des Jubeljahrs durch Papst Bonifaz VIII. und den damit verbundenen Jubelablässen für Pilgerreisende.[292] Diese Jubiläumsfeiern erwiesen sich als wahre Gelddruckmaschinen. Und so verkürzte man die Jubeljahre immer weiter, zunächst auf 50, dann auf 33 Jahre, und schließlich kam man auf die Idee, für Gläubige, die keine Zeit für eine Romreise hatten, *ad-instar*-Ablässe zu gewähren – wörtlich »An-Stelle-von(-Rom)« –, die man in ganz Europa erwerben und auch wieder veräußern konnte. Damit war der Weg frei zum Handel mit Ablassbriefen, die nun wie Wertpapiere auf dem Finanzmarkt zirkulierten. Eine wichtige Voraussetzung dafür war die Erfindung des Buchdrucks im 15. Jahrhundert, denn dieser ermöglichte die serielle Herstellung der Briefe. Während bisher der Bußnachlass gegen eine Spende erhältlich war, setzte man nun Preise fest. Dezentral, in Abhängigkeit von der örtlichen Nachfrage. Kommissare, Unterkommissare und Questoren wurden eingestellt, deren Gehaltslisten man noch heute einsehen kann. Man steckte Grenzen ab und teilte die Welt in Sammelbezirke ein, für die entsprechende Sammellizenzen erteilt wurden. An der Kurie richtete man eine eigene Finanzabteilung für die Ablassgelder (Indulgenzerträge) ein. So war die Ablassschwemme des späten 15. Jahrhunderts im Grunde genommen eine Folge des freien Marktes. Sie entstand durch erhöhte Nachfrage, die ihrerseits durch die Ausweitung des Wirkungsbereiches von Jubiläumsablässen erzeugt wurde. Nachgefragt wurden diese Ablässe in ganz Europa, von Fürsten, Städten, Bruderschaften, die sich eifrig darum bewarben, den römischen Plenarablass auf Kirchen in ihrem Gebiet übertragen zu dürfen und somit Anreize zu schaffen, in ihren Territorien Gelder zu akquirieren.

Risiken und Nebenwirkungen der Crowdfinanzierung

Lässt man sich darauf ein, den Ablasshandel als eine mittelalterliche Form der Schwarmfinanzierung zu verstehen – eine Sicht, die sich in der jüngeren Forschung immer mehr durchsetzt –, dann ist es Zeit, einige sehr konkrete Lehren aus der Geschichte im Umgang mit dieser wiederentdeckten Finanzierungsmethode zu ziehen.[293]

Man sollte es nicht übertreiben, denn die Menge (*crowd*) könnte die Lust verlieren, so geschehen im Falle des Petersablasses. Dabei hatte Papst Julius II., als er den Ablass im Februar 1507 ausrief, keinerlei Bedenken, war sich der Gefahr der Übertreibung gar nicht bewusst. Er nutzte lediglich ein bewährtes Finanzinstrument. Doch der Unmut der Mengen, insbesondere im Kirchenvolk, wurde immer lauter. Ein Chronist berichtet unbefangen, die beauftragten Organisatoren »hatten nicht Lust«, an den Sammelaktionen zugunsten »römischer Pracht« teilzunehmen und die »bloße Geldschinderei« weiter zu unterstützen.[294] Wer Schwarmfinanzierung betreibt, sollte Schwarmintelligenz nicht unterschätzen. Die Crowd reagiert sensibel auf den Unterschied zwischen sozial-karitativ lokalen Projekten und zentralistisch dirigierter Kapitalanhäufung.[295] Auch schadete zu viel Konkurrenz dem Sammelgeschäft. Die vielen mittelalterlichen Crowdfunder machten sich gegenseitig die Reviere streitig, so waren Sammelaktionen für die Spitäler des Heilig-Geist-

Ordens von den Antonitern – ebenfalls Betreiber von Hospitälern – nicht gerne gesehen.[296] Auch die Kontrolle des Crowdfunding-Markts war ein Problem. Zwar gab es Zertifikate, auch brauchte jeder Kollektor eine Sammelerlaubnis, doch die konnte man fälschen. Man hatte Angst vor Betrügern, die nur angeblich im Namen einer wohltätigen Institution sammelten. Ganz besonders den Ortspriestern waren die Almosensammler und Ablassprediger ein Dorn im Auge, und immer öfter verweigerten sie diesen den Zutritt zu ihren Pfarreien.[297] Schließlich geriet der Ablass zum Auslöser der Reformation, und die Kirche verlor eine lukrative Einnahmequelle für ihre Anliegen. Wir haben gesehen, dass in der Zeit vor den Exzessen seit dem 15. Jahrhundert durchaus wichtige Projekte im Bereich sozialer Nachhaltigkeit über den Ablass finanziert wurden. Damit war nun Schluss. Nun begann die Zeit der Lotterien, die in den Städten Europas Einzug hielten und eine wichtige Rolle bei der Finanzierung gemeinnütziger Projekte übernahmen.[298]

5.3. Sozialer Wohnungsbau in Augsburg – Die Fuggerei

Jakob Fugger (1469–1525) war zweifellos einer der reichsten Menschen seiner Zeit.[299] Sein Unternehmen war mit dem Aufstieg der Barchentweberei im späten 14. Jahrhundert groß geworden. Barchent war ein Leinen-Baumwoll-Gewebe, das im Gegensatz zu reinen Leinenstoffen zwei große Vorteile hatte: Der Stoff war weicher und daher angenehmer zu tragen. Überdies ließ sich Baumwolle viel besser färben als Leinen, die Barchentstoffe zeichneten sich daher durch intensive Farbigkeit aus. Während Flachs als Rohstoff für Leinen fast überall in Westeuropa angebaut werden konnte, wuchs Baumwolle nur im Mittelmeerraum, bevorzugt in Süditalien, Syrien, Zypern, in der Türkei oder in Ägypten. Venedig war ein wichtiger Umschlaghafen für den zunehmend begehrten Rohstoff. Augsburg lag verkehrsgünstig an der Route über den Brenner nach Venedig. Und da der einfache Weber den Rohstoff Baumwolle nicht selbst aus so weiter Ferne holen konnte, übernahmen Baumwollhändler den Großeinkauf in Venedig und den Einzelverkauf vor Ort. Ein Händler »verlegte« den Webern Baumwollgarne, das heißt, er versorgte sie mit Rohstoffen, schoss ihnen das Arbeitsmaterial vor und kümmerte sich dann um den Absatz der Stoffe. Die Rohstoffe wurden quasi als Kredit in Vorleistung dem Weber zur Verfügung gestellt und die Kosten dann im Nachhinein von dem Preis, den der Händler für die Stoffe zahlte, abgezogen. Hier entstand eine neue Form des Zusammenspiels zwischen Produktion und Vermarktung, das sogenannte spätmittelalterliche Verlagssystem. Ein »Verleger« organisiert zentral Rohstoffversorgung und Vertrieb für die dezentral arbeitenden Produktionsbetriebe der Handwerker. Damit verbunden war ein bedeutender organisatorischer Rationalisierungsschub, mit dem sich – wie die Fugger bewiesen – die Gewinnmargen enorm steigern ließen. Die neuen Produkte waren heiß begehrt und fanden reißenden Absatz, egal ob an der Kurie für die Gewänder der Kardinäle, für Unterkleider unter den Rüstungen der Krieger oder für die Strümpfe der englischen Königin. Es entwickelte sich ein florierender Barchenttuchmarkt, auf dem Firmen wie Fugger, Welser und Meuting die Führung übernahmen.[300]

Im Laufe des 15. Jahrhunderts entwickelte sich aus dem Barchentgewerbe der Fugger eine große Handelsgesellschaft und schließlich ein Firmenzweig, der sich dem Finanzgeschäft widmete. Als Bankhaus zählten die Fugger zu den größten Gewinnern des Ablasshandels, denn sie waren die führenden Finanzdienstleister der Kurie in Rom. Die gesammelten Ablassgelder mussten ja irgendwie in die Ewige Stadt kommen. Geldtransporte waren risikoreich und gefährlich. Zwar waren römische Kollektoren es gewohnt, selbst mit dem Transport von so unhandlichen Zahlungsmitteln wie Robbenfellen und Walrosszähnen als Zehntzahlungen aus Grönland klarzukommen, doch stieg man im Laufe des 15. Jahrhunderts zunehmend auf bar-

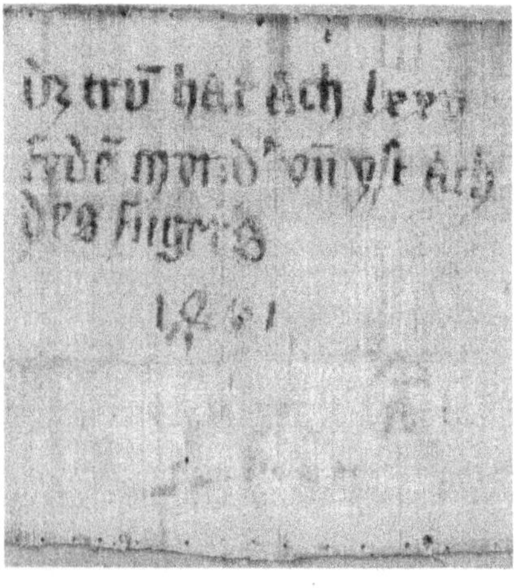

Abb. 7: Barchentstück Conrad Fuggers von 1461.

Abb. 8: Das Weberhandwerk zur Zeit des Aufstiegs der Fugger (14. Jahrhundert).

geldlosen Transfer um und nahm dafür Banken wie die der Fugger in Anspruch.[301] Auch als Bankiers der Habsburger machte sich das Bankhaus Fugger zunehmend unentbehrlich, und ganz Europa – so scheint es – war bei den Augsburgern verschuldet.

Die Fuggerei – Ein Paradebeispiel nachhaltiger Stiftungskultur

Zum Selbstverständnis der Reichen gehörte auch im Mittelalter die Förderung gemeinnütziger Projekte. Die Fugger waren hier keine Ausnahme und investierten großzügig in Kultur, Kunst und Soziales. Sie bauten stattliche Bürgerhäuser und gaben damit

Abb. 9: Jakob Fugger der Reiche mit seinem Hauptbuchhalter Matthias Schwarz in der Goldenen Stube bei der Buchhaltung in der Unternehmenszentrale.

ihrer Heimatstadt ein repräsentatives städtisches Zentrum, sie förderten die Kunst, den Kirchenbau, die Grabkapelle bei St. Anna, beschäftigten Künstler wie Christoph Amberger oder Albrecht Dürer, stifteten Kirchenorgeln, zahlten Stellen für Musiker und Komponisten, unter anderem für Melchior Neusidler, investierten ihr Geld in Musikdrucke, zahlten für die Einrichtung kostbarer Bibliotheken und Sammlungen, richteten großzügig Spital- und Schulstiftungen ein und finanzierten auch Historiker.[302]

Doch erreichte keine dieser gemeinnützigen Aktivitäten den Bekanntheitsgrad der Fuggerei, die unter Jakob Fugger dem Reichen mit dem Stiftungsbrief aus dem Jahr 1521 »got zu lob vnd ern, auch armen taglönern vnd hanndtwerkhern zu hilff« gegründet wurde.[303] Das Hauptmotiv war laut Stiftungsbrief Dankbarkeit für die Güte und die glücklichen Umstände, die Gott ihm und seinem Unternehmen gewährt hatte. Jakob zählte sich selbst zu den Gewinnern des wirtschaftlichen Aufschwungs seiner Zeit, doch er war sich bewusst, dass es wie bei jedem Aufschwung auch Verlierer gab. Daher plante er langfristig und gut durchdacht ein ganz ungewöhnliches Wohnprojekt für verarmte Weber und Lohnarbeiter samt deren Familien: die Fuggerei.

Diese im Jahre 1521 eingerichtete Stiftung existiert seit nunmehr einem halben Jahrtausend. Sie funktioniert und trägt sich selbst als Stiftung bis heute und machte dabei Schule als Best-Practice-Modell im Bereich sozialer Wohnungsbau – hervorragend geeignet als Modellprojekt für Historical Corporate Social Responsibility (HCSR).[304]

Die Fuggerei – 500 Jahre sozialer Wohnungsbau am Kappenzipfel[305]

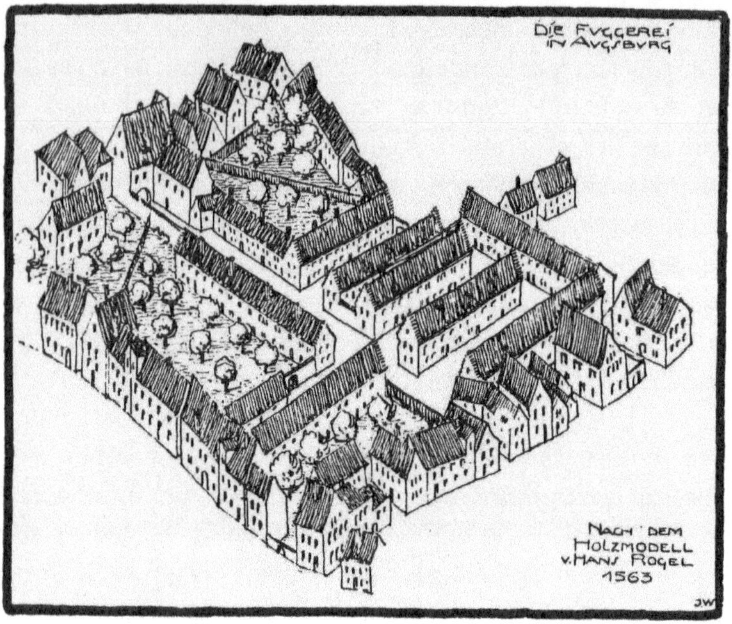

Abb. 10: Die Fuggerei in Augsburg um 1563. Nach dem Holzmodell der Stadt Augsburg von Hans Rogel d. Ä. 1563, Nachzeichnung.

Die ersten Schritte zur Gründung der Fuggerei unternahm Jakob Fugger nach dem Tod seiner beiden Brüder Georg (stirbt 1506) und Ulrich (stirbt 1510). In der Generalabrechnung aus dem Jahr 1511 legt er den Betrag von 15 000 Gulden für »fromme Stiftungen« zurück. Schon zuvor hatte die Gesellschaft ein Stiftungskonto unter dem Namen St. Ulrich geführt, doch erst der Tod der älteren Brüder hat Jakob dazu bewogen, die Sache voranzutreiben. Was er zunächst brauchte, war ein geeignetes Grundstück. Im Februar 1514 wurde er offenbar fündig. Von der Witwe Anna Strauß kaufte er vier Häuser mit Grundstücken und Garten samt Sommerhaus am »Kappenzipfel« in der damals noch recht dünn besiedelten Augsburger Vorstadt. Insgesamt kostete ihn das 900 Gulden. Zwei Jahre später, am 10. März 1516, kaufte Jakob vom Metzger Hans Zoller drei weitere Häuser mit Garten für 440 Gulden. Und noch im selben Jahr verhandelte er mit der Stadt Augsburg über Steuererleichterungen für seine geplante Wohnanlage. In der diesbezüglichen Korrespondenz mit der Stadt ist erstmals die Rede von einer Stiftung von Häusern für »etlich arm Dürfftig burger und inwoner zur Augspurg, handtwerkern, taglönern vnd anderen, so offenlich das almosen nit suchen«.[306] Jetzt wo das Grundstück gefunden war, konnten die Bauarbeiten beginnen. Jakob übertrug seinem bevorzugten Werkmeister Thomas Krebs die Bauleitung. Aus den Steuerbüchern wissen wir, dass noch im Jahr 1516 mit dem Abriss der alten Bebauung und mit dem Neubau begonnen wurde. Dass Krebs ein fähiger Bauleiter war, lässt sich daraus schließen, dass bereits im Folgejahr die ersten Häuser bezugsfertig waren. Insgesamt 42 Familien zogen am Kappenzipfel ein und wurden als steuerpflichtige Augsburger mit Wohnsitz in der Fuggerei registriert. 21 Häuser werden also in dieser ersten Phase erbaut. Im Jahr 1518 sind es bereits 33 Häuser und 1523 schließlich 52 mit 108 steuerpflichtigen Einwohnern. Seither wurden die Fuggerhäuser auch als eigener Steuerbezirk in den städtischen Büchern geführt.[307]

Die Wohnungen waren für damalige Verhältnisse großzügig, die Grundrisse gut durchdacht, und sie maßen zwischen 45 und 60 Quadratmeter mit Küche, Stube und ein bis zwei Kammern. Jedes Haus beherbergte zwei Wohneinheiten. Der Grundriss war so aufgebaut, dass ein schmaler gerader Flur von der Haustür quer durch das Haus zur Hintertür verlief, die direkt in den kleinen Garten führte. Dieser Direktzugang zum rückwärtigen Garten ist bei einer Reihenhaussiedlung unerlässlich und wurde gewissermaßen Standard für alle nachfolgenden Bautypen. Der durchlaufende Flur hat überdies den Vorteil einer guten Querlüftung des Hauses. Da die Häuser aufgrund des hohen Grundwasserspiegels keine Keller hatten, wurde gleich hinter dem Eingang eine kleine abgedeckte Frischhaltegrube in den Flurboden eingelassen. Links und rechts des Flures lag jeweils ein direkt zugängliches Zimmer. Links ist dies in der Regel die Wohn- und Essstube, dahinter die Küche, oft mit einer Durchreiche und Tür verbunden. Auf der rechten Seite lagen zwei in der Regel unbeheizte Schlafzimmer. Das vordere dieser beiden wurde durch den Treppenlauf in die Obergeschosswohnung etwas verkleinert. Unter dieser Treppenschräge war ein Abstellraum eingebaut. Jedes Zimmer hatte ein bis zwei Fenster. Die Wohnung im Obergeschoss war im Wesentlichen identisch. Auch hier führte der Flur quer durchs Haus, war jedoch etwas breiter als unten. Im Zuge späterer Umbauten wurde die Wohnstube um den vorderen Teil des Flures erweitert. In Verlängerung der von unten kommenden Treppe führte eine etwas steilere und schmalere in das Dachgeschoss, das den Bewohnern als Arbeits- und Abstellraum diente. Der hier vorgestellte Idealtyp wurde weitestgehend durchgehalten, und doch ist keine der Wohnungen absolut identisch. Insbesondere in der nördlichen Bebauung der mittleren Gasse hat der Baumeister mit verschiedenen Varianten des Grundtyps variiert.[308]

Die Unabhängigkeit der Mietparteien wurde durch zwei nebeneinander liegende, aber getrennte Eingangstüren gewährleistet. Eine Tür führte direkt über eine Treppe in das erste Obergeschoss. Jedes Häuschen verfügte über einen kleinen Garten angrenzend zur Erdgeschosswohnung, zum Stockwerk darüber gehörte das Dachgeschoss zur zusätzlichen Nutzung. Die Bewohner genossen auch den Komfort eines zentral gelegenen Brunnens und somit eine eigene Wasserversorgung. Des Weiteren

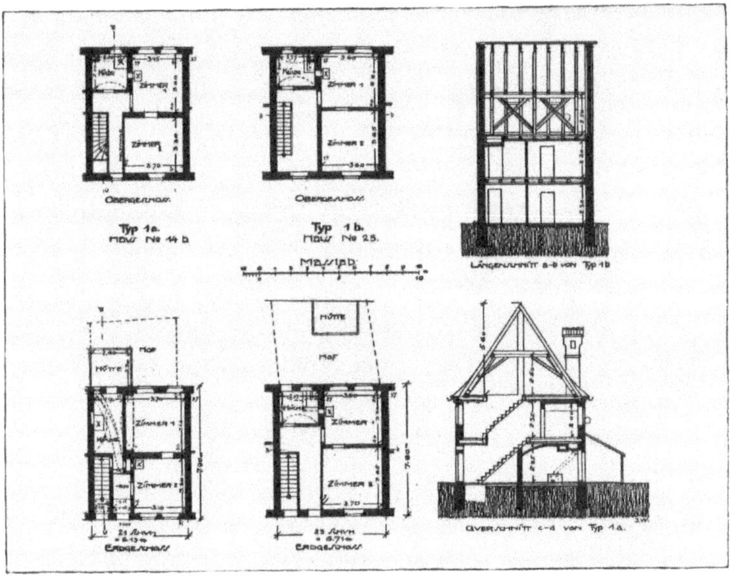

Abb. 11: Grundriss und Querschnitt einer Zwei-Zimmer-Wohneinheit nach den Aufnahmen des Baumeisters Franz Hörmann 1822.

gab es eine zentrale Waschküche, seit dem späten 17. Jahrhundert auch eine Schule, die vom Küster der St.-Anna-Kirche unterhalten wurde.

Miete

Die Miete betrug laut Stiftungsbrief aus dem Jahr 1521 genau 1 Gulden im Jahr! Ein halber Gulden war am 29. September (Michaelis) und der zweite halbe Gulden am 23. April (Georgstag) zu bezahlen. Der Rest der Miete wurde in Form von Gebeten für den Stifter bezahlt. Drei Gebete täglich, ein Vaterunser, ein Glaubensbekenntnis und ein Ave-Maria. Darüber hinaus wurde festgelegt, dass der Mieter für Schäden an der Wohnung selbst aufkommen musste »Vnd darzu ain Yeder, was er zerbricht, wider machen«.[309]

Im 16. Jahrhundert entsprach ein Gulden in etwa dem, was ein Lohnarbeiter in einem Monat verdiente. Die Miete in einer vergleichbaren, etwas später erbauten Wohnsiedlung für Schmiede betrug 12 Gulden im Jahr, was mit dem relativen Wohlstand dieser Zunft erklärt wird.[310] Der Mietzins war also anfangs sicherlich nicht nur symbolisch, sondern betrug immerhin ein Zwölftel des Jahreseinkommens vieler Bewohner. Überdies hatte er eine ganz praktische Begründung als Zahlung für allfällige Reparaturen und Kosten der Instandhaltung. Die Mieteinnahmen deckten ein Drittel der durchschnittlich anfallenden Kosten für den Erhalt der Siedlung. Diese Zwei- bis Dreizimmerwohnungen der historischen Fuggerei, die noch heute angemessenen Wohnkomfort bieten, gelten als die älteste Sozialsiedlung der Welt. Dass die Mieter heute im Jahr 88 Cent bezahlen, liegt daran, dass man auf der Basis eines Umrechnungskurses des rheinischen Guldens aus dem 19. Jahrhundert den Mietzins bis heute noch nicht angepasst hat. Im Mittelalter war der Gulden immerhin etwas mehr als eine rein symbolische Zahlung.[311]

Der älteste erhaltene Mietvertrag beziehungsweise die älteste Hausordnung stammt aus dem Jahr 1617. Er wurde von einem Herrn namens Friedrich Serl, Humanist und Briefmaler, wohnhaft im Oberen Gemach von Haus Nr. 45, unterschrieben.[312] Dieser verpflichtet sich, die Miete ordnungsgemäß zu zahlen und die Wohnung samt Einrichtung – genannt sind Fenster und Öfen – in gutem Zustand zu erhalten. Mängel oder Baufälligkeiten, die er selbst nicht beheben kann, meldet er unverzüglich dem Verwalter, um größeren Schaden zu vermeiden. Er verpflichtet sich weiter, ein friedliches und ehrbares Leben zu führen und für die Dauer des Mietverhältnisses in der Fuggerei keine weiteren Almosen in Anspruch zu nehmen. Untervermietung an Dritte ist nicht erlaubt. Allerdings scheint man hier Ausnahmen gemacht zu haben, denn aus einem Visitationsbericht aus dem Jahr 1624 geht hervor, dass in manchen Häusern Schüler zur Untermiete wohnten. Die Kündigungsfrist bei Verstoß gegen die Regeln beträgt acht Tage. Bei Auszug muss die Wohnung in gutem Zustand verlassen werden, alles, was im Haus ist, selbst angebautes Gemüse im Garten, muss dem Nachmieter hinterlassen und der anteilige Mietzins diesem bezahlt werden.

Sozial, familienfreundlich und divers

Zielgruppe der Stiftung waren »Hausarme«, so nannte man fleißige und doch unschuldig Verarmte, die weder Haus noch Werkstatt besaßen und sich nicht allein durch Ausübung ihres Berufs aus der Armut befreien konnten. Die Idee war es, den Familien wieder auf die Beine zu helfen, denn die Handwerker konnten in der Fuggerei ihren Berufen nachgehen und ihre Waren auf den umliegenden Märkten handeln. Damit ergriff Jakob Fugger eine Maßnahme gegen die zunehmende Verarmung der Handwerker. Denn der wirtschaftliche Aufschwung der Stadt Augsburg kannte nicht nur Gewinner. Das neue Verlagssystem war extrem effizient, doch es brachte viele selbstständig arbeitende Handwerker und ihre Familien in große Schwierigkeiten. Der Vertrieb der Produkte im Großhandel führte zu Dumpingpreisen, bei denen die Kleinen nicht mehr mithalten konnten. Die Fertigung in Lohnarbeit war für die Großunternehmer ein unschlagbarer Wettbewerbsvorteil, der die kleinen Handwerkerbetriebe über kurz oder lang in die Abhängigkeit eines Verlegers trieb. Und mit der Abhängigkeit stieg natürlich auch das Armutsrisiko, sei es durch krankheitsbedingte Ausfälle, sonstige vorübergehende Arbeitsunfähigkeit oder andere Krisen. Für die zunehmende Zahl verarmter lohnabhängiger Handwerker bot die neue Wohnsiedlung am Kappenzipfel vor allem die Chance auf einen Neustart. Ihnen sollte eine Art Anschubfinanzierung für den Wiedereinstieg in das Berufsleben gewährt werden – durch die Bereitstellung von Wohn- und Arbeitsräumen.

Daher erklärt sich auch, dass die Wohnanlage dezidiert nicht als »Versorgungsanstalt« konzipiert wurde. Es ging nicht um die Unterbringung bedürftiger Einzelpersonen, sondern vielmehr um eine großzügige Überbrückungsfinanzierung für Familien mit kleinen Kindern, für die das Armutsrisiko besonders hoch war. Uns mögen Wohnungen mit 42 qm heute sehr klein vorkommen, für damalige Verhältnisse waren sie großzügig, ebenso wie die Höhe der Decken oder Anzahl und Größe der Fenster der Wohnungen. Die Stiftung nimmt die Familie als Einheit in den Blick, die als Ganzes vor dem weiteren Abgleiten in die Bedürftigkeit als Almosenempfänger bewahrt werden soll.[313] Dass Kinder ausdrücklich zur Zielgruppe gehörten, macht Jakob Fugger noch einmal in seinem Testament aus dem Jahr 1521 deutlich, in dem er den Bewohnern seiner Häuser am Kappenzipfel jeweils einen halben Gulden vermacht. Jene aber, egal ob Gesinde, Mann oder Frau, die Kinder haben, erhalten einen ganzen Gulden, »item in maine heuser im Cappenzipffel yedem haußgesind, mann und weib die kinder haben, ain guldin und wölches haußvolckh nit kinder haben, ain halben guldin«.[314]

Schließlich zählten auch Fremde und Menschen, die neu in die Stadt gekommen waren, zur Zielgruppe der Fuggerei. Aus den städtischen Steuerbüchern lässt sich rekonstruieren, dass viele Fuggereibewohner Stadtfremde waren, sie sind als »Auswärtige« gekennzeichnet. Sie hatten zwar Wohnrecht, aber noch kein Bürgerrecht in Augsburg. In der Regel waren auch dies junge Menschen, die ihre Zukunft noch vor sich hatten. Auch ihnen bot die Fuggerei Entlastung für eine bestimmte Zeit und die Chance, Fuß zu fassen – entweder als Angestellter in einem der Augsburger Gewerbebetriebe oder auf dem Weg in die Selbstständigkeit.[315]

Sozialstruktur der Fuggerei

Aus besagtem Visitationsbericht der Siedlung von 1624 lassen sich erste statistische Erhebungen ableiten: In den 102 beziehungsweise 104 Wohnungen leben insgesamt 367 Personen in 96 Haushalten, davon sind 21 kinderlose Ehepaare, 50 Familien und 57 Witwen/Witwer. Dazu kommen 172 Kinder, davon 39 Halbwaisen sowie 17 Mägde, Gesellen, Lehrlinge und Schüler, dazu fünf beherbergte Verwandte. Die größte Familie umfasst sieben Kinder. Die meisten jedoch lebten mit maximal vier Personen in einem Haushalt. Bis ins 20. Jahrhundert hinein lebten Kinder in der Fuggerei. Im Jahr 1917 waren es noch 185.[316]

Was die Berufsverteilung der Bewohner angeht, dominieren die Weber. Es gab nicht nur Gewinner in dem florierenden Augsburger Tuchhandel. Die nächste Berufsgruppe sind Torwärter, Zimmermänner, Taglöhner und Gärtner, alles im weitesten Sinne Dienstleistungsberufe, in denen in direkter Abhängigkeit vom Arbeitgeber gearbeitet wurde. Da die Berufe nicht immer genannt werden, sondern vor allem dann, wenn es zu einem Schadensfall kam, ist diese Auflistung nicht repräsentativ. Offenbar war es üblich und auch vorgesehen, dass werkstattgebundene Handwerke in der Gartenhütte, auf dem Dachboden oder in der Stube ausgeübt wurden. Im Haus Nr. 37 im oberen Stockwerk wohnte der Würstmacher Thomas Heinzelmann. Von ihm erfahren wir, weil er sein Handwerk auf dem Dachboden betrieb und das Gewicht der Kessel diesen zum Einsturz brachte, sodass der gesamte Inhalt der Metzgerkessel herunterschoss.[317] Im Haus Nr. 19 und im Haus Nr. 21 waren Weberwerkstätten angelegt. Dass zuweilen auch angebaut wurde, erfahren wir aus einem Erlass des Jahres 1617, in dem eigenmächtiges Bauen »zum Zweck der Ausübung eines Gewerbes oder zum Vergnügen« untersagt wird.[318] Auch Schnapsbrennen war offenbar üblich in der Fuggerei. Der gleiche Erlass setzt fest, dass

Brenngeschirre künftig genehmigungspflichtig seien. In einem Schreiben aus dem Jahr 1624 erfährt man, dass zu dieser Zeit »Zimmerleute, Holzmesser, Tagwerker, Weber, Borettenwirckher, Prieftrager, Huchker, Sackhtrager, Carrenzieher, Gipsgießer, Schuster, Vogelhäuslmacher, Dochhenmacher, Torwarte« in der Fuggerei wohnten.[319]

Zerstörungen und Wiederaufbau

Die Gründung der Fuggerei fiel mitten hinein in eine Krise namens Reformation. Insbesondere in den neuen protestantisch gewordenen Ländern kam es zu einem »Stiftungssterben«. Während des Dreißigjährigen Krieges kam es zu schweren Beschädigungen, Soldaten wurden einquartiert, Wohnungen standen leer und wurden geplündert, sodass die Siedlung 1642 zwischenzeitlich fast unbewohnbar war. Dass die Fuggerei ohne Einbußen des ursprünglichen Stiftungszwecks selbst die Zeit der Aufklärung und der Säkularisierung überlebte, ist erklärungsbedürftig, waren doch die Bayern ganz besonders effizient in der Zentralisierung lokaler Stiftungsvermögen in staatlicher Hand. Für die Fuggerei kam es stattdessen zu einem Hausvertrag mit dem Königreich Bayern, der das Recht auf Selbstverwaltung des Stiftungsvermögens festschreibt und die Autorität des Familienseniorats bestätigt. Die Gebäude der Fuggerei blieben unversehrt. Erst das 20. Jahrhundert sorgte für eine umfassende Zerstörung der Bausubstanz in einem Bombenangriff am 26. Februar 1944. Mehr als 70 Prozent der Gebäude lagen in Trümmern. Dass das Seniorat bereits am 1. März 1944 den Wiederaufbau beschloss, zeugt von dem unerschütterlichen Glauben in den Stiftungszweck.[320]

Finanzierung und Verwaltung der Stiftung

In den Maßnahmen zur finanziellen und verwaltungstechnischen Absicherung der Stiftung zeigt sich Jakob Fuggers großkaufmännische Erfahrung und Praxis.[321] Die finanzielle Basis bilden das Stiftungskonto St. Ulrich und Zustiftungen aus dem Fuggerschen Eigenkapital. Im Jahr 1511 wurde auf das Konto St. Ulrich eine Summe von 15000 Gulden eingezahlt sowie 10000 Gulden zur Absicherung der Summe. Mit diesem Geld sollten Immobilien, sogenannte liegende Güter, gekauft werden, deren jährliche Zinsen zum Unterhalt der Gebäude vorgesehen waren. Da die Bewohner für Schäden in ihren Wohnungen selbst zuständig waren, gab es vergleichsweise wenig zu reparieren. Zur Kostendeckung größerer Reparatur- und Baumaßnahmen dienten die Mieteinnahmen. Wenn keine Reparaturen fällig waren, wurden die Mieterträge dem Stiftungskapital zugeschlagen.[322] Die Immobilien sollten nur bei Unglücksfällen, Baufälligkeit oder Ähnlichem verkauft werden. Auch zur Besteuerung hatte Jakob Absprachen mit dem Stadtrat getroffen, die einen entsprechend geringen Steuersatz für die dortigen Häuser vorsahen. 1548 erfuhr die Fuggerei eine Zustiftung mit einem Krankenhaus, dem sogenannten Holzhaus oder auch Blatternhaus, das Anton Fugger zur Behandlung der vielen Syphiliserkrankten errichten ließ. Bereits 1520 war eines der Häuser als Unterkunft für kranke Mitarbeiter der Fugger eingerichtet worden. Zur Pflege der Kranken wurde eine Wärterin beziehungsweise Krankenpflegerin eingestellt. Alljährlich wurde zur Unterstützung besonders Armer und Kranker der Fuggerei ein Almosen aus dem Stiftungskapital ausgegeben, und am St. Jakobstag erhielten alle ein »Kirchentag-Geld«.

Erfolgsgeheimnisse einer nachhaltigen Stiftung[323]

Eine sehr klare Zweckbestimmung und Einschränkung der Zielgruppe waren Grundvoraussetzung der Nachhaltigkeit. Die Stiftung funktionierte nicht nach dem Gießkannenprinzip. Es gab viele Arme in Augsburg. Und es gab viele verschiedene Institutionen zur Unterstützung der verschiedenen Gruppen. Die Fuggerei ist dezidiert nicht bestimmt für Empfänger städtischer oder kirchlicher Unterstützung, sondern ausschließlich für kurzfristig und unverschuldet in Armut geratene Familien. Auch war die Stiftung nicht starr, sondern konnte in einem gewissen Rahmen den Bedürfnissen der Zeit angepasst werden. So blieb sie immer attraktiv für Zustifter, wie zum Beispiel für ein im Jahr 1560 ergänztes »Schneidhaus«, eine auf chirurgische Eingriffe wie die Entfernung von Blasensteinen spezialisierte Einrichtung, die als erste chirurgische Klinik Mitteleuropas gelten darf.[324] Über die Jahrhunderte kam es immer wieder zu Zustiftungen, seien dies eine Kirche, Stipendien für begabte Fuggereibewohner an der Universität Löwen oder die Zustiftung für den Bau eines Bunkers zum Schutz der Bewohner im Zweiten Weltkrieg.

Wichtig war auch die Unabhängigkeit. Im Unterschied zu vielen anderen Stiftungen der Zeit, deren Verwaltung an bereits bestehende städtische oder kirchliche Institutionen übergeben wurde, wünscht Jakob Fugger im Stiftungsbrief ausdrücklich keine Einmischung von außen. Damit war die Unabhängigkeit von tagespolitischen Konflikten in der Stadt gewährleistet.[325] Schließlich war die Umwandlung der Kapitalstiftung in eine Liegenschaftsstiftung entscheidend für die Nachhaltigkeit. In Reaktion auf die Schwankungen der Zinserträge im Dreißigjährigen Krieg wurde im Jahr 1660 das Stiftungsvermögen in Liegenschaften angelegt und die Stiftung somit zu einer Anlagestiftung. Man hatte während des Krieges die Erfahrung gemacht, dass Zinserträge in Krisenzeiten häufig ausblieben. Daher wurde die Stiftung mit den Erträgen aus der Forstwirtschaft über ein Stiftungsforstamt finanziert. Bis heute werden 70 Prozent der Stiftungskosten über den Verkauf von Holz gedeckt. Daher stellt auch die momentane Niedrigzinsphase keine echte Bedrohung für die Fuggerei dar. Der Stiftungsvorständin Gräfin Thun-Fugger bereiten nach eigenen Angaben »schwere Stürme größere Sorgen als die Niedrigzinsphase«.[326]

Jakob Fugger bekämpfte mit dem Stiftungszweck ein zeitloses Problem: die Armut in der Stadt. Er war zu sehr Realist, als dass er an die Abschaffung der Armut geglaubt hätte. Es ging ihm um den Erhalt der Würde der Menschen. Dazu bot er Verarmten Wohnung und Arbeitsräume in der Stadt und ermöglichte ihnen Marktteilhabe, und zwar nicht nur als Konsumenten, sondern als Produzenten und Zulieferer ihrer handwerklichen Produkte. Im Grunde war der der geringe Mietzins eine Art Kredit auf die Zukunft und erlaubte den Bewohnern die nötige finanzielle Entlastung zum Wiederaufbau einer wirtschaftlichen Grundlage. Bis heute hält die Nachfrage nach Wohnungen in der Fuggerei an, wenngleich dort zunehmend ältere Menschen leben. Derzeit beträgt die Wartezeit für eine freie Wohnung ein bis drei Jahre.[327]

Vorläufer

Die Fugger waren kein Einzelfall und auch keine Ausnahme. In der Vormoderne war es selbstverständlich, dass Menschen, die zu Geld gekommen waren, großzügig in gemeinnützige Projekte investierten. So entstanden in den wirtschaftlich florierenden Städten der Zeit neue Formen urbanen Wohnens, Reihenhäuser und Wohnsiedlungen, die wir heute vermutlich als Gated Communitys bezeichnen würden. Sie wurden überwiegend durch Stiftungsgelder ermöglicht. Die Beginenhöfe in den großen Handelsstädten Flanderns zählen dazu. Auch sie entstanden als städtische Siedlungsformen überwiegend mit dem Stiftungskapital erfolgreicher Städter. So belegen die Rechnungsbücher des Kaufmanns Francesco Datini aus Prato, ebenso wie seine privaten Konten, dass er kontinuierlich Bedürftige unterstützte, ob mit Nahrungsmitteln, Kleiderspenden, Geld oder Beiträgen zur Aussteuer junger Mädchen.[328] Auch für Hospitäler und Kirchen spendete er reichlich, so zum Beispiel den Franziskanern in seiner unmittelbaren Nachbarschaft, für die er unter anderem im Jahr 1399 27 Matratzen kaufte. In seinem Testament vermachte er den Großteil seines Vermögens einer Stiftung, setzte einen Testamentsvollstrecker ein und änderte die Zweckbestimmung seiner Geschäftsgebäude, die fortan als karitative Stiftung für Arme dienen sollten und als Casa e Cieppo de'poveri di Francesco di Marco bis ins 19. Jahrhundert existierte. Ziel der Stiftung war es, den Armen der Stadt Wohnung und regelmäßige Mahlzeiten zu bieten. Interessanterweise verdanken wir diesem Umstand die hervorragende Überlieferung sämtlicher Geschäftskorrespondenzen der Firma des Marco Datini. Diese waren nämlich hinter einer Wand eingemauert, und da die Stiftung die Gebäude relativ unversehrt über Jahrhunderte erhielt und nie größere bauliche Veränderungen oder gar Abriss und Neubau vornahm – wie dies im Falle der weiteren Nutzung als Unternehmenszentrale sicherlich der Fall gewesen wäre –, blieb das Unternehmensarchiv erhalten.

Auch venezianische Reihenhausstiftungen sind bereits aus dem 14. Jahrhundert bekannt. Die Case a Schiera in Corte Colonne o Schiavona in Venedig sind vielleicht die ältesten Reihenhäuser überhaupt. Es handelt sich um drei zweistöckige Reihen von je 55 Wohnungen, die für alte verdienstvolle Matrosen gebaut und seither mehrfach umgebaut wurden.

Oder der Corte San Marco, der von Pietro Olivieri 1515 für arme Mitglieder der Scuola di San Marco gestiftet und 1599 bereits umgebaut wurde. Die Siedlung bestand aus 24 Einparteienhäuschen, von denen etwa 20 in zwei parallelen Zeilen aneinandergereiht sind. Ein Doppelhaus schließt die Siedlung an den Reihenenden ab. Hier ist auch der Hinweis interessant, dass alle Armensiedlungen durch das separierte Eingangssystem gekennzeichnet sind, eine gleichmäßige Raumaufteilung vorweisen und die Wohnungen überwiegend auf mehrere Stockwerke verteilt sind. Im Durchschnitt bestehen die Wohnungen aus drei oder vier Zimmern.

Abb. 12: Casa e Cieppo de'poveri di Francesco di Marco. Palazzo Datini, Prato.

Abb. 13: Füchtingshof in Lübeck, gestiftet in seinem Testament »den Armen zum Nutzen und Besten« vom Lübecker Kaufmann Johann Füchting (1571–1637) und eingeweiht im Jahr 1648.

Abb. 14: Sint Anna Hofje in Leiden, erbaut 1470 als Wohnung für Bedürftige.

Willem Claesz verfügte in seinem Testament, dass er Geld hinterlassen wolle für eine Stiftung zur Errichtung des Sint Anna Hofje in Leiden. Bereits zu Lebzeiten hatte er Baugrund in den Hooigrachten gekauft, und nachdem er 1491 starb, errichteten seine drei Kinder die Siedlung.

Stiftungen, Totengedenken und Zukunftshandeln

Warum stiften Menschen? Warum geben sie das Geld, das sie redlich verdient haben, für gemeinnützige Projekte aus? Mit dieser Frage haben sich der Berliner Historiker Michael Borgolte und sein Team in kulturübergreifender Perspektive für die letzten 5000 Jahre intensiv auseinandergesetzt. Das wichtigste Forschungsergebnis: Stiftungen sind ein Phänomen der Universalgeschichte. Es wurde und wird in den unterschiedlichsten Zeiten und Kulturen gestiftet, die Vielfalt hinsichtlich der Motive und Kontexte ist groß. Dieser Befund lässt sich dahingehend deuten, dass alle Kulturen Mechanismen der Umverteilung von Gewinnen entwickelt haben und dass sich Stiftungen in diesem Kontext verstehen lassen. Fast immer waren Stiftungen mit Memoria, also Erinnerung und/oder verschiedenen Formen des Totengedenkens verbunden. Eine gemeinsame Entwicklung in Judentum, Islam und Christentum scheint die wahrscheinlichste Erklärung zu sein.[329]

Warum stiften Menschen heute? Die heute naheliegende Antwort sind Steuerersparnisse. Man gründet eine Stiftung jedoch nicht allein, um Steuern zu sparen, sondern auch mit der Absicht, über die Verwendung der Erträge ein Stück weit selbst verfügen zu können. Im Mittelalter zahlte man vergleichsweise wenig Steuern. Fuggers Handels- und Finanzunternehmen genoss ähnliche Steuererleichterungen wie heutige internationale Großkonzerne. Mark Häberlein schätzt, dass das Steueraufkommen von Jakob Fugger in etwa vergleichbar war mit dem von

Amazon in Irland.[330] Um Steuern zu sparen, brauchte er also keine Stiftung zu gründen. Warum hat er trotzdem gestiftet? Woher kommt dieses Bedürfnis, Geld in Dinge zu investieren, von denen man selbst gar nichts hat? Vielleicht aus Freude daran, andere glücklich zu machen. Dafür hat Adam Smith plädiert, er sprach von der menschlichen Freude am Wohlbefinden anderer und war der Meinung, dass wir Menschen von Natur aus uns für das Schicksal anderer interessieren und uns an deren Glück erfreuen.

In seiner *Theorie der ethischen Gefühle* formulierte Smith es so: »Für wie egoistisch man den Menschen auch immer halten mag, so ist er doch offenkundig von Natur aus so veranlagt, dass er sich für das Schicksal anderer interessiert und deren Glück und Wohlbefinden als für sich wichtig betrachtet, obwohl er davon keinen Nutzen hat, außer der Freude, die anderen so zu sehen.«[331]

Schließlich findet sich im Stiftungsbrief der Fuggerei ein aus heutiger Sicht eher befremdliches Motiv: die Sorge um das Seelenheil. Davon ist in allen Stiftungsdokumenten zur Fuggerei die Rede. Jeder Mieter und jede Mieterin, ob jung oder alt, waren dazu verpflichtet – zusätzlich zur Miete in Höhe von einem Gulden pro Jahr –, drei Gebete für die Seelen der Verstorbenen zu verrichten, nämlich für die Eltern von Jakob Fugger sowie für den verstorbenen Bruder Ulrich und für alle seine anderen Geschwister und deren Nachkommen »zu Hilf und Trost«.[332] Dieser Idee haftete schon damals der Hauch des Altertümlichen an. Stiftungen für das Seelenheil – das klang schon im Jahr 1521 nicht mehr ganz zeitgemäß. So wie heute. Moderne Stiftungen sind operativ ausgerichtet und auf gemeinnützige Zwecke im Hier und Jetzt ausgerichtet. Seelenheil und Jenseitshoffnungen spielen höchst selten eine Rolle.[333]

Dabei war ausgerechnet die mittelalterliche Ermahnung zur Sorge um das Seelenheil das Geheimnis generationenübergreifenden Zukunftsdenkens, wurde zum Motor für die Sorge um die Zukunft der nachfolgenden Generationen. Denn diese waren es ja, von deren Gebeten das Wohl der Verstorbenen abhing. Das Aufeinanderangewiesensein der Gegenwärtigen und der Zukünftigen war in diesem Konzept fest verankert.[334] Daher waren Stiftungen im Mittelalter stets langfristige Projekte. Kollegien (*colleges*) und Bursen (von *bursa* – Kasse, der Geldbeutel), also Stipendien für Wohnung und Lebensunterhalt armer Studenten zum Beispiel, waren beliebte Stiftungszwecke von Seelenheilstiftungen. Die Gründung von Balliol College geht auf eine solche zurück. Dervorguilla, die Witwe des schottischen Adeligen John Balliol, hatte Sorge um das Seelenheil ihres verstorbenen Gatten und stiftete Geld für die Einrichtung eines Wohnheims für arme Studenten in der damals noch jungen Universitätsstadt Oxford. Sie stellte das notwendige Kapital zur Verfügung, ihr Beichtvater sorgte für die Umsetzung, und Lady Balliol wurde damit gemeinsam mit ihrem Gatten zur Gründerin und Namensgeberin eines der ältesten Colleges Oxfords.[335] Auch das Collegium Sapientiae, ein Studentenwohnheim der Universität Freiburg, verdankt seine Gründung einer solchen Stiftung. In diesem Fall war es Johannes Kerer von Wertheim, der sein Vermögen als Stiftung für sein Seelenheil in die Zukunft der Studierenden investierte.[336]

Ein anderes Beispiel bietet das berühmteste Krankenhaus des Spätmittelalters, das Hôtel-Dieu in Beaune im Burgund, das aus einer Stiftung für das Seelenheil von Nicolas und Guigone Rolin (1376–1462) hervorging. Er war Kanzler und damit höchster Beamter des Herzogs von Burgund und so einer der einflussreichsten Entscheidungsträger seiner Zeit. Im Jahr 1443 stifteten die Eheleute ein Krankenhaus in der burgundischen Stadt Beaune. Das Konzept dieser Gründung war innovativ: Wer für die Behandlung zahlen konnte, der tat das. Alle anderen wurden

Abb. 15: Das Hôtel-Dieu in Beaune in Burgund, gestiftet von Nicolas Rolin (1376–1462) und Guigone de Salins (1403–1470).

umsonst behandelt. Nicolas und Guigone ließen beeindruckende Krankenhausgebäude errichten, die bis ins späte 20. Jahrhundert in Benutzung waren und heute als Museen besichtigt werden können.[337]

Von der Sorge um das Seelenheil zu generativem Denken

Es ist paradox: Ausgerechnet die Sorge um das Seelenheil und das Gebet für die Toten waren über ein Jahrtausend lang Treiber für ein Handeln im Sinne der noch Ungeborenen, der nächsten Generation. Die Vorstellung, dass mit den »Guttaten« der Gegenwärtigen für das Leben der Zukünftigen Sorge getragen wird, scheint genau das zu sein, was uns heute fehlt. Ist es doch die Kurzsichtigkeit der Gegenwärtigen, die die Zukunft der nachfolgenden Generationen existenziell bedroht.

Mit dem Fegefeuer wurde in der Reformation auch das Konzept des Seelenheils abgeschafft. Keiner brauchte mehr Stiftungen für das Heil verstorbener Seelen. Stiftungen für das Seelenheil des Stifters wurden überflüssig und durch »vernünftige« Zwecke ersetzt – und später im Sinne der Aufklärung in den Dienst des öffentlichen, gegenwartsfixierten Nutzens statt des individuellen Seelenheils gestellt. Auch die Gebete für die Toten kamen aus der Mode, man amüsierte sich über die realwirtschaftlichen Probleme der mittelalterlichen Jenseitsökonomie und war froh, sie endlich überwunden zu haben.[338] Doch vielleicht wurde hier das Kind mit dem Bade ausgeschüttet. Denn natürlich ist das Heil der eigenen Seele den Menschen noch immer ein Anliegen. Die mittelalterliche Verknüpfung von Gebeten der Lebenden mit dem Wohlergehen der Toten hat immerhin den Vorteil, dass sie das Angewiesensein der älteren auf das Wohlwollen der kommenden Generation regelmäßig vor Augen hielt.

Würde einer es wagen, den Regenwald in Brasilien abholzen zu lassen, wenn er wüsste, dass sein Wohlbefinden nicht von Wählerstimmen, sondern vom Wohlwollen der zukünftigen Generationen abhängt? Der Gedanke, dass man im Gedächtnis von Menschen fortlebt, die jetzt noch gar nicht geboren sind, macht zurückhaltend. Man wird sich hüten, deren Lebensgrundlage zu zerstören. Natürlich ist das kein Plädoyer für die Wiedereinführung des Fegefeuers oder der Gebete für die Toten. Stattdessen wäre es Zeit, dem »Nach uns die Sintflut«-Denken der Moderne ein »Vor uns die Zukunft« im 21. Jahrhundert entgegenzusetzen. Eine Rückkehr zu generativem Denken und Handeln ist dringend angesagt.[339]

6. Minimalismus

»All we need is less.«[340]

Ist »Weniger« eine Lösung? Können wir das Ruder noch rumreißen? Lässt sich der Klimawandel durch Konsumverzicht aufhalten? Manche argumentieren mit einem überzeugten Ja und suchen nach Lebensformen der Einfachheit, ohne SUV, möglichst CO_2-neutral, mit wenig Geld und viel Idealismus. »Minimalismus« hat sich heute als Sammelbegriff für viele, ganz unterschiedliche Bewegungen durchgesetzt. Der Begriff stammt eigentlich aus der Architektur und steht für Klarheit in Funktion und Formgebung. Mies van der Rohe, Vater der modernen Architektur Anfang des 20. Jahrhunderts, machte »Weniger ist mehr« zum Grundprinzip seines Arbeitens.[341] In den 1970er-Jahren forderte der Ökonom Ernst Friedrich Schumacher mit dem Buch *Small is beautiful* die Rückkehr zum Menschlichen. Im Buddhismus suchte er nach Wirtschaftsprinzipien, die jenseits von Eigennutzenmaximierung Mensch und Natur besser entsprächen.[342] Es passte zum Zeitgeist, dass Kris Kristofferson und später Janis Joplin mit der Songzeile »Freedom's just another word for nothin' left to lose« Welterfolge feierten. Wirklich frei ist nur der, der nichts zu verlieren hat.

Doch sind Minimalismusbewegungen noch viel älter. Die Geschichte ist überreich an Erfahrungen mit freiwilligem Verzicht auf Besitz, und die meisten Kulturen verordneten ihren Mitgliedern – in der Regel – zeitlich begrenzte Phasen etwa des Fastens, der sexuellen Enthaltsamkeit oder des Verzichts auf Feiern. Darüber hinaus gab es Expertinnen und Experten der

Besitzlosigkeit, die ihr Leben freiwillig oder gezwungenermaßen strengen Regeln des Verzichts unterwarfen. Dazu zählen nicht nur die Mönche und Nonnen in den mittelalterlichen Klöstern, sondern auch eine bunte Fülle von Aussteigergemeinschaften, zum Beispiel religiös motivierte Aussteiger wie die Katharer, zu denen Pierre Maury zählte. Aber genauso gehören hier dazu die Reformbewegung auf dem Monte Verità im frühen 20. Jahrhundert oder philosophische Schulen, wie zum Beispiel die Kyniker in der klassischen griechischen Philosophie.

6.1. Reichtum ist die Kotze des Glücks – Diogenes von Sinope

Der berühmteste Vorreiter antiker Minimalismusbewegungen ist Diogenes von Sinope, der Philosoph, der in der Tonne lebte. Sein Lehrer war Antisthenes, doch als Begründer wird oft Sokrates selbst genannt, viele andere, wie zum Beispiel Krates von Theben und Hipparchia, eine der ältesten bekannten Philosophinnen Griechenlands, zählen zu der minimalistischen Philosophenschule, die hier näher beleuchtet werden soll.

Etwas Kontext: Die Athener des 5. Jahrhunderts v. Chr. waren ein fortschrittliches Volk. Ja, sie hielten sich für die am höchsten entwickelte Zivilisation ihrer Zeit. Und dafür hatten sie gute Gründe. Politisch lagen sie ganz weit vorn. Sie hatten die Demokratie erfunden, die Herrschaft des Volkes. Vor mehr als zweieinhalbtausend Jahren. Alle durften wählen. Fast alle, denn einige kleinere Einschränkungen musste man in Kauf nehmen: Sklaven, Frauen und Fremde, die sogenannten Metöken, zählten nicht zum Volk! Damit war das Wahlrecht auf zehn bis 20 Prozent der Bevölkerung beschränkt, doch tat dies Athens Ruf als Erfinderin der Demokratie keinen Abbruch. Auch die Wirtschaft boomte. Solon, der große Reformer, hatte im 6. Jahrhundert v. Chr. die Bauern befreit und die Schuldknechtschaft verboten und damit einen wirtschaftlichen Aufschwung in die Wege geleitet, der die Stadt zu einem florierenden Zentrum von Handel und Gewerbe machte. Und am stolzesten konnten die Athener auf ihre Erfindung der Philosophie sein! Auch hier entdeckt man zwar sofort ein Haar in der Suppe, denn ausgerechnet den ersten und größten ihrer Philosophen, nämlich Sokrates (469–399 v. Chr.), stellten die Athener vor Gericht und verurteilten ihn wegen Missachtung der Götter und Verführung der Jugend zum Tode.

Was hat dies nun mit Minimalismus zu tun? Nun, es war vor allem seine ungewöhnliche Lebensweise, die die braven Bürger Athens an Sokrates störte. Heute könnte man sie als minimalistisch bezeichnen. Er lebte und lehrte auf dem Marktplatz, in aller Öffentlichkeit, verzichtete auf ein festes Einkommen und kümmerte sich weder um sein Vermögen noch um sein Ansehen. Sokrates schürte damit großes Unbehagen unter den Athenern. Status, schöne Kleider und aufwendige Festmähler waren ihm unwichtig, stattdessen lebte er in Bescheidenheit. Das alles klingt nun nicht gerade wie eine Straftat, doch mussten die Athener viele seiner Reden als Vorhaltungen verstehen, und Sokrates hielt mit seiner Meinung nicht hinterm Berg. Er warf den Bürgern Athens vor, sich um Besitz, Schätze, Ruf und Geltung zu kümmern, anstatt Einsicht und Wahrheit zu suchen und sich auf das Wohl der eigenen Seele zu besinnen. Genau genommen entspringt die Geburt der abendländischen Philosophie im 5. Jahrhundert v. Chr. in Athen dem Geist des Minimalismus.

Sokrates' Schüler, allen voran Platon und Aristoteles, trugen seine Ideen weiter. Platon (428–347 v. Chr.) war es, der ungefähr zehn Jahre nach Sokrates' Tod auf seinem Privatgrundstück etwas außerhalb der Stadtmauern eine eigene Philosophieschule begründete, die Platonische Akademie, die sieben Jahrhunderte Bestand haben sollte. Diese Schule faszinierte die Menschen über Jahrtausende hinweg. In der Zeit der Renaissance, im Jahr 1510, fertigte Raffael in Rom im Auftrag von Papst Julius II. in dessen Privatgemächern, in der Stanza della Segnatura, dort wo der Papst seine Unterschriften leistete, ein riesiges, sieben Meter breites Wandgemälde mit all den berühmten Philosophen, die diese Schule hervorbrachte. Im Zentrum stehen Platon mit Bart und Aristoteles im blauen Gewand, mit einem Buch in der Hand, als ihre Begründer.

Abb. 1: Raphael, Die Schule von Athen in der Stanza della Segnatura, Vatikan, Rom 1510/11.

Diogenes von Sinope – der Prototyp des Minimalisten

Bei der Betrachtung der Philosophenrunde bleibt der Blick unwillkürlich an den leeren Stufen in der Bildmitte hängen. Dort sitzt lässig zurückgelehnt eine seltsame Gestalt: bärtig, barfuß, mit entblößtem Oberkörper, blauem Gewand und Bettlerschale. Ein alter Mann, in die Lektüre eines Textes vertieft. Fast scheint es, als hätte Raffael ihn als den eigentlichen, etwas verrutschten Mittelpunkt der in einem vagen Halbkreis angeordneten Personen direkt unter Platon und Aristoteles platziert. Es handelt sich um Diogenes von Sinope. Ein Sonderling in der ohnehin sonderlichen Philosophenrunde. Er repräsentiert die sokratischen Lehren in radikaler Form. Ähnlich wie Sokrates scherte er sich nicht um das öffentliche Ansehen, wie dieser ermahnte er die Menschen, sich nicht um Besitz und Gelderwerb zu kümmern, sondern um ihre Seele und um das wahre Glück. Allerdings trat er noch viel extremer auf, brüskierte die Menschen und provozierte mit teilweise spektakulären Auftritten. Platon, so heißt es, habe ihn einen »verrückt gewordenen Sokrates« genannt. Er gilt als der Begründer der sogenannten Kyniker, wörtlich »die Hunde«, einer Richtung der griechischen Philosophie, die man heute der Minimalismusbewegung zurechnen würde.

Die wenigen verlässlichen Informationen über Diogenes' Leben lassen sich kurz zusammenfassen. Er war der Sohn eines Bankiers und Geldwechslers in der Hafenstadt Sinope, in Nordanatolien am Schwarzen Meer, wurde wegen eines nicht bekannten Vergehens aus der Stadt verbannt und kam als Flüchtling nach Athen. Dort schloss er sich der Philosophenschule des Antisthenes, des ersten Kynikers in Athen an. Auf einer Seereise wurde er von Piraten gefangen genommen und als Sklave nach Korinth verkauft, wo er als Hauslehrer tätig war. Nach seiner Freilassung wohnte er abwechselnd in Korinth und Athen. Er verfasste einige Werke, von denen jedoch keines erhalten geblieben ist. Gestorben ist er um das Jahr 320 vermutlich in Korinth, manche behaupten, er sei im Jahr 323 am gleichen Tag wie Alexander der Große gestorben.[343] Den wenigen historisch verlässlichen Informationen zu seinem Leben steht eine Fülle an späteren Geschichten und Erzählungen gegenüber, die mit ihm in Verbindung gebracht wurden. Er beflügelte über Jahrhunderte die Phantasie der Menschen, und jede Generation gab ihm im Nachhinein ihre eigenen Geschichten. Im 3. Jahrhundert n. Chr., also mehr als 500 Jahre nach Diogenes' Tod, sammelte ein römischer Philosophiehistoriker alle Erzählungen und Legenden und schrieb sie nieder in einem heute noch erhaltenen zehnbändigen Werk über das Leben und die Werke der antiken Philosophen. Diogenes Laertius – so der Name des Autors – gab zuverlässig die Quellen an, mit denen er arbeitete, sodass wir ihm wertvolle Informationen aus älteren, heute verlorenen Quellen verdanken.

Diogenes und die Anfänge der »Tiny-House«-Bewegung

Was faszinierte die Menschen am antiken Minimalismus? Es ist die Verbindung von Autarkie, Verzicht und Glückseligkeit, die Diogenes wie keiner der späteren Vertreter verkörperte. Als eine Art philosophischer Clochard lebte er sein Ideal der Bedürfnislosigkeit so radikal, dass er – als ein geplanter Mietvertrag geplatzt war – kurzerhand in eine Tonne zog und künftig auf dem Marktplatz von Athen lebte. Der griechische Begriff ist *pithos* und bezeichnet ein großes, zuweilen übermannshohes dickwandiges, bauchiges Vorratsgefäß aus Ton ähnlich einer Amphore, jedoch meist mit flachem Boden. Diese Gefäße dienten zur Aufbewahrung von Getreide, Wein, Salz oder Öl und konnten mit Seilen, die an Transportösen in der Oberhälfte befestigt wurden, bewegt werden.

Der Vorteil an dieser ungewöhnlichen Behausung war ihre Flexibilität. Sie erlaubte Diogenes regelmäßige Umzüge, wann immer er es für nötig befand.

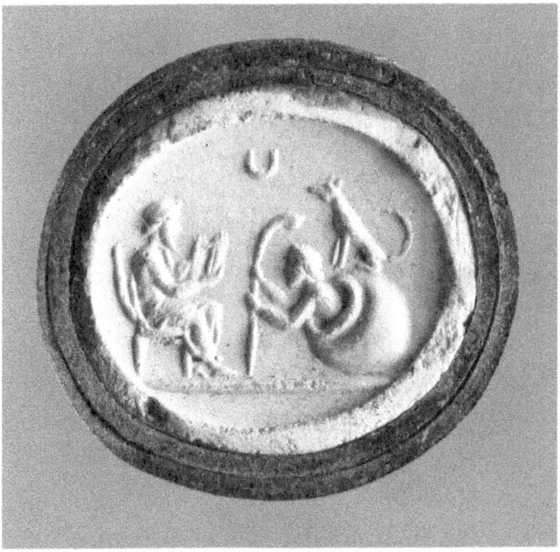

Abb. 2: Diogenes in seiner Tonne im Gespräch mit einem Gelehrten. Abbildung auf einem Schmuckstein aus dem 1. Jahrhundert v. Chr. Bibliothèque Nationale, Paris.

Es gibt Hinweise darauf, dass man in diesen Gefäßen tatsächlich Unterschlupf finden konnte und dass sie zuweilen als Notbehausung dienten. So behauptet etwa der antike Komödiendichter

Aristophanes, dass die Landbevölkerung, als sie im Peloponnesischen Krieg in Athen Zuflucht suchte, in solchen Tongefäßen gelebt habe. Einen interessanten Hinweis darauf, dass man in einem *pithos* schlafen konnte, liefert die Archäologie. Denn offenbar wurden die Gefäße auch als Särge zur Bestattung verwendet. So fand man in der Nähe von Sebastopol auf der Krim 16 dieser Gefäße mit Überresten bestatteter Toter, circa 130 cm hoch und knapp 70 cm im Durchmesser. Die Abbildung zeigt, wie ein Toter in der Tonne platziert wurde. Möglicherweise war diese Nähe zwischen Wohnung und Sarg sogar Teil des Konzepts von Diogenes, der den Tod auch als »Schlafes Bruder« bezeichnete und hier mit einem zwinkernden Auge die ultimative Bedürfnislosigkeit durch sein »Leben im Sarg« inszenierte.

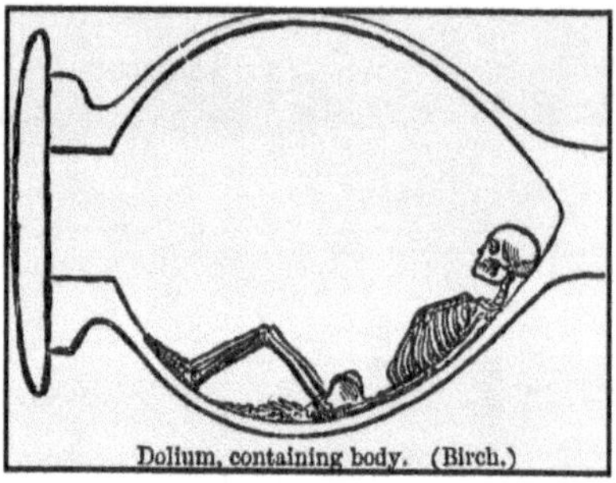

Abb. 3: Bestattung im *pithos*, Grabfunde aus Sewastopol, Krim, 3. Jh v. Chr.

Seinen Lebensunterhalt bestritt er mit Betteln – darüber hinaus widmete er sich der Philosophie, ging dorthin, wo sich viele Menschen versammelten, hielt Reden und inszenierte Auftritte, die seine Zuhörer zum Nachdenken provozieren sollten. Er sah das Leben in Übereinstimmung mit der Natur als einzige Form eines glücklichen Lebens. Die Götter – so sagte er – haben den Menschen das Leben so leicht gemacht, und trotzdem machen sich die Menschen alles so schwer. Und warum? Weil sie meinen, Honigkuchen und Salben und anderen Unsinn zu brauchen.

Und deshalb beginnen sie zu handeln, betreiben einen permanenten Austausch von Wertlosigkeiten und bereiten sich damit unendliche Mühe. Völlig unverständlich war Diogenes, warum jemand für eine Marmorstatue ein Vermögen ausgeben konnte, während ihm zwei Kupfermünzen für ein Scheffel Gerstengrütze zu teuer vorkam.[344]

Bedürfnislosigkeit als Tor zur Freiheit

Zentral ist der Begriff der Bedürfnislosigkeit, die als Ermöglichung der maximalen und wahren Freiheit des Menschen galt. Als Alexander der Große, der berühmteste aller griechischen Herrscher, einst nach Korinth kam, ging er davon aus, dass auch der bekannte Philosoph der Stadt bei ihm vorsprechen würde. Allerdings machte Diogenes keinerlei Anstalten, dem berühmten Herrscher vorgestellt zu werden. Und so kam Alexander zu ihm. Wie immer sonnte sich Diogenes gemütlich vor seinem Fass und bewegte sich nicht von der Stelle, als er den Herrscher und sein Gefolge kommen sah. Alexander war erstaunt, ließ sich aber nichts anmerken. Man begrüßte sich höflich und als das Gespräch ins Stocken geriet, wollte Alexander sich großzügig zeigen und fragte den armen Philosophen, ob er irgendetwas für ihn tun könne. Diogenes überlegte kurz und antwortete: »Ja, du könntest in der Tat etwas für mich tun. Tu mir den Gefallen und geh mir aus der Sonne.« Die Begleiter Alexanders zuckten zusammen. Das grenzte fast schon an Majestätsbeleidigung. Doch Alexander ließ sich wieder nichts anmerken. Vielmehr zeigte er sich aufs Höchste beeindruckt von dem wunderlichen Philosophen. Als auf dem Rückweg seine Begleiter anfingen, sich über Diogenes lustig zu machen, gebot er ihnen Einhalt: »Lasst gut sein«, soll er gesagt haben. »Wenn ich nicht Alexander wäre, möchte ich Diogenes sein.«[345]

Provokation als Methode

Seine philosophische Methode war die fortwährende Attacke auf Konventionen, Traditionen und Gewohnheiten. Er wollte die Menschen bekehren, nicht wie Sokrates durch das Gespräch, sondern durch die manifeste Provokation. Da er im Unterschied zu Sokrates kein Athener, sondern ein Flüchtling von der Schwarzmeerküste war und weder Familie in der Stadt hatte noch politische Ämter, war er unabhängiger und auch radikaler.

Heute würde man die Art und Weise, wie er die Aufmerksamkeit der Menschen zu gewinnen suchte, in den Bereich der Aktionskunst einordnen. Denn er hatte erkannt, dass die Menschen stets Skandale oder Spektakel brauchten. Einst habe er eine ernste Rede gehalten, aber keiner habe zugehört. Da begann er zu trällern, und sofort versammelten sich ein paar Leute. »Ihr rennt herbei«, schimpfte er, »sobald einer Unsinn treibt, aber wenn es um ernste Dinge geht, haltet ihr nichts davon.«[346] Ein andermal habe er bei den Isthmischen Spielen in Korinth eine Rede über den Kampf gegen die schädlichen Begierden der Menschen mit dem Beispiel des Herakles beendet. So wie dieser die Ställe des Augias ausgemistet hatte, so müssten die Menschen ihre Seelen entmisten. Damit die Menschen die Notwendigkeit des Ausmistens nie wieder würden vergessen, inszenierte er einen unvergesslichen Abschluss seiner Rede. Er setzte sich in die Hocke auf das Podest, auf dem er gestanden hatte, und verrichtete öffentlich sein Geschäft.[347] Die Griechen verstanden sich als durchaus tolerant, mit genügend Respekt und Gelassenheit vor Originalen und Exzentrikern. Daher nahmen sie die Kyniker recht gelassen hin, obwohl diese über alles, was in der gehobenen Gesellschaft als fein galt, die Nase rümpften. Überhaupt war ihnen alles zuwider, was »man« in Athen so tat. Man hielt sich einen Koch, man kleidete sich sorgfältig, man umgab sich mit Schmeichlern und Günstlingen, man hatte eine

Mätresse, man ging nicht ins Bordell oder ins Wirtshaus. Die Kyniker taten von alledem stets das genaue Gegenteil. Sie wollten schockieren und bestehende Normen und Selbstverständlichkeiten radikal infrage stellen.[348]

Reichtum – die »Kotze des Glücks«

Viele einprägsame Sprüche sind überliefert, einmal nannte Diogenes den Reichtum die Kotze des Glücks, und Geldgier war für ihn die Heimat aller Übel.[349] In einer anderen Erzählung wird überliefert, wie er Alexander dem Großen die wahre Natur des Glücks erklärte: Die Armut besteht nicht darin, dass man kein Geld hat. Betteln ist nichts Schlimmes. Aber alles haben zu wollen, und zwar mit Gewalt – wie das bei dir der Fall ist, Alexander –, das ist Armut.[350] Materieller Besitz war für diese Philosophen eine Last, ein Gefängnis. Die freiwillige Armut dagegen der »Anfang der Freiheit« (Krates von Theben). Immer wieder werden Zeitgenossen verspottet, die sich den Zwängen und Gesetzen des Privatbesitzes unterwarfen. Bion – Kyniker der zweiten Generation – sagte über einen reichen Geizigen: »Es ist nicht er, der ein Vermögen besitzt, sondern sein Vermögen, das ihn besitzt.«[351] Ein fast naives und schelmisches Vergnügen an der Provokation klingt in solchen Sprüchen durch. Das minimalistische Leben verlieh diesen Philosophen eine ganz besondere Autorität, denn wer nichts besitzt, hat auch nichts zu verlieren und kann sich folglich alles erlauben.

Askese – Training in der Kunst der Bedürfnislosigkeit

Statt auf das unermüdliche Diskutieren und Studieren in alten Büchern zu pochen, verstanden die Kyniker ihre Philosophie als eine radikale Praxis, die tägliches Training erforderte. Dieses Training hieß, wie das Training der Athleten in den Gymnasien der Stadt, *askesis* (Askese). Im Sinne der Kyniker war Askese eine vorsorgende, prophylaktische Methode. Jeden Tag trainierten sie ihre Körper in der Kunst der Belastbarkeit und den Geist in der Kunst der Konzentration. Der einzige Unterschied zum Athleten bestand im Ziel des täglichen Trainings: Während der Athlet seinen Körper mit dem Ziel trainierte, eines Tages bei den Wettkämpfen im Stadion zu gewinnen, trainierte der Kyniker Körper und Geist mit dem Ziel, seinen Willen und seine Belastbarkeit zu stärken. Training für ein Leben gemäß der Natur auf dem Weg zur wahren Freiheit der Bedürfnislosigkeit. Einer, der regelmäßig trainiert, nur Wasser zu trinken, auf der Erde zu schlafen, sich einfach zu kleiden und zu ernähren, der es gewohnt ist, Hitze und Kälte gleichermaßen auszuhalten, der wird es mit Würde ertragen, wenn das Schicksal zuschlägt. Es geht ihm nicht um Selbstverleugnung als Selbstzweck und auch nicht zum Zwecke der Verwirklichung höherer Ziele. Vielmehr lebt er die praktische Philosophie: ein Leben in Freiheit, ohne Bedürfnisse, ohne Heimat, als Bettler und Vagabund, der von der Hand in den Mund und von einem Tag zum nächsten lebt.

Krates von Theben, der »Mediator« unter den Kynikern

Krates war ein vermögender Landbesitzer aus Theben, von edler Geburt, mit großer Dienerschar, einem mit imposanter Eingangshalle geschmückten großen Haus und elegant gekleidet. Doch irgendwann erkannte er, dass sein Vermögen ihm keinerlei Schutz und keinen Halt fürs Leben bot, dass alles stetem Wandel unterworfen und unsicher war, und dass er das alles zum wahrhaftig Glücklichsein gar nicht brauchte. Er verkaufte alles, was er hatte, verteilte den Erlös unter seinen Mitbürgern und führte fortan ein Leben in radikaler Armut.[352] Als Grund für diese Wende wird vielfach erwähnt, dass er die Sorgen und Aufregungen des Geschäftslebens nicht mehr ertrug, alle Verpflichtungen diesbezüglich loswerden wollte und deshalb Zuflucht in der Philosophie der Armut gesucht habe. Heute würde man ihm vermutlich ein Burn-out-Syndrom diagnostizieren. Die radikale Wende in seinem Leben machte ihn zu einem gefragten Vermittler in Konflikten. Er war keiner, der seine Mitmenschen verstören wollte, sondern vielmehr einer, der zuhören konnte. Angeblich nannten ihn die Zeitgenossen auch »Thurepanoiktes«, das heißt Türöffner, weil er überall als Gesprächspartner geschätzt war und ihm daher kein Haus verschlossen blieb. Denn im Gegensatz zu den stets hektischen rastlosen Bürgern von Athen hatte er eine überaus wertvolle Ressource im Überfluss: Zeit. Das machte ihn zum Schlichter und Schiedsrichter. Die Dichter – so die Quelle weiter – erzählen, wie Herakles einst schreckliche Ungeheuer in Tier- und Menschengestalt besiegte und aus der Welt verjagte. Genau das Gleiche tat Krates im Kampf gegen Zorn, Neid, Habsucht, Gier und alle anderen verbrecherischen Triebe der menschlichen Seele.

Krates von Theben lebte und predigte ein Leben in Einfachheit als Heilmittel gegen die Leiden seiner Zeit. »Sammle Linsen und Bohnen, mein Freund. Wenn du das tust, dann wirst du den Sieg über Bedürfnisse und Armut erringen!« So sein Rat an die Schüler. An anderer Stelle spricht er von der Armut als seinem Freund, nicht Feind. Obwohl er behindert war – er hatte einen Buckel –, trainierte auch er täglich, übte sich, wie man sagte, in Askese und war es gewohnt, jeden Tag zu joggen: »Ich renne wegen meiner Milz, wegen meiner Leber und wegen meines Bauches.« Als er einmal einen jungen Sportler sah, der durch Wein- und Fleischkonsum seine Körpermassen fütterte, sagte er zu ihm: »Komischer Kauz, hör doch auf, die Mauern deines Gefängnisses zu verstärken.«[353]

Doch er konnte auch schärfere Töne anschlagen. Auch radikale Schimpfe über die Reichen wird ihm nachgesagt: »Hängt euch auf! Ihr habt Bohnen, Feigen, Wasser, Wämse aus Megara, ihr treibt Handel und Landwirtschaft im großen Stil und seid Verräter, Tyrannen, Mörder, begeht Verbrechen jeder Art, statt euch ruhig zu verhalten. Wir aber leben ganz in Frieden, denn Diogenes von Sinope hat uns von jeglichem Übel befreit. Wir haben nichts, und haben doch alles, ihr aber habt alles und doch nichts, wegen eurer Streitsucht, eurem Neid, eurer Angst und eurer Einbildung.«[354]

Anschaulich schildert einer seiner Schüler die Befreiung, die er erlebte, als er von der Akademie in Athen in die Schule des Krates aufgenommen wurde: Früher habe ihn die Sorge um den Alltag fast verrückt gemacht, er brauchte Sandalen, Mantel, Diener, stets musste er einkaufen lassen für die gemeinsamen Essen an der Akademie, weißes feines Brot, guten Wein und einige Delikatessen. Seit er nun bei Krates ist, reichen Roggenbrot und Kräuter, auch braucht er keine Dienerschaft, und das

Abb. 4: Krates und Hipparchia. Wandmalerei aus der Casa della Farnesina, Museo delle Terme, Rom.

Leben ist so viel einfacher geworden. Und für den Fall, dass mal das Bedürfnis nach etwas Luxus aufkommt, dann kann er dieses anders stillen: Wenn ich zum Beispiel ein Bad nehmen will, dann gehe ich ins Badehaus, und wenn ich mal ein reichhaltigeres Frühstück möchte, dann gehe ich in die Schmiede, röste mir eine Sprotte am Feuer des Schmieds und mach mir dort ein gemütliches Essen. Im Sommer schlafe ich in den Tempeln, im Winter in den Badehäusern. Alle früheren Bedürfnisse nach Luxus und die Angst vor der Armut sind verschwunden.[355]

Sind Minimalismus und Familienleben vereinbar?

Eigentlich gehört das Familienleben nicht zum Lebensstil der Kyniker. Es passt einfach nicht, sagte Epiktet, der 300 Jahre später über Krates und Hipparchia in einem Lehrer-Schüler-Dialog schrieb. Wenn ein Philosoph heiratet, dann wird er ständig abgelenkt, muss er den Wasserkessel anwerfen, um heißes Wasser für das Baby zu bereiten, er muss Wolle kaufen für seine Frau, Öl, eine Wiege, eine Tasse und viele andere Dinge, die man braucht, wenn man Familie hat. Was wird aus einem Mann in einer solchen Situation? Was wird aus dem Philosophen, der gleich einem König eigentlich die Verantwortung hat für sein Volk. Was wird aus ihm, wenn er heiratet? Wer kümmert sich um die Kinder, wie behandelt er seine Frau? Gibt es Streit im Haus? Hängt der Familiensegen schief? All das interessiert fortan, und damit wird das Königreich der Philosophie von ihm genommen. Ja, das stimmt schon, kontert die Gegenposition, aber Krates von Theben zum Beispiel war verheiratet. Ah, sagt Epiktet, das ist was anderes, das war Liebe. Wir reden hier von normaler Ehe, jenseits dieser außergewöhnlichen Umstände namens Liebe, die in diesem Fall den Philosophen nicht weiter kümmern müssen.

Auch Diogenes Laertius erwähnt eheliche Liebe als außergewöhnlichen Sachverhalt. Als Beispiel diente ihm Hipparchia, die Ehefrau des Krates. Sie hatte sich leidenschaftlich verliebt – und zwar in die Philosophie dieses Menschen, in die Art und Weise, wie er Gespräche führte und wie er lebte. Zwar habe Krates mit allen Mitteln versucht, sie vom Gegenteil zu überzeugen, zog sich nackt vor ihr aus, zeigte ihr seinen behinderten Körper mit dem Buckel, doch Hipparchia blieb unerbittlich. Der Philosophiehistoriker Donald Dudley sprach von dem »griechischen Gefühl der Hilflosigkeit angesichts leidenschaftlicher Liebe«, gegen die selbst die Kyniker machtlos waren. Die einzigen Heilmittel, die sie anboten, waren Hunger und Zeit. Falls diese nichts nutzten, dann bliebe als einziger Ausweg der Strick. Dabei war Sexualität überhaupt nicht das Problem. Ganz im Gegenteil, die Kyniker zählten Sex zu den normalen Bedürfnissen des Lebens, die möglichst billig und unkompliziert zu befriedigen seien, entweder im Bordell oder durch Masturbation.[356] Das Problem war die Leidenschaft, und vor allem Hipparchias Bestehen auf eine langfristige leidenschaftliche Liebesbeziehung. Doch die beiden wurden ein Paar, sie ging mit Krates aus, er nahm sie mit zu Essenseinladungen, was damals allenfalls für Prostituierte üblich war, und Hipparchia nahm selbstverständlich teil an den philosophischen Gesprächen. Auch in der Erziehung ihrer Kinder blieben die beiden dem kynischen Ideal der freien Sexualität treu: Es wird erzählt, dass die beiden ihre Tochter zunächst einmal für einen Monat auf Probe verheirateten, um ihr die Chance zu geben, wieder auszusteigen, falls ihr die Ehe nicht zusagen sollte.[357]

Minimalisten waren die Kosmopoliten der Antike

Während die Griechen nach heutigen Maßstäben massiv fremdenfeindlich genannt werden müssen, denn sie teilten die Welt ein in »Wir und die anderen«, in Griechen und Nichtgriechen (= Barbaren), war für die Kyniker diese Unterscheidung bedeutungslos. Nur die Gesinnung eines Menschen war ihnen wichtig. Nicht Herkunft oder Sprache. Auch waren sie überzeugt, man könne von all den fremden Völkern, auf die ein Durchschnittsathener nur geringschätzig herabschaute, vieles lernen. Schließlich vertraten die Kyniker die Ansicht, dass alle Menschen, ob Griechen oder Nichtgriechen, ob Freie oder Sklaven, miteinander verwandt seien. Ja, ihre Philosophie band die gesamte Natur, Tiere und Pflanzen mit ein in ein umfassendes, ganzheitliches Weltbild.[358]

Wie ging es mit der antiken Minimalistenbewegung weiter?[359]

Die Kyniker traten zu einem Zeitpunkt auf, als sich alles veränderte. Das Prinzip der griechischen Stadtstaaten (*polis*) wurde von Grund auf erschüttert durch die Eroberungen Alexanders des Großen. Und trotzdem waren viele noch lange nicht bereit, ihre überkommenen Rollen im gemeinschaftlichen und politischen Leben zu überdenken. Sie hielten fest an dem, was sie für die einzig richtige Lösung hielten, nämlich die Organisation in kleinen regionalpolitischen Einheiten. Diogenes predigte just in dieser Zeit Kosmopolitik, er erklärte sich selbst zu einem Bürger ohne Stadt (*a-polis*), ohne Heimat (*a-oikos*) und einem Bürger der universalen Welt (*kosmopolites*). Bis dahin hat man einen solchen Kosmopolitismus als etwas generell Negatives betrachtet – ging er doch einher mit der Abwertung der existierenden Stadtstaaten. Das konnten sich viele damals nicht vorstellen, hatten Verlustängste. Die Kyniker predigten gegen die Angst vor Verlust, gegen das Festhalten am Alten und versprachen eine ganz neue Form der Freiheit.

Ihre Botschaft kam bei vielen gut an, und der Kynismus entwickelte sich als einzige philosophische Richtung der Antike zu einer regelrechten Massenbewegung. Mehr als 80 Philosophen dieser Schule sind namentlich bekannt, und weitere 30 anonyme

Kyniker sind ebenfalls gut belegt.[360] Eine bleibende Faszination sorgte für die Tradierung und Fortsetzung ihrer Texte, und das, obwohl Diogenes von Sinope nie eine eigene Schule gründete. Doch verbreitete sich diese Philosophie im ganzen Mittelmeerraum und darüber hinaus. Der kynische Lebensstil blieb über Generationen attraktiv und zog in späterer Zeit auch die Römer an. Dio Chrysostomos oder Epiktet und Lukian gelten als die wichtigsten Vertreter des römischen Kynismus, und schließlich gab es drei Jahre lang mit Kaiser Julian (360–363 n. Chr.) einen den Kynikern sehr wohlgesinnten Herrscher an der Spitze des Römischen Reiches.[361]

6.2. Geld ist Mist – Franz von Assisi

Franziskus von Assisi war der Diogenes des Mittelalters. So wie die Griechen in Athen den Anblick der Kyniker und ihre steten Provokationen aushalten mussten, so mussten die Bewohner der reichen mittelalterlichen Städte Norditaliens den der Franziskaner ertragen. Junge Männer im arbeitsfähigen Alter, die auf eine bürgerliche Existenz verzichteten, keinen festen Wohnsitz hatten, keine Familie, keinen ordentlichen Beruf ausübten und stattdessen durch die Straßen der Städte zogen, predigten und von Almosen lebten. Franziskus stand dem Diogenes in nichts nach. Das Einzige, was ihm fehlte, war das Fass. Stattdessen hatte er einen Backofen, in dem er gelegentlich übernachtete, und gerade wie Diogenes mit Alexander dem Großen umging, so tat es auch Franziskus mit Kaiser Otto IV.: Er ignorierte ihn einfach und hatte keine Zeit für ein Treffen mit dem sich in der Nähe befindlichen Kaiser, weil er mit Beten beschäftigt war.[362]

Wer war Franziskus von Assisi?

Wir befinden uns in der glücklichen Situation, dass die Menschen im Mittelalter sehr viel mehr aufgeschrieben haben als in der griechischen Antike. Franziskus selbst hat viel geschrieben, nicht nur mehrere Fassungen einer Satzung für die Gemeinschaft (die Franziskanerregel), sondern auch Briefe, Gedichte, darunter den berühmten Sonnengesang, und schließlich ein Testament. Einer seiner ersten Gefährten, Thomas von Celano, hat gleich drei Biografien des Gründers verfasst, von denen jede einen anderen Schwerpunkt setzt. Andere haben es ihm nachgetan und ihre Sicht des Franziskus schriftlich festgehalten. Auch Lebensbeschreibungen anderer Mitglieder des Ordens sind überliefert, ebenso viele Chroniken, Briefe und Erzählungen, am berühmtesten vielleicht die Chronik des geschwätzigen Bruders

Salimbene de Adam, der eine Art Tagebuch führte über sein unstetes Leben als freiwillig Armer im Franziskanerorden, das vom Hof des französischen Königs bis zu Weinproben in Bordeaux reichte. Aus diesem Grund kennen wir erstaunlich viele Details aus dem Leben dieser freiwillig Armen des 13. Jahrhunderts:[363]

Abb. 5: Das älteste, noch zu Lebzeiten, vor 1226 entstandene Bild des Franz von Assisi.

Kindheit und Jugend in Wohlstand und Luxus

Geboren wurde Franziskus im Jahr 1181. Sein Vater, ein erfolgreicher Kaufmann in Assisi, war viel auf Reisen, der Junge wuchs in einer behüteten und gut situierten Umgebung auf, hatte keine Zukunftssorgen, denn es war klar, dass er das elterliche Unternehmen irgendwann weiterführen würde. Er war beliebt, hatte viele Freunde, hielt diese gerne frei, liebte extravagante Kleider und ließ keine Gelegenheit zum Feiern aus. Ein großer Verschwender sei er gewesen, der auch bezüglich der Kleidung vielfach das rechte Maß überschritt, indem er sich teure Gewänder schneidern ließ. Und in seinem Bedürfnis aufzufallen war er so eitel, dass er zum Beispiel überaus teure Stoffe mit gänzlich wertlosen zusammennähen ließ, er kombinierte also Materialien höchst unterschiedlicher Machart und Qualität.[364] Anführer der Jugend von Assisi war er eine Zeit lang, was dafür spricht, dass er schon als Jugendlicher ein gewisses Charisma besaß. Etwa im Alter von 20 Jahren kam es jedoch zu einer unerwarteten Entwicklung. Er zog in den Krieg, ein Kleinkrieg mit der Nachbarstadt Perugia, und geriet 1203/4 ein Jahr lang in Gefangenschaft. Offenbar hat er dort etwas erlebt, das sein ganzes Leben umkrempelte. Denn er kam völlig verändert nach Hause. Der eben noch lebenslustige Anführer der städtischen Jugend mied plötzlich die Kontakte mit anderen, zog sich am liebsten in die Wälder zurück, lebte in der Natur, isolierte sich von den Menschen und redete wirres Zeug. Einmal wollte er Ritter werden, dann mit den Aussätzigen der Stadt leben, ein andermal nach Apulien reisen, Letzteres tat er dann auch. Heute würde man vermutlich eine Depression diagnostizieren, die sich über längere Zeit hinzog. Die Mutter überredete ihn, wieder im elterlichen Betrieb mitzuarbeiten. Er gab nach, ging auf eine Dienstreise im Auftrag des Vaters und verkaufte unterwegs die komplette Ware, einschließlich des Pferdes, mit dem er unterwegs war, um »frei von aller Last« zu Fuß zurückzukehren. Das eingenommene Geld schenkte er dem Priester des Kirchleins San Damiano vor den Toren der Stadt Assisi. Da der Priester – vielleicht aus Angst vor dem Vater – das Geld nicht annehmen wollte, warf Franziskus die Münzen zum Fenster hinein. Anfang des Jahres 1207 kam es zum Bruch: Der Vater schleppte den Jungen vor den Bischof, damit ihn dieser zur Vernunft brächte. Und als auch dies nichts fruchtete, enterbte der erfolgreiche Kaufmann Pietro di Bernardone seinen Sohn in aller

Öffentlichkeit. Zahlreiche Bürger der Stadt waren anwesend, um diesen Akt zu bezeugen. Franziskus stand ungerührt dabei und reagierte fast erleichtert, ja, bekräftigte sein Einverständnis mit der Enterbung, indem er sich in aller Öffentlichkeit auf dem Marktplatz vor dem Bischofspalast der Stadt nackt auszog und dem Vater alles, wirklich alles – einschließlich seiner Kleidung bis auf die Unterhose (*femoralia*) – zurückgab. Die Dramatik dieses Ereignisses rührt die Menschen bis heute, und so wurde diese Geschichte zu einem der berühmtesten und beliebtesten Details aus dem Leben des Franziskus. Der Künstler Giotto zeigt in einer Darstellung der Szene an der Wand in der Kirche Santa Croce in Florenz eindrücklich die Mischung aus Wut und Ratlosigkeit des Vaters. Er ist aufgebracht, muss von den Umstehenden zurückgehalten werden, um seinen Sohn nicht zu schlagen oder gewaltsam zurückzuholen, während dieser, barfuß und nackt, unter dem Mantel des Bischofs Zuflucht findet.[365]

Abb. 6: Lossagung vom Vater vor dem Bischof von Assisi, Darstellung in Santa Croce, Florenz von Giotto di Bondone (Datierung 1317/1324).

»Das ist es, was ich will!«

Nun war Franziskus frei von allen Verpflichtungen weltlichen Besitzes und begann zerfallene Gemäuer und Kirchlein wiederaufzubauen. Ein Jahr lang lebte er wie ein Einsiedler, sah aus wie ein antiker Philosoph mit seinem einfachen Gewand, mit

Gürtel, Stab und leichten Sandalen an den Füßen. Es muss ihm oft kalt gewesen sein, denn die Winter in Umbrien waren zwar milde, aber ganz sicher nicht warm. Tiere leisteten ihm gelegentlich Gesellschaft, und er teilte mit ihnen seine Unterkunft in Scheunen und Ställen. In dieser Zeit - vermutlich am 24. Februar des Jahres 1208 - hörte er in einem der von ihm wiederaufgebauten Kirchlein namens Portiuncula, etwa zwei Kilometer außerhalb von Assisi gelegen, bei der Lesung des Evangeliums die Geschichte, wie Jesus seine Jünger in alle Welt aussandte (Matthäus 10,9–10). Franziskus war gebannt von dem, was er da hörte. Unmittelbar nach Beendigung der Lesung bat er den Priester um Interpretation der Stelle. Thomas von Celano, der Biograf, macht diese Episode zum Schlüsselerlebnis: Der Priester, so schreibt er, erklärte ihm geduldig alles der Reihe nach. Und als Franziskus hörte, dass die Jünger Christi weder Gold noch Silber oder Geld besitzen, nicht Beutel, Reisetasche, Brot oder einen Stab auf den Weg mitnehmen, keine Schuhe oder zwei Röcke tragen dürfen, sondern nur das Reich Gottes und Umkehr predigen sollen, da überkam ihn plötzlich die Erkenntnis: »Das ist es, was ich will. Das ist es, was ich suche, das verlange ich aus innerstem Herzen zu tun.«[366]

Der Biograf macht diesen Moment zum Abschluss des langwierigen und oft schmerzhaften Transformationsprozesses, der mit der Depression nach der Gefangenschaft in Perugia im Jahr 1204 begann. Von nun an herrscht Klarheit. Franziskus weiß, wie er leben will: in radikaler Armut, frei vom Ballast des Besitzes, frei von der Verpflichtung, Geld zu verdienen und Reichtum zu mehren, frei für die Hinwendung zur Natur und zu den Mitmenschen. Von nun an nimmt die Bewegung Fahrt auf, sein Beispiel macht Schule.

Er beginnt begeistert zu predigen. Seine Worte - so Celano - waren wie ein loderndes Feuer, das ins Innerste seiner Zuhörerschaft drang und alle mit Bewunderung erfüllte. Ein ganz anderer schien er jetzt zu sein, als er gewesen.[367] Die Menschen fühlen sich angesprochen, suchen seine Nähe, schließen sich ihm an, und ein Jahr später, im Sommer 1209, reist er mit elf Gefährten nach Rom, um sich den Segen des Papstes Innozenz III. zu holen. Dieser bestätigt die neue Gemeinschaft freiwillig Armer und nimmt sie auf die Liste päpstlich anerkannter Armutsbewegungen, auf der bereits die in Nordspanien entstandenen Dominikaner standen, gegründet von Dominikus, ebenfalls Kaufmannssohn aus Caleruega, in der Nähe von Burgos in Kastilien.[368] Nach der Rückkehr aus Rom schlossen sich immer mehr Menschen der Bewegung an und ließen sich vom Leben in freiwilliger Armut anstecken, darunter auch Klara, seine engste Freundin aus Jugendzeiten, die 1211 heimlich von zu Hause ausriss, um sich der Bewegung anzuschließen. Die Gemeinschaft lebte in dieser Zeit in verschiedenen kleineren Gruppen, ohne festen Wohnsitz. Die Quellen erzählen anschaulich, wie sie in Höhlen hausten, unter freiem Himmel schliefen oder bei gastfreundlichen Menschen. Hier kommen auch die schon erwähnten Backöfen als Schlafplätze ins Spiel. Es waren diese steinernen Öfen, die zu jener Zeit in der Toskana auf freien Feldern in der Nähe der Dörfer aufgestellt waren und deren Restwärme vor der herbstlichen Kälte schützte.[369]

Neben der Abneigung gegen feste Wohnsitze betont Thomas von Celano auch die Abscheu vor allem Überflüssigen: Nichts wollten sie auf den Tischen rumstehen haben, nichts an überflüssigen Gegenständen, seien es Hausgeräte, Dekoartikel, Einrichtung, Bücher oder Bettzeug. Apropos, Bettzeug, da fällt mir noch etwas ein – schreibt Celano –: Franziskus weigerte sich kategorisch, auf Polstern oder Federkissen zu schlafen. Ja, er entwickelte geradezu eine körperliche Abneigung dagegen und legte sich, wenn er irgendwo zu Gast war und ihm ein gemütliches

Bett gerichtet wurde, zum Schlafen einfach auf den Fußboden. Ähnlich war seine Einstellung zu überflüssigen Kleidern und weichen Tüchern, und die übertriebene Sorge um Kleidung sah er als Zeichen eines erloschenen Geistes an.[370]

Geld ist Mist, Eigentum auch

Franziskus verabscheute Geld, bezeichnete es als Mist und betrachtete Reichtum zwar nicht wie Diogenes als Kotze des Glücks, aber doch als größtes Hindernis auf dem Weg zum guten Leben.[371] Wer in die Gemeinschaft aufgenommen werden wollte, musste alles verschenken, was er hatte. Im Gegensatz zu den herkömmlichen Mönchen, zum Beispiel den Benediktinern, die ja auch ein Armutsgelübde ablegten, verzichteten die Franziskaner nicht nur auf individuellen, sondern auch auf kollektiven Besitz. Das heißt nicht nur das einzelne Mitglied, auch die Gemeinschaft als Ganzes sollte keinerlei feste Besitztümer halten, keine Häuser und kein Vermögen. Das war ein schwieriges Unterfangen, denn da die Bewegung so schnell wuchs, brauchte man natürlich bald Wohnungen, Häuser und auch eine Kasse zur Organisation der alltäglichen Einkäufe, die ja unvermeidlich werden, sobald mehrere Menschen zusammenleben. Diese Spannung ist deutlich zu vernehmen in den frühen Schriften. Doch das war dem Gründer egal. Er blieb radikal. Einmal, als er für eine bevorstehende Versammlung zum Kirchlein Portiuncula zurückkam und erfuhr, dass die Bürger von Assisi den Brüdern eine Unterkunft errichtet hatten, stieg er ohne zu zögern auf das Dach und warf mit starker Hand Latten und Ziegel hinunter. Er befahl auch den anderen, hinaufzusteigen und das Haus – der Chronist spricht von einem der Armut schon von Weitem feindlichen Ungeheuer – abzureißen. Franziskus hätte das Haus bis auf die Grundfesten niedergerissen, wären da nicht Wachleute gewesen, die ihm Einhalt geboten, indem sie ihm klarmachten, dass das Haus nicht der Gemeinschaft, sondern weiterhin der Stadt gehören sollte.[372] Ähnliches trug sich in Bologna zu. Auch dort hatten die Bürger der Stadt ein Haus für die Gemeinschaft gebaut. Franziskus weigerte sich, es zu betreten, und ließ es stattdessen kurzerhand räumen. Selbst die kranken Brüder mussten raus. Erst nachdem Hugolino von Ostia, Kardinalprotektor des Ordens an der Kurie, erklärte, dass das Haus nicht den Brüdern, sondern dem Papst gehörte und von diesem den Brüdern zur Verfügung gestellt wurde, konnte die Gemeinschaft die Unterkunft wieder beziehen. Thomas von Celano bekräftigt die Glaubwürdigkeit dieser Erzählung damit, dass er selbst damals einer der Kranken gewesen sei, die aus dem Haus hätten befördert werden müssen.[373] Lakonisch bemerkt er noch: »Wir konnten ihm nachfolgen in der vorgeschriebenen Lebensform, indem wir nichts zu eigen hatten, obgleich wir ohne den *Gebrauch* von Wohnstätten natürlich nicht leben konnten.«[374] Hier wird die franziskanische Alternative zu Eigentum angesprochen, nämlich die Beschränkung auf reine Nutzung von Gegenständen, Gebäuden, Gärten oder Grundstücken ohne jegliches Besitzrecht.

Internationale Expansion

Im Laufe des 13. Jahrhunderts breitete sich diese Bewegung von der Stadt Assisi wie ein Lauffeuer in ganz Europa aus. 1209 gilt als Gründungsdatum, die folgenden Jahre verbrachte Franziskus mit einigen Gefährten in einer überwiegend nicht sesshaften Lebensform und zog, die Einfachheit predigend, durch Italien. Assisi entwickelte sich zum Zentrum, und schon im Jahr 1217 wurden von dort aus Vorstöße nach Spanien, Frankreich, Ungarn, Marokko und Ägypten unternommen. In Damiette, Tripolis, Jerusalem und Akkon entstanden frühe Gemeinschaften, die jedoch nur kurzfristigen Bestand hatten. Als Franziskus im

Oktober 1226 starb, war seine Bewegung weit über die Grenzen Italiens hinaus in den meisten Ländern des erweiterten Mittelmeerraums vertreten. Zwei Generationen später, Ende des 13. Jahrhunderts, gab es an die 1500 Gemeinschaften dieser Bewegung verteilt in ganz Europa: von Syrakus im Süden bis nach Enköping nördlich von Stockholm. Von Caffa am Schwarzen Meer, Riga in Lettland bis nach Lissabon in Portugal und Ardfert in Irland an der Atlantikküste.[375]

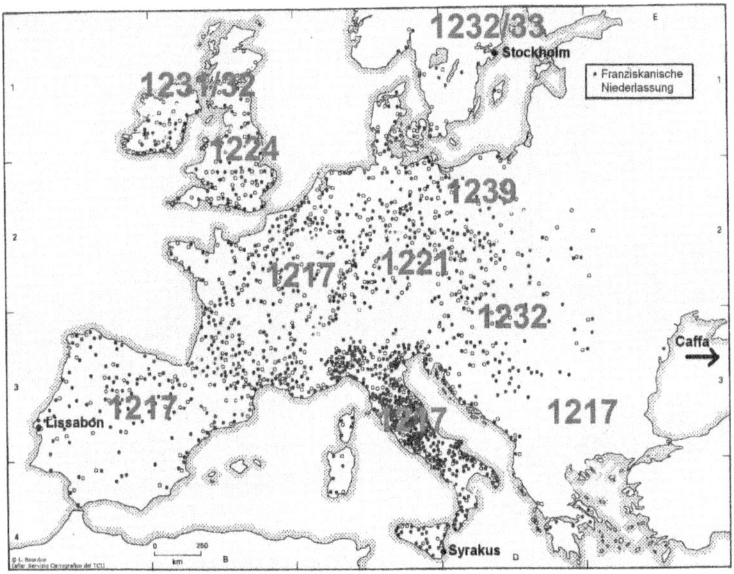

Abb. 7: Niederlassungen des Franziskanerordens in Europa um 1300.

Assisi – Pfingsten 1217

Franziskus schmiedete ununterbrochen Reisepläne. Zunächst wollte er nach Syrien, dann nach Spanien und Marokko, später nach Frankreich, doch musste er diese Pläne wegen Krankheit immer wieder aufschieben. Im Mai 1217 fand die erste Jahresversammlung statt, es trafen sich alle Mitglieder der Bewegung an Pfingsten in Assisi. Mehr als 5000 sollen es gewesen sein, und die Stimmung klingt fast ein bisschen nach Woodstock, die Quellen sprechen auch vom »Strohmattenkapitel« (*Capitulo delle Stuoie*), weil alle unter freiem Himmel, auf einfachen Matten schliefen, voller Freude über das Wiedersehen den ganzen Tag sangen und fröhlich waren. Sogar die Bürger von Assisi waren begeistert und versorgten die Gemeinschaft mit Essen und Trinken.[376]

Hier wurde auch erstmals darüber beraten, wie man die neue Lebensform in Ländern jenseits der Alpen bekannt machen könnte, und es wurde beschlossen, Expeditionen nach Spanien, Frankreich, Ungarn und Deutschland zu schicken. Ausstattung brauchte man kaum, denn die Brüder lebten ja von dem, was sie unterwegs fanden oder erbettelten. Franziskus selbst wollte nach Frankreich, aber auch diese seine Reise scheiterte.

Stattdessen brach er Richtung Syrien auf und bestieg ein Schiff, das jedoch durch ungünstigen Wind an die Küste von Dalmatien abtrieb. Er war enttäuscht, bat im dortigen Hafen Schiffsleute, die Richtung Ancona Segel setzten, ihn mitzunehmen, und als diese sich weigerten, schlich er sich mit einigen Gefährten heimlich aufs Schiff und reiste als blinder Passagier. Wie durch ein Wunder versorgte ein anderer Passagier, in Komplizenschaft mit einem Matrosen, die Gruppe mit Nahrung und Wasser, bis sie wohlbehalten wieder in Italien ankam.[377] Erst zwei Jahre später, im Sommer 1219, erfüllten sich die lang gehegten Reisepläne, die Reise nach Syrien wurde endlich umgesetzt, er traf den Sultan, der den wunderlichen Heiligen sogar empfing. Die »Religionsgespräche« zwischen Islam und Christentum, die Franziskus hier begründete, wurden zu einer festen Tradition auch in anderen Bettelorden. Insgesamt verbrachte Franziskus ein ganzes Jahr im Nahen Osten.[378]

Reisen ohne Geld im 13. Jahrhundert – Von Trient nach Augsburg

Auch der bereits 1217 geplante erste Vorstoß nach Deutschland war zunächst misslungen und konnte erst 1221 umgesetzt werden. Jordan von Giano, ein Mitglied der Expedition nach Deutschland, berichtet in seinen Erinnerungen, wie am Ende dieses Pfingstkapitels Franziskus plötzlich einfiel, dass der Orden in Deutschland noch immer keinen Boden gutgemacht habe. Und weil er krank war, ließ er seinen Entschluss durch Bruder Elias verkünden, zu dessen Füßen er zusammengekauert wie ein kleines Kind saß. Also verkündete Bruder Elias den Wunsch des Franziskus: Es gibt eine Gegend jenseits der Alpen, Deutschland, wo jene fromme Christen leben, die man in Italien vor allem kennt, weil sie mit langen Wanderstäben und breiten unförmigen Schuhen mit Schweißperlen auf der Stirn in der glühenden Sonnenhitze nach Rom pilgern. Da jedoch die Brüder des Ordens, die man bisher nach Deutschland geschickt hatte, stets ohne Erfolg zurückgekehrt waren, weil sie schlechte Erfahrungen machten und als Bettler und unnütze Landstreicher davongejagt wurden, so solle ein erneuter Anlauf gewagt werden. So in etwa sprach Franziskus, und es tat sich eine bunt gemischte Gruppe von 25 Männern zusammen, sieben Italiener, sieben Deutsche, ein ungarischer Bruder, und zwölf weitere, deren Herkunft nicht angegeben wird. Darunter Thomas von Celano, der spätere Biograf des Franziskus, Johannes von Plano Carpini, ein sprachbegabter Bruder, der in späteren Jahren einen der ersten Reiseberichte über Asien verfasste, und Jordan von Giano, der Chronist der deutschen Ordensprovinz. Dieser erzählt, wie sich die Gemeinschaft zunächst in Trient versammelte, wie dort ein reicher Bürger namens Peregrinus sich der Gemeinschaft anschloss, alle noch mit neuer Kleidung ausstattete, bevor er sein Hab und Gut verkaufte und mit den Brüdern nach Deutschland zog. Man teilte sich in Zweiergruppen auf, zog am 29. September los, über Bozen, Brixen, Sterzing. Wie sie mit leerem Magen abends einschliefen und am nächsten Morgen hungrig erwachten, weiterliefen und wie nach einer halben Meile ihre Knie zittrig, ihre Beine schwach wurden und wie ihnen die Sicht verschwamm. Sie aßen die Früchte und Kräuter, die sie am Wegesrand fanden, und auch wenn die nicht wirklich satt machten, so war es doch ein gutes Gefühl, etwas Essbares bei sich zu tragen. Schließlich erreichten sie Matrei und trafen auf zwei großzügige Menschen, die ihnen für zwei Zehner Brot verkauften, das sie mit Rüben ergänzten. Sie zogen weiter Richtung Mittenwald und kamen schließlich nach gut zwei Wochen am 15. Oktober 1221 in Augsburg an. Dort wurden sie überaus freudig vom Bischof und seinem Stellvertreter empfangen. Letzterer räumte gar seine Amtsgebäude und überließ sie den Brüdern, damit sie sich von den Strapazen der Alpenüberquerung erholen konnten. Doch schon am nächsten Tag berief Caesar von Speyer eine Versammlung ein und schickte die Brüder in Kleingruppen weiter nach Würzburg, Mainz, Worms, Speyer, die anderen nach Straßburg und Köln, Salzburg und Regensburg.[379]

Reisen ohne Geld im 13. Jahrhundert – Von Assisi nach Canterbury

Am 10. September 1224 kamen neun Franziskaner in England an: Agnellus von Pisa, Richard von Ingworth, Richard von Devon, Wilhelm von Ashby – sehr jung –, Heinrich von Treviso, ein Lombarde, Laurentius aus Beauvais, ein Handwerker, Wilhelm von Florenz, Melioratus und Jakobus. Die beiden Letztgenannten, so heißt es, waren noch in der Probezeit. Die Gruppe war von den Mönchen aus Fecamp in Frankreich nach England übergesetzt und mit dem Notwendigen versorgt worden, hatte Dover erreicht und wurde in Canterbury im Priesterspital, einem

Haus für verarmte Priester, untergebracht. Später fanden sie eine kleine Kammer im nahe gelegenen Scholarenhaus, wo sie abends um ein Feuer saßen und selbst gebrautes Bier tranken, während sie sich von den Ereignissen des Tages erzählten. Auffällig ist auch hier die bunte Vielfalt und die internationale Zusammensetzung der Gemeinschaft. Der Erste, der sich in England den Brüdern anschloss, war Bruder Salomon. Er wurde dafür von seiner Familie verstoßen. Wilhelm von London, der Zweite, war ein Schneider, der Dritte, Jocius von Cornhill, ein Kleriker, der schon bald nach Spanien ging und dort bis zu seinem Lebensende arbeitete, der Vierte, Johannes, ging später nach Irland, andere wie Vincenz von Coventry, Adam von Exeter oder Richard Rufus waren in Oxford und Paris als Gelehrte aktiv, und schließlich werden auch zahlreiche Ritter und Adelige erwähnt, die in den Orden eintraten.[380] So unterstützte Ritter Richard Gubiun die Gemeinschaft in Northampton durch Spenden mit Teilen aus seinem Erbe. Allerdings verflogen sein Wohlwollen und seine Großzügigkeit mit einem Schlag, dann nämlich, als sein eigener Sohn beschloss, sich der Gemeinschaft anzuschließen. Das ging ihm dann doch zu weit. Er ließ umgehend das Grundstück räumen und wollte seinen Sohn zurück. Der Guardian des Hauses, Petrus der Spanier, schlug vor, dass sich der Junge selbst entscheiden solle, und als dieser sich ohne Zögern den freiwillig Armen zuwandte, waren seine Eltern so gerührt, dass sie ihre Meinung änderten und die Gruppe samt ihrem Sohn nach Kräften unterstützten.[381] Sogar Mitgliederzahlen haben wir aus dieser frühen Zeit. Thomas von Eccleston schreibt in einer Anmerkung, dass die Gemeinschaft in England und Wales zur Zeit der Niederschrift, also um das Jahr 1255/6 insgesamt 1241 Brüder zählte, verteilt auf 49 Niederlassungen. Im Schnitt lebten also circa 20 Personen in einer Gemeinschaft. In den nächsten Jahren kamen noch 13 Häuser hinzu, sodass sich eine Gesamtzahl von 62 englischen Gemeinschaften ergibt. Im Jahr 1539 wurden im Zuge der englischen Reformation unter Heinrich VIII. sämtliche Klöster, auch die 62 franziskanischen Häuser, aufgelöst.

Die Architektur der Besitzlosigkeit

Weil die Gemeinschaft nichts, aber auch gar nichts als ihr Eigentum annehmen wollte, wurden vielerorts ihre Häuser der jeweiligen Stadtgemeinde übereignet. Überall fanden sie Menschen, die ihre Lebensweise unterstützten, in Canterbury zum Beispiel eine vornehme Gräfin von Hackington, die für die Gemeinschaft sorgte wie eine Mutter für ihre Kinder. In London kaufte ein gewisser Johannes Iwyn ein Grundstück und überließ es den Brüdern zur Nutzung, bis er später selbst Mitglied wurde. Ein späterer Sheriff von London, Wilhelm Joynier, ließ auf eigene Kosten eine Kapelle und ein kleines Haus errichten und unterstützte die Gemeinschaft regelmäßig, ein anderer namens Petrus von Elvyland stiftet 100 Pfund zum Bau einer Krankenabteilung in der Londoner Niederlassung der Gemeinschaft. Heinrich von Frowik und Salekin von Basings sorgten für den Einbau von Wasserleitungen, der im Übrigen großzügig vom König mitfinanziert wurde. In Oxford verpachtete ein Kaufmann, Robert de Mercer, ein Haus als Unterkunft. Dort traten viele Studenten, Magister und Adelige der Gemeinschaft bei, sodass sie bald eine größere Unterkunft brauchten. Ein Müller der Stadt, Richard le Muliner, übertrug der Stadtgemeinde ein Grundstück samt Haus »zum Gebrauch« für die Brüder. In Cambridge wohnten sie zunächst in einer alten Synagoge direkt neben dem Gefängnis, in Shrewsbury schenkte ihnen der König ein Grundstück, und ein Bürger der Stadt, Laurentius Cox, baute ihnen ein Haus aus Stein darauf. Zu spät merkte er, dass die Bauweise nicht den Regeln der freiwilligen Armut entsprach, die – nach Franziskus –

Wände aus Holz oder aus Lehm und Stroh erforderte. Also ließ er die Steinwände wieder abreißen und ersetzte sie durch Lehmwände.[382]

Kosmopoliten des Mittelalters

Mobilität blieb ein Kennzeichen dieser Minimalisten des Mittelalters, denn die familiäre Ungebundenheit, ihre Flexibilität und die pragmatische Anspruchslosigkeit erweiterten ihre Aktionsräume und gaben ihnen fast überall ein Zuhause. Sie waren gleichsam auch die Kosmopoliten des Mittelalters. Daher ist es nicht verwunderlich, dass die Mitglieder der Bettelorden zu den ersten Asienreisenden des 13. Jahrhunderts zählten, ein halbes Jahrhundert vor Marco Polo. Sie sollten auf ihren Reisen bis nach Karakorum und Peking gelangen.

Der Franziskaner Johannes von Plano Carpini ist ein gutes Beispiel. Er war Italiener, zählte zur Expedition nach Deutschland im Jahr 1221 und wurde Kustos von Sachsen. Von dort aus trieb er die Ausbreitung der Gemeinschaft in Böhmen, Polen, Ungarn, Dänemark und Norwegen voran. 1228 wurde er Provinzialminister der deutschen Provinz, ging 1230 nach Spanien, kehrte jedoch schon im folgenden Jahr nach Sachsen zurück, um dort die Leitung der neu gegründeten Provinz zu übernehmen. Er kannte sich also im europäischen Osten gut aus, daher wurde er beim Konzil von Lyon im Jahr 1245 für eine Mission nach Asien ausgewählt. Gemeinsam mit einem Mitbruder, Benedikt von Polen, den er seinen Gefährten und Dolmetscher nannte, brach er zu Ostern, am 16. April 1245, von Lyon aus auf, um dem Großkhan in Karakorum einen Besuch abzustatten. Er wollte bei dieser Gelegenheit die Lebensweise und Kultur der Mongolen, der Enkel Dschingis Khans erforschen, da diese in der Schlacht von Liegnitz im April 1241 ein polnisches Ritterheer ohne große Probleme einfach besiegt hatten.

Johannes von Plano Carpini sollte also diese potenziellen Feinde im Osten erforschen. Er durchquerte ganz Europa und Asien, sah Gegenden und Völker, von deren Existenz und Aussehen die Europäer bis dahin nichts geahnt hatten. Der Papst hatte mit Johannes eine gute Wahl getroffen. Obwohl er schon über 60 Jahre alt war und offenbar auch recht beleibt, also nicht unbedingt die Idealbesetzung für eine solch abenteuerliche und anstrengende Reise ins Unbekannte, verfügte er doch über reiche Erfahrung und große Anpassungsfähigkeit. Auch war er klug und geschickt im Umgang mit fremden Menschen, egal ob Stallknecht oder Herrscher. Salimbene de Adam kannte ihn persönlich und beschrieb ihn als freundlich, neugierig, gebildet und als guten Redner mit reicher Lebenserfahrung.[383]

Kritik an den mittelalterlichen Minimalisten

Diese faszinierende Erfolgsgeschichte wäre keine gute Geschichte, gäbe es nicht auch die Schattenseite. Von Anfang an hatten diese Bettelmönche nicht nur Freunde.[384] Schon die Zeitgenossen warfen ihnen vor, dass sie sich an ihre eigenen Regeln oft gar nicht hielten. Das Leben in radikaler Besitzlosigkeit existierte zwar in der Theorie, aber in der Praxis soll sich keiner dran gehalten haben. Man warf ihnen vor, dass sie sich von der Kirche vereinnahmen ließen. Außerdem hatten sie reiche Freunde und Förderer, gingen in den Rathäusern, den Bürgerpalästen und an den Höfen der Herrscher ein und aus. Das ärgerte viele. Wie kann einer, der sich der Armut verschrieben hat, am Tisch mit den Vornehmen, den Reichen und vor allem mit den Einflussreichen sitzen? Andere störten sich daran, dass diese »Mönche« nicht sesshaft hinter Klostermauern lebten, also eigentlich keine Mönche waren. Ihre Häuser waren keine geschlossenen Klöster, sondern Orte der Zusammenkunft, Konvente, die auch von Nichtmitgliedern des Ordens regelmäßig genutzt wurden.[385] Ein anderer Punkt war der Vorwurf der Arbeitsverweigerung. Warum sollten gesunde, junge, arbeitsfähige Menschen von den Spenden anderer leben? Schließlich gab es auch innerhalb der Bewegung massive Gegensätze, Spannungen, wie wir sie aus »Fundis«-gegen-»Realos«-Debatten in Parteien und Initiativen unserer Zeit kennen. Die einen forderten radikalen Verzicht, die anderen gemäßigten Konsum. Dieser Konflikt wurde im späten 13. Jahrhundert im Orden so heftig geführt, dass die Einheit der Gemeinschaft immer wieder auf dem Spiel stand.[386]

Der Boom der »freiwilligen Besitzlosigkeit« im 13. Jahrhundert

Wie lässt sich trotz aller Kritik der durchschlagende Erfolg dieser Minimalismusbewegung erklären? Die Bettelorden waren die Antwort der Gesellschaft auf den wirtschaftlichen Wandel der Zeit. Die kommerzielle Revolution des 13. Jahrhunderts brachte nicht nur Gewinner, sondern auch viele Verlierer hervor. Die Schere zwischen Arm und Reich ging immer weiter auseinander. Man hat die Minimalisten als eine Protestbewegung der Gesellschaft interpretiert. So sieht der Historiker Johannes Schlageter den Grund für den Erfolg der Minimalismusbewegung darin, dass die freiwillig Armen sich weigerten, Besitz, sozialen Aufstieg und Macht über andere anzustreben. Stattdessen wandten sie sich den Menschen auf der Verliererseite des Fortschritts zu, den Randgruppen der städtischen Gesellschaften. Ihre Niederlassungen waren oft an den Stadtmauern gelegen, in der Nähe der Armenviertel, bei den Aussätzigen. Sie stellten eine »Alternative zur herrschenden Wirtschaft und Gesellschaft, ja zur damals herrschenden Mentalität, Kultur und Religiosität dar und waren deshalb erfolgreich«.[387]

Minimalismus zwischen Ketzerei und Heiligkeit

Freilich war Franziskus nicht der Einzige.[388] Viele andere Minimalismusbewegungen entstanden in dieser Zeit, wie die Bewegung von Petrus Waldes, der in der Lombardei eine Gemeinschaft gegründet hatte, oder wie die Katharer alias Albigenser in Südfrankreich, und wurden zu ketzerischen Bewegungen erklärt. Andere – wie die sogenannten Humiliaten, Dominikaner, Carmeliten oder Augustiner-Eremiten – wurden integriert. Die Entwicklung der Beginen, die ebenfalls in dieser Zeit entstanden, dokumentiert, dass es auch eine Art Mittelweg zwischen Duldung, Verurteilung und Akzeptanz gab. Wenn die Menschen in den Städten also diese Bewegungen so freigiebig unterstützten, dann lag das sicherlich auch daran, dass sie Handlungsfähigkeit propagierten. Dass sie agierten, neue Lebensformen jenseits traditioneller Familien ausprobierten, innerhalb der Städte neue Formen des Zusammenhalts und überregionale Netzwerke, kurz gesagt Zugehörigkeit boten. Alle diese Bewegungen – egal ob sie verketzert oder von der Kirche vereinnahmt wurden – einte jenseits theologischer Spitzfindigkeiten das Ideal der Einfachheit.

Entzauberung der Welt

Die meisten dieser Bewegungen formulierten ihre Anliegen in der Sprache der Religion, die auf uns heute eher befremdlich wirkt. Und die meisten dieser Bewegungen entstanden innerhalb der Kirche und wurden als Kritik an deren Verweltlichung und Reichtum formuliert. Doch waren kirchliche und weltliche Sphäre gleichermaßen Teil des Wandels. Die Gegensätze zwischen Arm und Reich betrafen ja die ganze Gesellschaft. Für alle veränderte sich alles. Der Heidelberger Historiker Stefan Weinfurter sprach – in Anlehnung an Max Weber – von der »Entzauberung der Welt« in dieser Zeit. Geistliche und weltliche Macht, Papst und Kaiser hatten gleichermaßen ihren Heiligenschein verloren, nachdem sie sich im sogenannten Investiturstreit bis aufs Messer bekriegten.[389] Das heißt, sie alle saßen – was die Veränderungen der Gesellschaft betraf – in einem Boot. Doch interessanterweise war es die Kirche, die den Großteil der gesellschaftlichen Protestbewegungen in Reaktion auf den Wandel hervorbrachte. Vielleicht lag dies daran, dass sich innerhalb der Kirche mit der Verpflichtung zu fortwährender Reform über die Jahrhunderte eine Kultur systematischer Kritik entwickelt hatte, die in der Scholastik des 12. Jahrhunderts einen ersten Höhepunkt erreichte und später an den Universitäten des 13. Jahrhunderts wissenschaftliche Fundierung fand. Das ging so weit, dass von kirchlichen Gelehrten der pragmatische Widerspruch zur wissenschaftlichen Methode erklärt wurde und der Zweifel als Weg zur Wahrheit (Petrus Abaelard).

»Arm aus Liebe zur Wahrheit« – Die Universitäten

Gemeinsam mit den Bettelorden, zur Zeit des Umbruchs in den Jahrzehnten um die Wende vom 12. ins 13. Jahrhundert, sind auch die ältesten Universitäten Europas entstanden.[390] Selbstverständlich gab es schon vor den Universitäten Institutionen höherer Bildung. Das antike Modell der Akademie Platons in Athen war Vorbild. Seit dem Frühmittelalter waren die Klosterschulen die wichtigsten Träger der Bildung, mit zunehmender Urbanisierung im Laufe des 12. Jahrhunderts kam den Kathedralschulen in den großen Bischofsstädten immer mehr Bedeutung zu. Und dann entstanden die Universitäten. Erstaunlicherweise liegen die Anfänge völlig im Dunkel. Bei der Suche nach Erfindern oder Gründern erlebt man eine herbe Enttäuschung, denn es gibt in der frühen Zeit keine Gründungsurkunden, keine Aufträge zur Erbauung einer Universität. Das Einzige, was wir haben, sind Indizien – Hinweise darauf, dass sich seit der zweiten Hälfte des 12. Jahrhunderts in Städten wie Bologna oder Paris neue Organisationsformen des Lehrbetriebs herausgebildet haben, und zwar im Grunde genommen als Privatinitiativen, private Vereinigungen von Magistern und Studenten. Sie verstanden sich als Gemeinschaften und wurden, zum Beispiel in Briefen, die der Papst an sie schrieb, als *»universitas vestra«* bezeichnet. Daher kommt auch der Name Universität, er bedeutet Gemeinschaft und hat nichts mit dem Anspruch auf Universalität zu tun. Im Grunde waren es Gemeinschaften, die ein »Studium« gründeten, Studenten, die sich Lehrer suchten und diese über Spenden (*collectiones*) finanzierten. Nicht selten wurde in Naturalien bezahlt. Sowohl Studenten als auch Lehrer verzichteten auf festes Einkommen, Wohlstand und Reichtum, um sich der Liebe zur Wahrheit zu widmen. In Paris zum Beispiel wurde der Lehrer Petrus Abaelard immer berühmter, machte sich als streitbarer Gelehrter viele Feinde, zog aber gleichzeitig immer mehr Studenten an, die seine Vorlesungen hören und mit ihm diskutieren wollten. Darunter waren so berühmte Persönlichkeiten wie Johannes von Salisbury oder Otto von Freising. Schließlich zog die Gruppe auf den Hügel von St. Geneviève – damals außerhalb der Stadt Paris, heute dort, wo das Pantheon steht.[391]

In diesen Gemeinschaften der »freiwillig Armen um der Liebe zur Wissenschaft willen« liegen die Anfänge der Universitäten; das steht so auch – etwas pathetisch – in einem Privileg Kaiser Friedrich Barbarossas für die Studenten an der Rechtsschule in Bologna, die den Ruf als älteste Universität für sich reklamiert.[392] Er sagt ihnen seine Unterstützung zu, weil sie »durch ihre Liebe zur Wissenschaft gleichsam als Verbannte leben, sich selbst als Arme von allen Reichtümern scheiden, ihr Leben allen erdenklichen Gefahren aussetzen und häufig von den allerverächtlichsten Menschen, was nur schwer zu ertragen ist, selbst körperliche Kränkungen ohne Grund hinnehmen müssen«.[393] Sicherlich muss man davon ausgehen, dass es die Rechtsgelehrten der Universität Bologna waren, die dieses Privileg vorformulierten und dem Kaiser zur Unterschrift vorlegten. Daher haben sie vielleicht ein kleines bisschen übertrieben. Doch der Kaiser kam ihrer Bitte um Schutz nach, weil er diese neuen Gemeinschaften von Studierenden und Gelehrten wertschätzte, die zugunsten des Studiums zumindest für einige Jahre auf Brotberufe verzichteten und die in aller Regel Fremde in den weit entfernten Städten waren, an deren Universitäten sie studierten. Man kann also festhalten, dass die ältesten Universitäten, Salerno, Bologna, Montpellier, Paris, Oxford und Cambridge, nicht auf königlichen oder päpstlichen Befehl hin entstanden sind, sondern auf Initiative von Gemeinschaften. Streng genommen waren es Gemeinschaften von Menschen, deren Lebensweise wir heute minimalistisch nennen könnten. Studenten im Mittelalter zählten per Definition zu den freiwillig Armen und ließen sich größtenteils über Spenden und Stipendien finanzieren. Später fanden sie dann die Unterstützung von weltlichen und geistlichen Herrschern. So ließ sich die Pariser »*universitas*« ihre Statuten im Jahr 1215 vom Papst bestätigen, später förderte der französische König 20 arme Studenten an dem von Robert de Sorbon neu gegründeten Kolleg. Nach ihm heißt die erste Pariser Universität bis heute Sorbonne.

Die historischen Wurzeln der ökologischen Bewegung

Die Minimalisten des 13. Jahrhunderts definierten das Verhältnis zwischen Mensch und Natur neu. Dazu zunächst zwei Geschichten aus Thomas von Celanos Biografie: Als Franziskus eines Tages unterwegs zur Stadt einen Mann mit einem Schaf traf, fragte er diesen, was er mit dem Tier vorhabe. Der Mann antwortete, dass er das Schaf auf dem Markt an einen Schlachter verkaufen wolle. Von Mitgefühl gepackt begann Franziskus, mit dem Mann zu verhandeln, bot ihm seinen Mantel an im Tausch für das Schaf, denn er konnte den Gedanken nicht ertragen, dass das Tier geschlachtet würde. Der Mann stimmte zu, und Franziskus nahm das Tier freudig in seine Gemeinschaft auf, es ging mit den Brüdern, aß, trank und schlief in ihren Unterkünften, bis Franziskus es schließlich einem Bauern in Obhut gab.[394] Ein andermal kaufte er im Hafen frisch gefangene Fische, nur um sie wieder ins Wasser zu werfen und ihnen das Leben zu schenken. Und bekannt sind seine Predigten zu den Vögeln. Er tat vieles, was ein normaler Mensch nie tun würde, sodass selbst Papst Gregor IX. – der diesem wahrlich seltsamen Heiligen sehr wohlgesinnt war – ihn gelegentlich als »Bruder Einfaltspinsel« bezeichnete.[395]

Abb. 8: Vogelpredigt. Giotto di Bondone, Fresko in Assisi, um 1295.

Auch ernährte sich die Gemeinschaft weitgehend vegetarisch. Als der Arzt ihm einmal aus medizinischen Gründen Hühnerbrühe verordnet hatte, trank er diese auch, machte sich danach aber mehrere Tage lang schwere Vorwürfe, ja, er beauftragte einen Gefährten, ihn für dieses Vergehen an der Kreatur öffentlich zu bestrafen. Von Dominikus, dem Gründer der Dominikaner, ist überliefert, dass er keine Bücher mehr lesen wollte. Der Grund dafür war, dass ihre Einbände und Seiten aus Pergament, also aus Tierhäuten hergestellt wurden. Der Gedanke an die vielen Tiere, die für die Bücher sterben mussten, war ihm zuwider. Auch Kleidung oder Schuhe aus Leder lehnte er ab. Wiederholt wird erwähnt, dass der Anblick von Menschen, die Felle toter Tiere trugen, den Brüdern unerträglich war.

Doch ging all diese Luxusfeindlichkeit nie auf Kosten der Geselligkeit. Ganz im Gegenteil, die Bedürfnislosigkeit provozierte höchst bemerkenswerte Situationen. So erzählt Thomas von Celano, wie Franziskus eines Tages seinen Arzt zum Essen einlädt, ganz unvermittelt und ohne Vorbereitung. Erst als sie in der Unterkunft ankamen, wurde ihm bewusst, dass sie kaum etwas zu essen im Haus hatten. Wie durch ein Wunder kommt jedoch die Nachbarin vorbei. Sie hatte gekocht und wollte ihr Essen mit den Brüdern teilen, brachte also Fisch, Hummerpastete und zum Nachtisch Trauben und Honig vorbei. Alles wurde mit großer Freude gemeinsam verspeist. Wir erfahren sogar, dass Franziskus bei aller Askese doch eine große Leidenschaft hatte, eine Lieblingsspeise, deren Genuss ihm höchste Freude bereitete – und zwar Petersilie.[396]

Ökologie und die franziskanische Liebe zur Natur

In einer wunderbaren Geschichte - einer Parabel -, die ein poetisch veranlagter Bruder verfasste, wird die Freiheit und Naturverbundenheit der Franziskaner im Bild eines Picknicks von

Verliebten beschrieben. Franziskus und seine Gefährten – so das Gleichnis – sind verrückt nach einer Frau, sie suchen verzweifelt nach einer geliebten Dame, nach der Herrin Armut, die Personifikation der Bedürfnislosigkeit. Ein weiser Alter gibt ihnen die Richtung vor: Die Herrin Armut ist nur in der Natur zu finden, in der Wildnis. Und so ziehen sie gemeinsam los, dorthin, wo sich kein Mensch hin traut. Sie liefern sich der Natur aus, dem Unbekannten, der Fremde. Und nach Tagen und Wochen der Suche und Ungewissheit finden sie, verstört und einsam, die Herrin Armut. Sie verweigert sich zunächst, hat schlechte Erfahrungen mit den Menschen gemacht. Doch spürt sie irgendwann, dass Franziskus und seine Gefährten es ernst meinen. Und dann ist die Freude groß, sie laufen gemeinsam den Berg hinauf, erklimmen die Gipfel der Glückseligkeit, und von der Anstrengung des Aufstiegs erschöpft lassen sie sich schließlich nieder zu einem gemeinsamen Picknick. Frau Armut fragt nach Wasser und Handtuch, um ihre Hände zu waschen. Die Gefährten bringen Wasser in einem halb zerbrochenen Krug, als Handtuch bot man ihr das Gewand. Zum Essen werden einige Brocken Brot serviert, als Tischtuch dient das Gras, anstelle von Gekochtem wird eine Schale Wasser aufgetragen, in die alle ihr Brot tunken. Wild wachsende Kräuter verfeinern das Menü, Salz und Wein gibt's nicht, als Messer verwenden die Gefährten ihre Zähne.

Nach dem wohltuenden Mahl erschöpft legt sich die Armut zum Mittagsschlaf, als Kopfkissen holt man ihr einen Stein, als Bett bietet man ihr die Wiese. Und so legt sie sich »nackt auf die nackte Erde«. Und nach einem kurzen Schläfchen wieder erholt möchte sie nun endlich das Haus der Brüder besichtigen, ihr Kloster. Die Brüder nehmen sie freudig an die Hand, führen sie ganz hinauf auf den Gipfel und zeigen ihr – die ganze Welt: Das ist unser Zuhause![397]

Das ist freilich nur eine Geschichte. Eine, die man sich in der Gemeinschaft damals erzählte. Eine Geschichte, die das Wissen um die Zugehörigkeit der Menschen zur Natur in der Sprache des 13. Jahrhunderts formuliert, in der Sprache der Minnedichtung. Es ist ein ganz anderes Verhältnis, das Franziskus mit der Natur pflegte. Er liebt sie.

»Minne« statt Naturbeherrschung

Ausgerechnet Lynn White, der wohl am meisten zitierte Technikhistoriker des 20. Jahrhunderts, sah in Franziskus einen Wendepunkt der Geschichte personifiziert und erklärte ihn zum Heiligen. Im Jahr 1967 veröffentlichte White in der Zeitschrift *Science* einen Artikel über die historischen Wurzeln der ökologischen Krise.[398] Ein faszinierender Text, der die Dringlichkeit der ökologischen Probleme der Moderne aus historischer Perspektive beleuchtet. Aus seiner Sicht waren die religiösen Erzählungen von Judentum, Christentum, vor allem die Geschichte von der Erschaffung der Welt und der alttestamentarische Auftrag »Macht euch die Welt untertan« verantwortlich für den Aufstieg des Abendlandes, für die Technisierung der Welt, die Beherrschung der Natur durch die Menschen und letztlich auch für die sogenannte *great divergence*, auch bekannt als die »Why-Europe?«-Diskussion.[399] Gemeint ist der Sachverhalt, dass der Westen mit seiner technischen Entwicklung den Rest der Welt, insbesondere Asien, im 18. Jahrhundert einfach hinter sich gelassen hat. Und die Frage ist: Was war dafür verantwortlich, dass sich der Westen den Rest der Welt unterwarf, Kolonien gründete und ausbeutete, die Natur zerstörte, die Globalisierung auslöste, Umweltverschmutzung in die ganze Welt exportierte und so weiter?

Lynn White konzentrierte sein Paper 1967 auf die kulturellen

Faktoren und auf den Zusammenhang zwischen Religion und Ökologie. Dabei scheint ihm der Satz »Macht euch die Welt untertan« aus der Schöpfungsgeschichte in der Thora ein Schlüsselmoment zu sein. Insbesondere im christlichen Abendland – weniger im orthodoxen Christentum, Judentum und im Islam – wurde dieser Auftrag ernst genommen, hat zur Unterwerfung der Natur durch technischen Fortschritt geführt. White argumentierte aus Sicht des Technikhistorikers, dass es das abendländische Christentum gewesen sei, das das Verhältnis zwischen Mensch und Natur aus dem Gleichgewicht gebracht habe. Die ehemals animistischen Religionen, die mit Achtung vor der Natur jedem Busch und jeder Wolke eine eigene Seele zusprachen, seien von der durch und durch anthropozentrischen Religion des Christentums abgelöst worden. Ein interessanter Ansatz, besonders weil White das populäre Wissen seiner Zeit auf den Kopf stellte. Denn 1967 – als der Aufsatz erschien – galten Christentum und katholische Kirche als Haupthindernisse auf dem Weg des Fortschritts. Lynn Whites Forschungen zur Technikgeschichte brachten genau das Gegenteil zutage: Das Christentum war der entscheidende Motor des Fortschritts, aber eben auch der für die gnadenlose Unterwerfung der Natur.

Für White stellte Franziskus eine einzigartige Ausnahme dar, einen Gegenpol, ein christliches Antidot, einen Aufruf zur Besinnung gegen den ausbeuterischen Umgang der Christen mit der Natur. Ein Mann der Kirche, der es auf wundersame Weise geschafft hat, nicht auf dem Scheiterhaufen zu landen, obwohl er durch und durch ketzerische Ansichten vertrat. Statt dem Willen zur Beherrschung der Natur predigte Franziskus Einvernehmen. Er pflegte einen freundschaftlichen, liebevollen Umgang mit der Natur, besang Mutter Erde, Bruder Sonne und Schwester Mond, Bruder Wind und Schwester Feuer als große, erhabene Mächte. Ein kleiner Hase sucht vertrauensvoll Zuflucht bei ihm, was der Biograf damit erklärt, dass Franziskus von einer »zärtlichen Liebe« zur Natur erfasst sei, der lateinische Begriff *pietas* drückt sowohl Mitleid als auch Ehrfurcht aus. Franziskus fühlte sich nicht als Gast, sondern als Teil der Natur, erlebte Partnerschaft statt Gegnerschaft.[400] White beendet sein Paper mit dem Vorschlag, Franziskus zum Heiligen der Umweltschützer zu machen, und Papst Johannes Paul II. folgte der Empfehlung in einem apostolischen Schreiben vom 29. November 1979, das Franziskus zum Patron der Umweltschutzbewegung erklärt (*patronus cultorum oecologiae*).[401]

Für seine These hat Lynn White viel Kritik einstecken müssen. Man warf ihm vor, er sei Experte für die Geschichte von Technik und Wirtschaft, aber habe keine Ahnung von Theologie oder Religionswissenschaft. Möglicherweise war sein Blick genau aus diesem Grund klarer als der seiner Zeitgenossen.[402] Mittlerweile haben sich die Wogen geglättet. Sowohl die Ökologiebewegung also auch die Wissenschaft hat dazugelernt. Lynn Whites Hoffnung auf die animistischen Religionen hat sich etwas abgekühlt. Die romantische Vorstellung von Naturreligionen, die eine paradiesische Einheit zwischen Natur und Mensch befördern, kühlte ab. Zwar verbietet der Buddhismus das Töten von Tieren, doch verdanken die meisten Wälder auch in Indien oder China ihren Erhalt der Jagdleidenschaft von Herrschern, sie wurden als königliche Jagdgründe unter besonderen Schutz gestellt. Die vermuteten ganzheitlichen Vorstellungen der Naturreligionen, die Idee der beseelten Natur mit heiligen Bäumen und Hainen entpuppte sich bei genauerem Hinsehen als frommer Wunsch. Der Indologe Axel Michaels entzauberte die Vorstellung, dass die Verehrung heiliger Bäume zu Naturschutz führe. Die dahinterstehende Logik funktioniert genau umgekehrt: Die Heiligkeit eines Baumes gründet in aller Regel in seiner Singularität. Weil er der einzige ist, der übrig geblieben ist.[403] Auch der magische Nebel um naturverbundene Mutter-Erde-Kulte hat sich gelüftet. Die Vorstellung etwa, dass sich die nordamerikanischen Indianer einvernehmlich mit ihren Gottheiten dem pfleglichen Umgang mit der Natur verschrieben hätten, hält dem Faktencheck nicht stand. Es genügt, sich die Beziehung zwischen Müttern und Kindern in der Wirklichkeit vorzustellen. Biologisch gesprochen funktioniert Reproduktion fast ausnahmslos auf Kosten des Organismus eines Muttertiers. Mütter – das hat die Natur so vorgesehen – werden per Definition ausgebeutet. Die Metapher von Mutter Erde beziehungsweise deren Verknüpfung mit Harmonie zwischen Mensch und Natur hinkt also gewaltig. Und wenn man dann noch bedenkt, wie konfliktreich sich Mutter-Kind-Beziehungen gestalten und dass sie im besten Fall nur positiv verlaufen können, wenn sich die Kinder erfolgreich von den Müttern lösen, dann wird der Mythos von Mutter Erde zu einer sehr wackeligen Hilfskonstruktion im Kampf um den Schutz der Natur.[404] Die Menschen, egal mit welchen kulturellen und religiösen Vorstellungen ausgestattet, haben ganz offensichtlich massiv und gewalttätig in die Ökosysteme ihrer Umwelt eingegriffen. Egal welchen Kontinent sie in den letzten 100 000 Jahren besiedelten, früher oder später haben sie die Großsäuger alle ausgerottet – lange vor der Erfindung des Christentums.

Lynn White hat sich also möglicherweise tatsächlich geirrt. Und daher müssen wir Franziskus auch wieder von dem Sockel heben, auf den er ihn als den großen naturverbundenen Ausnahmeheiligen des Christentums gestellt hat. Dennoch bleibt die außergewöhnliche Naturverbundenheit des Franziskus ein Wesensmerkmal mit Zukunftspotenzial. Gegenwärtige Ansätze in der Anthropologie und Ökologie stellen immer mehr den Gegensatz zwischen Mensch und Natur infrage, ein Gegensatz, den die Moderne überhaupt erst zementiert hat. Stattdessen scheint der Mensch als Teil der Natur und umgekehrt Kultur als Teil der Natur des Menschen interessantere Ansätze zu bieten. Es sind die Wechselwirkungen der verschiedenen Akteure innerhalb eines Ökosystems, die die neueren Ansätze bestimmen.[405]

Vielleicht ließe sich Franziskus heute als der Heilige der Minimalismusbewegung aktualisieren. Er feiert die Freiheit der Bedürfnislosigkeit ohne Skrupel und ohne jegliche Angst vor Abhängigkeit. Das hat konkrete Auswirkungen auf die Vorstellung des Verhältnisses zwischen Mensch und Natur. Er verspürt keinerlei Lust auf Kontrolle, scheint stattdessen in einer Art ständigem Gespräch mit der Natur zu leben. Er liebt die Hingabe, hat offenbar kein Konzept für die Beherrschung der Natur. Die Parabel von der Herrin Armut schlägt das Bild einer erotischen Partnerschaft vor, eine Beziehung, die in der kargen Wildnis gedeiht und auf die Gipfel der Freiheit führt. Geradezu lustvoll zelebriert er die Entgrenzung in der Einheit von Mensch und Natur, sei dies im Liebeswerben um die Armut, sei es im Gespräch mit den Vögeln, im Lobpreis von Bruder Sonne oder in der Unterhaltung mit seinem Körper, den er gerne Bruder Esel nannte – die Grenze zwischen Mensch und Natur kommt offenbar in seiner Welt nicht vor.

6.3. Minimalismus und Wirtschaftstheorie – Petrus Johannis Olivi

Dass diese Minimalisten des 13. Jahrhunderts keine weltfremden Aussteiger waren, sondern vielmehr entscheidenden Einfluss auf das soziale und wirtschaftliche Leben der Städte hatten, wird im letzten Teil dieses Kapitels gezeigt. Sie mischten sich ein. Das wurde im Kapitel über die Entstehung der Mikrokreditbanken deutlich, während der die Franziskaner – und auch Mitglieder anderer Bettelorden, wie vor allem die Dominikaner – in ihren Predigten die Menschen von der Notwendigkeit der Banken für die Armen überzeugten. Heute würden wir sie Influencer mit einem hohen Impact-Faktor nennen. Ihre Expertise als Berater und Experten insbesondere im Bereich des Finanzwesens wurde von den Bürgern der Städte hoch geschätzt. Sie kannten sich aus, und es ist kein Zufall, dass ausgerechnet der Franziskaner Luca Pacioli als Vater der doppelten Buchführung in die Geschichte eingehen sollte. Er hatte im späten 15. Jahrhundert die damals gängigen Praktiken der Buchführung in einer Art Lehrbuch zusammengefasst und verdankte seine Expertise ohne Zweifel der jahrhundertealten Beschäftigung mit Fragen der Wirtschaft in den Bettelorden.[406]

Die Nähe zur Wirtschaft wird von Anfang an deutlich. Sie hatten keine Angst vor weltlichen Angelegenheiten, ja sie predigten eher selten in Kirchen, gingen lieber dorthin, wo die Menschen sich aufhielten: auf die Märkte. Sogenannte Marktpredigten sind vielfach überliefert, gehalten auf Fernhandelsmärkten, Messen und Jahrmärkten (*in nundinis*) oder auf den städtischen Wochenmärkten (*in mercatis*). Der Regensburger Historiker Jörg Oberste hat diese Predigten einer gründlichen Analyse unterzogen. Seine Recherchen machen deutlich, dass sich die Prediger aus den Bettelorden schon früh den Fragen des

Abb. 9: Luca Pacioli, der »Vater der doppelten Buchführung« von Jacopo de Barbari, 1495.

Marktgeschehens sehr aufgeschlossen zeigten. Humbert de Romanis, ein dominikanischer Prediger, eröffnet eine seiner Marktpredigten mit der Frage, wozu ein Markt gut sei. Die Antwort ist einfach: Märkte sind nötig, weil kein Land sich vollkommen selbst versorgen kann und Handel daher nützlich und notwendig ist. Daraus ergeben sich folgende Vorzüge des Marktes: Erstens macht dieser Sachverhalt die Länder bescheiden, weil jedes Land seine Abhängigkeit von den anderen anerkennen müsse, und zweitens erwachsen daraus Freundschaften und Beziehungen zwischen den verschiedenen Ländern, drittens leistet der Markt durch die Versorgung der Menschheit mit Gütern einen wichtigen Beitrag zur Erhaltung des Menschengeschlechts.[407]

Oberste weist nach, dass sich in den mendikantischen Predigten des 13. Jahrhunderts eine Abkehr von der seit der Antike dominanten Tradition der Diskriminierung des kaufmännischen Berufs abzeichnet. So ist etwa Humbert de Romanis viel daran gelegen, dem Marktgeschehen und seinen Akteuren das per se Anrüchige und Verwerfliche zu nehmen. Vielmehr geht er davon aus, dass der einzelne Kaufmann die Wahl habe, dass er sich entscheiden könne zwischen Betrug und Ehrlichkeit. Der zeitgenössischen Intentionsethik verpflichtet, die nach menschlichen Motiven und situativen Begleitumständen fragt, unterscheidet de Romanis zwischen vielen, die sorgfältig die Gesetze des Marktes beachten, welche von den Vorfahren überliefert wurden, und den anderen, die auf dem Markt Gottes Gebote leichtfertig missachten. Er appelliert an das Gewissen des einzelnen Kaufmanns.

Das Interesse der Mendikanten am Marktgeschehen, die Aufgeschlossenheit für wirtschaftliche Fragen unter diesen religiös motivierten Minimalisten des Mittelalters, lässt sich nicht mit dem Streben nach Reichtum erklären. Die Bettelorden sind im Vergleich zu den alteingesessenen Benediktinern nie reich geworden. Sie wollten nicht auf einmal reich sein. Nein, vielmehr lässt sich ein echtes Interesse an der pragmatischen Umsetzung eines Lebens ohne beziehungsweise mit möglichst wenig Besitz erkennen. Man könnte also sagen, die notorischen Auseinandersetzungen um die wahre Form der Armut machten sie zu Experten des Reichtums, dessen negative Folgen sie unbedingt vermeiden wollten. So diskutieren sie zum Beispiel intensiv über den Unterschied zwischen Eigentum (*proprietas* = umfassende Herrschaft über eine Sache), Besitz (*possessio* = Verfügungsrecht über eine Sache) und Nießbrauch beziehungsweise Nutzungsrecht (*usus*). Sie diskutierten über den Preis von Waren und Dienstleistungen, versuchten zum Beispiel, den Wert der Arbeit eines Predigers mit der Tätigkeit eines Bäckers vergleichbar zu machen. Auch hatten sie ein ausgesprochenes Interesse an Fragen der gerechten Verteilung des Reichtums und wurden so zu Experten auf dem Gebiet der Märkte, der Finanzen, der Eigentumsrechte und des Kreditwesens: Armut, Mangel und Entbehrung waren für die Franziskaner kein Problem, das es zu lösen galt, sondern ein Ausgangspunkt für das Messen von Werten, Löhnen und Preisen.[408]

Eine weitere Funktion der Mitglieder dieser Bettelorden muss hier angesprochen werden. Aus ihrer Lebensweise mitten in den Städten und aus ihren Aufgaben als Prediger und Seelsorger ergab sich auch die Funktion der Beichtväter. Vielleicht sollte man sie mit heutigen Beratern oder Coaches vergleichen. Sie hatten den Finger stets am Puls der Zeit, wussten Bescheid über die Probleme der Menschen und sahen die Herausforderungen, die Wirtschaftswachstum mit sich bringt: zunehmend kompliziertere kaufmännische Praktiken, Verträge und Geschäftsmodelle, immer größer werdende Unternehmen, immer erfolgreichere Kaufleute, immer mehr Geld.[409] Monetarisierung, Urbanisierung, Ökonomisierung und die Expansion der Märkte beeinflussten jeden Aspekt des Lebens der Menschen in ganz Europa. Ja, sie führten zu großer Verunsicherung, denn vielfach war unklar, ob und wie die Erwirtschaftung privater Gewinne mit dem öffentlichen Wohl vereinbar war. Und das Konzept des Gemeinwohls, das *bonum commune*, wurde im Laufe des 13. Jahrhunderts immer lauter als Ziel der Wirtschaft ausformuliert. Wucher hingegen erkannte man als Hauptproblem, man erklärte ihn zum größten Feind des *bonum commune*. Doch wo begann Wucher? Wo lag die Grenze zwischen dem Erwirtschaften von Gewinnen und Habgier? Damit hatte ein christlicher Kaufmann große Probleme, denn er wollte ja nicht sein Seelenheil aufs Spiel setzen. Beichtväter wurden folglich zu den wichtigsten Beratern. Denn auch innerhalb der Kirche herrschte große Unsicherheit, und man hatte die Verantwortung für die Beurteilung der Sündhaftigkeit eines Vertrags in den Zuständigkeitsbereich des Gewissens des Einzelnen verlagert. Folglich wurde Eigenverantwortung immer wichtiger, und so tauchen seit dem frühen 13. Jahrhundert in Beichthandbüchern erstmals Anweisungen zur Sensibilisierung für die Sünde des Wuchers auf.[410] Als Beichtvater war man mit verantwortlich für die Erkenntnis und für die Aufdeckung der Sünde. Um jedoch beurteilen zu können, ob ein Beichtkind der Sünde des Wuchers schuldig geworden war, musste man sich mit den Geschäftspraktiken und Verträgen auskennen. Daraus ergab sich eine unbeabsichtigte Nebenfolge des strikten Wucherverbots der Kirche: Diejenigen, die es beurteilen und durchsetzen mussten – also insbesondere die Kleriker –, auch jene, die den korrumpierenden Auswirkungen des Handels und dem Streben nach Geldgewinnen am misstrauischsten gegenüberstanden, hatten keine andere Wahl, als sich mit den Praktiken des Wirtschaftslebens im Detail zu beschäftigen. Als Beichtväter und Prediger waren die Mitglieder der Bettelorden hier an vorderster Front tätig. Und so brachten ausgerechnet diese Anhänger des einfachen Lebens ohne Eigentum die wichtigsten Denker der ökonomischen Theorien des Spätmittelalters hervor. Sie entwickelten Richtlinien ökonomischen Handelns im Spannungsfeld zwischen Gewinnstreben und Gemeinwohl für die Händler, Kaufleute und Unternehmer ihrer Zeit, formulierten das Paradox der Preisbildung, Ansätze der Grenznutzenlehre und analysierten die Eigenschaften des Kapitals.[411]

Die »Narbonner Schule der Bedürfnisökonomie«

Der italienische Historiker Giacomo Todeschini hat den Begriff der *Economia Franciscana* geprägt, eine ökonomische Schule, zu deren Hauptvertretern mittelalterliche Gelehrte wie Alexander von Hales, Johannes von La Rochelle, Bonaventura, Richard von Middleton, Petrus Johannis Olivi, Johannes Duns Scotus und später Bernardino di Siena zählen. Der Wirtschaftshistoriker Raymond de Roover zählte die Mitglieder dieser Schule zu den *»greatest economists of all time«*.[412]

Der originellste Kopf war ohne Zweifel Petrus Johannis Olivi, daher wird hier von der Narbonner Schule die Rede sein, nach dem Ort, an dem Olivi im Jahr 1295 sein Traktat über Kaufverträge geschrieben hat. Hier entwickelte er ein terminologisches Instrumentarium zur Analyse der Mechanismen des Marktes, gestützt auf Beobachtungen aus der wirtschaftlichen Praxis seiner südfranzösischen Landsleute. Er übertrug diese Erfahrungen in die gelehrten Diskurse an den Universitäten seiner Zeit. Statt einfach den damals wiederentdeckten Aristoteles und dessen Dogma von der Sterilität des Geldes nachzubeten – Geld könne sich nicht vermehren, und wenn es das trotzdem tut, dann sei das »wider die Natur«, sagt Aristoteles –, beschreibt Olivi die im Wirtschaftsleben seiner Zeit gängigen Praktiken des Geld- und Warenverkehrs und formuliert unter anderem die auch damals schon gängige Einsicht, dass Kreditgeschäfte unvermeidbar sind, dass dem Kapital, etwa dem Handelskapital eines Fernhändlers, das Potenzial zur Vermehrung innewohne, eine *ratio seminalis*. Als bahnbrechend werden Olivis Überlegungen zur Preistheorie eingeschätzt, die ihm den Ruf als Begründer der subjektiven Wertlehre verschafften.

Petrus Johannis Olivi – franziskanischer Querkopf

Der kühnste, aufregendste und produktivste aller mittelalterlichen Denker – so nennt ihn Sylvain Piron, Historiker an der École des Hautes Études en Sciences Sociales in Paris, derzeit wohl der beste Kenner Olivis.[413] Eine Kostprobe seiner Originalität gibt uns sein Testament. Petrus Johannis Olivi starb im Jahr

1298, am 14. März, einem Freitag, friedlich im Alter von 50 Jahren im Kreis seiner Brüder im Franziskanerkloster in Narbonne. Er wurde ebenda begraben und hinterließ ein Testament, das mit folgendem, hier sinngemäß wiedergegebenen Bekenntnis schließt:

»Ich sage aber, dass es nützlich ist, auch jene Meinungen aufzuschreiben und zu durchdenken, die wir selbst nicht vertreten, ohne stets auf das Gegenteil zu beharren. So wird immer wieder ins Gedächtnis gerufen, dass weder das eine noch das andere als unerschütterliche Wahrheit gelten muss. Und außerdem wird durch den Vergleich verschiedener Ansichten das Verständnis des fortgeschrittenen Lesers (und all derer, die nach fortschreitendem Verständnis suchen) ständig geschult [...].«[414]

Mit diesem eindrücklichen Plädoyer für intellektuelle Flexibilität und Offenheit beschließt Olivi ein außergewöhnlich reiches intellektuelles Lebenswerk. Theo Kobusch verlieh ihm den Ehrentitel »franziskanischer Querkopf« – dafür, dass er nicht müde wurde, die Würde der gegnerischen Meinung zu verteidigen und wie kaum ein anderer seiner Zeit die Kultur der offenen Diskussion und das Gut der intellektuellen Freiheit zu fördern. Überdies wird ihm ein angeborenes Misstrauen gegenüber Autoritäten bestätigt. Das Argument der Tradition – so Olivi – sei in der Philosophie nichts wert. Zu sagen »Aristoteles hat das gesagt, und deshalb ist es wahr«, sei schlicht und ergreifend ein Fehlschluss, ein falscher Syllogismus.[415] Solche Sätze und Ansichten erschüttern unser Allgemeinwissen über das Mittelalter. Wer war dieser Mensch? Woher kam er? Was trieb ihn an? Wie wurde er – ein Bettelmönch – im 13. Jahrhundert zum Finanzexperten?

Herkunft aus Okzitanien – intellektuelles Epizentrum der Zeit

Geboren wurde Petrus Johannis Olivi 1247/48 in Serignan – heute ein beliebter Badeort in der Nähe von Béziers in Frankreich. Seine Muttersprache war Okzitanisch, die Sprache der Troubadoure, die Sprache des Südens – die *langue d'oc* –, in der man »*oc*« sagt, wenn man einverstanden war, im Gegensatz zur Sprache des Nordens – *langue d'oil* –, in der ein Ja *oui* heißt. Wir wissen nichts über seine Kindheit. Obwohl er außergewöhnlich viel geschrieben hat und viele seiner Schriften erhalten blieben, findet sich keinerlei Hinweis auf seine Herkunftsfamilie, außer dass er der Sohn eines Johannes (de Johannis) war.

Er wuchs in einer Welt auf, die sich dramatisch veränderte. Als er geboren wurde, war die mittelalterliche Welt in Europa noch in Ordnung. Päpste, Kaiser, Könige und Ritter hielten das Rad der Geschichte am Laufen: Der französische König Ludwig IX. brach 1248 zum Kreuzzug ins Heilige Land auf. Im Reich und in Italien bestimmten erbitterte Machtkämpfe zwischen Papst Innozenz IV. und Kaiser Friedrich II. die Politik. In England wurden unter Heinrich III. der Staatshaushalt und die Finanzen saniert, und in Spanien hatte Ferdinand III. nach der Einigung der Königreiche von Kastilien und Leon im Jahr 1248 die muslimischen Herrscher von Sevilla besiegt. Die Großen waren an der Macht in Europa.

Achtzehn Jahre später, im Jahr 1266, als Olivi zum Studium nach Paris geschickt wurde, schien die Welt aus den Fugen geraten: Das Heer Ludwigs IX. war 1254 nach grandiosen Niederlagen aus dem Heiligen Land zurückgekehrt. Das Zeitalter der Kreuzzüge ging zu Ende. Der letzte Stauferkaiser Friedrich II. war am 13. Dezember 1250 in Castel Fiorentino an Durchfall verstorben, und die deutschen Fürsten waren nicht in der Lage, sich auf einen Nachfolger zu einigen. Der Glanz des römischdeutschen Kaisertums verblasste. Auf der Iberischen Halbinsel erstarkte das neu gegründete Emirat Granada, das sich bis 1492 erfolgreich halten sollte. Und in England probten seit Ostern 1258 die Barone unter Simon de Montfort den Aufstand und forderten ein Parlament. Die Autorität des Königtums stand auf dem Spiel. Sämtliche Festen der mittelalterlichen Weltordnung schienen zu wanken. Nur eine Generation trennte die Menschen von den 20 Jahren Krieg während der sogenannten Albigenserkreuzzüge. Die erste große Schlacht hatte die Menschen von Béziers, zehn Kilometer nordwestlich von Serignan, schwer getroffen. Sämtliche Bewohner, Männer, Frauen und Kinder, waren 1209 von plündernden Kreuzrittern ermordet worden – mit dem Ziel, die ketzerischen Katharer (nach ihrem Zentrum in der Stadt Albi auch Albigenser genannt) zu vernichten. Einem Kreuzritter, der vor der Schlacht fragte, wie er denn rechtgläubige Christen von den ketzerischen Katharern unterscheiden könne, habe der Anführer geantwortet: »Tötet sie alle. Gott wird die Seinen schon kennen.« Es ist durchaus denkbar, dass unter den Opfern auch Verwandte aus der Großelterngeneration von Petrus Johannis Olivi waren. Die Erinnerung war noch nicht verblasst, und man zählte im Languedoc sicherlich nicht zu den Außenseitern, wenn man laut über Fragen zur Autorität der Kirche nachdachte. Neben politischen und religiösen Unruhen bestimmte der Mittelmeerhandel den Alltag der Menschen im Languedoc. Seit dem späten 12. Jahrhundert hatte sich dieser enorm erweitert, sodass sich in der Forschung der Begriff der kommerziellen Revolution durchgesetzt hat. Ihren Ausgang nahm diese in den italienischen und französischen Mittelmeerhäfen. Ausgehend von Venedig und Genua wurden die Küstenstädte entlang der südfranzösischen Mittelmeerküste zu zentralen Umschlagplätzen des Handels über Mallorca in die Levante (den Vorderen Orient), nach Ägypten und Nordafrika.

Die Scholastik und die Kunst des Widerspruchs

Paris war zu Olivis Zeiten das Zentrum der Wissenschaftsrevolution des 13. Jahrhunderts.[416] Frank Rexroth prägte das Stichwort vom »Gelehrten Eigensinn« als Kennzeichen der neu entstandenen Wissenschaft, die ihre eigene Logik pflegte und ihre Ziele selbst bestimmte.

Bekannt wurde sie als die scholastische Wissenschaft. Nicht Nützlichkeit oder Broterwerb war der Antrieb für diese Studenten und Magister, sondern der Wille zur Wahrheit. Zweifel und Infragestellung wurde zur ultimativen wissenschaftlichen Methode. Mit dem Titel seines Hauptwerks, *Sic et Non*, eigentlich »Ja und Nein«, aber noch klarer übersetzt als »So und auch anders«, hatte Petrus Abaelard im 12. Jahrhundert die Richtung vorgegeben: Alles, was ist, könnte auch anders sein. Jede These ist es wert, hinterfragt zu werden. Jede Behauptung hat Widerspruch verdient. Entsprechend verlor die Vorlesung, die *lectio*, etwas an Bedeutung, stattdessen erhob man die *disputatio*, das wissenschaftliche Streitgespräch, zu einer wichtigen Unterrichtsform. Ein Thema – meist ein bekanntes Thema, und meist als Frage, *quaestio disputata*, formuliert – wurde vorgegeben. Man spielte verschiedene Antworten durch, Argumente Für und Wider, Pros und Cons, *argumentum/sed contra*. Das Thema wurde so bis auf die Knochen filetiert und sorgfältig in einzelne Unterthemen, *distinctiones*, zerlegt, die ihrerseits dann wieder kontrovers diskutiert wurden, bevor alles in einer abschließenden Antwort, *responsio*, zusammengeführt wurde.

Für Petrus Johannis Olivi war dieser Ansatz möglicherweise weniger befremdlich als für manch einen seiner Kommilitonen. War er doch aufgewachsen in einer Welt, in der Widersprüche die Norm waren. Bevor er ab 1266 sieben Jahre in Paris studierte, hatte er die Schule der Franziskaner in Narbonne besucht. Bildungszugang durch Aufnahme in einen Bettelorden war in dieser Zeit gängige Praxis. Die Orden boten sowohl Infrastruktur als auch Finanzierung für eine solide Ausbildung. Besonders begabte Studenten wurden nach ihrer Grundausbildung im Provinzstudium an die großen Universitätsstädte der Zeit wie Bologna, Paris, Köln oder Oxford geschickt, wo sich die wichtigsten Studienzentren, *studia generalia,* der Orden befanden, die zugleich als Katalysatoren und Kooperationspartner für die noch jungen Universitäten wirkten. An der Pariser Universität wurden schon früh wichtige Lehrstühle von Professoren aus den Bettelorden besetzt. Die Bettelorden waren eine Art »Intellektuellenverbände«, die sich das Studium auf die Fahnen geschrieben hatten und dazu die nötige Infrastruktur vor Ort aufbauten, wie etwa Stipendien, Unterkunft, Lehrbücher, Bibliotheken, Tutorien und den Zugang zu gelehrten Kreisen. Auf diese Weise wurde Petrus Johannis Olivi zum fleißigen Hörer und Schüler von Thomas von Aquin. Dieser gilt als der berühmteste Gelehrte seiner Zeit, der 1245–1248 selbst in Paris bei Albertus Magnus studiert hatte und 1268–1272, nach Stationen in Köln, Neapel, Orvieto und Rom als Professor nach Paris zurückgekehrt war und dort sein Hauptwerk, die umfassende *Summa Theologiae* verfasste. Olivi setzt sich intensiv mit dessen Gedankengebäude auseinander. Die Philosophiegeschichte zählt ihn zu den originellsten und interessantesten Schülern des Thomas von Aquin.

1273 kehrt er nach Narbonne zurück und ist dort bis 1279 als Lektor tätig. Um Ostern 1279 wird er als Experte zum Thema freiwillige Armut zur Mitarbeit an dem Textentwurf einer päpstlichen Bulle eingeladen, vermutlich nach Assisi. Im gleichen Jahr erfolgt der Wechsel als *lector biblicus* nach Marseille, wo er in den kommenden drei Jahren gleich mehrere Kommentare und Quaestiones verfasst sowie ein Traktat über die Armut (*De usu paupere*). Alles lief rund. Olivi hatte glänzende Aussichten, war Anfang 30, hatte ein Studium in Paris hinter sich, verfügte über Lehrerfahrung in Narbonne und Marseille und konnte auf eine beachtliche Publikationsliste verweisen. Zwar hatte er außer dem Bachelor noch keinen Abschluss, doch damit war er nicht allein. Selbst so berühmte Lehrer wie Bonaventura unterrichteten jahrelang, bevor sie endlich den Magister- oder Doktortitel erhielten. Und so kann man durchaus annehmen, dass auch Olivis Karriere vorgezeichnet war. Er würde irgendwann in die Fußstapfen seiner berühmten Lehrer treten und selbst an einer der großen Universitäten seiner Zeit, vermutlich in Paris, lehren. Eines seiner Spezialgebiete lag im Bereich Moralphilosophie, konkreter noch im Bereich dessen, was wir heute Wirtschaftsethik nennen würden. Er spezialisierte sich auf die Frage nach dem »guten Leben«, insbesondere in Bezug auf die richtige Art und Weise der Umsetzung des Armutsgebots, wie es in der Verfassung seines eigenen Ordens der Franziskaner festgeschrieben war. Olivi vertrat die Meinung, dass ein Leben ohne Eigentum erstens möglich und zweitens gut für die Menschen sei. Überdies sah er darin jene Lebensform, die dem Sinn der Regel des heiligen Franziskus entsprach.

Hahnenkämpfe in der akademischen Arena

Doch dann kam es – im Jahr 1283 – zu einem Bruch in Olivis Karriere. Eine Kleinigkeit, würde man aus heutiger Zeit sagen. Kein Plagiatsvorwurf, keine Me-too-Debatte, kein Skandal, sondern ein einfacher Intellektuellenstreit. Aus einem akademischen Disput zwischen zwei Gelehrten entspann sich eine langwierige Kontroverse zwischen Olivi und einem gewissen Arnaud Gaillard.[417] Ein Konflikt, der offenbar eine Vorgeschichte hatte. Gaillard, ebenfalls ein Franziskaner, war der Ältere, beide waren zur gleichen Zeit in Paris gewesen und trafen sich später in Narbonne und Montpellier als Lektoren wieder. Möglicherweise war Olivi an der Universität vorübergehend ein Schüler des älteren Gaillards gewesen. Man könnte darüber spekulieren, ob Gaillard zu jenen Lehrern zählte, die es nicht ertragen können, Schüler zu haben, die andere Meinungen vertreten als sie selbst und noch dazu besser sind. Die Tatsache, dass von Olivi ein umfangreiches Œuvre mit mehr als 50 Einzelschriften überliefert wurde, von Gaillard dagegen lediglich zwei kurze Predigten, könnte darauf hindeuten, dass der jüngere Olivi eindeutig der kreativere Kopf war und offenbar Positionen vertrat, die auch für spätere Generationen noch bedenkenswert waren. Gaillard – so scheint es – hätte also durchaus Grund gehabt, neidisch zu sein. In der Sache ging es um philosophische und theologische Probleme, insbesondere um die Frage nach der franziskanischen Armut, in der Olivi ausgewiesener Experte war. Als der Papst im Jahr 1279 eine Stellungnahme zum franziskanischen Armutsstreit vorbereitete, war Olivi als Kommissionsmitglied für die Ausarbeitung einer päpstlichen Erklärung gewählt worden. Die Kommissionsarbeit lieferte die Vorlage für die Bulle *Exiit qui seminat*, mit der das Recht auf freiwillige Armut als Lebensform offiziell anerkannt wurde.

Haben Jesus und seine Jünger absolut arm gelebt?

Wir wissen nicht, was genau passierte. Doch aus den Briefen Olivis erfahren wir, dass Gaillard im Frühjahr 1283 offenbar eine Liste von Anklagepunkten gegen Olivi an den Generalminister des Ordens schickte. Die Anklagepunkte sind nur aus den Verteidigungsschriften Olivis bekannt. Aus ihnen geht hervor, dass es sich vor allem um Streitpunkte zu einem Kommentar zur Offenbarung des Johannes (Apokalypse) und zu seinen Schriften zum Thema Armut ging. Darf man mit Recht behaupten, Jesus und seine Jünger seien absolut arm gewesen? Ist es legitim, junge arbeitsfähige Männer im besten Alter dazu zu ermuntern, sich vom Bettel zu ernähren? Wie sicher können wir uns über das Ende der Welt sein? Solche Fragen wurden damals im Studium in Montpellier diskutiert. Es scheint, wie das bei Konflikten so üblich ist, dass Gaillard einzelne Sätze aus dem jeweiligen Diskussionszusammenhang herausriss und als Thesen Olivis verkaufte, um ihn damit vor dem Ordensgeneral anzuschwärzen. Olivi wehrte sich, wähnte das Recht auf seiner Seite, erhielt jedoch – wider Erwarten – Lehrverbot. Eine Kommission wurde eingesetzt, und die Mühlen des wissenschaftlichen Verwaltungsapparats begannen zu mahlen. Langsam, ganz langsam. Olivi war frustriert. In einem Brief an einen Freund schreibt er: »Ich wurde aller meiner Aussichten beraubt, und auch meiner Schriften.«[418] Erst im Mai 1285 erhielt er die Gelegenheit zur Verteidigung seiner Positionen. Schlussendlich ging der Konflikt dann aber aus wie das Hornberger Schießen. Es passierte gar nichts. Und nach weiteren zwei Jahren wurde Olivi gar vom neuen Generalminister Matthäus von Aquasparta zum Lektor in dem wichtigen franziskanischen Studienzentrum Santa Croce in Florenz ernannt. 1289 ging er dann zurück nach Montpellier, erhielt 1292 die Gelegenheit, seine Ansichten zur freiwilligen Armut auf dem Generalkapitel vorzustellen und zu verteidigen. Danach wurde er wieder in Narbonne eingesetzt, wo er bis zu seinem Tod am 14. März 1298 unterrichtete und zahlreiche weitere Werke verfasste.

Seine Biografie wäre nicht vollständig, bliebe sein Nachleben unerwähnt: Einige Jahre nach seinem Tod sollte er traurige Berühmtheit erlangen. Einige seiner Texte, insbesondere seine Schriften zur apostolischen Armut, gerieten posthum unter Häresieverdacht. Olivis Gebeine wurden im Jahr 1319 ausgegraben und verbrannt, seine Werke verboten.[419]

Olivis Wirtschaftstheorie – Darf man Preisbildung dem freien Markt überlassen?

Zum Abschluss nun ein Einblick in die wirtschaftstheoretischen Schriften Olivis. Er, der ein Leben lang ohne Besitz lebte, keine eigene Wohnung, kein Haus, ja nicht einmal Kleidung als Privatbesitz ansah, der sich nie um eigene Finanzangelegenheiten kümmern musste, weil er daran kein Interesse hatte, dieser Mensch hat sich intensiv mit den damals aktuellen Fragen einer fairen Wirtschaft auseinandergesetzt.

»Ist es rechtmäßig, eine Ware unter Wert zu kaufen oder über Wert zu verkaufen?« Mit dieser Einstiegsfrage beginnt Petrus Johannis Olivi sein »Traktat über Kauf und Verkauf«, geschrieben im Jahr 1295.[420] Übersetzt in unsere heutige Terminologie heißt das: Darf man die Preisbildung dem freien Markt überlassen? Olivis Traktat bietet einen Einblick, wie diese Frage in der gelehrten Kultur des 13. Jahrhunderts diskutiert wurde. Man fühlt sich in einen mittelalterlichen Seminarraum versetzt, unter Studenten, die kontrovers diskutieren und dabei zunächst ein Brainstorming zum Thema Preisbildung veranstalten. Auf der einen Seite der Tafel erscheinen die Argumente dafür:

1. Ja, es muss rechtmäßig sein, sonst würden ja alle, die kaufen und verkaufen, ständig unrechtmäßig handeln. Und das kann nicht sein, denn jeder will ja das Gleiche, nämlich: Teuer verkaufen und billig einkaufen.
2. Ja, denn es ist legitim, den Preis der Ware, die ich verkaufen möchte, nach Belieben festzulegen. Kein Gesetz kann mich zwingen, meine Güter zu einem anderen Preis zu verkaufen oder zu tauschen als dem, den ich selbst festlege. Und umgekehrt ist keiner verpflichtet, etwas zu einem Preis zu kaufen, der ihm zu hoch erscheint. Wenn also der Kaufvertrag freiwillig zustande gekommen ist, kann daraus geschlossen

werden, dass auch der Preis, auf den sich die beiden Vertragspartner einigten, freiwillig zustande kam. Gemäß dem alten Sprichwort: »Ein Ding ist immer so viel wert, wie einer bereit ist dafür zu bezahlen« (*tantum valet res quantum vendi potest*).[421]

3. Ja, denn bekanntlich ist es dem Gemeinwohl zuträglicher, dass der Preis der Waren nicht von oben herab diktiert und auf eine bestimmte Summe festgelegt werde. Vielmehr soll der Preis frei zustande kommen in der Übereinkunft zwischen Käufer und Verkäufer, was das Risiko des Betrugs erheblich minimiert. Die Preisbildung soll am besten dem Konsens beider Vertragspartner überlassen werden.

Auf der anderen Seite werden die Gegenargumente notiert:

1. Nein, denn andere zu täuschen, zu zwingen oder jemanden zu betrügen ist ein Verstoß gegen das Naturrecht, aber auch gegen das Recht der Freundschaft. Dieses Recht sagt uns, dass wir niemandem etwas zufügen, was wir selbst nicht erleiden wollen (Was du nicht willst, das man dir tut, das füg auch keinem andern zu / *quod nulli faciamus quod nobis fieri nolumus*).[422] Daher muss man von Betrug sprechen bei denen, die eine Sache bewusst überteuert verkaufen und so den Käufer täuschen, und umgekehrt auch dann, wenn eine Sache bewusst unter Wert gekauft wird.
2. Nein, denn die kommutative Gerechtigkeit (*iustitia commutativa*) besteht in einer Gleichheit oder zumindest einem Gleichgewicht der ausgetauschten Waren. So wie die Gerechtigkeit auf das Prinzip »Jedem das Seine« (*unicuique quod suum est*) abzielt.[423] Es wäre daher gegen das Prinzip der Gleichheit und der gemeinschaftlichen Gerechtigkeit, eine Sache wissentlich überteuert zu verkaufen oder wissentlich unter Wert zu kaufen.

Olivis Preistheorie – Wert und Gebrauchswert

Die Argumente, die Olivi hier ins Feld führt, zählen bis heute zu den festen Bestandteilen klassischer Preisbildungstheorien. Olivi schreibt dem Wechselspiel zwischen Angebot und Nachfrage zentrale Bedeutung zu. Nach dem ersten Brainstorming führt er dann im zweiten Teil die Unterscheidung zwischen Wert und Gebrauchswert ein.[424] Demnach ist für uns ein Brot mehr wert als eine Maus, weil wir das Brot täglich brauchen, die Maus dagegen am liebsten loshaben wollen. Und da Kauf und Verkauf Aktionen sind, die stets im Hinblick auf den menschlichen Gebrauch geschehen, richtet sich der Wert einer Ware in aller Regel nach dem zweiten Kriterium, nach dem Gebrauchswert beziehungsweise nach ihrer Funktion und ihrer Nützlichkeit für die Menschen. Daraus entwickelt Olivi drei Faktoren, die den Warenwert bestimmen.[425]

1. Nützlichkeit (*utilitas*). Die natürlichen Eigenschaften einer Sache, die diese mehr oder weniger geeignet oder effizienter für unsere Zwecke machen. So ist uns ein gutes Weizenbrot viel mehr wert als ein trockenes Gerstenbrot. So ist ein starkes Pferd viel nützlicher in der Schlacht oder für die Arbeit als ein Esel oder ein Maultier.
2. Verfügbarkeit (*raritas*). Zweitens muss man in Betracht ziehen, ob eine Ware aufgrund ihrer Knappheit und der Schwierigkeiten, sie herzustellen, für uns wichtiger ist als eine andere. Will heißen, dass der Mangel (an dieser Ware) unsere Nachfrage (oder das Bedürfnis danach: *indigentia*) erhöht und zugleich die Möglichkeiten, diese Ware zu beschaffen und zu nutzen, vermindert. So ist zum Beispiel das gleiche Getreide viel mehr wert zu Zeiten von Mangel und Hungersnot als in Zeiten des Überflusses. Oder nehmen wir die vier Elemente, Wasser, Erde, Luft und Feuer. Diese haben für die meisten

einen viel geringeren Preis, weil sie immer und überall verfügbar sind, im Gegensatz etwa zu Gold oder wertvollen Salben. Und das, obgleich Wasser oder Luft ja überlebenswichtig sind und viel wichtiger für unser Leben als Gold und wohlduftender Luxus.[426]

3. Subjektive Nutzeneinschätzung (*beneplacitas voluntatis*). Drittens schätzen wir den Wert einer Sache ein entsprechend des größeren oder kleineren Gefallens oder entsprechend unseres Verlangens, sie zu besitzen. Etwas zu gebrauchen heißt in diesem Sinne, sich etwas zu unterwerfen oder es zu besitzen und in der Verfügungsgewalt seines Willens zu halten. Daher ist kein geringer Faktor der Preisbestimmung der Gefallen, den unser Willen daran findet (*beneplacitas voluntatis*), will heißen, die mehr oder weniger große Befriedigung, die mit dem Gebrauch und dem Besitz dieser oder jener Sache verbunden ist. Nach diesem Kriterium gefällt ein Pferd dem einen viel besser als einem anderen. Und so kann einer einen sehr hohen Preis für eine Sache bezahlen, die ein anderer als völlig wertlos einschätzt.

Warum ist ein Diamant mehr wert als Wasser?

Hätte ein Vertreter der Wiener neoklassischen Schule im späten 19. Jahrhundert den Text von Petrus Johannis Olivi gelesen, wäre er vermutlich erblasst. Über Jahrhunderte, davon war man im 19. Jahrhundert fest überzeugt, galt die objektivistische Preistheorie als allgemeines Erklärungsmodell zum Thema Preisbildung. In dieser ist die Nützlichkeit, der Gebrauchs- beziehungsweise Tauschwert einer Ware ausschlaggebend. Man unterschied nach Verfügbarkeit zwischen zwei Arten von Gütern: vermehrbare Güter, deren Produktion bei steigender Nachfrage einfach erhöht werden kann, weshalb die Preise relativ stabil bleiben, und rare, also nicht beliebig vermehrbare Güter, wie zum Beispiel das Werk eines berühmten Künstlers oder ein seltener Diamant. Der Preis für die raren Güter richtet sich nach der Intensität der Nachfrage, nach dem Willen eines Käufers, sie zu besitzen. Hier liegt eine Schwäche des objektivistischen Preisbildungsmodells, denn es bietet für die exorbitanten Preise für ein Kunstwerk oder einen Diamanten keine Erklärung, da sich der objektive Preis nach dem Nutzen (für den Gebrauch oder für den Tausch) richtet. Dieses Problem ist als das Problem der klassischen Wertantinomie oder auch als Wasser-Diamant-Paradox bekannt. Wasser, obwohl es einen objektiv hohen, ja überlebenswichtigen Gebrauchswert besitzt, kostet so gut wie nichts, während ein Diamant oder ein Kunstwerk mit objektiv niedrigem Gebrauchswert unvorstellbar hohe Preise erzielen kann. Dabei sind beide Ressourcen endlich. Erst im Jahre 1870 wurde mit dem Begriff des Grenznutzens eine neue Dimension der Wert- und Preistheorie eingeführt, die die Beschränkungen des objektivistischen Modells ausgleicht.

Olivi hat gleich alle drei Faktoren ganz selbstverständlich in sein Modell mit eingebaut: Die erste Stufe der Nützlichkeit ist die Preisbestimmung aus dem Gebrauchswert heraus. Mit dem Begriff der *raritas*, der Knappheit, wird die Unterscheidung zwischen beliebig vermehrbaren und knappen Gütern eingeführt, und mit der *beneplacitas voluntatis* wird die subjektive Nützlichkeit als entscheidender Faktor für die Preisbildung ins Spiel gebracht.

Dass ein Wirtschaftstheoretiker im späten 13. Jahrhundert ohne auch nur mit der Wimper zu zucken alle Faktoren der Preisbildung als quasi selbsterklärende Prinzipien benennt und sogar die subjektive Nutzeneinschätzung einführt, das verdunkelte den Nimbus der damals absolut modernen neoklassischen Wirtschaftstheorie gewaltig.

Fairness und Transparenz

Man muss Olivi nicht zum Vorreiter der »modernen« subjektiven Werttheorie stilisieren.[427] Er diskutiert lediglich Themen, die im späten 13. Jahrhundert virulent waren. Seine Quaestiones halten sich eng an die damals gängigen Themen, er argumentiert ähnlich wie Thomas von Aquin oder Alexander von Hales.[428] Der Text entspricht in weiten Teilen den üblichen wirtschaftlichen Theorien seiner Zeit. Olivi ist weder ein Außenseiter noch ein Revolutionär. Seine analytische Schärfe ist ungewöhnlich. Vielleicht formuliert er manches präziser als seine Kollegen an der Universität Paris, vielleicht war er noch vertrauter als diese mit den gängigen Marktpraktiken, hielt sich öfter dort auf, wo Waren verkauft und Verträge geschlossen wurden. Jedenfalls verwendet er auffällig viele Begriffe aus der Sprache des Volkes. Und er betont, wie schwierig es ist, die Gesetze der Preisbildung genau zu fassen, da diese sich in einer unendlichen Breite menschlicher Ermessensspielräume abspielt. Ungewissheiten, Ambiguitäten, Moden, Einschätzungen und Meinungen spielen eine große Rolle, und daher sei es unmöglich, einen absoluten Wert für eine Ware festzustellen oder festzusetzen.[429] Insgesamt kommt er in der Zusammenfassung der Diskussion zu dem Schluss, dass es legitim sei, eine Sache über ihrem Wert zu verkaufen oder unter ihrem Wert zu kaufen, gesetzt den Fall, dass bestimmte Grenzen des Anstands nicht überschritten werden. Dabei spielt der allgemein akzeptierte Wert (*pretium iustum*) eine entscheidende Rolle, dieser sollte um nicht mehr als die Hälfte über- beziehungsweise unterboten werden.[430] Wenn also zum Beispiel ein Krug, dessen handelsüblicher Preis bei zehn Pfennig liegt, für 15 Pfennig verkauft wird, dann wäre das unfair. Weiter spielt Transparenz eine wichtige Rolle. Nur wenn der Geschädigte, also der Käufer einer überteuerten Ware, den überhöhten Preis wissentlich ignoriert, weil er genau darüber

Bescheid weiß, handelt es sich um ein legitimes Geschäft, denn es wurde aus freien Stücken eingegangen. Genauso wie einer ja auch jederzeit seine Ware verschenken kann, wenn er das möchte, so wie es der junge Franz von Assisi getan hat. Dann herrscht keine Ungerechtigkeit.

Preise als Inzentiv

Erneut wird die Frage nach dem Zustandekommen des Preises gestellt. Die vorangegangene Liste von Preisdeterminanten wird aufgenommen und ergänzt. Allgemein gilt die Regel, dass jene Faktoren, die den Wert beeinflussen, nicht manipuliert werden sollten, solange sie sich in Übereinstimmung mit der allgemeinen Einschätzung des Wertes einer Sache bewegten. Olivi bringt hier die kollektive Einschätzung des Gemeinwohls (*communis taxacio boni communis*) ins Spiel. Was heißt das? Im Grunde genommen geht es darum, dass der Preis in etwa die allgemeinen Versorgungsbedingungen einer Gesellschaft zu einem bestimmten Zeitpunkt spiegelt. Heute würde man sagen, dass dieser Preis entsprechend der *taxacio communis* ungefähr dort liegt, wo sich Angebot und Nachfrage treffen. Auch dies war eine Position, die allgemein in der Scholastik Anerkennung fand. Olivi argumentiert jedoch aus einer ungewöhnlichen Perspektive: Wenn es zum Beispiel zu einer Getreideknappheit in einer Gegend kommt, dann müssen die Preise der Waren entsprechend steigen dürfen. Wenn der Preis für eine Maßeinheit Getreide normalerweise (gemäß der *taxacio communis*) bei 10 Pfund liegt und dann in einer Hungersnot auf 20 Pfund steigt, ist das zwar eine flagrante Abweichung von der allgemeinen Einschätzung, aber dennoch legitim. Warum? Zum einen, weil ja auch die Anbieter ihre Waren zu höheren Preisen einkaufen müssen. Sodann, weil es gefährlich für das Allgemeinwohl wäre, wenn die Preise nicht steigen dürften. Denn dann gäbe es für diejenigen, die die Gebrauchsgüter besitzen, keinen Anreiz, sie an diejenigen zu verkaufen, die sie brauchen. Dann wäre die Versorgungslage der Allgemeinheit gefährdet.[431]

Odd Langholm, norwegischer Volkswirt, der sein halbes Leben mittelalterlichen Wirtschaftstheorien gewidmet hat, hebt die Bedeutung dieses Ansatzes hervor.[432] Olivi betrachtet den Preis einer Ware nicht nur als das Ergebnis der Interaktion zwischen materiellen Gegebenheiten, menschlichen Bedürfnissen und moralischen Werten, sondern auch als einen Verursacher, heute würde man sagen: als ein Inzentiv. Der Preis funktioniert als ein Anreiz für die Anbieter und erzeugt erwünschte Effekte für das Wohl der Allgemeinheit. Langholm weist darauf hin, dass sich daraus schon für die mittelalterlichen Scholastiker ein Dilemma ergab, denn offenbar steht diese These in einem Widerspruch zum vertrauten Appell an die christliche Nächstenliebe als Garant des Gemeinwohls. Doch gingen Olivi und seine Zeitgenossen in dieser Hinsicht sehr pragmatisch von einer Menschheit nach dem Sündenfall aus – im theologischen Fachjargon spricht man vom »postlapsalen« Zustand der Menschheit. Will heißen, die Menschen sind nun mal so, wie sie sind, und nicht so, wie sie sein sollten. Daher muss man auch die Regeln des Marktes an diesen Sachverhalt anpassen. Das Besondere nun an Olivis Überlegungen sind seine Begründungen. Statt ganz allgemein das Naturrecht als Erklärung ins Feld zu führen, liefert er Beispiele, die klare analytische Begründungen suchen. Dass steigende Preise in Zeiten von Nahrungsmittelknappheit als Anreize für die Versorgung der Notleidenden funktionieren, gilt dann nicht, wenn es um individuelle Notlagen geht. In einer solchen Situation darf sich der Preis einer Sache nicht nach der aktuellen Marktlage, sprich der Nützlichkeit für den Käufer richten! Wenn einer am Verdursten ist, dann darf das Glas Wasser nicht entsprechend der Nachfrage verkauft werden. Wenn ein Kranker nur durch eine bestimmte Medizin vor dem sicheren Tod bewahrt werden kann, darf der Verkäufer unmöglich den reellen Gegenwert entsprechend dem Nutzen für den Käufer verlangen. Denn ein Leben ist unbezahlbar. In solchen Fällen stehen die Gesetze des Allgemeinwohls über den individuellen Interessen des Verkäufers. Extreme Notsituationen und wirtschaftliche Härte sind demnach Faktoren, die die Freiheit des Marktes begrenzen.

Produktionskosten, Preise und Löhne

Neben Angebot und Nachfrage wird der Preis schließlich – und damit kommen wir zum letzten Punkt – durch den Aufwand bestimmt, der zur Her- und Bereitstellung der Ware betrieben werden muss, das heißt durch die Arbeit, das Risiko und den Fleiß, hier besser als Klugheit zu übersetzen (*labor, periculum, industria*).[433] Risikoreiche und aufwendige Herstellungsprozesse und Transportkosten erhöhen den Preis einer Ware. Daher haben Waren in Gegenden, die weit entfernt von Zentralfrankreich oder dem Vorderen Orient liegen (das sind die zentralen Handelspartner des Languedoc), einen höheren Preis als in Gegenden, die in der Nähe sind. Auch steigt der Preis einer Ware oder Dienstleistung mit dem Wissen und der Klugheit, die dazu erforderlich ist. Daher kommt es, dass ein Bauarbeiter im Baugewerbe, obwohl er den ganzen Tag körperlich arbeitet, doch weniger verdient als der Architekt, der die Arbeiter anleitet. Und das, obwohl die Arbeiter oft die größeren praktischen Kenntnisse und Fähigkeiten besitzen. Das gilt allgemein für höhere Ämter. Die sind mit einem höheren Gehalt verbunden, weil sie größere Fähigkeiten und Klugheit erfordern und mit größeren mentalen Belastungen (Verantwortung) verbunden sind. Außerdem setzen die Kenntnisse, die zur Ausübung anspruchsvoller Berufe erforderlich sind, langfristige und mühevolle Studien,

Erfahrung und Arbeit voraus. Auch ein Studium kostet viel Geld und ist risikoreich. Außerdem gibt es nicht so viele, die so großen verantwortungsvollen Aufgaben gewachsen sind, also wird ihrer Arbeit mehr Wert beigemessen.

Gerade wie die Preise von Faktoren des Marktes (Angebot und Nachfrage) abhängen, so wird auch die Höhe der Löhne nach der jeweiligen Marktlage bestimmt. Ganz gleich ob es Ärzte, Rechtsanwälte, Soldaten oder Bauarbeiter sind, die bezahlt werden müssen. Wenn es viele von ihnen gibt, sinken die Löhne. Wenn Arbeitskräftemangel herrscht, steigen die Löhne. Langholm sieht hier einen Vorboten für den Durchbruch in der Werttheorie: Olivi erklärt den Wert einer Ware oder Dienstleistung zu einem Teil mit Knappheit und Nützlichkeit, zum andern Teil durch Produktionskosten inklusive Löhne und das Risiko des Anbieters.[434]

Kapital muss zirkulieren

Ein Beispiel: Florenz steht nach einem extrem trockenen Sommer eine Hungersnot bevor. Man weiß aus Erfahrung, dass die Getreidevorräte bis Weihnachten reichen werden, dass man Januar und Februar vielleicht noch überbrücken kann, doch spätestens im März droht eine Notlage. Die Stadt muss also Getreidevorräte anlegen, um diese abzumildern. Dazu hat sie zwei Möglichkeiten: Entweder erhöht sie die Steuern, um für den Kauf von Getreide Einnahmen zu generieren, oder sie bittet beziehungsweise zwingt die städtischen Getreidehändler dazu, ihre Vorräte zu verkaufen. Um die Nachteile der Steuererhöhung zu vermeiden – davon wären alle, auch die arme Bevölkerung der Stadt betroffen –, kauft sie bei den Händlern, am besten unmittelbar nach der Ernte, da dann die Preise noch günstig sind. Doch genau aus diesem Grund wollen die Händler natürlich ihre Bestände erst zu einem späteren Zeitpunkt verkaufen, dann nämlich, wenn die Preise gestiegen sind. Muss in einem solchen Fall die Stadt den Händlern schon im Herbst den Preis bieten, den diese im Frühjahr – voraussichtlich – erwarten können?

Dieses Beispiel wählt Olivi – er hatte selbst zwei Jahre in Florenz gelebt –, um die Legitimität der Zinsnahme zu diskutieren. Denn aus seiner Sicht gleicht das Florentiner Szenario dem eines Zwangs- oder eines überzogenen Kredits. In beiden Fällen entgehen den Akteuren potenzielle Erträge. Und für diese – man sprach von entgangenen Gewinnen (*lucrum cessans*) – darf man Entschädigung fordern. Dieser Meinung war im Übrigen schon Heinrich von Susa, Kardinal von Ostia, in seiner *Summa aurea* aus dem Jahr 1253. Doch Olivi bringt 40 Jahre später in diesem Zusammenhang den Begriff des »Kapitals« erstmals in die wirtschaftstheoretische Diskussion ein, argumentiert gegen Aristoteles' Dogma von der Sterilität des Geldes mit seinem Wissen aus Gesprächen mit den Kaufleuten und über das Vertragsrecht. Demnach lassen sich zwei Formen beziehungsweise Funktionen des Geldes unterscheiden:[435]

a) Geld als einfaches Tauschmittel mit der Basisfunktion als Wert- und Preismaßstab, als Maßeinheit, die es ermöglicht, ungleiche Waren – ein Brot und ein Pferd – vergleichbar zu machen (*pecunia numerata*).
b) Geld, das ein Händler als kommerzielles Investment verwendet, mit der Absicht, Gewinne zu erzielen. Hier nimmt das Geld – so analysiert Olivi den Sachverhalt – neue Eigenschaften an, entwickelt, gleich einem Stück Land, eine »fruchtbringende« und vermehrende Funktion.

Olivi spricht wörtlich von einer Art seminaler Qualität des Geldes, die von den Kaufleuten in ihren Verträgen Kapital genannt wird. Der Begriff war also offensichtlich absolut gängig in der

Alltagssprache der Kaufleute, und er stammt aus dem Okzitanischen.[436] Olivi betont dies eigens. Vom *capitale* sprachen die Kaufleute im Hafen, wenn es um die Investitionen in Frachtgüter auf den Handelsschiffen ging, von denen man wusste, dass sie gigantische Gewinne einbringen konnten, wenn alles gut lief. Geld kann also – wenn es richtig investiert wird – die Fähigkeit zur Vermehrung entwickeln. Vielleicht wählte er den Begriff der Fruchtbarkeit, die *ratio seminalis*, um Aristoteles' Dogma von der Sterilität des Geldes zu entkräften. Jedenfalls begründet er mit dieser Kraft zur Vermehrung die Notwendigkeit von Zinsen. Denn wenn der Kaufmann sein Geld einem anderen leiht, dann verzichtet er auf potenzielle Erträge. Und für diesen Verzicht darf, ja muss er kompensiert werden, ohne dass er sich damit des Wuchers schuldig macht.[437]

Der Grund, warum Olivi diesen Aspekt so sehr betont, ist seine Sorge um das Gemeinwohl, denn wenn die Kapitalfunktion des Geldes nicht berücksichtigt wird, fehlt der Anreiz für Investitionen zum Wohle der Gemeinschaft.

Petrus Johannis Olivi – ein Minimalist mit Möglichkeitssinn

Olivis Traktat ist einerseits typisch für die wirtschaftstheoretischen Diskussionen Ende des 13. Jahrhunderts und zugleich außergewöhnlich. Seine Einsichten sind tiefer, und sein Gespür für Erweiterungen der Grenzen der Welt ist besonders hervorzuheben. Insofern war er ein Genie, denn er fand Möglichkeiten, diese zu überschreiten. Sein Denken offenbart weniger die Grenzen des Machbaren seiner Zeit als die Fluglinien an den Vorstellungshorizonten, die Erweiterungen des Denkbaren jenseits der Grenzen des Überkommenen.[438] Das im Laufe des 13. Jahrhunderts an Bedeutung gewinnende Konzept des Gemeinwohls (*bonum commune*) bot die Matrix, in der Olivi die Vorstellungen eines dynamischen Gleichgewichts im ökonomischen Austausch entwickelte. Dazu zählte die zunehmende Wertschätzung des Kaufmanns, dessen gesellschaftliche Aufgabe in der Verteilung der Güter bestand. Seine Rolle wurde immer wichtiger, ja unabdingbar für das Gemeinwohl, und seine Gewinne waren Gewinne für die Gemeinschaft.[439]

7. Schlussfolgerungen aus der Vergangenheit für die Zukunft

7.1. Was würden sie uns raten, unsere Vorfahren?

Drehen wir den Spieß zum Abschluss um. Ganz sicher würden unsere Vorfahren sich über vieles wundern, um manches würden sie uns beneiden, nicht nur um die Fortschritte in der Zahnmedizin. Sie wären fasziniert von all dem Komfort. Davon gehen wir aus. Ob sie sich in unseren überheizten Wohnzimmern wohlfühlen würden, ist nicht sicher. Vielleicht würden sie sich eingesperrt fühlen, die gewohnte Lüftung durch zugige Fenster würde manchem sicher fehlen. Dass wir ständig so viel kaufen müssen, fänden sie vermutlich anstrengend. Ob sie einen Langstreckenflug genießen könnten, weiß man nicht, denn die Menschen in der Vormoderne waren es nicht gewohnt, so lange und so eng zusammengepfercht auf der Stelle zu sitzen. Ihr Alltag war viel beweglicher, der Stuhl wurde erst im 19. Jahrhundert durch die Firma Thonet demokratisiert. Davor stand man, saß auf Bänken, die ständig hin und her getragen wurden, oder auf dem Boden, oder man war eben in Bewegung. Sogar Kirchenbänke wurden erst im Laufe des 16. Jahrhunderts mit der Reformation und einer größeren Kirchendisziplin eingeführt. Davor herrschte buntes Treiben, überall, selbst im Gotteshaus. Die rasante Beschleunigung würde sie vermutlich irritieren. Unser Warenangebot würde sie in Staunen versetzen. Ganzjährig frische Erdbeeren und jeden Tag Fleisch, das würden sie wohl für einen Traum halten. Der Traum vom Schlaraffenland ist in

Erfüllung gegangen! Doch anders als weithin angenommen, war der Traum vom Schlaraffenland auch im Mittelalter vielen ein Albtraum. Die berühmten Bilder von Pieter Bruegel dem Älteren zeigen das ganz wunderbar. Der Traum vom Schlaraffenland wird hier dargestellt als ein Universum menschlicher Lächerlichkeit. In seiner Unersättlichkeit zeigt sich der Mensch ganz sicher nicht von seiner besten Seite. Ermattet vom vielen Fressen, feist und stumpfsinnig liegt er herum, ein Opfer seiner eigenen Gier. Als vollgefressenen Mann, mit gespreizten Beinen und offenem Hosenlatz macht Bruegel ihn zum Gespött des Betrachters. Vor ihm spaziert ein geköpftes Ei mit lurchartigen Beinchen durchs Bild. Putzig im Hintergrund auf der rechten Seite die kleine Figur, die sich aus dem Berg von Hirsebrei herausquält. Hier hat sich einer abgemüht, sich mit der Holzkelle hindurchgefressen, um bis zur Lächerlichkeit entstellt, wie ein kleines Kind, das einen Abhang hinunterpurzelt, im Schlaraffenland anzukommen. Willig legt sich eine Gans auf den Teller, bereit zum Braten, gelassen trottet das gebratene Schwein mit Essbesteck im Speck vor sich hin. Die menschliche Befähigung zur Unersättlichkeit wird hier in all ihren lächerlichen Konsequenzen dargestellt.

Es ist nicht auszuschließen, dass sich unsere Vorfahren auch ein bisschen über uns lustig machen würden in all unserer feisten Unersättlichkeit. Doch ganz sicher würden sie sich auch mit uns freuen. Über all die Errungenschaften der Moderne, über die wunderbaren Transformationen, die wir in den letzten 500 Jahren bewältigt haben, und darüber, dass wir es geschafft haben, die Natur zu zähmen, die Flüsse zu begradigen, Berge zu überwinden, die Lüfte und sogar das Weltall zu erobern. Wenn wir ihnen dann vom Klimawandel erzählen würden, wären sie vermutlich erst mal überhaupt gar nicht beunruhigt. Sie würden zuversichtlich lächeln, sich zurücklehnen und darauf hinweisen,

Abb. 1: Pieter Bruegel der Ältere, Das Schlaraffenland, 1566 München, Alte Pinakothek.

dass wir das auch noch schaffen werden. Wer so viel Veränderung herbeigeführt hat, der wird doch kein Problem damit haben, die bevorstehenden Herausforderungen des 21. Jahrhunderts zu bewältigen, sich zu ändern, die nötige Transformation zu stemmen.

Umso größer die Verwunderung, wenn wir ihnen dann von der Schockstarre erzählen, in der die Europäer das letzte halbe

Jahrhundert verharrten, seit 1972 der Bericht des Club of Rome zur Lage der Menschheit die Grenzen des Wachstums glasklar skizzierte. Seither wissen wir, dass die Menschheit direkt auf ihren eigenen Untergang hinarbeitet. Seither wissen wir, dass es ein massives Problem gibt, wenn wir so weitermachen. Im Bericht von damals – vor einem halben Jahrhundert verfasst – heißt es: »Wenn die gegenwärtige Zunahme der Weltbevölkerung, der Industrialisierung, der Umweltverschmutzung, der Nahrungsmittelproduktion und der Ausbeutung von natürlichen Rohstoffen unverändert anhält, werden die absoluten Wachstumsgrenzen auf der Erde im Laufe der nächsten hundert Jahre erreicht. Mit großer Wahrscheinlichkeit führt dies zu einem ziemlich raschen und nicht aufhaltbaren Absinken der Bevölkerungszahl und der industriellen Kapazität.« Damals wurde klar, dass nur ein rasches und entschiedenes Handeln gegenwärtige »Wachstumstendenzen« noch ändern und einen »ökologischen und wirtschaftlichen Gleichgewichtszustand« herbeiführen kann.[440]

Dass ein ganzes halbes Jahrhundert lang nichts ernsthaft dagegen unternommen wurde, ja, dass stattdessen die Wachstumsmaschinerie um ein Vielfaches immer weiter angekurbelt wurde – das zu glauben würde unseren Vorfahren sicherlich sehr schwerfallen: Ihr seid doch so modern, so flexibel und so unglaublich findig. Ihr habt Technologien, von denen wir damals nur träumen konnten, ihr habt den Staat und die Demokratie, könnt eure Gesetze selbst machen und dafür sorgen, dass die Ursachen dieser Probleme bekämpft werden. Ihr seid rational, habt mit der Aufklärung die Prinzipien der Vernunft entdeckt und könnt doch einfach nach dem Verursacherprinzip die Rechnung stellen. Das muss doch möglich sein. Ihr müsst doch dafür sorgen, dass euer Planet menschenfreundlich bleibt. Ihr müsst euch doch einfach nur ändern, das habt ihr doch schon so oft getan. Müsst eure Vorstellungen anpassen, Wertschöpfung, Produktivität und

Wirtschaften umstellen, die Kosten für die Umweltzerstörung künftig einpreisen in eure Kalkulationen, die Verschmutzung angemessen besteuern, die Sorge für den Erhalt der Ökosysteme finanziell attraktiv machen und so dafür sorgen, dass die Grenzen des Planeten respektiert werden. Ihr müsst einfach nur eure Welt neu denken. Wo ist das Problem?[441]

Wenn wir dann erzählen, dass das alles nicht so einfach sei, dann würden sie vermutlich nachdenklich werden. Könnte es sein, dass ihr trotz aller Veränderung immer noch die Gleichen seid?, werden sie fragen. Könnte es sein, dass ihr mit all der Freiheit, die ihr euch erkämpft habt, einfach nicht klarkommt? Denn andernfalls würdet ihr doch einfach tun, was zu tun ist. Was ihr braucht, sind Grenzen. Wir hatten damals die Sünden. Bestimmte Dinge waren einfach verboten, das wurde uns auf den Marktplätzen gepredigt, wir wurden stets daran erinnert, dass vieles zwar möglich, aber nicht alles gut ist. Besonders schlimm waren die Todsünden. Gula zum Beispiel, Völlerei, oder Unmäßigkeit war verpönt. Man aß nicht das ganze Jahr über tagtäglich Fleisch. Wir hatten Zeiten des Überflusses und Zeiten der Entbehrung. Aber wer predigt eigentlich bei euch?, werden sie uns fragen. Wenn wir ihnen dann zeigen, was die Menschen im 21. Jahrhundert tagtäglich fast ununterbrochen zu hören und zu sehen bekommen, nämlich Werbung, dann werden sie sich nicht mehr wundern. Wenn ihr den Menschen jeden Tag predigt, wo das Schnitzel am billigsten und die Flüge nach Thailand am preisgünstigsten sind, dann braucht ihr euch nicht zu wundern. Menschen tun das, was man ihnen predigt. Ihr predigt ihnen »Möglichst viel und möglichst billig«. Solange ihr damit nicht aufhört, wird sich nichts ändern.

Wenn wir dann erzählen würden, das liege alles daran, dass die Unternehmen im Wettbewerb zueinander stehen und ihre Kapitalrenditen nur dadurch steigern können, dass sie billiger, rücksichtsloser und spitzfindiger sind als die internationale Konkurrenz, wenn es um die Ausbeutung der Ressourcen, um die Drosselung der Transaktionskosten oder um die Ausnutzung von Gesetzeslücken geht, dann würden unsere Vorfahren einfach nur fragen: Ja, warum ändert ihr das nicht? Wisst ihr nicht, dass der Neid die Gesellschaft zersetzt? Noch dazu ist Neid die Todsünde, die am allerwenigsten Spaß macht. Sie macht krank. Nicht umsonst ist Grün vor Neid die Farbe der Übelkeit. Ihr sorgt für kollektives Unwohlsein. Übersteigerte Konkurrenz macht Gesellschaften krank, freudlos und müde. Warum hört ihr nicht einfach auf damit? Braucht ihr einen lieben Gott, der endlich wieder verbietet, euch gegenseitig unglücklich zu machen?

Und noch einen Tipp würden sie uns geben: Unterschätzt nicht die Trägheit. Früher nannten wir das *Acedia*, heute nennt ihr das »Status-quo-Bias«. Ihr müsst den Leuten Beine machen. Insbesondere jenen, die in ihren Chefsesseln kleben und darauf bestehen, dass die Welt nach ihren Regeln funktionieren muss. Sie leiden oft an Selbstüberschätzung, wir nannten das damals Hochmut oder *superbia*. Es sind meist die bemitleidenswertesten Menschen, die in dieser Falle sitzen. Sie können einfach nicht anders. Ihr Selbstwertgefühl ist so dermaßen labil, dass sie den Rest der Welt ständig aussaugen müssen und zur Not mit in den Abgrund ziehen. Aus unerfindlichen Gründen sind Männer dafür ganz besonders anfällig. Es wird unseren Vorfahren ein bisschen leidtun, das feststellen zu müssen, denn eigentlich waren 50 Prozent von ihnen Männer. Vielleicht würden sie uns raten, endlich wieder mehr Frauen Ruder und Steuer zu überlassen. Dass Frauen in mittelalterlichen Wirtschaftsunternehmen die Geschäfte führten, war keine Besonderheit. Das Haus der Fugger zum Beispiel erlebte seinen Aufstieg im 15. Jahrhundert unter der Führung von Frauen.[442]

Vielleicht ist es an der Zeit, dass ihr lernt, euch Grenzen zu geben. Ob sie uns zur Wiedereinführung der Todsünden raten würden, daran mag man zweifeln, denn natürlich liebten auch sie die Freiheit über alles. Aber was spricht gegen klare Regeln? Und überdies können Verbote mitunter eine klärende Funktion haben. Sie machen das Leben einfacher. »Ich glaube, viele Verbote würden sehr viele Menschen jetzt einfach mal befreien«, wie Maja Göpel feststellt.[443]

Auch Bertha Benz würde sich wundern.

Zurück zum Ausgangspunkt dieser Studie. Lässt sich unser Festhalten am Alten als kollektive Entwicklungsstörung erklären? Warum eigentlich kommen wir nicht los von den Paradigmen der Moderne, obwohl wir wissen, dass diese für die Welt unserer Großeltern und Urgroßeltern gemacht wurden und heute nicht mehr taugen? Das beste Beispiel ist der Verbrennungsmotor. Eine zweifelsohne geniale Erfindung des 19. Jahrhunderts. Gebaut im Jahr 1876 von Nicolaus August Otto und Gottlieb Daimler in der Gasmotorenfabrik Deutz. Erstmals in Betrieb genommen im Jahr 1888 von Bertha Benz in einer fast 13-stündigen Pionierfahrt mit dem legendären Benz-Motorwagen Nr. 3 von Mannheim nach Pforzheim. Und niemand wird bezweifeln, dass diese Erfindung die Lebenswelt der Menschen des 20. Jahrhunderts revolutioniert und bereichert hat. Aber Bertha Benz lebte vor anderthalb Jahrhunderten, zählt zur Generation der Ururgroßmütter. Und sie würde sich sicherlich wundern zu hören, dass ihre Nachkommen seit dem Jahr 1888 nichts wesentlich Neues erfunden haben, keine komfortableren Motoren, ohne die vielen Schadstoffe und den Gestank, der ihr schon 1888 auf die Nerven ging.

Müssen wir dem Verbrennungsmotor treu bleiben, nur weil wir ihn schon so lange haben? Warum tun wir das eigentlich?

Trotz klarer Prognosen für die Konsequenzen des fortdauernden CO_2-Ausstoßes, verweigerten sich Wirtschaft und Gesellschaft in dieser Hinsicht systematisch dem Fortschritt, redeten den Klimawandel klein, lenkten ab, optimierten den Verbrenner und subventionierten die Autoindustrie sowie den Flugverkehr durch die Reduktion oder gar Befreiung von Energiesteuer, Mineralölsteuer, Ökosteuer, Mehrwertsteuer für internationale Tickets und so weiter. Wie lässt sich das erklären? Natürlich werden dafür stets als Erstes wirtschaftliche Interessen ins Feld geführt. Und die sind ohne Zweifel entscheidend. Dennoch muss sich die Wirtschaft die Frage gefallen lassen, warum sie so schwerfällig ist. So unfähig zu Veränderung, warum sich Unternehmen so schwertun mit Anpassung.

Kognitive Dissonanz und der Unwille zur Veränderung

Alles muss besser werden, aber gleichzeitig soll sich nichts ändern. Um Veränderung zu verhindern, tun Menschen oft ganz unglaubliche Dinge, scheuen weder Kosten noch Mühen, um dafür zu sorgen, dass ihr Weltbild nicht zerstört wird. Nur so lässt sich unser Festhalten am Verbrennungsmotor erklären. Und nach dem gleichen Muster funktioniert das Festhalten an Aufstieg, Wachstum und immer mehr Wohlstand. Die Argumente für den Status quo klingen allzu vertraut und plausibel: Das hat doch auch bisher ganz wunderbar funktioniert, warum jetzt plötzlich diese Panik? Unbeabsichtigte Nebenfolgen wird es immer geben. Reibungsverluste sind einfach unvermeidlich, folglich muss man globale Ungerechtigkeit halt hinnehmen, und den Klimawandel kann eh keiner verhindern.

Es bleibt ein Rätsel, warum Veränderung so schwer ist. Und dabei sind Menschen historisch betrachtet wahre Experten für Veränderung. Wir können auch anders. Ja, wir sind darin sogar herausragend gut. Doch nur selten entscheiden wir uns freiwillig dafür. Die meisten von uns reagieren erst auf Druck von außen, lassen sich erst unter Zwang auf Neues ein, und das, obwohl wir uns im Prinzip ja sehr innovativ und modern fühlen. In der Verhaltenspsychologie ist dieses Problem unter dem Begriff der kognitiven Dissonanz bekannt. Regelmäßig nach Weihnachten nehmen wir uns vor, im neuen Jahr weniger Schokolade zu essen und mehr Sport zu treiben, und genauso regelmäßig fehlt schon in der zweiten Woche die Zeit, und dann lesen wir zufällig irgendwo, dass Schokolade gut ist für das Nervensystem, und damit hat sich der Veränderungsbedarf fürs Erste wieder erledigt. Wir wollen zwar immer irgendwie Veränderung, sehen Handlungsbedarf, aber unterm Strich ist es dann ganz okay so, wie es ist. Und das wiederholt sich Jahr für Jahr. Irgendwie haben wir uns alle eingenistet in einer Welt, in der immer alles anders und besser werden soll, gleichzeitig wollen wir stets, dass alles so bleibt, wie es ist. Kognitive Dissonanz – das chronische Leiden, dieses seltsame, aber doch so vertraute Unbehagen an der Gegenwart.

Das Muster der kognitiven Dissonanz bestimmt maßgeblich auch unser Verhalten in Sachen Nachhaltigkeit. Allerdings geht es hier um viel mehr als darum, ein oder zwei Kilo abzuspecken. Es geht um die Bewältigung des Klimawandels und seiner Folgen. Wir wissen, dass sich alles ändern wird, und wir wissen, dass wir uns ändern müssen, wir wollen unseren Beitrag leisten, doch übertreiben wollen wir auch nicht. Man muss behutsam vorgehen. Nicht immer kann das getan werden, was nötig ist, man muss zufrieden sein mit dem, was möglich ist. Das beginnt im Privaten: Jeder weiß, dass Fliegen schlecht ist und der CO_2-Ausstoß dringend reduziert werden muss. Trotzdem kann man doch auf den Jahresurlaub nicht verzichten. Einmal fliegen ist ja nicht so schlimm. Man kauft ja das ganze Jahr über im Bioladen ein und ist auch sonst recht sparsam mit Autofahren und so. Damit haben wir uns eingerichtet und ganz gut gefühlt, denn es schien klar, dass radikale Veränderungen ja sowieso utopisch und daher unmöglich seien.

Wollt ihr Change-Management den Krisen überlassen?

Krisen – eine lebensbedrohliche Diagnose vom Arzt, ein unerwarteter Schicksalsschlag – sind bekanntlich die besten Change-Managerinnen, jedenfalls dann, wenn wir die erste und vielleicht kritischste Phase der Krise gut bewältigen. Denn die reflexhafte Reaktion auf Krisen ist die Abwehr und das Nicht-wahrhaben-Wollen. Man will den Tod der geliebten Menschen einfach nicht wahrhaben. Es muss sich um eine Verwechslung handeln. Das kann nicht sein. Diese Phase der Krisenbewältigung ist unvermeidlich, muss durchlebt und irgendwann abgeschlossen werden. Wenn es ganz schlecht läuft, bleibt der traumatisierte Mensch in dieser Phase stecken und wird die Folgen der Katastrophe, den Verlust des geliebten Menschen nie verwinden, schlimmstenfalls den Rest des Lebens in einer Klinik verbringen. Diese erste Phase, den Schock, das Nicht-wahrhaben-Wollen der Klimakrise – nach dem Motto: »Ist doch alles nicht so schlimm. Hatten wir schon oft, lasst euch von den Medien nichts einreden, und außerdem fehlen wissenschaftliche Beweise« –, diese erste Phase haben wir die vergangenen 50 Jahre seit dem ersten Bericht des Club of Rome im Jahr 1972 kollektiv durchlebt und abgeschlossen. Doch jetzt kommt die Phase der Verarbeitung, der Konfrontation und der konstruktiven Nutzung der Krise. Spätestens mit der Corona-Krise haben wir gelernt, dass Veränderung geht.

Ein winziges Virus hat im April 2020 fast den gesamten Flugverkehr zum Erliegen gebracht. Der Himmel über Peking wurde wieder blau, und viele Menschen machten die Erfahrung, dass der Sommerurlaub im eigenen Land ganz unerwartet schön sein kann. Plötzlich konnten wir anders, weil wir mussten. Dabei hat die Krise weit mehr als unsere Urlaubspläne durchkreuzt. Dramatische Einschnitte, der Verlust von Arbeitsplätzen, soziale Unruhen, die Spaltung von Gesellschaften sind unübersehbar und zeigen die radikalen und tief greifenden Folgen, aber eben auch das Veränderungspotenzial von Krisen. Und doch steht schon heute fest, dass wir in 20 Jahren über die Bedrohungen durch Covid-19 vermutlich milde lächeln werden angesichts der dann spürbaren Folgen des Klimawandels, des Anstiegs der Erderwärmung und des Meeresspiegels, regelmäßiger Hochwasser, stärkerer Dürreperioden, extremer Wetterereignisse, Todeszonen in den Ozeanen durch den verringerten Sauerstoffgehalt des Wassers, größerer Flüchtlingsbewegungen und immer größer werdenden Drucks auf demokratische Regierungen. Denn Krisen machen die Menschen immer anfälliger für Verschwörungstheorien und selbst ernannte Heilsbringer.

Heißt das, die Krise muss erst noch viel schlimmer werden, bevor wir Veränderung zulassen und bereit sind, den nächsten Schritt zu gehen? In diesem Buch habe ich versucht, Alternativen aufzuzeigen. Wir müssen nicht warten, bis es noch schlimmer kommt. Veränderung ist möglich. Doch gelten auch hier die allgemeinen Regeln des erfolgreichen Krisenmanagements. Die erste Regel lautet: Es gibt keine Patentrezepte. Jede Krise muss von den Betroffenen selbst durchlebt werden. Man kann diesen Prozess nicht delegieren, genauso wenig, wie man den Erwerb einer Fremdsprache oder das Erlernen eines Musikinstrumentes »outsourcen« kann. Ich kann niemanden dafür bezahlen, dass er für mich Chinesisch lernt. Genauso wenig kann ich von der Vergangenheit erwarten, dass sie die Probleme der Zukunft für mich löst. Jede Generation muss ihre eigenen Wege finden. Dennoch kann ich in der Krise von den Erfahrungen anderer profitieren. Es tut gut, mehr darüber zu lernen, wie andere mit

Katastrophen umgegangen sind. Wie sie den Umsturz ihrer Lebensentwürfe verkraftet, wie sie drohende Gefahren abgewendet haben. Es entlastet, gibt Hoffnung und erweitert unseren Vorstellungshorizont und damit unsere Handlungsspielräume. Und genau das kann die Geschichte bieten: Wege aus der Handlungsunfähigkeit. Dazu im Folgenden ein paar Denkanstöße, die wir aus den hier präsentierten Fallstudien mitnehmen können.

7.2. Raus aus dem Käfig der Alternativlosigkeit

Zu den Erfolgsgeheimnissen der Moderne zählt das Zauberwort »Alternativlosigkeit«. Kapitalismus ist das einzige Wirtschaftsmodell, das bisher funktioniert hat, heißt es. Märkte sind doch ganz offensichtlich das beste Mittel zur Allokation von Gütern. Der Sozialismus ist gescheitert, und neue Modelle sind nicht in Sicht. Das stimmt ohne Zweifel. Doch wenn Märkte wirklich das beste aller Mittel in der besten aller Welten sind, dann müssen wir dafür sorgen, dass sie auch funktionieren. Dann müssen wir schädliche Nebenwirkungen möglichst reduzieren. Der Verhaltensökonom Armin Falk hat das einmal mit einem Medikament verglichen. Wenn wir wirklich wissen und sicher sind, dass wir ein hervorragend funktionierendes Medikament haben, ist es doch in unser aller Interesse, die unerwünschten Nebenfolgen möglichst begrenzt zu halten. Ähnlich die Märkte. Es sind die besten Instrumente zur Organisation der Wirtschaft, zur Verteilung von Gütern und Versorgung der Menschen, die wir derzeit haben. Daher ist es umso dringlicher, dort zu handeln, wo die Märkte Schwäche zeigen, die Defizite auszugleichen. Die Lösung für die Probleme kann nicht darin bestehen, ständig den Kapitalismus entweder zu verdammen oder zu verteidigen. Solange es keine Alternativen gibt, müssen wir die Probleme, die er produziert, möglichst minimieren. Und wir sollten dabei die Möglichkeit nicht außer Acht lassen, dass am Ende etwas ganz anderes herauskommen könnte. Zur Minimierung der unbeabsichtigten Nebenfolgen des Marktkapitalismus braucht es mehr Forschung, Wirtschaftswissenschaften, die offener sind, weniger defensiv und vor allem nicht länger normativ. In der Vergangenheit wurden die Studierenden in der BWL eher indoktriniert, ähnlich wie im 19. Jahrhundert die Theologen, lehrten die Professoren Dogmen statt kritischer Wissenschaft. Das hat sich in jüngster Zeit geändert, eine neue Generation von Ökonominnen und Ökonomen ist jetzt am Ruder. Die Nachhaltige Ökonomie hat sich als neuer Zweig der Wirtschaftswissenschaften etabliert, die Gemeinwohlökonomie wird zunehmend auch an Universitäten gelehrt, Studierende fordern eine Pluralisierung der Studieninhalte. Aus der Verhaltensökonomie und der neuen Institutionenökonomik und von Nobelpreisträgern wie Amartya Sen, Joseph Stiglitz oder Elinor Ostrom kommt die Forderung nach einer Wirtschaftstheorie für das 21. Jahrhundert, die sich nicht an den überkommenen Paradigmen der Vergangenheit orientiert. Die Oxforder Ökonomin Kate Raworth schlägt die »Doughnut-Ökonomie« vor. Statt kurzfristigem Denken zum Zwecke der Gewinnmaximierung wird hier ein ökonomisches entwickelt, das Wirtschaften ermöglicht, ohne unsere Lebensgrundlage zu zerstören. Wirtschaftswissenschaften sind gerade dabei, wieder die Führung auf dem Weg in die Zukunft zu übernehmen. Das Interessante dabei ist, dass hier die Frauen an der Spitze stehen. Sie haben offenbar weniger Angst vor Veränderung, vielleicht weil sie weniger zu verlieren haben, hat ihnen doch das Wirtschaftssystem der Moderne in den vergangenen 100 Jahren systematisch die Teilhabe, jedenfalls in den Führungsetagen, verwehrt.

Noch einmal zurück zur Alternativlosigkeit. Natürlich wird es immer Situationen geben, die alternativlos sind. Ich muss ins Wasser springen, wenn ein Kind am Ertrinken ist, da gibt es keine Alternative. Doch für Zukunftsplanung ist »alternativlos« ein denkbar ungeeigneter Begriff, denn wenn es keine Alternativen gibt, dann gibt es auch nichts zu planen. Nehmen wir also Abschied von der Alternativlosigkeit der letzten 200 Jahre und blicken weiter zurück, in die Lebens- und Wirtschaftsweisen der Menschen vor der Moderne. Hier lassen sich tatsächlich sehr konkrete Lehren aus der Vergangenheit ziehen.

Kooperation macht glücklicher als Eigennutz

Kooperation tut uns allen gut, sowohl den Menschen als auch unserem Planeten. Sofort ertönt im Hintergrund die Gegenstimme: Muss man nicht auch die Ausbeutung des Planeten im Laufe des 20. Jahrhunderts als das Ergebnis großartiger Kooperation betrachten? Wir wollen Kooperation nicht glorifizieren, die Fähigkeit zur Kooperation befähigt Menschen auch dazu, Kriege zu führen und Konzentrationslager zu bauen. Das steht außer Zweifel. Hier jedoch wurde argumentiert, dass Kooperation zum Guten möglich ist. Wir müssen es nur wollen. Das erste Kapitel des Buches zeigt, wie gemeinschaftliches Wirtschaften in den mittelalterlichen Klöstern über anderthalb Jahrtausende gelingen konnte, natürlich sind sie auch gescheitert, die Menschen damals, aber sie haben es immer wieder aufs Neue versucht. Das Wissen um die biblische Wahrheit »Der Mensch lebt nicht vom Brot allein« ließ Lebensformen entstehen, die Spiritualität in ihren Alltag systematisch integrierten. Das heißt freilich nicht, dass stets Friede, Freude, Eierkuchen herrschte. Ganz im Gegenteil. Was sich rekonstruieren lässt aus der Geschichte dieser Lebens- und Wirtschaftsgemeinschaften der mittelalterlichen Klöster, sind wechselvolle Geschichten von Aufbrüchen, Hochphasen, Krisen und Zusammenbrüchen. Wir können lernen, wie die Menschen damals die unerlässlichen Spannungen zwischen Individuum und Gemeinschaft auszubalancieren suchten, wie sie den Verdruss, den zu viel Nähe bereiten kann, durch klare Regeln minimierten. Wie sie sich von Generation zu Generation in überaus konfliktreichen Reformbewegungen immer wieder neu sortierten, immer wieder veränderten. Was sich in der Fallstudie zu den Klöstern ebenfalls sehr deutlich gezeigt hat, ist die Erkenntnis: Gemeinschaftliches Wirtschaften kann funktionieren, auch ohne Ausbeutung, auch ohne Sklaverei. Zwar arbeiteten die meisten Klöster mit

Laienbrüdern, die die tägliche Handarbeit übernahmen, doch zählten diese als reguläre Mitglieder der Gemeinschaft. Heute würde man vermutlich von fest angestellten, unbefristeten Beschäftigungsverhältnissen sprechen, die die Laienbrüder im Kloster hielten. Auch die Rolle der Klöster als Grundherren wurde vielfach missverstanden. Die zum Kloster gehörigen Dörfer und Höfe waren keine Leibeigenen im Sinne des 18. Jahrhunderts. Sie waren keine Sklaven, wie sie für die Zuckerplantagen in Amerika gehalten wurden. Es waren Menschen, die ihre Arbeitszeit an klar definierten Arbeitstagen ihrem Grundherrn, dem Unternehmen, zur Verfügung stellten. Im Gegenzug erhielten sie Land, Schutz und Zugehörigkeit zur Gemeinschaft. Es ist möglich zu kooperieren, um Zukunft zu bauen. Hier wäre eine Neudefinition von Zielen wirtschaftlichen Handelns denkbar: Wollen wir wirtschaften, um Erträge zu horten, oder wollen wir eine zukunftsfähige Entwicklung der Wirtschaft vorantreiben, Sorge tragen füreinander? Die Früchte unserer Hände Arbeit gemeinsam genießen? Wie wäre es mit *caring economy* statt Ausbeutung?

Nachhaltigkeit ist unsere einzige Überlebensstrategie

Menschen sind in der Lage, ressourcenschonend zu wirtschaften. Unsere Vorfahren kannten Methoden der nachhaltigen Nutzung öffentlicher Güter. Natürlich gab es auch in der Vormoderne Raubbau an der Natur. Doch haben die Menschen in keiner Epoche der Natur je so übel mitgespielt wie in den letzten 200 Jahren. Schon als der Oberberghauptmann Hans Carl von Carlowitz im 18. Jahrhundert den Begriff der Nachhaltigkeit einführte, reagierte er damit auf Übernutzung des Waldes infolge zentralstaatlich verordneten Intensivierungszwangs im Zeitalter des damals modernen Absolutismus. Davor haben Menschen über Jahrhunderte öffentliche Güter wie Wälder, Böden,

Gewässer, Berge gemeinsam genutzt, ohne diese zu zerstören. Sie haben die Kosten für externe Effekte über Verzicht auf Gewinne, etwa durch Fangquoten, Rodungsverbote oder Brachjahre vorausschauend eingepreist. Die von Elinor Ostrom formulierten Regeln der nachhaltigen gemeinschaftlichen Nutzung öffentlicher Güter sind im Grunde genommen eine Wiederentdeckung historischen Erfahrungswissens. Oft wird eingewendet, dass es den Menschen damals, etwa den Bodenseefischern, doch gar nicht um ökologische oder um Umweltschutzmotive im heutigen Sinne gegangen sei. Doch ist das ja genau der Punkt: Nachhaltigkeit ist kein »*nice to have*«, keine Erfindung der Moderne, Nachhaltigkeit ist die einzige Überlebensstrategie, die wir haben. Die Bodenseefischer wussten das. Sie handelten in ihrem ureigensten Interesse, wenn sie den See als ihre Existenzgrundlage pfleglich behandelten. Man muss sich die Frage stellen, wann eigentlich die Fähigkeit, langfristig zu denken und im Sinne auch der nachkommenden Generationen zu handeln, verlorenging? Wann haben die Menschen verlernt, das Wohl der nächsten und übernächsten Generation im Blick zu behalten?

Wie Waldgenossenschaften über Jahrhunderte erfolgreich funktionierten, wurde am Beispiel der Pfälzer Haingeraiden vorgeführt. Erst mit dem steigenden Intensivierungsdruck, der im 17. Jahrhundert stetig zunahm, mussten diese Bewirtschaftungsformen weichen, denn ganz offensichtlich folgten die alten Markgenossenschaften den Prinzipien der Nachhaltigkeit, und diese begrenzten die Möglichkeiten der Ausbeutung ihrer Ressourcen. Im Siebeldinger Tal versuchten die Mitglieder der Genossenschaft, ihren Wald gegen unsachgemäße Abholzung für die militärischen Interessen des französischen Königs zu schützen. Sie versteckten den gedungenen Waldarbeitern einfach das Werkzeug. Mit dieser gemeinschaftlichen Aktion konnten sie die Rodung stoppen. Langfristig jedoch konnten sie sich nicht gegen die Paradigmen der Effizienzsteigerung und der Nutzenmaximierung behaupten. Nach und nach hat man diese genossenschaftlichen Nutzungsverbände ausgehebelt und schließlich als Hindernisse auf dem Weg in die Moderne einfach abgeschafft.

Die Geschichte mittelalterlicher Beginenhöfe hat gezeigt, wie sich selbstständige Frauengemeinschaften über Jahrhunderte als Expertinnen der Nachhaltigkeit in den Städten behaupteten. Diese Frauen nahmen aktiv am Wirtschaftsleben teil. Ein Beispiel aus Montpellier hat gezeigt, wie die Beginen als Kreditgeberinnen auf den städtischen Finanzmärkten aktiv waren und jungen Ehepaaren, heute würden wir von Start-ups reden, das nötige Startkapital gewährten. Auch Anregungen für Projekte im Bereich der stadtnahen Landwirtschaft lassen sich hier finden, etwa in der Kressegärtnerei einer Begine aus Douai oder im heute noch erhaltenen Stadtbauernhof der Schwestern in Sint-Truiden.

»All we need is less.«

Was Kreislaufwirtschaft und Recycling anbelangt, bietet die Geschichte weniger Inspiration als vielmehr glasklare Handlungsempfehlungen. Die historische Perspektive macht deutlich, wie jung die Geschichte der sogenannten Linearwirtschaft ist und wie hausgemacht die akuten Probleme sind. Noch bis ins frühe 20. Jahrhundert war Recycling selbstverständlich! Für künftige Generationen wird die zweite Hälfte des 20. Jahrhunderts für eine traurige Höchstleistung Berühmtheit erlangen: Es war das Jahrhundert der Vermüllung des Planeten. Mit unglaublicher Geschwindigkeit wurde in den letzten 40 Jahren des 20. Jahrhunderts, nachdem die Märkte mit billigem Öl überflutet worden waren, eine dramatische Müllproduktionsmaschinerie in Gang gesetzt, die sich auf die Herstellung absolut kurzlebiger Konsumgüter fokussierte. Konsumgüter und Wegwerfprodukte, die überwiegend nur ein einziges Mal verwendet werden, wie die Plastikverpackung, in der unser Frühstücksschinken geliefert wird. Mit der Vermüllung ging eine dramatische Wende sowohl in unseren Konsum- als auch in unseren Essgewohnheiten einher. Wir haben vergessen, wie »frisch« schmeckt. Noch vor 40 Jahren hätten sich die meisten Menschen geweigert, einen Schinken zu essen, der vorher wochenlang in Plastik eingeschweißt in irgendwelchen Regalen lag. Zwar ändert sich hier derzeit viel, doch noch immer werden jährlich 407 Millionen Tonnen Plastik hergestellt, davon mehr als ein Viertel Verpackungsmaterial. Die durchschnittliche Nutzungsdauer einer Plastiktüte liegt bei 25 Minuten.

Dass wir uns innerhalb von nur fünf Jahrzehnten an diesen Unsinn gewöhnt haben, macht jedoch auch Hoffnung, denn es zeigt, dass wir uns schnell umgewöhnen können, dass Gewohnheiten zwar zäh sind, aber nicht unveränderlich. Damals, als die Einmalplastikverpackungen erfunden wurden, vor gerade einmal fünf Jahrzehnten, hat offenbar keiner daran gedacht, dass dies zu einer globalen Mikroplastikverseuchung nicht nur der Ozeane und des Grundwassers, sondern auch unserer Lebensmittel führen würde. Nach dem Verursacherprinzip muss die Rechnung für die Vermüllung an die Hersteller geschickt werden. Der Kunststoffpreis muss korrigiert, seine Entsorgung mit eingepreist werden. Das Problem darf nicht auf die Verbraucher abgewälzt werden. Ein Schritt in diese Richtung ist die Non-Profit-Initiative für neuen Accounting-Standard im Rahmen der OECD. Zahlreiche Vorstöße in diese Richtung werden in den Nachhaltigkeitsabteilungen der großen Konzerne erprobt und müssen dringend von den Konsumenten und vom Gesetzgeber unterstützt werden.

Wie selbstverständlich Secondhandmärkte und die Reparaturbranche stets Teil des Wirtschaftslebens waren, ist ebenfalls in Vergessenheit geraten. Nicht zuletzt, weil die Historiker sich überwiegend auf Produktion und Finanzmärkte konzentrierten und dabei die große wirtschaftliche Bedeutung der Wiederwertungsbranche aus dem Blick verloren. Ganz klar lässt sich hier die Forderung nach steuerlicher Begünstigung von Reparaturberufen ableiten. Entsorgungskosten dürfen nicht länger den Kommunen aufgebürdet werden. Das gilt ganz besonders für den florierenden Onlinehandel. Die Städte dürfen nicht länger Amazon & Co zwangssubventionieren müssen, indem sie die Kosten der Entsorgung des Verpackungsmülls schultern. Auch hier muss dem Verursacherprinzip zugunsten der Fairness gefolgt werden: Es kann nicht sein, dass Kosten stets sozialisiert, Gewinne aber privatisiert werden.

Wer loslässt, hat die Hände frei. Das wurde im letzten Kapitel über Minimalismus-Bewegungen seit der Antike bis ins 21. Jahrhundert deutlich. Nicht nur das Streben nach immer mehr, nach Expansion, Profit und Macht, nein, auch der Wunsch nach Einfachheit und Freiheit begleitete die Menschen durch die Jahrtausende. Und es stellt sich die Frage, ob nicht im 21. Jahrhundert, nach dem Dauerrausch des entfesselten Konsums im 20. Jahrhundert, das Pendel nun in die andere Richtung ausschlägt. Was passiert, wenn immer mehr Menschen wie damals Diogenes das Glück der Einfachheit entdecken und all die großen Feldherren, die mit den Verlockungen der Macht und des Reichtums daherkommen, einfach nur höflich bitten, aus der Sonne zu gehen? Was passiert, wenn immer mehr immer weniger wollen? Diese Frage darf nicht als Plädoyer für den Rückzug ins Private verstanden werden, ganz im Gegenteil. Denn gerade die nachhaltige Faszination an den antiken Minimalisten über die Jahrhunderte beweist doch, wie mächtig Ideen sein können. Doch Ideen brauchen Menschen, Gemeinschaften, die sie tragen, um zur Entfaltung zu kommen. All die hier aufgezeigten Alternativen brauchen Ideenträger, Menschen, die die Lust auf Veränderung durch die Straßen der Städte tragen, wie das im 13. Jahrhundert die Bettelmönche taten. Sie hatten Einfluss. Haben die Zukunft gestaltet, in ihren Predigten Stellung bezogen, Ungerechtigkeit angeprangert, Einfluss auf die Märkte genommen, Unterstützung bei der Gründung von Mikrokreditbanken geboten und Analysen der damaligen Marktsituation geliefert, die ihrer Zeit weit voraus waren. Was also spricht dagegen, sich von diesen Vorbildern inspirieren zu lassen?

Der Einzelne zählt, und Gemeinwohl muss man wollen! So war die Erfindung der Mikrokreditbanken im späten Mittelalter Ergebnis des Bemühens um das Wohl aller in den wirtschaftlich prosperierenden Städten Oberitaliens. Auch hier stellt sich die Frage, wie die historisch selbstverständliche Alltagspraxis der Mikrokredite so ganz in Vergessenheit geraten konnte. Warum musste Muhammad Yunus das Konzept Ende des 20. Jahrhunderts erst wieder neu erfinden? Im Mittelalter konnten auch wirtschaftlich erfolgreiche Finanzakteure Solidarität. Die Städte unternahmen gemeinschaftliche Anstrengungen, investierten in die neu gegründeten Banken, Mitglieder der städtischen Eliten ließen sich zwangsverpflichten zur Übernahme der unentgeltlichen Leitung der Bank. Das Amt rotierte jährlich. Die Grundidee, die sich daraus und auch aus den anderen Studien zur Handhabung des Kleinkreditgeschäfts in früheren Gesellschaften ableiten lässt, führt zu dem Schluss, dass die Ermöglichung der Teilhabe am Finanzmarkt auf allen Ebenen sichergestellt werden muss. Ausschluss vom Marktgeschehen oder – eine Tendenz, die sich heute abzeichnet – die Reduktion der Marktteilhabe auf die Rolle des Konsumenten hat dramatische Auswirkungen für das Wohlbefinden einer Gesellschaft. Daraus ergibt sich möglicherweise auch ein Einwand gegen das bedingungslose Grundeinkommen. Besteht nicht die Gefahr, die Menschen auf die Rolle als Konsumenten zu beschränken? Sollte nicht vielmehr die Partizipation am Marktgeschehen durch eine Erweiterung der Chancen gefördert werden?

Dass der Einzelne zählt, kann nicht oft genug betont werden. So war es der Initiative eines fremden, jungen Mannes aus einem entlegenen Bergdorf zu verdanken, dass die Stadt Avignon den Brückenbau endlich in Angriff nahm. Bénézet schaffte es, vielleicht gerade weil er jung war und von außen kam, die widersprüchlichen Interessen der Stadt auszugleichen, die verschiedenen Parteien von der Notwendigkeit der Kofinanzierung zu überzeugen. Dass individuelles Handeln zählt, ist überhaupt eine der wichtigsten Lehren aus der Geschichte. Nicht immer sind es so gut fassbare Persönlichkeiten wie die des Bénézet in Avignon, doch wird Geschichte von Menschen gemacht. Von Frauen und Männern, von Jungen und Alten, von Großen und Kleinen, die Verantwortung übernehmen. Was an der Geschichte des Bénézet noch sehr schön deutlich wird: Ein Einzelner, ein junger Mensch, hat den Anstoß gegeben, hat sich engagiert, hat sich ganz und gar seinem Projekt verschrieben. Aber die Alten, die Städter, die Bürgerinnen und Bürger der Stadt haben ihn unterstützt, ihm den Rücken gestärkt, ihm die Grundstücke verkauft, ihn mit der nötigen Autorität ausgestattet und so für die Überführung der Initiative in nachhaltige Strukturen gesorgt. Es ist wichtig, sich wechselseitig Unterstützung zu bieten, sich in Gruppen zu organisieren. Das Ganze ist mehr als die Summe seiner Teile. Diese uralte Weisheit des Aristoteles können wir uns nicht oft genug in Erinnerung rufen. Kooperation macht auch hier wesentlich mehr Spaß als der gut gemeinte Kampf des einsamen Helden.

Wir dürfen die Probleme nicht der nächsten Generation überlassen

In einem Text des späten 12. Jahrhunderts werden die Nachteile des Alters beschrieben. Der Autor nennt als Hauptmerkmale Starrköpfigkeit und Griesgram, Verdrossenheit und Schwerfälligkeit, die Verhaftung im Alten, den steten Tadel an der Gegenwart und die Resignation. Und er mahnt die Alten, sich nicht abzuwenden von der Jugend, und die Jungen, sich nicht naseweis über das Greisenalter zu erheben. Er mahnt die Jungen weiter, stets zu bedenken, dass »das, was wir sind, war jener, und was dieser jetzt ist, werden wir dereinst auch sein«. Dieses Bewusstsein der Eingebundenheit in den Kreislauf der Generationen war im Mittelalter fest verankert in einer Gesellschaft, die sich als eine Gemeinschaft der Lebenden und der Toten verstand. Die Verbundenheit der Generationen war ein zentrales Konzept. Und sie wurde in der Sorge um das Seelenheil und im Gebet für die Toten kulturell von einer Generation an die nächste vererbt. Durch den Ablass wurden Geldströme von einer Generation zur nächsten gelenkt, in der Finanzierung gemeinnütziger und karitativer Projekte auf lokaler Ebene. Zwar ist uns die Logik des mittelalterlichen Ablasses heute gänzlich fremd, und selbstverständlich ist es gut, dass es die Androhungen des Fegefeuers heute nicht mehr gibt und wir uns von diesen Vorstellungen befreit haben. Doch scheint es, wir haben das Kind mit dem Bade ausgeschüttet. Denn hinter dem Konzept des Fegefeuers stand die Vorstellung, dass das Handeln des Einzelnen über die eigene Lebenszeit hinaus Folgen hat. Wenn ich weiß, dass meine Nachkommen für meine Seele im Fegefeuer beten können, dann habe ich sehr wahrscheinlich ein größeres Interesse daran, in ihrem Sinne zu handeln.

Heute spricht man von Generativität und meint damit die Sorge für Angehörige der nächsten Generationen, Handeln im

Sinne der Zukünftigen, die in einer Welt leben werden, in der es mich nicht mehr gibt. Statt »Nach mir die Sintflut« gilt künftig die Devise »Nach mir die Zukunft«. Und es bleibt zu hoffen, dass wir auch ohne Fegefeuer die Kunst des generationenübergreifenden Denkens und Handelns wieder fester im kollektiven Bewusstsein unserer Gesellschaft verankern. Die Fuggerei in Augsburg, ein soziales Wohnungsbauprojekt des frühen 16. Jahrhunderts, das bis heute Bestand hat und unverschuldet in Armut geratenen Menschen seit nunmehr fünf Jahrhunderten eine Chance zum Neuanfang bietet, macht Lust auf generatives Handeln. Auch das Gute hat Folgen.

7.3. Gut gegen Zukunftsangst – Rückenwind aus der Vergangenheit

Bleibt zu hoffen, dass mit dieser kurzen Geschichte der Nachhaltigkeit Anregungen für den Umbau der veralteten Kurzfrist- in eine Langfristökonomie geboten werden konnten. Die Hoffnung gründet auf der Annahme, dass es Zeiten gab, in denen die Menschen mit den Grenzen des Planeten besser vertraut waren als wir heute. Und der Gedanke, dass wir aus ihren Erfahrungen lernen könnten, macht Mut. Sie lebten in einer anderen Welt. Ohne Zweifel. Doch haben sie Krisen bewältigt, die ganz sicher nicht weniger existenziell waren als unsere Situation heute. Erfahrungsaustausch tut gut.

Die Zukunft ist nicht alternativlos. Wir haben die Wahl, können uns entscheiden. Petrus Johannis Olivi, der südfranzösische Wirtschaftstheoretiker des 13. Jahrhunderts, hat außer den bekannten Passagen über das Kapital auch ein Traktat über die menschliche Freiheit verfasst.[444] Während seine Zeitgenossen in der Tradition des Aristoteles die Freiheit des Menschen als die aus dem vernunftbestimmten Streben resultierende Entscheidung definierten, bohrte Olivi tiefer. Für ihn war Freiheit etwas, das der Mensch ganz unmittelbar und tagtäglich bei jeder Entscheidung erfährt, stets hin- und hergerissen zwischen zwei Optionen, zwischen Gewissensbissen und Entschuldigungen, zwischen Ermutigung und Ermüdung. Für Olivi ist dies der Beweis dafür, »dass in uns die Wahlfreiheit ist«. Er verwendet den seit der antiken Philosophie wohlbekannten Begriff der »Aufmerksamkeit«, die Fähigkeit zur Wahrnehmung der inneren Stimme, der Regungen und Gefühle. Sie ist für ihn das erste und vornehmste Kennzeichen der Freiheit. Die Freiheit des Willens ist das, was den Menschen zu mehr als einem intelligenten Tier macht. Wir können Entscheidungen treffen, unser Handeln reflektieren. Olivi spricht wörtlich vom menschlichen Gefühl und Geschmack (*affectus et gustus*) für das Gute, von der »Empfindung der Süße« (*dulcor*) im Fall von gutem Handeln. Der Wille des Menschen ist für ihn das schlechthin Unbezwingbare. Er übersteigt alles Geschaffene. Nicht einmal Gott kann ihn zu etwas zwingen. Olivis Vertrauen in die Freiheit des menschlichen Willens macht die Menschheit zur Autorin ihres Schicksals. Wir haben die Wahl. Wir können uns entscheiden, ob wir die Zukunft dem Zufall überlassen oder im Vertrauen auf Selbstwirksamkeit die Sache endlich in die Hand nehmen; ob wir alles weiterlaufen lassen oder uns zusammentun, die Kräfte bündeln und all die guten Ansätze, die überall sichtbar werden, unterstützen. Es tut gut, hin und wieder das Gespräch mit den Alten zu suchen. Geschichte ist gut gegen Zukunftsangst. Wir können auch anders, wir müssen es nur wollen. Die Erfahrungen unserer Vorfahren – das ist die Hoffnung, mit der ich dieses Buch geschrieben habe – machen Lust auf die Süße des Guten, darauf, Alternativen zumindest auszuprobieren.

Dank

»Wer hätte gedacht, dass das Mittelalter außer Rittern, Kreuzzügen und Burgen auch jede Menge Nachhaltigkeitswissen zu bieten hat?«

Ich danke dem Mittelalter-Team am Historischen Institut der Universität Mannheim, allen voran Tanja Skambraks und Stephan Nicolussi-Köhler, für die Energie, mit der sie unsere Forschungen zur mittelalterlichen Wirtschaftsgeschichte in den letzten Jahren konzentriert vorantrieben. Sodann Maria-Magdalena Rückert, Hiram Kümper, Verena Weller und Katja Gutzmer für Rückenwind, sowie der Deutschen Forschungsgemeinschaft für die finanzielle Unterstützung, die ein Umfeld schuf, das die Suche nach dem verschollenen Nachhaltigkeitswissen der Vergangenheit ermöglichte. Ganz besonderer Dank geht an Lena Liznerski für unersetzliche Hilfe bei der Erstellung von Manuskript und Abbildungsverzeichnis, an Sophie Henle, Laura Grabarek und Nico Marin Franco für unzählige Literaturrecherchen und Buchausleihen, an Christa Petermann für Korrekturen und wohlwollende Neugier, ebenso Philipp Gassert und Angela Borgstedt für mentale Unterstützung aus der Zeitgeschichte. Jochen Streb (Mannheim) und Bernd Schneidmüller (Heidelberg) danke ich sehr herzlich für ebenso kritische wie konstruktive Erstlektüre und wertvollen Rat.

In Kooperation mit Talke Schaffrannek (Direktor Circular Economy, BASF) und Laura Maria Edinger-Schons (Lehrstuhl für Nachhaltiges Wirtschaften, Universität Mannheim) fanden im Frühjahr 2020 die ersten interdisziplinären Lehrveranstaltungen statt: die »Scientists for Future Lecture Series« und das Seminar »Nachhaltigkeit – Lektionen aus der Vergangenheit für die Zukunft«. Ich danke ihnen und den Studierenden für die lebhaften Diskussionen, die mich zu Präzision und Konkretisierung zwangen im Nachdenken über den Zusammenhang zwischen den Sustainable Development Goals und dem Nachhaltigkeitswissen unserer Vorfahren. Für wohlwollende Unterstützung des Projekts in verschiedenster Form, sei es durch Neugier, kritische Nachfragen, Zuhören, Einladungen, Gutachten oder Ermutigung danke ich Christa Schlepper (Wien), Nicolas Jaspert (Heidelberg), Gerhard Fouquet (Kiel), Sabine von Heusinger (Köln), Christina Andenna (Graz), Nora Berend (Cambridge), Daniel S. Smail (Harvard), Thomas Ertl (Berlin), Simon Teuscher (Zürich), Silvia Negri (Zürich), Ludger Lieb (Heidelberg), Ursula Beck (Karlsruhe), Sascha Doering (Heidelberg), Rosemarie Tracy (Mannheim), Gabriela Signori (Konstanz), Johannes Paulmann (Mainz) und ganz besonders Friedemann Schrenk (Frankfurt/Karonga).

Großer Dank geht an meinen Lektor Moritz Volk, der mich zunächst zu radikalen Kürzungen verdonnerte und dann alles sorgfältigst redigierte. Das Manuskript wurde dadurch besser. Die verbleibenden Ungereimtheiten gehen auf meine Kappe.

Lyndal Roper (Oxford) bin ich unendlich verbunden, dafür, dass sie an einem trüben Novembertag im Café am Bloomsbury Square, London, den Stein ins Rollen brachte. Und schließlich geht der größte Dank an meine Agentin Nina Sillem, die mit einer höchst außergewöhnlichen Mischung von Konzentration und Leichtigkeit das Projekt aus der Taufe hob, auf die richtige Spur setzte und mich durch alle Mühen des Schreibens bis heute professionell begleitet hat.

Schreiben musste ich dieses Buch, weil es mir ein Anliegen ist, die Fridays-for-Future-Generation mit Rückenwind aus der Vergangenheit zu unterstützen, im gemeinsamen Kampf für die Zukunft unseres wunderbaren Planeten. Ich widme es meinen geliebten Kindern Paul, Klara, Friedrun, Lotte, und meinem Enkel Nelio.

Mannheim, im April 2021

Anmerkungen

1 Adam Smith, Der Wohlstand der Nationen. Eine Untersuchung seiner Natur und seiner Ursachen, München 2009, S. 9. Erstausgabe: Smith, Adam, An inquiry into the nature and causes of the wealth of Nations, London 1776, hier zit. n. der Ausgabe von Cannon von 1904, Nachdruck, London 2003, S. 23f.

2 Vgl. dazu Rexroth, Frank (Hg.), Meistererzählungen vom Mittelalter. Epochenimaginationen und Verlaufsmuster in der Praxis mediävistischer Disziplinen, München 2007.

3 McCloskey, Deirdre, If you're so Smart: The Narrative of Economic Expertise, Chicago 1991, S. 1.

4 Greene, Joshua, Moral Tribes. Emotion, reason, and the gap between us and them, London 2013; Brons, Lajos, Othering, an analysis, in: Transcience. A Journal of Global Studies 6.1 (2015), S. 69–90.

5 Pinker, Steven, Gewalt. Eine neue Geschichte der Menschheit, Frankfurt 2011, S. 1028f.

6 Schor, Juliet B., The overworked American. The unexpected decline of leisure, New York 1991.

7 Holloway, John/Thompson, Edward P., Blauer Montag. Über Zeit und Arbeitsdisziplin, Hamburg 2007.

8 Fouquet, Gerhard, Brücken. Bau und Bauunterhalt im späten Mittelalter und in der frühen Neuzeit: Das Beispiel der Weidenhäuser Brücke in Marburg, in: Andermann, Kurt/Gallion, Nina (Hg.), Weg und Steg. Aspekte des Verkehrswesens von der Spätantike bis zum Ende des Alten Reiches, Ostfildern 2018, S. 47–73, hier S. 68.

9 Dirlmeier, Ulf/Fouquet, Gerhard/Fuhrmann, Bernd, Europa im Spätmittelalter 1215–1378, Oldenbourg Grundriss der Geschichte, Bd. 8, Berlin 2010, S. 15.

10 Dirlmeier, Ulf/Maschke, Erich, Untersuchungen zu Einkommensverhältnissen und Lebenshaltungskosten in oberdeutschen Städten des Spätmittelalters. Mitte 14. bis Anfang 16. Jahrhundert, Heidelberg 1978, S. 357.

11 Dirlmeier, Ulf/Maschke, Erich, Untersuchungen zu Einkommensverhältnissen und Lebenshaltungskosten in oberdeutschen Städten des Spätmittelalters. Mitte 14. bis Anfang 16. Jahrhundert, Heidelberg 1978, S. 360-2.

12 Dirlmeier, Untersuchungen zu Einkommensverhältnissen, S. 445f., 439, 428.

13 Die folgende Darstellung stützt sich auf Dirlmeier, Ulf/Fouquet, Gerhard/Fuhrmann, Bernd, Europa im Spätmittelalter 1215–1378, Oldenbourg Grundriss der Geschichte, Bd. 8, Berlin 2010, S. 6–94 »Raum, Wirtschaft und Menschen«. Zu Demografie und Klimawandel, S. 18

14 Dirlmeier, Ulf/Fouquet, Gerhard/Fuhrmann, Bernd, Europa im Spätmittelalter 1215–1378, Oldenbourg Grundriss der Geschichte, Bd. 8, Berlin 2010, S. 74.

15 Tomasello, Michael, Warum wir kooperieren, Berlin 2010. Man sollte vor Verklärung warnen: Die menschliche Fähigkeit zu kooperieren und zu

teilen ermöglichte nicht allein bessere Jagdergebnisse oder die gemeinsame Sorge um Kranke, sondern auch Kriege oder Konzentrationslager.

16 Dunbar, Robin, Klatsch und Tratsch. Wie der Mensch zur Sprache fand, München 1998.

17 Hesse, Jan-Otmar, Wie neu ist die Share Economy? Anmerkungen zur Geschichte einer Wirtschaftsform, in: Dörr, Julian/Goldschmidt, Nils/Schorkopf, Frank (Hg.), Share Economy: Institutionelle Grundlagen und gesellschaftspolitische Rahmenbedingungen, Tübingen 2018, S. 21–37, hier S. 26.

18 Interview mit Gunther Schnabl (Institute for Economic Policy, Universität Leipzig), Susanne, Der schwarze Pudel, in Futur II. (2018). URL: https://futurzwei.org/article/1030 (abgerufen 21.06.2018).

19 Martin, Chris J., The sharing economy: A pathway to sustainability or a nightmarish form of neoliberal capitalism?, in: Ecological Economics 121 (2016), S. 149–159; vgl. Belk, Russell, You are what you can access: Sharing and collaborative consumption online, in: Journal of Business Research 67 (8) (2014), S. 1595–1600: »The old wisdom that we are what we own, may need modifying to consider forms of possession and uses that do not involve ownership.«

20 Baer, Harald/Gasper, Hans/Sinabell, Johannes/Müller, Joachim (Hg.), Lexikon nichtchristlicher Religionsgemeinschaften, Freiburg 2010.

21 Regula Benedicti. Die Benediktusregel. Lateinisch/Deutsch, im Auftrag der Salzburger Äbtekonferenz (Hg.), Beuron 1992.

22 Frank, Karl Suso, Die Magisterregel. Einführung und Übersetzung, St. Ottilien 1989, S. 175f.

23 Verheijen, Luc (Hg.), La règle des saint Augustin. Bd. I: Tradition manuscrite [mit kritischer Textedition auf S. 417–437]; Bd. II: Recherches historiques, Paris 1967, hier zur Kleiderausgabe cap. 30; jeder Bruder erhält, was er persönlich nötig hat (cap. 3), wer weniger braucht, darf sich glücklich schätzen, schon weiter fortgeschritten zu sein (cap. 17), der Obere soll Kleidung oder was immer es sei, demjenigen geben, der sie nötig hat (cap. 32), Mahnung, nicht zu murren (cap. 38), Bücherbeauftragte (cap. 39), Kleider und Schuhe dürfen stets und nach Bedarf ausgegeben werden (cap. 40). Vgl. auch Zumkeller, Adolar, Das Mönchtum des heiligen Augustinus, 2. neu bearb. Aufl., Würzburg 1968. Auch bei den Wüstenvätern wird vom Besitz teurer Kleidung und vom Tragen neuer Gewänder abgeraten, siehe: Wortley, The Anonymous Sayings of the Desert Fathers, 592.11 und 592.13.

24 Jenal, Georg, Sub Regula S. Benedicti. Eine Geschichte der Söhne und Töchter Benedikts von den Anfängen bis zur Gegenwart, Wien/Köln/Weimar 2018, S. 25–56.

25 Dass es entgegen der Regel auch Privatbesitz im Kloster gab, steht außer Zweifel. Dazu Stöllinger-Löser, Christine/Haage, Bernhard Dietrich, Privatbesitz im Ordensleben, in: Verfasserlexikon 11 (2004), Sp. 1269–1270.

26 Einsatz dieser Körpertechnik synchronisiert die Körper der Singenden, ein Aspekt, der in der neuesten Forschung gerade wiederentdeckt wird. Die grundlegende Studie dazu stammt von Bücher, Karl, Arbeit und Rhythmus,

Leipzig/Berlin 1909 (zuerst erschienen 1896). Vgl. dazu Senn, Peter, Music and Economics. Reflections inspired by Karl Bücher, in: Backhaus, Jürgen (Hg.), Karl Bücher. Theory. History. Anthropology. Non Market Economies, Marburg 2000, S. 73–112, besonders S. 77–86 »work and Rhythm«; ebenso Kanamori, Shigenari, Karl Bücher and Japanese Labour Songs, in Backhaus, Jürgen (Hg.), Karl Bücher. Theory. History. Anthropology. Non Market Economies, Marburg 2000, S. 155–162 und Reheis, Fritz, The creativity of slowness, in: Backhaus, Jürgen (Hg.), Karl Bücher. Theory. History. Anthropology. Non Market Economies, Marburg 2000, S. 163–176. Vgl. auch: Held, Marin/Geißler, Karl-Heinz (Hg.), Von Rhythmen und Eigenzeiten. Perspektiven einer Ökologie der Zeit, Stuttgart 1995.

27 Tremp, Ernst, Der St. Galler Klosterplan. Faksimile, Begleittext, Beischriften und Übersetzung, St. Gallen 2014. Vgl. Bourgain, Pascale, L'imaginaire du jardin médiéval, in: Huchard, Viviane/Bourgain, Pascale, Le jardin médiéval. Un musée imaginaire. Cluny, des textes et des images, un pari, Paris 2002, S. 85–125.

28 Vgl. dazu das Projekt Campus Galli, das sich dem Aufbau der Klosterstadt gemäß den im 9. Jahrhundert üblichen Baumethoden vorgenommen hat. URL: https://www.campus-galli.de/klosterplan/ (abgerufen 07.04.2020).

29 Zusammengefasst nach Schich, Winfried, Die Wirtschaftstätigkeit der Zisterzienser im Mittelalter: Handel und Gewerbe, in: Elm, Kaspar (Hg.), Die Zisterzienser. Ordensleben zwischen Ideal und Wirklichkeit, Köln 1981, S. 217–237, hier S. 218–220.

30 Schich, Die Wirtschaftstätigkeit der Zisterzienser im Mittelalter, S. 228 und 235. Den Terminus »Verbrauchergemeinschaften in den Klöstern« zitiert Schich nach Hektor Amman.

31 Report of the World Commission on Environment and Development Our Common Future, United Nations 1987. Kap. 10–12 zu den Global Commons. URL: https://www.are.admin.ch/are/de/home/nachhaltige-entwicklung/internationale-zusammenarbeit/agenda-2030-fuer-nachhaltige-entwicklung/uno-_-meilensteine-zur-nachhaltigen-entwicklung/1987--brundtland-bericht.html (abgerufen 08.09.2020).

32 Ostrom, Eleonor/Helfrich, Silke, Was mehr wird, wenn wir teilen. Nach: Elinor Ostrom, Beyond Market and States. Polycentric Governance of Complex Economic Systems. Nobelpreisrede, 8.12. 2009, Silke Helfrich (Hg.), Leipzig 2011, S. 48. URL: https://www.solawi.ch/wordpress-solawi/wp-content/uploads/was_mehr_wird_wenn_wir_teilen.pdf (abgerufen 08.09.2020).

33 Grober, Ulrich, Die Entdeckung der Nachhaltigkeit – Kulturgeschichte eines Begriffs, München 2010, S. 159–181; Ders., Nachhaltigkeit – die Geburtsurkunde eines Begriffs, in: Denkströme. Journal der Sächsischen Akademie der Wissenschaften 10 (2013), URL: http://www.denkstroeme.de/heft-10/s_77-93_grober (abgerufen 31.03.2020); Carlowitz, Hans Carl von, Sylvicultura Oeconomica. Haußwirthliche Nachricht und Naturmäßige Anweisung zur Wilden Baum-Zucht, Leipzig 1713, Titelblatt. URL:

https://digital.slub-dresden.de/werkansicht/?id=5363&tx_dlf%5Bid%5D=85039&tx_dlf%5Bpage%5D=23 (abgerufen 08.09.2020). Vgl. dazu jetzt auch Warde, Paul, The Invention of Sustainability. Nature and Destiny, c. 1500–1870, Cambridge 2018.

34 Grober, Nachhaltigkeit, 2013.

35 Ebd. S. 165f.

36 Ebd. S. 165f.

37 Ebd. S. 84.

38 Siehe Allmann, Joachim, Der Wald in der Frühen Neuzeit. Eine mentalitäts- und sozialgeschichtliche Untersuchung am Beispiel des Pfälzer Raumes 1500–1800, Berlin 1989, S. 263–286.

39 Below, Stefan von/Breit, Stefan, Wald – von der Gottesgabe zum Privateigentum. Gerichtliche Konflikte zwischen Landesherren und Untertanen um den Wald in der Frühen Neuzeit, Berlin u.a. 2016, S. 34–55, hier S. 32f., und weiter S. 41.

40 Schildt, Bernd, Allmende, in: Handwörterbuch zur deutschen Rechtsgeschichte 1, Berlin 2008, Sp. 169–180.

41 Moor, Tine de, The dilemma of the commoners. Understanding the use of common-pool resources in long-term perspective, New York 2015. Schläppi, Einleitung, S. 33–37. Er zählt zusätzlich noch immaterielle Güter wie politische Partizipation, Bürgerrechte, Seelsorge, Kirchengüter sowie symbolische Ressourcen, etwa Wappen, Fahnen, repräsentative Gebäude sowie Legenden und gemeinschaftsstiftende Mythen auf.

42 Hardin, Garrett, Tragedy of the Commons, in: Science 162 (1968), S. 1243–1248, S. 1224. DOI: 10.1126/science.162.3859.1243.

43 Marciano, Alain/ Frischmann, Brett M./Ramello, Giovanni Battista, Tragedy of the Commons after 50 Years (September 11, 2019); DOI: 10.2139/ssrn.3451688; Mildenberger, Matto, The Tragedy of the Tragedy of the Commons, in: Scientific American 13. April 2019.

44 Hardin, Tragedy of the Commons, S. 1246.

45 Ostrom, Elinor, Die Verfassung der Allmende. Jenseits von Staat und Markt, Tübingen 1999.

46 Ostrom/Helfrich, Was mehr wird, wenn wir teilen, S. 85–88. Nobelpreisrede im Dezember 2009.

47 Moor, Tine de, The Silent Revolution. A New Perspective on the Emergence of Commons. Guilds, and Other Forms of Corporate Collective Action in Western Europe, in: International Review of Social History 53 (2008) S. 179–212; Schläppi, Daniel/Gruber, Malte-Christian (Hg.), Von der Allmende zur Share Economy. Gemeinbesitz und kollektive Ressourcen in historischer und rechtlicher Perspektive, Berlin 2018.

48 Im Folgenden werden die Studien Michael Zeheters zusammengefasst und vorgestellt. Siehe dazu Zeheter, Michael, Eine Tragödie der Allmende? Die Bodenseefischerei 1350–1900, in: Schulz, Günther/Reith, Reinhold (Hg.), Wirtschaft und Umwelt vom Spätmittelalter bis zur Gegenwart. Auf dem Weg zur Nachhaltigkeit, Stuttgart 2015, S. 133–152.

49 Ebd., S. 134f. Mit Details zu den Besitzverhältnissen samt Literaturhinweisen zu den Fischereiverhältnissen.

50 Ebd., S. 141.

51 Leider sind die Maße heute nicht exakt zu rekonstruieren. Auch ist unklar, wie lange eine Konstanzer Zwillichelle war. Freundlicherweise hat mir Prof. Dr. Harald Derschka die Transkription des Textes geschickt: »Item es sol ouch dehainer des tags mer dann xxiiii netzen setzen in dehainen weg, vnd wenn mitvast kompt, so sol einkainer dehain netz setzen, dann die xxxvii band innhab, welcher zuo dem huchen setzen wil, doch vsgenomen alle die, so die netzen mit den sibenunddrysig banden nit habe, die mogen vnd soellen setzen die netzen, die si denn haben diß naechstkunfftig jaur vß vnd nit lenger. Dannenhin soellen si die xxxvii bendigen haben vnd setzen als ander. Vnd sol ouch enkainer der aigen brot haut vnd hushabende ist mer dann ein schiff vertigen. Vnd der genanten netzen zuo dem hecht, die sibenvnddrysig band haut, sol dehainer des tags mer dann zwoelff setzen. Vnd sol derselben netzen dehaine me dann xxxvi c maschen haben.«

52 Im Zuge der Mediatisierung, d.h. der Enteignung der Klöster unter Napoleon, weiteten Baden, Bayern und Württemberg ihre Territorien bis an den Bodensee aus. Nun wurden neue Fischereigesetze erlassen, die jedoch nicht auf die spezifischen Verhältnisse des Bodensees abgestimmt waren. In Teilen wurde der Bodensee sogar explizit ausgenommen, sodass man weiterhin mit den alten Regelungen arbeitete, also mit den Fischereiordnungen der Zünfte und alten Landesherren, obwohl niemand mehr existierte, der die Einhaltung dieser Bestimmungen hätte überwachen können. Die Klage der Fischer über diesen Zustand und der daraus resultierende Niedergang der Fischerei fanden bei den Regierungen kein Gehör. Im Jahr 1890 ergriffen die Fischer eine Initiative, es begann ein Verhandlungsprozess, der im Jahr 1893 mit der »Bregenzer Übereinkunft« endete, das Vertragswerk, das bis heute die Angelegenheiten der Fischerei auf dem Obersee regelt. Beteiligt sind die Fischer, die Regierungen und Vertreter der Wissenschaft, der Limnologie.

53 Sablonier, Roger, Innerschweizer Gesellschaft im 14. Jahrhundert, in: Historischer Verein der Fünf Orte (Hg.), Innerschweiz und frühe Eidgenossenschaft, Bd. 2, Olten 1990, S. 11–236, hier S. 83f.

54 Ebd., S. 72.

55 Jäger, Helmut, Art. Transhumanz, in: Lexikon des Mittelalters 8, München 2003, Sp. 942f; Rinschede, Gisbert, Die Transhumance in den französischen Alpen und in den Pyrenäen, Münster 1979.

56 Le Roy Ladurie, Emmanuel, Montaillou. Ein Dorf vor dem Inquisitor 1294 bis 1324, Frankfurt a. M./Berlin/Ullstein 1983, S. 163.

57 Hallavant, Charlotte/Ruas, Marie-Pierre, Pratiques agraires et terroir de montagne. Regard archéobotanique sur Montaillou (Ariège) au XIIIe siècle, in: Archéologie du Midi médiéval 26 (2008), S. 93–129; hier S. 94f. Doi: 10.3406/amime.2008.1661 URL: http://www.persee.fr/doc/amime_0758-7708_2008_num_26_1_1661 (abgerufen 08.09.2020).

58 Le Roy Ladurie, Montaillou, S. 27–30. Gemeinsam mit dem Katharer Guillaume Fort aus Montaillou wurden auch vier Waldenser aus Palmiers hingerichtet. Die Katharer vertraten eine radikal dualistische Weltanschauung. Sie nannten sich selbst die »Guten«, also die richtigen Christen. Nach ihrer Vorstellung war die Welt in Gut und Böse aufgeteilt. Böse war alles Materielle, insbesondere der menschliche Körper, der als Gefängnis der guten, engelsgleichen Seelen überwunden werden musste. Sie glaubten an die Seelenwanderung, waren strenge Vegetarier und gegen Sexualität und Kinder, da Adam und Eva im Paradies auch ohne Sex und Kinder lebten. Aufnahme in die Gemeinschaft fand man durch das sogenannte Consolamentum, ein längeres Ritual, verbunden mit Fasten und Askese, an dessen Ende die Mitgliedschaft durch eine Geisttaufe besiegelt wurde. Um die Erlösung einer Seele zu beschleunigen, wurde bei ausgewählten Mitgliedern gerne auch zu drastischen Mitteln gegriffen: Man stellte die Nahrungszufuhr ein, um der guten Seele den Abschied vom bösen Körper zu erleichtern. Diese Praktik des gezielten Verhungernlassens nannte man Endura. Viele ihrer Ideen sind heute nicht mehr nachvollziehbar.

59 Hallavant/Ruas, Pratiques agraires, 2008, S. 128.

60 Le Roy Ladurie, Montaillou, S. 76.

61 Ebd., S. 113f.

62 Ebd., S. 115.

63 Es gibt auch unabhängige Schäfer, siehe ebd. S. 145.

64 Ebd., S. 132. Pierre fragte Guillemette nach dem Geld, das sie für die Wolle der Schafe erhalten hatte, die er im Vorjahr in ihrer Obhut zurückgelassen hatte. Guillemette antwortet: »Ich habe ein paar Lämmer dafür gekauft«. Pierre macht Schulden, um für 1000 in Barcelona geprägte Sous 100 Schafe anzuschaffen (III, 177; II, 186).

65 Ebd., S. 127.

66 Ebd., S. 135. Le Roy Ladurie fasst den Befund zusammen: In Montaillou, im Pays d'Aillon oder Sabarthès gab es keine Gemeindeherden für Schäfer, jedenfalls nicht in der Zeit zwischen 1300 und 1325, über die die Protokolle Zeugnis geben. Anscheinend wurden Kühe in der Nachbarschaft so gehalten. Hinweise, dass hier schon früh die Milchwirtschaft in Gemeindeherden organisiert wurde, finden sich in der Aussage eines Dorfbewohners, Raymond Sicr aus dem Dorf Ascou. Er wollte seine Kuh in die Berge führen, doch da es anfing zu schneien, kehrte er wieder um und stellte sie zurück in die Gemeindeherde (II, 362).

67 Hallavant/Ruas, Pratiques agraires 2008, S. 128f.

68 Le Roy Ladurie, Montaillou, S. 383.

69 Helfrich, Silke/Bollier, David (Hg.), Frei, fair und lebendig: Die Macht der Commons, Bielefeld 2019.

70 Schläppi, Einleitung, S. 37–41.

71 Die neuere Forschung nimmt diesen Aspekt zunehmend in den Blick. Siehe dazu Schwendler, Gerald, Cash-Flow im späten Mittelalter. Kirchliche und kommunale Bauvorhaben zwischen Konflikt und Konsens, 23.03.2017–

24.03.2017 Bern, Veronesi, Marco, Tagungsbericht, in: H-Soz-Kult, 24.04.2017. URL: https://www.hsozkult.de/conferencereport/id/tagungsberichte-7133 (abgerufen 08.09.2020).

72 Aerschot, Suzanne van/Heirman, Michiel, Les Béguinages de Flandre un patrimoine mondial, Brüssel 2001, S. 97–102 und 185–226. Vgl. den luziden Überblick von Böhringer, Letha, Beginenhöfe, in: Sonntag, Jörg u.a. (Hg.), Geist und Gestalt. Monastische Raumkonzepte als Ausdrucksformen religiöser Leitideen im Mittelalter, Münster 2013, S. 341–365, hier S. 349.

73 Löwen ist ein schönes Beispiel für eine – wenn auch vereinfacht dargestellte – Mischform. Die Häuser sind einerseits um den zentralen Platz mit Kirche und um den Friedhof gebaut, aber auch entlang der Straßen. Nach Aerschot/Heirman, Les Béguinages, S. 99.

74 Unesco World Heritage List, Nr. 855 Flemish Béguinages. URL: http://whc.unesco.org/en/list/855 (abgerufen 08.09.2020). Siehe dazu: Aerschot/Heirman, Les Béguinages, S. 185–226 mit einer Beschreibung der einzelnen Höfe, Hoogstraten, Turnhout, Lierre, Malines (Mechelen), Sint-Truiden (Saint-Trond), Tongeren (Tongres), Dendermonde (Termonde), Gent (Gand), Sint-Amandsberg (Mont Saint-Amand), Leuven (Louvai), Diest, Brugge (Bruges), Kortrijk, Courtrai.

75 Ebd., S. 213.

76 Simons, Cities of Ladies. Simons kommt aus Gent und ist seit Jahren Professor für Mittelalterliche Geschichte am Dartmouth College New Hampshire. Böhringer, Beginenhöfe, S. 349.
Die wichtigste aktuelle Forschung zu Beginen allgemein: Voigt, Jörg/Schmidt, Bernward/Sorace, Marco A. (Hg.), Das Beginenwesen in Spätmittelalter und Früher Neuzeit, Stuttgart 2015; Wilts, Andreas, Beginen im Bodenseeraum, Sigmaringen 1994; Reichstein, Frank-Michael, Das Beginenwesen in Deutschland. Studien und Katalog, Berlin 2001; Hien, Hannah, Das Beginenwesen in fränkischen und bayrischen Bischofsstädten, Würzburg 2013; Voigt, Jörg, Beginen im Spätmittelalter. Frauenfrömmigkeit in Thüringen und im Reich, Köln 2012; Sorace, Marco A., Beginenhöfe im Spätmittelalter: Perspektiven der Architektur- und Kunstgeschichte, in: Voigt, Jörg/Schmidt, Bernward/Sorace, Marco A. (Hg.), Das Beginenwesen in Spätmittelalter und Früher Neuzeit, Stuttgart 2015, S. 308–313; Böhringer, Letha, Beginenhöfe, in: Sonntag, Jörg u.a. (Hg.), Geist und Gestalt. Monastische Raumkonzepte als Ausdrucksformen religiöser Leitideen im Mittelalter, Münster 2013, S. 341–365; Wiegert, Jürgen, Die Geschichte des Beginenhofes in Kamp, in: Jahrbuch des Kreises Wesel 37 (2016), S. 123–126; Fößel, Amalie/Hettinger, Anette, Klosterfrauen, Beginen, Ketzerinnen. Religiöse Lebensformen von Frauen im Mittelalter, Idstein 2000; Reese-Schäfer, Walter (Hg.), Handbuch Kommunitarismus, Wiesbaden 2018.

77 Simons, Cities of Ladies, S. 108. Hier auch der Hinweis, dass es auch Frauen gab, die mittelalterliche Frauenklöster mit Stiftungsgeldern ausstatteten, doch lag der Anteil hier beträchtlich niedriger, zwischen 10 % in England und maximal 30 % in Nordfrankreich

78 Böhringer, Beginenhöfe, S. 350.

79 Röckelein, Hedwig, Hamburger Beginen im Spätmittelalter – ›automone‹ oder ›fremdbestimmte‹ Frauengemeinschaften?, in: Wehrli-Johns, Marina/ Opitz, Claudia (Hg.), Fromme Frauen oder Ketzerinnen, Freiburg 1998, S. 119–138, hier S. 132.

80 Elm, Kaspar, Vita regularis sine regula. The meaning, legal status, and self-understanding of Late-Medieval and Early-Modern Semi-Religious Life, in: Mixson, James D./Elm, Kaspar (Hg.), Religious life between Jerusalem, the desert, and the world: selected essays, Leiden 2016, S. 277–316 (erstmals auf Deutsch erschienen 1998). Dagegen spricht sich Jörg Voigt für den Begriff der welt-geistlichen Frauen aus. Voigt, Jörg, Der Status Beginarum. Überlegungen zur rechtlichen Stellung des Beginenwesens im 13. Jahrhundert, in: Voigt, Jörg/Schmidt, Bernward/Sorace, Marco A. (Hg.), Das Beginenwesen in Spätmittelalter und Früher Neuzeit, Stuttgart 2015, S. 41–67. Kirchenrechtlich gesehen war diese Lebensform weder Fisch noch Fleisch, weder dem Status der Ordensleute noch dem der Laien zugehörig. Genau dieser Sachverhalt macht eine klare Einordnung damals wie heute schwierig. Beginen waren definitiv keine »Halbnonnen«, sondern vielmehr Frauen, die gelebte Spiritualität in der Gemeinschaft in ihren Alltag einbinden wollten. In der Regel standen Beginengemeinschaften in enger Verbindung mit der örtlichen Kirchengemeinde oder mit einem benachbarten Kloster, oft Zisterzienser oder Bettelordensklöster. Sie besaßen – und das ist entscheidend – eigene Rechtsfähigkeit.

81 Grundmann, Herbert, Religiöse Bewegungen im Mittelalter, Darmstadt 1970, S. 48.

82 Die Colmarer Annalen, MGH SS XVII, 1861, S. 235, hier zit. nach Reichstein, S. 31f.

83 Zu den verschiedenen Erklärungsansätzen siehe den aktuellen Überblick von Reichstein, Beginenwesen, S. 18–30.

84 Simons, Cities of Ladies, S. 60. In St. Omer waren im Jahr 1322 an die 395 Beginen registriert, verteilt auf 22 Gemeinschaften. Sie stellten damit 1 % der städtischen Bevölkerung, die damals zwischen 35000 und 40000 Bewohner zählte. In Gent machten die Beginen 1,7 % der Bewohner aus (von ca. 64000 Einwohnern). In Diest waren es 3,2 % der etwa 6000 Bewohner der Stadt. In Liège, mit 20000–25000 Bewohnern, lebten gar 4,4 % Mitte des 13. Jahrhunderts in Beginengemeinschaften, in Dendermonde, das Ende des 15. Jahrhunderts ungefähr 4500 Einwohner zählte, waren 5,5 % Beginen, in Mechelen im späten 16. Jahrhundert, mit einer geschätzten Einwohnerzahl von 26000 lebten gar 6,5 % in diesen Gemeinschaften. Den höchsten Anteil an Beginen weist die Stadt Herentals im späten 15. Jahrhundert auf, wo 3450 Beginen lebten und 7,7 % der Bevölkerung stellten.

85 Hackstein, Rolf, Der Aachener Beginenhof St. Stephan im Mittelalter, Aachen 1997, mit den Statuten von 1246 (S. 28–32) und 1333 (S. 32–38), 1350 (S. 38–39). Die Bestimmung zum Badeverbot mit Männern auf S. 35.

86 Das Zitat stammt von Letha Böhringer (private Korrespondenz). Siehe dazu Böhringer, Letha, Beginenhöfe, S. 344, ebenso Dies., Beginen und Schwestern in der Sorge, S. 154; vgl. Wilts, Beginen im Bodenseeraum, S. 12f, der ebenfalls die Heterogenität stark betont.

87 Zitiert nach Simons, Cities of Ladies, S. 131. Der lateinische Text findet sich bei Welter, Jean Théobald, L'exemplum dans la littérature religieuse et didactique du Moyen Âge, Paris/Toulouse 1927, S. 236–244; vgl. für eine französische Fassung Hilka, Alfons, Neue Beiträge zur Erzählungsliteratur des Mittelalters (die Compilatio Singularis Exemplorum der Hs. Tours 468, ergänzt durch eine Schwesterhandschrift Bern 679), in: Jahresbericht der Schlesischen Gesellschaft für vaterländische Cultur 90 (1913), S. 1–24, hier S. 3 in Bern, Bürgerbibliothek, MS 679, fol. 14v–15r, c. 1300, hier nach Hilka, Alfons, Altfranzösische Mystik und Beginentum, in: Zeitschrift für romanische Philologie 47 (1927), S. 121–170, hier S. 160, der eine weitere Version des Textes nach der Handschrift Tours, Bibliothèque municipale MS 468 aus dem 15. Jh. zitiert.

88 Witt, Beginenhöfe, S. 39.

89 Röckelein, Hamburger Beginen, S. 131f.

90 Simons, Cities of Ladies, S. 195, Note 159. (AMD, FF 661, September 1270, ed. Espinas, Vie urbaine, vol. 3, 409–10, no. 543; ADN, 30 H 18, no. 284 [8 December 1313]). Vgl. Böhringer, Beginenhöfe, S. 353, Anm. 45.

91 Simons, Cities of Ladies, S. 51, Anm. 97, z.B. für Brügge, mit Verweis auf Dirk Desmet, »Het begijnhof ›DeWijngaerd‹ te Brugge. Onderzoek naar het dagelijks leven rond het midden van de vijftiende eeuw« (master's thesis, Katholieke Universiteit Leuven, 1979), S. 60–76.

92 Simons, Cities of Ladies, S. 85, Anm. 159, some beguines, especially those living in court beguinages on the edge of the city, did farm work in nearby fields, herded animals, raised poultry, or grew vegetables for the urban market.

93 Braudel, Fernand, Sozialgeschichte des 15.–18. Jahrhunderts. Der Handel, Frankfurt a. M. 1986, S. 72.

94 Kropp, Claus, Lebendige Karolingerzeit: das Experimentalarchäologische Freilichtlabor Lauresham an der UNESCO Welterbestätte Kloster Lorsch, in: Geschichtsblätter für den Kreis Bergstraße 50 (2017), S. 327–338; siehe auch Hennebo, Dieter, Gärten des Mittelalters, Hamburg 1962, S. 26–40, zur nachfolgenden Beschreibung der Gärten auf dem St. Gallener Klosterplan.

95 Ein Beispiel dazu URL: https://www.ludwigshafen.de/nachhaltig/engagement/interkulturelle-gaerten/hack-museumsgarten/ (abgerufen 02.03.2020). Vgl. Müller, Christa (Hg.), »Urban Gardening«. Über die Rückkehr der Gärten in die Stadt, München 2011.

96 Dazu Lohrberg, Frank, Stadtnahe Landwirtschaft in der Stadt- und Freiraumplanung: Ideengeschichte, Kategorisierung von Konzepten und Hinweise für die zukünftige Planung, Stuttgart 2001, S. 5. Zum angeblich »naiv-utilitaristischen« Naturverständnis siehe Richter, Gerhard, Handbuch Stadtgrün. Landschaftsarchitektur im städtischen Freiraum, München

1981, S. 17f. Zur Hallerwiese siehe Foghammar, Alexandra, ›allen inwonern zu lust und ergetzung‹. Die Hallerwiese ist Nürnbergs älteste Grünanlage, in: Nürnberg heute 70 (2001), S. 50–55.

97 Koorn, Florence Wilhelmina Johanna, Von der Peripherie ins Zentrum. Beginen und Schwestern vom Gemeinsamen Leben in den nördlichen Niederlanden, in: Wehrli-Johns, Martina/Opitz, Claudia (Hg.), Fromme Frauen oder Ketzerinnen? Leben und Verfolgung der Beginen im Mittelalter, Freiburg/Basel/Wien 1998, S. 95–118, hier S. 101. »Den Verdienst zu teilen ist nicht typisch für das Beginenleben. Im Gegenteil wird die finanzielle Autonomie der Beginen immer wieder unterstrichen.« Erst im späten 15. Jahrhundert findet man in einigen Konventen Bestimmungen, dass die Beginen alles teilen sollen, was sie verdienen. So z.B. in Deventer, wo viele Beginen als Spinnerinnen arbeiteten. Koorn vermutet, dass das Teilen der Einkünfte durch den Einfluss der *devotio moderna*, einer neuen Frömmigkeitsform dieser Zeit, in die Beginengemeinschaften hinein kam. Beginen in den Konventen, so scheint es, haben ein weniger individuelles Leben geführt als die Beginen in den Beginenhöfen (S. 102).

98 Böhringer, Beginenhöfe, S. 351.

99 Ebd.

100 Röckelein, Hamburger Beginen, S. 127; vgl. dazu Boese, Monika/Tiemann, Katrin, Der Beginenkonvent im spätmittelalterlichen Hamburg, in: Zeitschrift des Vereins für Hamburgische Geschichte 82 (1996), S. 1–28. Fokus auf die Rechnungsbücher ab S. 10 Beitrag online zu finden hier: https://agora.sub.uni-hamburg.de/subhh/digbib/view?did=c1:3093&p=13

101 Böhringer, Beginenhöfe, S. 344.

102 Simons, Cities of Ladies, S. 85 mit Verweis auf Urkunden aus Gent in Anm. 158. Vgl. Bücher, Arbeit und Rhythmus. Vgl. Senn, Music and Economics, S. 73–112, besonders S. 77–86 »work and Rhythm«; ebenfalls interessant: Kanamori, Karl, S. 155–162; Held/Geißler, Von Rhythmen und Eigenzeiten.

103 Simons, Cities of Ladies, S. 85f.

104 Böhringer, Beginen und Schwestern in der Sorge, S. 140f. Vgl. auch Osten-Sacken, Vera von der, Jakob von Vitrys »Vita Mariae Oigniacensis«. Zu Herkunft und Eigenart der ersten Beginen, Göttingen 2000, S. 196–229. Mulieres religiosae als Krankendienerinnen.

105 Simons, Cities of Ladies, S. 271.

106 Röckelein, Hamburger Beginen, S. 127f. Verweis auf Boese/Tiemann, Der Beginenkonvent in Hamburg. Sowie: Lorenzen-Schmidt, Klaus-Joachim, Umfang und Dynamik des Hamburger Rentenmarktes zwischen 1471 und 1570, in: Zeitschrift des Vereins für Hamburgische Geschichte 65 (1979), S. 21–52, bes. S. 42. Für Beginen auf dem Rentenmarkt in Hannover siehe Mußmann, Olaf, Beginen – »Kommunardinnen« des Mittelalters? Die »via media« in Hannover, in: Dinghaus, Angela (Hg.), Frauenwelten, Hildesheim 1993, S. 19–32, hier S. 28. Röckelein warnt vor Mußmann, der unhaltbare Klischees über die Rechts- und Machtverhältnisse in spätmittelalter-

lichen Städten transportiere. (Röckelein, Hamburger Beginen, S. 251, Anm. 9).

107 Blancard, Louis, Documents inédits sur le commerce de Marseille au Moyen Âge, Bd. 2, Marseille 1885, S. 371–383: Les commandites commerciales des Béguines de Roubaud; Genecin, Isabel, In the world but not of the world«? Doucelina, Felipa, and the Beguines of Marseilles, Undergraduate Senior Thesis (Supervisor Charles Amstrong and Adam Kosto), Columbia University 2015.

108 Piron, Sylvain, L'apparition du resicum en Méditerranée Occidentale, XIIe-XIIIe Siècles, in: E. Collas-Heddeland, E./Coudry, M./Kammerer, O./ Lemaître A. J./Martin, B. (Hg.), Pour une histoire culturelle du risque. Genèse, évolution, actualité du concept dans les sociétés occidentales, Strasbourg, 2004, S. 59–76.

109 Nach Lienig, Jens/Brümmer, Hans, Recyclinggerechtes Entwickeln und Konstruieren, in: Dies. (Hg.), Elektronische Gerätetechnik. Grundlagen für das Entwickeln elektronischer Baugruppen und Geräte, Berlin/Heidelberg 2014, S. 193–218, Abb. 7.2.

110 Stern, Hermann, Die geschichtliche Entwicklung und die gegenwärtige Lage des Lumpenhandels in Deutschland, Leipzig 1914, S. 2. Die Haushalte mussten den Müll in drei verschiedenen Behältern sortieren: 1. Asche und Kehricht, 2. Speiseabfälle, 3. gewerbliche Abfälle (Papier und Lumpen). Ein Müllverarbeitungsunternehmen wurde gegründet, das Asche und Kehricht zu Dünger verarbeitete, aus den Speiseabfällen Futtermittel machte und Lumpen und Papier in die Papierproduktion einspeiste.

111 Kuchenbuch, Ludolf, Abfall. Eine Stichwortgeschichte, in: Soeffner, Hans-Georg (Hg.), Kultur und Alltag, Göttingen 1988, S. 155–170, hier S. 170. »Im Spiegel seiner Inhaltsentwicklung als lexikalisches Stichwort ist der industrielle Abfall nicht älter als 100 Jahre, als Produktion und Konsumtion, Stadt und Land, Erde, Wasser und Luft vereinendes Unwert-Phänomen ist er sogar noch nicht älter als 50 Jahre.«

112 Zum Nachfolgenden siehe Reith, Reinhold, Recycling im späten Mittelalter und in der frühen Neuzeit. Eine Materialsammlung, in: Frühneuzeit-Info 14 (2003), S. 47–65; Schulz, Günther/Reith, Reinhold, Wirtschaft und Umwelt. Vom Spätmittelalter bis zur Gegenwart: Auf dem Weg zu Nachhaltigkeit?, Stuttgart 2015. Ladwig, Roland (Hg.), Recycling in Geschichte und Gegenwart, Freiberg 2003.

113 Pfister, Christian (Hg.), Das 1950er Syndrom. Der Weg in die Konsumgesellschaft, Bern 1995.

114 Reith, Recycling im späten Mittelalter, S. 47.

115 Bücher, Karl, Die Berufe der Stadt Frankfurt a. M. im Mittelalter, Leipzig 1914. Zu den Berufen des Mittelalters vgl. auch Reith, Reinhold, Das alte Handwerk. Von Bader bis Zinngießer, München 2008; Reith, Reinhold, Lexikon des Alten Handwerks. Vom späten Mittelalter bis ins 20. Jahrhundert, München 1991. Karl Bücher, geboren 1847 als Sohn eines Bürstenmachers, studierte Geschichte in Bonn und Göttingen, arbeitete für kurze

Zeit als Lehrer, dann als Journalist bei der Frankfurter Zeitung und spezialisierte sich dabei zunehmend auf das Gebiet der Nationalökonomie, in dem er sich in München 1881 habilitierte. Er lehrte 1892 bis 1917 Statistik und Nationalökonomie an der Universität Leipzig. Schrieb zahlreiche renommierte Bücher, u.a. eine Geschichte der Entstehung der Volkswirtschaften. Nach seiner Emeritierung im Jahr 1917 gründete er – der ein Leben lang immer auch journalistisch tätig war – an der Universität Leipzig das erste Institut für Zeitungskunde und gilt daher als Vater der Medien- und Kommunikationswissenschaften.

116 Bücher, Berufe der Stadt Frankfurt, S. 16f »Während ich im Jahr 1886 meine sozialstatistischen Studien über die Bevölkerung von Frankfurt mit einem Gesamtbestande von 338 Berufsarten abschloss und schon diese Zahl als eine im höchsten Maße unerwartete Erscheinung angesehen werden musste, weist die jetzige alphabetische Zusammenstellung [aus dem Jahr 1914 Anm. d. Vf.in] fast das Fünffache dieser Zahl auf«. Bücher sieht den Grund dafür in der »geringen Entwicklung der Technik [...] Ihretwegen konnte dem Bedürfnis nach Verbesserung der Leistungen, das immer die Menschen beherrscht hat, nur dadurch entsprochen werden, dass man das Produktions- oder Leistungsgebiet nach Möglichkeiten verengerte.«

117 Ebd., S. 17.

118 Ebd., S. 18f.

119 Heusinger, Sabine von, Die Zunft im Mittelalter. Zur Verflechtung von Politik, Wirtschaft und Gesellschaft in Straßburg, Stuttgart 2009, S. 316–332, zu den Frauen S. 324–326 mit den Belegen aus den Quellen.

120 Bücher, Berufe der Stadt Frankfurt, S. 100; siehe auch S. 18.

121 Ebd., S. 38. Während der *deschenmecher*, besser die *deschenmecherin* – denn seit 1320 scheint der Beruf überwiegend von Frauen ausgeübt worden zu sein – Taschen herstellte, war der *deschenplecker* der Taschenflicker. Im Jahr 1359 gab es 14 *deschenmecher* in Frankfurt. Ein *deschenplecker* wird 1421 namentlich erwähnt als *eyn arme man.*

122 Ebd., S. 104. Die *messer-* und *scheidenbusser*, die Messer samt Zubehör aufbereiteten, werden in den Bürgermeisterbüchern des Jahres 1447 erwähnt, weil ihr gemeinsamer Stand mit den *schuwemecher* bei dem Haus Werthe in Frankfurt verlegt werden sollte.

123 Ebd., S. 24.

124 So zum Beispiel im Jahr 1420, »*die altgewendere zu den Barfußen und andere altgewendere, die uff der strassen steen ..., gibit iglicher sehs hellir und geben darczu den Luseczoll*« Bücher, Berufe der Stadt Frankfurt, S. 23.

125 Ebd., S. 23f; Bücher, Karl/Schmidt, Benno (Hg.), Frankfurter Zunfturkunden, Bd. 1, Frankfurt 1914, S 507f.

126 Bücher, Berufe der Stadt Frankfurt, S. 69f.

127 Groebner, Valentin, Ökonomie ohne Haus. Zum Wirtschaften armer Leute in Nürnberg am Ende des 15. Jahrhunderts, Göttingen 1993, S. 181, und S. 217f. Mit Verweis auf Wiesner, Merry E., Working women in Renaissance Germany, New Brunswick 1986, S. 134–47 und Zander-Seidel, Jutta, Textiler

Hausrat. Kleidung und Haustextilien in Nürnberg von 1500 bis 1650, München 1990, S. 387–397.

128 Kramer, Dieter, Vom Flickwerk zur Nachhaltigkeit, in: Rachewitz, Siegfried de (Hg.), www.flick-werk.net. Flicken und Wiederverwerten im Historischen Tirol, Weitra 2015, S. 67–86.

129 Fontaine, Laurence (Hg.), Alternative Exchanges. Second-hand circulations from the sixteenth century to the Present, New York/Oxford 2008, S. 1.

130 Louis-Sébastien Mercier, andernfalls bekannt als Autor des ersten Science-Fiction-Romans mit dem schönen Titel »Das Jahr 2440. Ein Traum aller Träume« (1771). Zu Les Halles: Émile Zola hat das Quartier Les Halles in seinem Roman »Der Bauch von Paris/Le ventre de Paris« 1873 eindrücklich beschrieben. Erst 1971 wurde der überdachte Markt abgerissen, um den Metro-Ausbau zu erleichtern und für ein damals modernes unterirdisches Einkaufszentrum Platz zu schaffen.

131 Mercier, Louis-Sébastien, Tableau de Paris, vol. 1, chap. CLXXXII, S. 448–450. Hier paraphrasiert nach Fontaine, Laurence, The exchange of second-hand goods between survival strategies and ›business‹ in eighteenth-century Paris, in: Fontaine, Laurence (Hg.), Alternative Exchanges. Second-hand circulations from the sixteenth century to the Present, New York/Oxford 2008, S. 97–114, hier S. 100.

132 London, Bernard, Ending the depression through planned obsolence, New York 1932, S. 6.

133 Wiens, Kyle, Ich bin Reparateur, in: Müller, Christa/Werner, Karin/Baier, Andrea/Hansing, Tom, Die Welt Reparieren. Open Source und Selbermachen als postkapitalistische Praxis, Bielefeld 2016, S. 116.

134 VDPm Global consumption of paper and cardboard 2006 to 2017 (in million metric tons). Statista. Statista Inc., 2018. URL: https://www.statista.com/statistics/270319/consumption-of-paper-and-cardboard-since-2006/ (abgerufen 12.12.2019).
Zu den Zahlen dpa Globus URL: http://www.agenda21-treffpunkt.de/archiv/17/daten/170609-glo-11782;_Papierverbrauch-Welt-1980-2015.htm (abgerufen 12.12.2019); Elias, Pipa/Boucher, Doug, Planting for the Future. How Demand for Wood Products could be friendly to Tropical Forests, Union of concerned scientists, Oktober 2014. URL: https://www.ucsusa.org/sites/default/files/attach/2014/10/planting-for-the-future.pdf (abgerufen 12.12.2019).

135 Hier zit. nach Tschudin, Peter, Grundzüge der Papiergeschichte, Stuttgart 2002, S. 3, auf dessen Studien sich diese Darstellungen stützen.

136 Meyer-Schlenkrich, Carla/Sauer, Rebekka, Papier, in: Meier, Thomas/Ott, Michael R./Sauer, Rebecca (Hg.), Materiale Textkulturen, Berlin 2015, S. 357. Mit Verweis auf Jixing, Pan, Review on the debate of paper history during recent 30 years in China, in: International Paper History 15 (2011), S. 6–12.

137 Auszug aus der Chronik der Kaiser der jüngeren Han-Zeit (Hou Han Shu), Kap. 108, hier zit. nach ebd., S. 73, Anm. 20.

138 Aus ebd., S. 74.

139 Meyer, Carla/Sauer, Rebekka, Papier, S. 360. Carla Meyer-Schlenkrich, Wann beginnt die Papierzeit? Zur Wissensgeschichte eines hoch- und spätmittelalterlichen Beschreibstoffs (Materiale Textkulturen 31), Berlin/München/Boston 2021 ist die aktuellste Studie zum Papierzeitalter. Siehe auch Meyer-Schlenkrich, Carla/ Schultz, Sandra/Schneidmüller, Bernd (Hg.), Papier im mittelalterlichen Europa. Herstellung und Gebrauch (Materiale Textkulturen 7), Berlin/München/Boston 2015.

140 Siehe zum Folgenden Becker, Julia/Licht, Tino/Schneidmüller Bernd, Pergament, in: Meier, Thomas/Ott, Michael R./Sauer, Rebecca (Hg.), Materiale Textkulturen, Berlin 2015, S. 337–47.

141 Müller, Lothar, Weiße Magie. Die Epoche des Papiers, München 2013.

142 Tschudin, Peter, Paper comes to Italy, in: International Paper History 12 (1998), S. 60–66, hier S. 61 für eine Transkription des Vertrags. Vgl. Rückert, Peter, Papiergeschichte und Papierherstellung im Mittelalter, in: Ochsenkopf und Meerjungfrau. Wasserzeichen des Mittelalters. Begleitheft zur Ausstellung des Landesarchivs Baden-Württemberg, Stuttgart 2006, S. 12–15.

143 Meyer, Carla/Sauer, Rebekka, Papier, S. 362 und Tschudin, Grundzüge der Papiergeschichte, S. 93–95.

144 Die Alten brauchten fichtene Tafeln / 1/ oder Blätter /2/ wie auch Rinden /3/der Bäume / sonderlich des Egyptischen Bäumleins /welches genennt wurde Papyrus. Itzund/ist gebräuchlich das Papier /welches der Papierer in der Papiermühle /4/ machet aus alten Lumpen /5/ so zu einem Brey gestossen werden / 6/ welchen in die Formen geschöpfft /7/ er ausbreitet in Bögen / 8/ und an den Lüfft hänget, daß sie trocken werden. Deren XXV machen ein Buch / 9/ XX Buche ein Rieß / 10/ und deren X einen Ballen Papiers /11/. Was lang währen sol, wird geschrieben auf Perment. /12/.

145 So waren zum Beispiel zu Beginn des 16. Jahrhunderts entlang der Iller südlich von Kempten im Allgäu auf nur 5 Kilometern gleich sieben Papiermühlen in Betrieb, zusätzlich ein Hammerwerk mit Drahtzug zur Anfertigung der Drähte für die Papiersiebe. Elf Meister mit mehr als 35 Gesellen waren dort beschäftigt. Wenn man davon ausgeht, dass auf jeden Gesellen im Schnitt 3–5 Lehrlinge, Hilfsarbeiter und Handlanger zu rechnen sind, dann kam in den sieben Mühlen eine stolze Belegschaft zusammen. Vgl. Petz, Wolfgang, Ein Handwerk zwischen Stadt und Land: Das Kemptener Papierergewerbe, in: Kata, Birgit/Laube, Volker/Naumann, Markus (Hg.), Mehr als 1000 Jahre. Das Stift Kempten zwischen Gründung und Auflösung 752–1802, Friedberg 2006, S. 237–300 *Stand 09-09-uch anders – recycling*

146 Stern, Hermann, Die geschichtliche Entwicklung, S. 3f.

147 Lindt, Johann, The Paper-Mills of Berne and their Watermarks, 1465–1859, Hiversum 1964, S. 119–122.

148 Weiss, Wisso, Buchdrucker erhalten die Kontrolle über das Lumpensammeln, in: Gutenberg-Jahrbuch 40 (1965), S. 13–17, hier 13f. In Halberstadt

zum Beispiel wurde dem Drucker Jakob Arnold Kote am 20. August 1612 ein Druckprivileg, also die Betriebsgenehmigung, erteilt. Er konnte jedoch den Betrieb nicht aufnehmen, weil die Mühlen im Halberstädter Gebiet ihr Papier außer Landes verkauften und wegen Mangels an Lumpen nur wenig Papier herstellen konnten. Zehn Jahre später, bei Erneuerung der Betriebsgenehmigung, lässt sich Kote daher zusätzlich das Recht des Lumpensammelns bewilligen – gegen Lizenzgebühr versteht sich. In dem Privileg wird bestimmt dass, »[...] hinführo kein Lumpensammler in unserem Stifts, Ämtern und Gebieten des Lumpensammelns sich zu gebrauchen solle vergönnet, zugelassen noch verstattet werden [...]« D.h. der Drucker stellt also den Lumpensammlern direkt die Berechtigungsscheine zum Sammeln in den jeweiligen Territorien aus und verpflichtet sie entsprechend zur Lieferung an ihn bzw. an seine Kooperationspartner, die Papiermüller. Die Praxis scheint sich bewährt zu haben, jedenfalls werden Lumpensammelprivilegien regelmäßig erteilt.

149 Siehe dazu und zum Folgenden: Kapp, Arno, Leipzigs Lumpenhandel und der Papiermangel am Ende des 18. Jahrhunderts in Kursachsen, in: Papier Geschichte 1 (1951), S. 56–57.

150 Bauer, Wilhelm A./Deutsch, Otto E. (Hg.), Mozart, Briefe und Aufzeichnungen. Gesamtausgabe, Bd. 1 1755–76, München 2005, S. 8.

151 Siehe zum Folgenden: Tschudin, Grundzüge der Papiergeschichte, S. 141.

152 Schäffers, Jacob Christian, Sr. Königl. Majest. zu Dännemark Rathes und Professors ... Empfehlung, Beschreibung und erweiterter Gebrauch des sogenannten und zur Erspahrung des Holzes höchstvortheilhaften Bockofens. Nebst 5. Kupfertafeln, Regensburg 1770. Dieser Ofen wird im Kapitel über Energiesparen vorgestellt. URL: https://reader.digitale-sammlungen.de/de/fs1/object/display/bsb10229123_00031.html?zoom=0.55 (abgerufen 27.08.2020).

153 Schäffer, Jacob Christian, Versuche und Muster ohne alle Lumpen oder doch mit einem geringen Zusatze derselben Papier zu machen, Regensburg 1765, S. 3. URL: http://mdz-nbn-resolving.de/urn:nbn:de:bvb:12-bsb11217980-8 // https://reader.digitale-sammlungen.de/de/fs1/object/display/bsb11217980_00003.html (abgerufen 12.12.2019).

154 Schäffer, Versuche und Muster, S. 8.

155 Ebd., S. 15.

156 Keferstein, Georg Christoph, Unterricht eines Papiermachers an seine Söhne, diese Kunst betreffend, Leipzig 1766, Nachdruck, Leipzig 1936, S. 17.

157 E.G., Rez. zu Schäffer, Jacob Christian, Neue Versuche und Muster, das Pflanzenreich zum Papiermachen und andern Sachen wirthschaftlich zu gebrauchen, Bd. 1–3, Regensburg 1765–67. (4, 5 1/2 Bog., mit 21 Mustern u. 2 Kupfern.; mit 14 Mustern u. 5 Kupfern.), in: Allgemeine Deutsche Bibliothek Bd. 11, 1. Stück (1770), S. 283f. Zeitschriften der Aufklärung, Bielefeld. URL: http://ds.ub.uni-bielefeld.de/viewer/image/2002572_021/294/LOG_0082/ (abgerufen 27.08.2020).

158 Kazmeier, August Wilhelm, Historischer Streifzug durch die Rohstofffragen der Papierherstellung, in: Papiergeschichte 1 (1951), S. 40. A. W. Kazmeier ist verantwortlicher Herausgeber des Nachrichtenblattes des Vereins der Zellstoff und Papier-Chemiker und -Ingenieure. Er stellt 1951 sachlich fest, dass derzeit die USA führend seien in der Wiederverwertung von Altpapier, und das trotz des dortigen Waldreichtums. Und er fordert dazu auf, dieser Stoffquelle künftig wieder mehr Beachtung zu schenken.

159 Tschudin, Grundzüge der Papiergeschichte, S. 142.

160 Kazmeier, Historischer Streifzug, S. 42.

161 Aus einer 8-seitigen Broschüre, die die Versteigerungsmasse beschreibt, lässt sich eine Vorstellung davon gewinnen, wie überdimensioniert das Projekt angelegt war: Mehrere große Lagerhallen, ein elegantes Wohnhaus, zahlreiche Fabrikgebäude, nebst Dampfmaschine und einem eigens für die Papierfabrik gestochenen Kanal von der Themse nach Bermondsy, der alleine schon 7000 Pfund Sterling kosten sollte. Heute sind die Neckinger Mills, als Historical Buildings in Southwark, London, gelistet. Das dort erhaltene Gebäude stammt allerdings aus den 1860er-Jahren und ersetzte die Gebäude der ehemaligen Papiermühle, die vermutlich nach der Zwangsversteigerung 1804 abgerissen wurden. Die Geschichte des gescheiterten Unternehmers Kroop liest sich wie ein Abenteuerroman und ist dank der zufälligen Nachbarschaft des Dichters William Blake erstaunlich gut rekonstruierbar. Dazu Davies, Keri, William Blake and the Straw Paper Manufactory at Millbank, in: Karen Mulhallen (Hg.), Blake in Our Time: Essays in Honour of G.E. Bentley Jr., Toronto 2010, S. 235ff.

162 So kann man im Wochenblatt für Papierforschung im Jahr 1951, herausgegeben vom Verein der Zellstoff- und Papier-Chemiker und Ingenieure, die wahrlich nicht im Verdacht unbegründeter Panikmache stehen, nachlesen, dass Mangel an Zellstoff zu einer Wirtschaftskrise in der Papierfabrikation zu führen droht. »Die Frage nach einem geeigneten Ersatzstoff bewegt auch heute wieder die Fachwelt von Neuem.« Interessanterweise sieht der Autor neben Altpapier die Strohzellulose als Hoffnungsträger der Zukunft. Stroh böte einen möglichen Ausweg aus dem Rohstoffmangel in der Papierindustrie und er schließt mit dem Gedanken, »dass für Deutschland nur die verstärkte Heranziehung von Stroh zur Herstellung von Papier und Zellstoff den Mangel an Faserholz ausgleichen könne«. Hier zit. nach Kazmeier, Historischer Streifzug, S. 45.

163 »I think there's a world market for maybe five computers« Thomas Watson, Chairman of IBM 1943. Oxford Dictionary of Humorous Quotations, Oxford 2013, S. 63.

164 E.G., Rez. zu Schäffer, Jacob Christian, Neue Versuche und Muster, S. 283f.

165 Wahnbeck, Caroline, Graspapier. Diese Kartons bestehen aus Gras, 22. November 2018. URL: https://utopia.de/ratgeber/graspapier-diese-kartons-bestehen-aus-gras/20191003 (abgerufen 12.12.2019).

166 Jones, Anna, A Modern Way to Eat, London 2015.

167 Siehe dazu als ein Beispiel von vielen die Ausstellung »Design mit bewegter Vergangenheit« im Museum für Gestaltung in Zürich 2013/2014. URL: https://www.artoffer.com/Museum-fuer-Gestaltung-Zuerich/Vintage-x2013-Design-mit-bewegter-Vergangenheit/870 (abgerufen 28.08.2020).

168 Alchermes, Joseph, Spolia in Roman Cities of the Late Empire: Legislative Rationales and Architectural Reuse, in: Dumbarton Oaks Papers 48 (1994), S. 167–178, hier bes. S. 178; Clemens, Lukas, Tempore Romanorum constructa. Zur Nutzung und Wahrnehmung antiker Überreste nördlich der Alpen während des Mittelalters, Stuttgart 2003; Binding, Günther, Antike Säulen als Spolien in Früh- und Hochmittelalterlichen Kirchen und Pfalzen – Materialspolie oder Bedeutungsträger? Sitzungsberichte der Wissenschaftlichen Gesellschaft an der Johann Wolfgang Goethe-Universität Frankfurt am Main XLV, Nr. 1, Stuttgart 2007; Jäggi, Carola, Spolia, in: LexMA 7, 2129–2131. Zu den Materiallagern siehe Brandenburg, Hugo, Magazinierte Baudekoration und ihre Verwendung in der spätantiken Architektur Roms des 4. und 5. Jh. Ein Beitrag zur Bewertung der Spolie, in: Boreas. Münstersche Beiträge zur Archäologie 30/31 (2010), S. 169–189.

169 Esch, Arnold, Spolien: Zur Wiederverwendung antiker Baustücke und Skulpturen im mittelalterlichen Italien. In Archiv für Kulturgeschichte 51 (1969), S. 2–64, hier S. 5, und auch 42f. Für Beispiele aus Ravenna siehe Jäggi, Carola, Spolien in Ravenna – Spolien aus Ravenna: Transformation einer Stadt von der Antike bis in die frühe Neuzeit, in: Altekamp, Stefan/Marcks-Jacobs, Carmen/Seiler, Peter (Hg.), Perspektiven Der Spolienforschung Bd. 1: Spoliierung und Transposition, Berlin 2013, S. 287–330.

170 Noethlichs, Karl Leo, Kaiserzeitliche und spätantike staatliche Regularien zur Spoliierung – ein Kommentar, in: Altekamp, Stefan/Marcks-Jacobs, Carmen/Seiler, Peter (Hg.), Perspektiven der Spolienforschung Bd. 1: Spoliierung und Transposition, Berlin 2013, S. 11–21, hier S. 13f.

171 Esch, Spolien, S. 6f, jeweils mit Anmerkungen.

172 Ebd., S. 11f, mit Verweis auf Noehles, Karl, Zur Wiederverwendung antiken Spolienmaterials in der Kathedrale von Sessa Aurunca, in: Festschrift für M. Wegner zum 60. Geburtstag, Münster 1962, S. 91.

173 Untermann, Matthias, Vom Schicksal der Dinge aus archäologischer Sicht, in: Klein, Ulrich (Hg.), Vom Schicksal der Dinge. Spolie – Wiederverwendung – Recycling, Paderborn 2014, S. 9–16, hier S. 10 mit Verweis auf Meyer, Ruth: Frühmittelalterliche Kapitelle und Kämpfer in Deutschland. Typus, Technik, Stil, bearb. v. Daniel Herrmann, Berlin 1997; zu Lucca siehe Esch, Spolien, S. 15, Anm. 54.

174 Ebd., S. 25–27.

175 Ebd., S. 36.

176 Biermann, Veronica, Ortswechsel: Überlegungen zur Bedeutung der Bewegung schwerer Lasten für die Wirkung und Rezeption monumentaler Architektur am Beispiel des Vatikanischen Obelisken, in: Altekamp, Stefan/Marcks-Jacobs, Carmen/Seiler, Peter (Hg.), Perspektiven der Spolien-

forschung Bd. 1: Spoliierung und Transposition, Berlin 2013, S. 123–156, hier S. 133, Abb. 5.

177 Walter Kaemmerer (Hg.), Albrecht Dürer, Reisetagebuch, Aachener Quellentexte, Aachen 1980, S. 294, hier zit. nach Binding, Antike Säulen, S. 20.

178 Binding, Antike Säulen, S. 18f. Vgl. Reudenbach, Bruno (Hg.), Karolingische und Ottonische Kunst, Darmstadt 2009, S. 217.

179 Reudenbach, Bruno, Geschichte der Bildenden Kunst in Deutschland, S. 196f, Nr. 6 zum Sarkophag, S. 196 zur Reiterstatue, S. 218, Nr. 4 zur Bärin.

180 Dieses Wissen fasst der berühmte Geograf Sebastian Münster in seiner Cosmographey aus dem Jahr 1544 noch einmal zusammen: »Dieser löblich Carlen bawet auch darnach zu Aachen ein hübsch und köstlich Münster, und ziert es mit Sylber und Gold. Er ließ auch grosse Seulen und Marmelstein von Rom, Ravenn und Trier dahin führen, wie man sie noch da sihet.« Sebastian Münster, Cosmographey, Basel[2] 1588, S. DCCXXI, hier zit. nach Binding, Antike Säulen, S. 18 und 21 für das Zitat.

181 Rau, Reinhold (Hg.), Einhard, Das Leben Karls des Großen, Einhardi Vita Karoli Kap. 22, in: Quellen zur karolingischen Reichsgeschichte Teil 1, übers. v. O. Abel/J. v. Jasmund, [AQdGM 5], Darmstadt 1955, S. 192–195.

182 Pieper, Jan, Der Karlsthron im Architektursystem der Pfalzkapelle zu Aachen. Eine architektonische Miniatur, in: Pieper, Jan/Schindler, Bruno, Thron und Altar, Oktogon und Sechzehneck. Die Herrschaftsikonographie der karolingischen Pfalzkapelle zu Aachen (Scriptorium Carolinum 5), Aachen/Berlin 2017, S. 47–124, hier bes. S. 91–120; Schütte, Sven, Der Aachener Thron, in: Mario Kramp (Hg)., Krönungen, Könige in Aachen. Geschichte und Mythos, Mainz 1999, S. 213–222; Corsepius, Katharina, Der Aachener »Karlsthron« zwischen Zeremoniell und Herrschermemoria, in: Steinicke, Marion/Weinfurter, Stefan (Hg.), Investitur- und Krönungsrituale. Herrschaftseinsetzungen im kulturellen Vergleich, Köln 2005, S. 359–375, hier Abb. 6 für das Mühlespiel.

183 Aristoteles, Nikomachische Ethik, Ursula Wolf (Übers./Hg.), Reinbeck 2018, 7. Auflage Buch V, 8, S. 175.

184 Ebd., S. 174.

185 Vgl. dazu jetzt Piketty, Thomas, Capital and Ideology, Cambridge/Mass./ London 2020 und die Rezension von Streb, Jochen, in: Vierteljahrschrift für Sozial- und Wirtschaftsgeschichte 107 (2020).

186 In einer Fallstudie zu Tirol zeigt Nicolussi-Köhler, dass diese Pfandleihbanken auch in ländlichen Räumen eingerichtet wurden. Siehe Nicolussi-Köhler, Stephan, Money Lending and Settling Debts in and around Meran (South Tirol) in the 14th Century, in: Mannheim Workingpapers in Premodern Economic History 2020, S. 13–45 https://doi.org/10.25521/mwppeh.2020.139; vgl. auch die Studien dazu in Nicolussi-Köhler, Stephan (Hg.), Change and Transformation of Premodern Credit Markets. The Importance of Small-Scale Credits, Heidelberg 2021.

187 Einschlägig zu den Monti di Pietà: Muzzarelli, Maria Giuseppina, Il denaro e la salvezza. L'invenzione del Monte di Pietà, Bologna 2001; Todeschini,

Giacomo, I mercanti e il tempio. La società cristiana e il circolo virtuoso della ricchezza fra Medioevo ed Età Moderna, Bologna 2002, S. 449–486; Montanari, Daniele, Il credito e la carità, I: Monti di Pietà delle città lombarde in Età moderna, Milano, Vita e pensiero, 2001; Meneghin, Vittorino, I Monti di Pietà in Italia. Dal 1462 al 1562, Vicenza 1986, S. 14. Heute kennt kaum einer die Monti di Pietà, während viele bis Ende des letzten Jahrhunderts existierten, sind andere aus den großen und kleinen italienischen Städten verschwunden. Carboni, Mauro, Converting Goods into Cash. An Ethical Approach to Pawnbroking in Early Modern Bologna, in: Terpstra, Nicholas/Carboni, Mauro, The Material Culture of Debt (Centre for Reformation and Renaissance Studies), Toronto 2012, S. 63–83, hier S. 64. Den Begriff des »socially responsible consumer credit« übernahm Carboni von Wee, Herman van der, The Low Countries and the Early Modern World, Aldershot 1993, S. 184. Demnächst auch Skambraks, Tanja, Kleinkredit und Caritas, Habilitationsschrift eingereicht an der Philosophischen Fakultät der Universität Mannheim 2020, der ich an dieser Stelle für die Möglichkeit der Einsichtnahme in die noch ungedruckte Fassung der Arbeit danke.

188 Heers, Jacques, Montes pietatis, in: Lexikon des Mittelalters, Stuttgart 2000, Bd. 6, Sp. 795f. Siehe auch Holzapfel, Heribert, Die Anfänge der Montes Pietatis (1462–1515), München 1903, S. 15–21. Montes pietatis, gleichbedeutend mit deposita pietatis war die Bezeichnung für Spenden, oder mildtätige Gaben zur Unterstützung notleidender Brüder, auch »Monte della carità« oder »Mamma pauperum Christi« oder »Mare di pietà« findet man in den Quellen. Anfangs gab es auch Montes gratuiti, neben solchen die eine Entschädigung für die Auslagen verlangten. Auch gab es Montes profani, der älteste gegründet in Venedig zwischen 1164 und 1178, um einen akuten Geldmangel der Stadt zu decken, erhob man eine verpflichtende Einzahlung in den städtischen Mons (imprestita), um so zu Kapital zu kommen. Die Stadt verpflichtete sich bis zur Rückzahlung des Kapitals zu Auszahlung einer jährlichen Rente in Höhe von 2–5 %. Ähnlich in Genua oder Florenz. Zu den monti frumentari siehe Checcoli, Ippolita, I Monti frumentari e le forme di credito non monetario tra Medioevo ed Età moderna, Bologna 2016.

189 Armstrong, Lawrin, Usury, Conscience and Public Debt: Angelo Corbinelli's Testament of 1419, in: Munor, John A./Kuehn, Thomas (Hg.), A Renaissance of Conflicts. Visions and Revisions of Law and Society in Italy and Spain, Toronto 2004, S. 173–240; hier S. 230f, nach: Jansen, Katherine/Drell, Joanne/Andrews, Frances (Hg.), Medieval Italy. Texts in Translation, Philadelphia 2009, S. 108. Zum Monte Commune in Florenz siehe auch Lindholm, Richard, Quantitative studies of the Renaissance Florentine economy and society, Anthem Press 2017, S. 35–58.

190 Muzarelli, Giuseppina Maria, Il denaro e la salvezza. L'invenzione del Monte di Pietà, Bologna 2001; Avallone, Paola (Hg.), Il ›povera‹ va in Banca. I Monti di Pietà negli antichi stati Italiani, Neapel 2001; Bresnahan Menning,

Carol, Charity and State in Late Renaissance Italy. The Monte di Pietà of Florence, Ithaca 1993; Meneghin, I Monti di Pietà; Holzapfel, Die Anfänge des Montes Pietatis.

191 Einen Überblick zur Forschungsgeschichte liefert Barile, Nicola Lorenzo, Renaissance Monti di Pietà in Modern Scholarship. Themes, Studies, and Historiographic Trends, in: Terpstra, Nicholas/Carboni, Mauro, The Material Culture of Debt. (Centre for Reformation and Renaissance Studies) Toronto 2012, S. 85–114. Zur Buchführung der Monti siehe Carboni, Mauro/Muzzarelli, Maria Giuseppina (Hg.), I Conti dei Monti. Teoria e Pratica amministrativa nei Monti di Pietà fra Medioevo ed Età Moderna, Venedig 2008.

192 Meneghin, I Monti di pietà, S.14. »La diminuzione della povertà, l'evoluzione sociale, il sorgere di nuovi enti creditizi, le varie forme di assistenza estese dallo Stato ad ogni.« Vgl. Skambraks, Kleinkredit und Caritas, Kap. 3, Absatz 2.1.

193 Lopez, Robert S., The Commercial Revolution of the Middle Ages, 950–1350, Cambridge 1976, S. 87. Der Brief des Bindo Piaciti ist gerichtet an Francesco di Marco Datini (2. und 5. November 1400). Übersetzt aus den Akten im Archivio di Stato Prato, Datini 712, Carteggio Bologna von Congdon, Eleanor A., A run on a Bank (1400), in: Jansen, Katherine/Drell, Joanne/Andrews, Frances (Hg.), Medieval Italy. Texts in Translation, Philadelphia 2009, S. 98f.
Zur Vorgeschichte 1: Die kommerzielle Revolution des 13. Jahrhunderts. Um die Entstehung dieser Mikrokreditbanken zu verstehen, zunächst ein kurzer Exkurs zur wirtschaftlichen Entwicklung der Zeit. Im 13. Jahrhundert waren die italienischen Städte Ausgangspunkt einer europaweiten Revolution, der sogenannten kommerziellen Revolution geworden. Den Begriff hat Robert Lopez geprägt, um grundlegende Umwälzungen im Wirtschafts- und Finanzwesen der Zeit zu beschreiben. Es entstanden größere Handelsgesellschaften, die kaufmännische Rechnungslegung verbreitete sich, und die Spezialisierung in allen Bereichen des wirtschaftlichen Lebens nahm zu. Alles in allem führten diese Entwicklungen zur Ausweitung der Geldwirtschaft und der Verbreitung neuer Finanzinstrumente und Banken. Nach Lopez veränderte diese kommerzielle Revolution die mittelalterlichen Städte in einer Weise, wie sie erst wieder 400 Jahre später durch die industrielle Revolution für ganz Europa erfolgte. Der Marktplatz ersetzte die Kathedralen als wichtigste Zentren städtischen Lebens. Am einfachsten lassen sich diese Thesen im Mittelmeerhandel verifizieren. Die bisher üblichen einfachen Commenda-Verträge zwischen einem Investor und einem Unternehmer, die sich Gewinne und Verluste hälftig teilten, arbeitete man zunehmend über ortsansässige Agenten (Banken) ab und stellte »Schuldbriefe« (Akkreditive) aus, die jeweils vor Ort ausgelöst werden konnten. Banken wurden entscheidend für die Abwicklung von Geschäften und Finanztransaktionen. Statt aufwendige und außerdem für Diebe verlockende Geldtransporte zu organisieren, zahlte man Einlagen

in eine Bank der betreffenden Stadt, in wechselseitiger Übereinkunft, dass von dort aus Waren bezahlt werden konnten und im Übrigen das Geld gewinnbringend und klug investiert wurde. Das System bewährte sich und setzte sich flächendeckend durch, wenngleich es auch immer wieder zu Bankencrashs kam, dann nämlich wenn, zum Beispiel in Krisen, zu viele Geschäftspartner gleichzeitig ihre Einlagen zurückforderten.
Dazu ein ganz konkretes Beispiel: Als sich am Mittwoch, 30. September 1400 in Venedig die Nachricht verbreitete, dass die Pest den prominenten Florentiner Banker Ser Piero Benedetto mit Wohnsitz in Venedig dahingerafft hatte, kamen alle Kunden, vornehmlich Venezianer Handwerker, und forderten aufgeregt ihr Geld zurück. Sie kamen so zahlreich, dass die Angestellten den Betrieb nicht aufrechterhalten konnten und in der Nacht die Bankbücher bei den Consoles von Venedig, den zuständigen Handelsbeauftragten der Stadt, deponierten und öffentlich erklärten, dass jeder sein Geld ordnungsgemäß zurückerhalte. Die Bank blieb zunächst geschlossen. Während die Familie Piero am Freitag bestattete nahmen die Mitarbeiter mit sämtlichen Kunden persönlichen Kontakt auf, um sie zu beruhigen. Die Eltern des Bankers starteten über das Wochenende eine Sammelaktion, um das nötige Bargeld aufzubringen, am darauffolgenden Montag wurde die Bank wieder geöffnet, und alle, die ihr Geld abheben wollten, konnten bezahlt werden. Bis zum 4. Oktober wurden dann sämtliche Kunden außerhalb Venedigs, vornehmlich die in Florenz, von den Eltern des Verstorbenen kontaktiert. Auch ihnen versicherte man, dass die Bank von den Erben des Ser Piero weitergeführt und die Einlagen in die neuen Bücher übertragen würden. Die Kunden wurden gebeten, doch bitte ausstehende Zahlungen bis Januar nicht zu verzögern und Forderungen, die kurz vor Abschluss stünden, nicht vorzeitig abzurufen. »Und alle Florentiner reagierten positiv auf diese Bitte, und sie fühlten sich geehrt, dass man sie um dieses Entgegenkommen gebeten hatte.« Diese anschauliche Schilderung der Maßnahmen zur Vermeidung eines Bankencrashs aus dem Jahr 1400 verdanken wir dem Kaufmann Bindo Piaciti, der seinen Geschäftspartner Datini in Bologna über die Vorfälle in Venedig auf dem Laufenden hielt. Die Darstellung macht deutlich, wie gut ausgebildet das italienische Bankenwesen der Zeit war. Die Mikrokreditbanken des späten 15. Jahrhunderts entstanden in einer finanztechnisch sehr weit entwickelten Gesellschaft.

194 Carboni, Converting Goods into Cash, S. 64.

195 Lodi S./Sambin De Norcen, Maria Teresa, Il complesso del Monte di pietà al Duomo (XIV sec. – 1619), in: Il palazzo del Monte di pietà a Padova, Padua 1996, S. 25–101. URL: https://www.fondazionedelmonte.it/centro-studi-monti-di-pieta/storia/padova-1491/ (abgerufen 09.09.2020).

196 Siehe dazu unten Kapitel »Minimalismus«.

197 Meneghin, I Monti di Pietà, S. 14, sowie S. 117–125 für die Liste mit mehr als 140 Predigern.

198 Zu den jüdischen Pfandleihbanken siehe Skambraks, Tanja, Zwischen Kooperation und Konkurrenz. Jüdische Pfandleihe und Monti di Pietà in

Italien, in: Fouquet, Gerhard/Rabeler, Sven (Hg.), Ökonomische Glaubensfragen. Strukturen und Praktiken jüdischen und christlichen Kleinkredits im Spätmittelalter, Stuttgart 2018, S. 99–120; Botticini, Maristella, A tale of »benevolent« governments. Private credit markets, public finance, and the role of the Jewish lenders in Medieval and Renaissance Italy, in: Journal of Economic History 60 (1) (2000), S. 164–189.

199 Eine Kostprobe bietet die Studie von Maria Giuseppina Muzzarelli zu den judenfeindlichen Predigten des Bernardino da Feltre, siehe Muzzarelli, Maria Giuseppina, Monti di Pietà e banchi ebraici nella predicazione osservante. Il caso di Bernardino da Feltre, in: Studi francescani 110 (2013), S. 327–344; auch in englischer Fassung verfügbar: Muzzarelli, Maria Giuseppina, The effect of Bernardino da Feltre's preaching on the Jews, in: Adams, Jonathan/Hanska, Jussi (Hg.), The Jewish Christian Encounter in Medieval Preaching, New York 2014, S. 170–194; Toaff, Ariel, Jews, Franciscans and the First Monti di Pietà in Italy, in: McMichael, Steven J./Meyers, Susan E. (Hg.), Friars and Jews in the Middle Ages and Renaissance, Leiden/Boston 2004, S. 239–253; hier S. 245. Vgl. auch Toaff, Ariel, The Jews in Umbria, Bd. 1–3, Leiden 1993–1994.

200 Zu diesem Beispiel siehe Toaff, Jews, Franciscans and the First Monti, S. 241–246; vgl. Skambraks, Zwischen Kooperation und Konkurrenz, S. 105f.

201 Toaff, Jews, Franciscans and the First Monti, S. 247 zum »stillen Gesellschafter«.

202 Dazu Muzzarelli, Bernardino da Feltre, S. 173, vgl. dazu auch Skambraks, Zwischen Kooperation und Konkurrenz.

203 Toaf, Jews, Franciscans and the First Monti, S. 249f. Zu Assisi vgl. auch Muzzarelli, Bernardino da Feltre, S. 174.

204 Skambraks, Zwischen Kooperation und Konkurrenz, die herausarbeitet, wie man auf bewährte und eingespielte Kooperationsmodelle zwischen jüdischen und christlichen Geschäftsleuten nicht verzichten wollte, da diese dem ›bonum commune‹ und der städtischen Wirtschaft sehr zuträglich waren (S. 100 mit Verweis auf Haverkamp, Alfred, Juden in Italien und Deutschland während des Spätmittelalters. Ansätze zum Vergleich, in: Haverkamp, Albrecht/Cluse, Christoph/Müller, Jörg R. (Hg.), Neue Forschungen zur mittelalterlichen Geschichte (2000–2011). Festgabe zum 75. Geburtstag, Hannover 2012, S. 59–102, S. 75.).

205 Girard, René, Le buc émissaire, Paris 1982; dt. Der Sündenbock, Zürich 1988, Ausstoßung und Verfolgung, Frankfurt a. Main 1992.

206 Muzzarelli, Monti di Pietà, S. 327–344.

207 Nach Skambraks, Kleinkredit und Caritas, Kap. 3 »A trustworthy institution?«

208 Muzzarelli, Maria Giuseppina, From the Closet to the Wallet: Pawning Clothes in Renaissance Italy, in: Renaissance and Reformation 35 (3) (2012), S. 23–38, hier S. 25f; Carboni, Converting Goods into Cash, S. 71f.

209 Skambraks, Tanja, Kleinkredit und Caritas, S. 18–30.

210 Ebd., Kap. 3, S. 15–30. Vergleiche auch die anschauliche Beschreibung der Sitzordnung bei den Generalversammlungen, ebenda S. 15, Anm. 62.
Vorstand
Vorstandsvorsitzender (*protectore*)
3 Aufsichtsräte (*provisores*)
3 Vorständinnen (*priores*)
2 Bürgermeister (*sindici*)
4 Abgeordnete (*deputati*)
Rat der Dreizehn (*il consiglio dei tredici*).
Beamte im Monte
Bankmanager (*depositarius*)
Sekretär (*segretario*)
Finanzchef (*cassiere*)
Buchhalter (*computista*)
Pfandschätzer (*estimatore*)
Pfandmeister (*custos/factore*)
Notar (*procuratore*)
Bedienstete (*fancelli*)

211 Mollat, Michel (Hg.), Études sur l'histoire de la pauvreté, Bd. 1–2, Paris 1974; Felten, Franz J., Zusammenfassung. Mit zwei Exkursen zu den »Starken Armen« im frühen und hohen Mittelalter und zur Erforschung der pauperes der Karolingerzeit, in: Oexle, Otto Gerhard (Hg.), Armut im Mittelalter, Ostfildern 2004, S. 349–401. Uerlings, Herbert/Trauth, Nina/Clemens, Lukas (Hg.), Armut. Perspektiven in Kunst und Gesellschaft. Katalog zur Ausstellung, Darmstadt 2011. Vgl. auch Signori, Schuldenwirtschaft: Konsumenten- und Hypothekenkredite im spätmittelalterlichen Basel, Konstanz/München 2015, S. 26f. Sie zieht es vor, von kleinen Leuten vor allem dann zu reden, wenn es nicht nur um Armut im Sinne des Steueraufkommens geht, sondern um die Ohnmacht der Armut. Zu den Netzwerken städtischer Almosenvergabe siehe zum Beispiel Rubin, Miri, Charity and community in Medieval Cambridge, Cambridge 1987.

212 Groebner, Valentin, Mobile Werte, informelle Ökonomie. Zur »Kultur« der Armut in der spätmittelalterlichen Stadt, in: Oexle, Otto Gerhard (Hg.), Armut im Mittelalter, Ostfildern 2004, S. 165–187. Man spricht auch von Objekten als Kapitalträger im Rahmen der mittelalterlichen »Sachwertökonomie«. Objekte ersetzten die Funktion des Geldes als Wertspeicher in Gesellschaften, in denen Kredite omnipräsent waren. Das spiegelt sich auch in der breiten Palette an Gütern, die die Monti als Sicherheiten für Kredite akzeptierten, um finanzielle Flexibilität für ihre Kunden zu ermöglichen.

213 Carboni, Converting Goods into Cash, S. 65.

214 Carboni, Mauro/Muzzarelli, Maria Giuseppina, In pegno. Oggetti in transito tra valore d'uso e valore di scambio (secoli XIII-XX), Bologna 2012; vgl. zum Wert von Alltagsgegenständen Smail, Daniel L., Legal plunder. Households and Debts Collections in Late Medieval Europe, Harvard 2016, hier besonders S. 31–88 The value of things.

215 Muzzarelli, From the Closet to the Wallet. Vgl. Skambraks, Kleinkredit und Caritas, Kap. 4.1 für eine ausführliche Auswertung der Liste aus Perugia.

216 Muzzarelli, From the Closet to the Wallet, S. 32 für Maddalena.

217 Skambraks, Kleinkredit und Caritas, Kap. 4.1. Mit dem Hinweis auf die Möglichkeit, nachträglich nicht eingelöste und bereits verkaufte Pfänder wieder einzulösen. Eine Kollektion schwarzer Samtkleider, die ein Wollweber namens Nucenzio verpfändet und nicht wieder eingelöst hatte, wurde von einem gewissen Permatheus de Cavaceppis ersteigert, für 12 Florin das Stück. Interessant ist ein späterer Vermerk zu diesem Versteigerungsposten auf der Liste: Mit Einverständnis des Permatheus löste ein anderer Wollweber im Namen des Nucenzio die versteigerten Objekte nachträglich doch noch aus. Offensichtlich war es möglich, dass ein Schuldner selbst ein bereits versteigertes Pfand nachträglich noch erfolgreich zurückfordern konnte. Tanja Skambraks interpretiert dies als Hinweis auf die hohe Flexibilität der Akteure sowie auf eine Wirtschaftsweise, die auch informelle Absprachen im Sinne einer gütlichen Einigung ermöglichte.

218 Muzzarelli, From the Closet to the Wallet, S. 28, die den Befund anders deutet und auf Vergleichsdaten aus Pistoia und Urbino hinweist. In Pistoia waren nur 5 % der Kreditnehmerinnen Frauen, in Urbino immerhin 12,5 %.

219 Anschauliche Beispiele dazu in Jansen, Medieval Italy, S. 104–109. Zur Problematik der Zinsnahme in den städtischen Monti, namentlich zum Monte Commune in Florenz siehe Kirshner, Julius, Storm over the Monte Commune. Genesis of the moral controversy over the public debts of Florence, in: Archivum Fratrum Praedicatorum 53 (1983), S. 219–276.

220 Dessi, Rosa Maria, Usura, Caritas e Monti di Pietà. Le prediche antiusurarie e antiebraiche di Marco da Bologna e di Michele Carcano, in: I fratri osservanti e la società in Italia nel secolo XV, Atti del XL Convegno internazionale in occasione del 550° anniversario della fondazione del Monte di pietà di Perugia, 1462, Assisi - Perugia, 11–13 ottobre 2012, Spoleto 2013, S. 169–226, hier S. 202.

221 Vgl. Fontaine, Laurence, The Moral Economy. Poverty, credit, and trust in Early Modern Europe, Cambridge 2014; Muzzarelli, Maria Giuseppina, Il Monte, la pietà e la misericordia. Parole e immagini, in: Delcorno, Pietro (Hg.), Politiche di misericordia tra teoria e prassi. Confraternite, ospedali e monti di pietÀ (XIII-XVI secolo), Bologna 2018, S. 229–242.

222 Meneghin, I Monti di Pietà, S. 9f, Anm. 2.

223 Dazu einschlägig Teuscher, Simon, Schulden, Abhängigkeiten und politische Kultur. Das Beispiel der Kleinstadt Thun im Spätmittelalter, in: Signori, Gabriela (Hg.), Prekäre Ökonomien. Schulden in Spätmittelalter und Früher Neuzeit, Konstanz/München 2014, S. 243–262, hier S. 243, Anm. 1; Häberlein, Mark, Kreditbeziehung und Kapitalmärkte vom 16. bis 19. Jahrhundert, in: Schlumbohm, Jürgen (Hg.), Soziale Praxis des Kredits 16.–20. Jahrhundert, Hannover 2007, S. 37–51; vgl. auch Signori, Schuldenwirtschaft, S. 10.

224 Signori, Schuldenwirtschaft, S. 11. Mit Verweis auf den viel zitierten Aufsatz aus dem Jahr 1927 von Kuske, Bruno, Die Entstehung der Kreditwirtschaft und des Kapitalverkehrs, in: Ders. (Hg.), Köln, der Rhein und das Reich. Beiträge aus fünf Jahrzehnten wirtschaftsgeschichtlicher Forschung, Köln/Graz 1956, S. 48–138 »Das ältere Kreditsystem weist in großem Umfang Verbrauchskredite (Darlehenskredite im engeren Sinne) auf, deren außerordentliche Ausdehnung über alle irgendwie kreditfähigen Volksschichten nicht genug betont werden kann.«

225 Teuscher, Schulden, S. 248.

226 Ebd., S. 249; Vgl. auch Ders., Bekannte, Klienten, Verwandte. Soziabilität und Politik in der Stadt Bern um 1500, Köln 1998.

227 Signori, Schuldenwirtschaft, S. 16f. Der ich an dieser Stelle für die Zusendung des Digitalisats danken möchte. Das »Beschreibbuch« liegt im Stadtarchiv Basel StABS ÄNA GA K 2 (1475–1478) S. 74. Zur Funktion der Spitäler siehe die Studie von Mandry, Julia, Armenfürsorge, Hospitäler und Bettel in Thüringen in Spätmittelalter und Reformation (1300–1600), Wien u.a. 2018; Pohl-Resl, Brigitte, Rechnen mit der Ewigkeit. Das Wiener Bürgerspital im Mittelalter, Wien 1996.

228 Signori, Schuldenwirtschaft, S. 20.

229 Gabriela Signori interpretiert die Befunde anders: Aus ihrer Sicht sind die Konfessate ein Beweis für die Abnahme des gegenseitigen Vertrauens in der Basler Gesellschaft. »Von diesem mangelnden Vertrauen allein handeln schließlich ja auch die Konfessate.« (Signori, Schuldenwirtschaft, S. 46). Sie argumentiert gegen die These etwa von Muldrew, Craig, The Economy of Obligation. The Culture of Credit and Social Relations in Early Modern England, London 1998, der ein Buch darüber geschrieben hat, wie die frühneuzeitliche Wirtschaft in England auf Vertrauensbeziehungen und dem guten Ruf aller Beteiligten beruht habe. Dagegen fragt Signori »Bedurfte es, wo Vertrauen herrschte, wirklich so vieler Bücher?« (Signori, Schuldenwirtschaft, S. 19).

230 Signori, Schuldenwirtschaft, S. 35ff.

231 Ebd., S. 30, laut Ratserlass aus dem Jahr 1428.

232 Ebd., S. 43f.

233 Ebd., S. 54f. und S. 77 mit Verweis auf Simon-Muscheid, Katharina, Die Dinge im Schnittpunkt sozialer Beziehungsnetze, Göttingen 2004, S. 91–97.

234 Signori, Schuldenwirtschaft, S. 76, Anm. 85–88; sowie S. 49, 54 und 75

235 Ebd., S. 138f.

236 Fontaine, Moral Economy, S. 96, Anm. 2 mit Verweis auf Roche, Daniel, Le Peuple de Paris, Paris 1981, S. 84, der den Begriff des Tagelöhners als missverständlich ablehnt und durch Lohnarbeiter ersetzt.

237 Fontaine, Moral Economy, S. 95–99, mit Verweis auf Montenach, Anne, Une économie de l'infime. Espace et pratiques du commerce alimentaire à Lyon au XVII siecle, PhD Thesis, Institut Universitaire Européen de Florence, Florenz 2003, S. 387–394.

238 Chantepie, Gaël/Latina, Mathias, La réforme du droit des obligations. Commentaire théorique et pratique dans l'ordre du Code civil, Dalloz, 2016. »Code civil. Livre III: Des différentes manières dont on acquiert la propriété. Titre III: Des contrats ou des obligations conventionnelles en général. Chapitre VI: De la preuve des obligations et de celle du paiement«. Section 1: De la preuve littérale.
Paragraphe 1: Dispositions générales. Article 1316 La preuve littérale, ou preuve par écrit, résulte d'une suite de lettres, de caractères, de chiffres ou de tous autres signes ou symboles dotés d'une signification intelligible, quels que soient leur support et leurs modalités de transmission. [...] Paragraphe 4: Des tailles [archive], Article 1333 Les tailles corrélatives à leurs échantillons font foi entre les personnes qui sont dans l'usage de constater ainsi les fournitures qu'elles font ou reçoivent en détail.

239 Ludwig, Karl-Heinz, Kerbholz, in: Lexikon des Mittelalters, Bd. 5, Stuttgart 1993, Sp. 1115.

240 Kuchenbuch, Ludolf, Pragmatische Rechenhaftigkeit? Kerbhölzer in Bild, Gestalt und Schrift, in: Frühmittelalterliche Studien 36 (2002), S. 469–490; Kuchenbuch, Ludolf, Kerbhölzer in Alteuropa – zwischen Dorfschmiede und Schatzamt, in: Balázs, Nagy/Sebök, Marcell (Hg.), »The Man of many devices who wandered full many ways«. Festschrift in honor of János M. Bak, Budapest 1999, S. 303–325; Kuchenbuch, Ludolf, Les baguettes de taille au Moyen Âge. Un moyen de calcul sans écriture?, in Coquery, Natacha/Menant, François/Weber, Florence (Hg.), Écrire, compter, mesurer. Vers une histoire des rationalités pratiques, Paris 2006, S. 113–142; Kypta, Ulla, Die Autonomie der Routine: Wie im 12. Jahrhundert das englische Schatzamt entstand, Göttingen 2014; Wedell, Moritz, Zählen: Semantische und praxeologische Studien zum numerischen Wissen im Mittelalter, Göttingen 2011; Kovalev, Roman/Noonan, Thomas S., What can archaeology tell us about how debts were documented and collected in Kievan Rus'?, in: Russian History 27 (2000) S. 119–154.

241 Kuchenbuch, Ludolf, Am Nerv des Geldes. Die Verbankung der deutschen Verbraucher 1945–2005, in: Historische Anthropologie 17/2 (2009), S. 260–275.

242 Wackernagel, Jacob, Die Viehverstellung. Eine Sonderbildung der spätmittelalterlichen Gesellschaft, dargestellt auf Grund italienischer, französischer und deutscher Quellen, Weimar 1923, S. 1f. Siehe auch Grass, Nikolaus, Viehverstellung, in: Erler, Adalbert/Kaufmann, Ekkehard (Hg.), Handwörterbuch zur Deutschen Rechtsgeschichte, Bd. 5, Berlin 1998, Sp. 912–913; Rippmann, Dorothee, Viehverstellung, in: Friedrich Jäeger (Hg.), Enzyklopädie der Neuzeit, Bd. 14, Stuttgart 2011, S. 312–314.

243 Nicolussi-Köhler, Stephan, Marseille, Montpellier und das Mittelmeer. Die Entstehung des südfranzösischen Fernhandels im 12. und 13. Jahrhundert (Pariser Historische Schriften 121), Heidelberg 2021; Wackernagel, Die Viehverstellung, S. 12f. Wackernagel fragt, ob es Verbindungen zwischen Viehverstellung und Commenda-Vertrag aus dem Seehandel

gibt, kommt jedoch zu dem Ergebnis, dass sich trotz eingehender Nachforschungen keine Anhaltspunkte dafür finden ließen. Seehandel und landwirtschaftliche Produktion seien gänzlich verschiedene Gebiete des Wirtschaftslebens. Allerdings weist er darauf hin, dass in französischen Quellen zuweilen die Viehverstellung als *commande* bezeichnet wird.

244 In der Schweiz findet man dazu zuweilen Regelungen in Dorfordnungen, sogenannte Offnungen, die Rechte und Pflichten der Gemeinschaft regelten. So enthält zum Beispiel die Offnung von Magdenau in Wolfertswil, Kanton St. Gallen, aus der zweiten Hälfte des 15. Jahrhunderts die Bestimmung, dass der Einsteller dem Versteller jährlich am 11. November, dem St. Martinstag, von zwei Kühen ein Kalb zu geben habe, oder von einer Kuh in zwei Jahren ein Kalb. Sonderegger, Stefan, Landwirtschaftliche Entwicklung in der spätmittelalterlichen Nordostschweiz. Eine Untersuchung ausgehend von den wirtschaftlichen Aktivitäten des Heiliggeist-Spitals t. Gallen, St. Gallen 1994, S. 252.

245 Grass, Viehverstellung, Sp. 912f.

246 Wackernagel, Viehverstellung, S. 68f.

247 Sonderegger, Landwirtschaftliche Entwicklung, S. 251–259, hier S. 255, Anm. 675.

248 Ebd., S. 252–254.

249 Steinbrink, Matthias, Ulrich Meltinger. Ein Basler Kaufmann am Ende des 15. Jahrhunderts, Stuttgart 2007, S. 33f. Meltinger starb 1504.

250 Ebd., S. 169–172.

251 Ebd., S. 345, sowie S. 170.

252 Rippmann, Dorothee, Bauern und Städter: Stadt-Land-Beziehungen im 15. Jahrhundert: Das Beispiel Basel, unter besonderer Berücksichtigung der Nahmarktbeziehungen und der sozialen Verhältnisse im Umland, Basel/Frankfurt a. M. 1990, S. 203.

253 Wackernagel, Viehverstellung, S. 109.

254 Ein letzter Punkt könnte hier noch erwähnt werden: Die italienischen Mikrokreditbanken wurden gegründet in einer Zeit des wirtschaftlichen Aufschwungs und der kulturellen Blüte, die auch den David von Michelangelo hervorbrachte. Die Kultur der Renaissance war nicht nur in der Kunst eine der nachhaltigsten Epochen europäischer Geschichte, und die Kunstwerke erfreuen sich zeitloser Bewunderung. Weniger bekannt ist die vergleichbare Nachhaltigkeit der Mikrokreditbanken. Viele existierten bis weit ins 20. Jahrhundert. Im Zuge der Säkularisation des frühen 19. Jahrhunderts wurden sie mächtig zurechtgestutzt und von Napoleon in einer neu gegründeten »Kongregation der Nächstenliebe« (*Congregationi di Carità*) zusammengefasst. Doch gewannen sie schon bald und fast überall ihre Eigenständigkeit zurück, was sehr dafür spricht, dass sie noch in dieser Zeit wichtige Funktionen für die städtische Gesellschaft hatten. Durch die im 19. Jahrhundert neu gegründeten Sparkassen erhielten sie jedoch Konkurrenz, da auch diese wichtige Aufgaben im Bereich der Wohlfahrt übernahmen und ähnliche Sektoren auf dem städtischen Kreditmarkt

abdeckten. Ihre doppelte Funktion als Wohltätigkeits- und Kreditinstitute wurde anerkannt und führte im frühen 20. Jahrhundert zu einer Trennung zwischen jenen Monti, die ausschließlich als Kreditinstitute den Sparkassen gleichgestellt wurden, und den anderen, die als reine Pfandleihbanken (Monti di credito su pegno) ihre Geschäfte weiterführten. Fornasari, Massimo, I Monti di Pietà tra Otto e Novecento. URL: https://www.fondazionedelmonte.it/centro-studi-monti-di-pieta/storia/ (abgerufen 09.09.2020).

Die »napoleonischen Plünderungen« stellten für fast alle Barmherzigkeitsberge der Halbinsel einen gewaltigen und dramatischen Bruch in ihrer jahrhundertealten Entwicklung dar; in funktioneller Hinsicht konnten sie die Komplexität der Aufgaben, die sie in der Neuzeit wahrgenommen hatten, nicht mehr zurückgewinnen; in institutioneller Hinsicht verloren sie ihre administrative Autonomie und wurden in den napoleonischen Kongregationen der Nächstenliebe zusammengefasst, die durch eine Bestimmung von 1807 gegründet wurden. Diese Maßnahme sollte eigentlich nur vorübergehend sein, denn im Laufe des folgenden Zeitalters der Restauration gewannen die Berge der Barmherzigkeit fast überall ihre Autonomie zurück: ein eindeutiges Zeichen dafür, dass ihr Handeln, obwohl es sich fast ausschließlich auf die Ausübung des Kreditpfandes beschränkte, nicht als rein karitative Intervention wahrgenommen wurde. Mitte des Jahrhunderts tauchten jedoch neue und mächtige Konkurrenten auf dem Kreditmarkt auf: Unter ihnen spielten die Sparkassen eine wichtige Rolle, denn sie übernahmen jetzt die Ziele der alten Monti. Zur Wohlfahrt für die Armen trat nun das Ziel der Sparerziehung hinzu. Möglicherweise war es ein Ergebnis dieser Veränderungen, dass die Monti di Pietà nach der Vereinigung den Wohlfahrtseinrichtungen assimiliert wurden, die durch das Gesetz von 1862 über fromme Werke geregelt wurden, und wieder in den Kongregationen der Nächstenliebe konzentriert wurden, die durch die Gesetzgebung zur Unterstützung des neuen Königreichs vorgesehen waren. Die Verwalter der wichtigsten Barmherzigkeitsberge versuchten, auf diesen Zustand zu reagieren, und gründeten eine echte Pressure Group, die, nachdem sie eine Vereinigung gegründet hatten, 1898 zur Annahme einer Maßnahme führte, die ihre doppelte Natur als Wohltätigkeits- und Kreditinstitute anerkannte. Diese Maßnahme führte zu einer teilweisen Wiederaufnahme ihrer Sammel- und Leihtätigkeit und war die notwendige Voraussetzung für die beiden folgenden, zwischen den beiden Kriegen verabschiedeten Rechtsakte: Der erste, 1923, unterschied zwischen der ersten und der zweiten Kategorie von Monti, indem er den ersteren das Wesen der Kreditinstitute zuschrieb und sie den Sparkassen gleichstellte; der zweite, 1938 entstandene, benannte die Monti di Pietà in Monti di credito su pegno um und regelte die Aktivitäten der zweiten Kategorie. Auf diese Weise wurde die Geschichte der Monti di Pietà erneuert und zumindest teilweise an die veränderten wirtschaftlichen und sozialen Bedingungen Italiens angepasst.

255 Balossino, Simone/Hartmann-Virnich, Andreas, Le pont d'Avignon. Enquêtes archéologiques et historiques sur les débuts d'un monument énigmatique, in: INSITU. Zeitschrift für Architekturgeschichte 7 (2) (2015), S. 179–196; Dupré, Judith, Bridges. A History of the World's Most Spectacular Spans, New York 2017, 2. Ausgabe, S. 18–19; Walter, Philippe, Saint Bénézet et le pont d'Avignon, in: James-Raoul, Danièle/Thomasset, Claude (Hg.), Les ponts au Moyen Âge, Paris 2006, S. 65–76.

256 Robert von Auxerre (1156–1212) Chronicon, Robertus canonicus sive Mariani Autissiodorensis, in: Monumenta Germaniae historica, Scriptores, t. XXVI, Holder-Egger, Oswald (Hg.), Hannover 1859, S. 226–287, von Pansier zitiert nach Receueil des historiens des Gauls 12, S. 298. Vgl. Pansier, Pierre, Histoire de l'ordre des Frères du Pont d'Avignon, in: Annales d'Avignon et du Comtat Venaissin 7 (1920/21), S. 7–75, hier S. 6f.

257 Vincenz von Beauvais, Speculum Historiale, Buch 29, cap. 21, hier nach Pansier, Histoire de l'ordre, S. 7.

258 Pansier, Histoire de l'ordre, S. 34.

259 Le Blevec, Daniel, La Part du pauvre. L'assistance dans les pays du Bas-Rhône du xiie siècle au milieu du xve siècle, Rom 2000, S. 340 spricht von »solidarité communautaire«. Es gibt weitere Projekte solidarischer Praxis in Avignon im späten 12. Jahrhundert, insbesondere der Bau der Stadtmauer, aber auch die Einrichtung eines Hauses für Leprosen, übrigens relativ zentral in der Stadt. Le Blevec sieht hier Akte integrativer Stadtpolitik. Vgl. Le Blevec, Daniel, Les lépreux peuvent-ils vivre en sociéte? Réflexions sur l'exclusion sociale dans les villes du Midi à la fin du Moyen Âge, in: Carozzi, Claude/Le Blévec, Daniel/Taviani-Carozzi, Huguette (Hg.), Vivre en société au Moyen Âge. Occident chrétien, Aix-en-Provence 2008, S. 281–291.

260 Siehe ebd. S. 217f.

261 Hergemöller, Bernd-Ulrich, Bruderschaften und Stadt, in: Lexikon des Mittelalters, München 1977–1999, Bd. 2, Sp. 739–740.

262 Pansier, Histoire de l'ordre, S. 37–39, Nr. 5 vom August 1187.

263 Pansier, Histoire de l'ordre, S. 27–31. Dort findet man Dokumente zu Schenkungen und Rechten vom 12. bis ins 15. Jahrhundert (Série A1), Akten über die Besitzungen und Ankäufe (Série B) sowie einzelne Verwaltungsdokumente (Série E). Weiter sind die Abrechnungen des Rektors der Brücke Jean Teyssère für die Jahre 1372-3 im Stadtarchiv von Avignon (Archives municipales Avignon II 390, ms 5728) erhalten.

264 Kunert, Romy, ... timens divinum iudicium Dei... Dokumente privater Armenfürsorge vom ausgehenden 13. bis zur ersten Hälfte des 14. Jahrhunderts in Genua, in: Clemens, Lukas/Haverkamp, Alfred/Kunert, Romy (Hg.), Formen der Armenfürsorge in hoch- und spätmittelalterlichen Zentren nördlich und südlich der Alpen, Trier 2011, S. 51–88, hier S. 51f.

265 Pansier, Histoire de l'ordre, S. 35, Nr. 10; aus der Urkunde über die neue Gebührenordnung für die Brücke, S. 35, Nr. 2 geht hervor, dass Geraldus der wichtigste unter den *domini portus*, den »Herren des Hafens« war.

266 Le Blevec, La Part du pauvre, S. 361.

267 Chiffoleau, Jacques, Charité et assistance en Avignon et dans le Comtat Venaissin (fin XIIIe–fin XIVe), in: Assistance et Charite, Toulouse 1978, S. 69–85, S. 63 »L'hôpital est un lieu d'accueil avant d'être un centre de soins«.

268 Ebd., S. 63.

269 Le Blevec, Une institution d'assistance en pays Rhodanien. Les frères pontifes, S. 96–98.

270 Folgende Brückenbruderschaften aus dem unteren Rhonetal sind heute bekannt:
Avignon über den Fluss Rhone
Bompas über den Fluss Durance
Oppede (Beaumettes) Brücke über den Fluss Cavalon
Saint-Esprit – Brücke über die Rhone
Pont sur Ouvèze – Brücke über die Ouvèze
Tarascon – Beaucaire-Brücke über die Rhone.

271 Pansier, Histoire de l'ordre, S. 10. »Leur rôle, comme celui de leur fondateur, consista uniquement à aller quèter dans les provinces: quant à la construction, ce furent les autorités, épiscopale et consulaire, qui l'entreprirent et la dirigèrent.«

272 Le Blévec, Une institution d'assistance, S. 88. Vgl. auch Le Blevec, La Part du pauvre, S. 315–317.

273 Laudage, Geschäft mit der Sünde, S. 21.

274 Paulus, Nikolaus, Der Ablass im Mittelalter als Kulturfaktor, Köln 1920.

275 Laudage, Christiane, Das Geschäft mit der Sünde, Freiburg/Basel/Wien 2016; Rehberg, Andreas (Hg.), Ablasskampagnen des Spätmittelalters. Luthers Thesen von 1517 im Kontext, Berlin/Boston 2017 sowie Swanson, Robert, Indulgences in Late Medieval England. Passport to Paradise, Cambridge 2007.

276 Koch, Kurt, Einführung in die Ablasstheologie, in: Rehberg, Andreas (Hg.), Ablasskampagnen des Spätmittelalters. Luthers Thesen von 1517 im Kontext, Berlin/Boston 2017, S. 19–29; Schuchard, Christiane, Was ist ein Ablasskommissar?, in: Kühne, Hartmut/Bünz, Enno/Wiegand, Peter (Hg.), Johann Tetzel und der Ablass, Berlin 2017, S. 111–123; Angenendt, Arnold, Die historische Entwicklung des Ablasses und seine bleibende Problematik, in: Rehberg, Andreas (Hg.), Ablasskampagnen des Spätmittelalters. Luthers Thesen von 1517 im Kontext, Berlin/Boston 2017, S. 31–43, hier S. 37. Zur irischen Bußpraxis siehe Dunn, Marilynn, Paradigms of Penance in: Journal of Medieval Monastic Studies 1 (2012), S. 17–39.

277 Paulus, Nikolaus, Der Ablass im Mittelalter als Kulturfaktor, Köln 1920.

278 Ebd., S. 34–36; Neininger, Falko, Konrad von Urach (1227). Zähringer, Zisterzienser, Kardinallegat, Paderborn 1994, S. 145–146; Andenna, Cristina, Il fenomeno delle »convertite«. Reti dei comunità di sorores penitentes e esperimenti di organizzazione istitutzionale fra Europa, Terra Santa et Italia Meridionale nes secolo XIII, in: Vita religiosa al femminile (secoli XIII- XIV), Rom 2019, S. 55–76; zu den Ablässen für die Magdalenerinnen

in Goslar und Hildesheim siehe Thalmann, Söhnke, Ablassüberlieferung und Ablasspraxis im spätmittelalterlichen Bistum Hildesheim, Hannover 2010, S. 177–185. Erdin, Emil A., Das Kloster der Reuerinnen Sancta Maria Magdalena an den Steinen zu Basel, von den Anfängen bis zur Reformation (ca. 1230–1529), Freiburg 1969.

279 Paulus, Nikolaus, Geschichte des Ablasses im Mittelalter, Bd. 3, Darmstadt 2000, Erstauflage 1923, S. 199–206; Drossbach, Gisela (Hg.), Hospitäler in Mittelalter und Früher Neuzeit. Frankreich, Deutschland und Italien. Eine vergleichende Geschichte = Hôpitaux au moyen âge et au temps modernes, München 2007 mit umfassendem Forschungsbericht auf S. 9–24; Rehberg, Andreas, Ubi habent maiorem facultatem … quam papa. Der Heilig-Geist-Orden und seine Ablasskampagnen um 1500, in: Ders. Ablasskampagnen des Spätmittelalters. Luthers Thesen von 1517 im Kontext, Berlin/Boston 2017, S. 219–270 für eine umfassende aktuelle Aufarbeitung der Geschichte des »Gnadenschatzes« des Heilig-Geist-Ordens. Zu Halsnøy siehe Wehrle, Franziska/Kehnel, Annette, List of Medieval Religious Houses on Islands: Norway, in Monastic Studies, in: Medieval Monastic Studies 20 (2021).

280 Le Blevec, La Part du pauvre, S. 326f.

281 Swanson, Indulgences in Late Medieval England, S. 55, 61, 382–384, 429 und 444 mit Verweis auf weitere Brücken in Biggleswade, Burton on Trent, Northampton, Pontesbury, Rochester, Sudbury, Twynham, Umberleigh, York.

282 Schulte, Fugger in Rom, Bd. 1, S. 91–92; vgl. Winterhager, Wilhelm Ernst, Die Verkündigung des St. Petersablasses in Mittel- und Nordeuropa, 1515–1519, in: Rehberg, Andreas (Hg.), Ablasskampagnen des Spätmittelalters. Luthers Thesen von 1517 im Kontext, Berlin/Boston 2017, S. 565–610, hier S. 570-2 zum Zustandekommen dieses Deichablasses.

283 Laudage, Geschäft mit der Sünde, S. 23; Vgl. Vincent, Catherine (Ed.), Justice et miséricorde. Discours et pratiques dans l'Occident médiéval, Limoges 2015 (Cahiers de l'Institut d'Anthropologie juridique 43), S. 9–23, hier S. 10 mit dem Verweis darauf, dass das Phänomen des Ablasses vor allem für Frankreich hier noch wenig untersucht wurde.

284 Paulus, Geschichte des Ablasses, Bd.3, S. 375–77.

285 Schulte, Aloys, Die Fugger in Rom, Bd. 2, Leipzig 1904, S. 170–177, Nr. 107. Vgl. Volkmar, Christoph, Reform statt Reformation. Die Kirchenpolitik Georgs von Sachsen 1488–1525, Tübingen 2008, S. 142–149, S. 377f.

286 Paulus, Geschichte des Ablasses, Bd. 3, S. 429–431.

287 Ebd., S. 431.

288 Klodt, Olaf, Templi Petri instauracio: die Neubauentwürfe für St. Peter in Rom unter Papst Julius II. und Bramante (1505–1513), Jensen 1992; vgl. den Abriss zur Baugeschichte St. Peter. URL: http://www.klodt.info/st-peter-in-rom/baugeschichte/(abgerufen 22.7.2020).

289 Bredekamp, Horst, Der Künstler als Souverän (1549), in: Ders., Michelangelo. Fünf Essays, Berlin 2009, S. 59–68, hier S. 68. Michelangelos Einkommensverhältnisse sind gut überliefert, und wir wissen, dass unter Papst

Paul III. (1534–1549) sein Einkommen zwanzigmal so hoch war wie das seines ebenfalls berühmten Architektenkollegen Andrea Palladio. Es überstieg selbst die Einkünfte von Staatsoberhäuptern der Zeit.

290 Vgl. dazu jetzt Rehberg, Andreas, Ablasskampagnen des Spätmittelalters. Luthers Thesen von 1517 im Kontext, Berlin/Boston 2017.

291 Laudage, Geschäft mit der Sünde, S. 20, aus Abaelard, Scito te Ipsum, späte 1130er-Jahre.

292 Ebd., S. 172–173.

293 Laudage, Christiane, Das Geschäft mit der Sünde, Freiburg/Basel/Wien 2016, die den Ablass auch als Schwarmfinanzierung bezeichnet (S. 53–70); ebenso verwendet Guard, Timothy, Opus caritativum: Crowdfunding the Later Crusades. The English Evidence, in: Lippiatt, G.E.M./Bird, Jessalynn Lea (Hg.) Crusading Europe. Essays in Honour of Christopher Tyerman, Turnhout 2019, S. 211–233.

294 Winterhager, Wilhelm Ernst, Die Verkündigung des St. Petersablasses in Mittel- und Nordeuropa, 1515–1519, in: Rehberg, Andreas (Hg.), Ablasskampagnen des Spätmittelalters. Luthers Thesen von 1517 im Kontext, Berlin/Boston 2017, S. 565–610, hier S. 568.

295 Ebd., S. 599. Zum Unterschied zwischen lokalen karitativ begründeten Eigenablässen und missbräuchlich empfundenen zentralistischen Ablässen nach Rom.

296 Paulus, Geschichte des Ablasses, Bd. 3, S. 211.

297 Paulus, Geschichte des Ablasses, Bd. 2, S. 209–220; cf. Laudage, Geschäft mit der Sünde, S. 24.

298 Baumann, Annette, Lotterie, in: Cordes, Albrecht/Haferkamp, Hans-Peter/Lück, Heiner/Werkmüller, Dieter/Bertelsmann-Kierst, Christa (Hg.), Handwörterbuch zur deutschen Rechtsgeschichte, Bd 3, Berlin/Boston 2016, Sp. 1065–1068. Die älteste heute bekannte Lotterie wurde im Mai 1445 im Schöffenhaus der Stadt Sluis in Flandern gezogen, ein Jahr später veranstaltete man eine zweite, deren Erlös für den den Bau der Befestigungsanlage bestimmt war. Der Stadt Amsterdam wurde im April 1449 die Erlaubnis erteilt, eine Lotterie für den Ausbau der Oude Kerk zu veranstalten, und aus Köln wissen wir, dass die Magdalenerinnen die Genehmigung erhielten, bei der Organisation der dortigen Lotterie mitzuhelfen. Im oberitalienischen Modena wurde 1476 die erste bekannte »Warenlotterie« veranstaltet. Dabei hat man nicht absetzbare Ware im Losverfahren an den Mann und an die Frau gebracht, um mit den erzielten Gewinnen städtische Projekte zu finanzieren.

299 Häberlein, Mark, Die Fugger. Geschichte einer Augsburger Familie (1367–1660), Stuttgart 2006; Bayerische Staatsbibliothek (Hg.), Die Fugger im Bild: Selbstdarstellung einer Familiendynastie der Renaissance. Begleitbuch zur Schatzkammerausstellung anlässlich der Erwerbung des Ehrenbuchs der Fugger (Cgm 9460) und der Fuggerorum et Fuggerarum imagines (Cod.icon. 380); [Schatzkammerausstellung: Bayerische Staatsbibliothek, 10. März bis 22. Mai 2010; weitere Ausstellungen 2011 und

2012: Bayerisches Nationalmuseum, München; Deutsches Historisches Museum, Berlin; Maximilianmuseum, Augsburg], Luzern (2010); Pölnitz, Götz Freiherr von, Die Fugger, Tübingen 1970; Pölnitz, Götz Freiherr von, Jakob Fugger, Bd. 1: Kaiser, Kirche und Kapital in der oberdeutschen Renaissance, Tübingen 1949; Bd. 2: Quellen und Erläuterungen, Tübingen 1951; Scheller, Benjamin, Memoria an der Zeitenwende. Die Stiftungen Jakob Fuggers des Reichen vor und während der Reformation (ca. 1505–1555), Berlin 2004; Kellenbenz, Hermann, Anton Fugger. Persönlichkeit und Werk, Augsburg 2001; Schiele, Hartmut/Ricker, Manfred, Betriebswirtschaftliche Aufschlüsse aus der Fuggerzeit, Nürnberg 1967.

300 Schulte, Aloys, Die Fugger in Rom, S. 1–5.

301 Zu den Problemen des Zahlungsverkehrs und die Zusammenarbeit beim Geldtransfer zwischen Kurie und Kaufleuten siehe Schuchard, Christiane, Die päpstlichen Kollektoren im spätmittelalterlichen Reich, Tübingen 2000, S. 63–83; Aloys Schulte, der beste Kenner kurialer Finanzgeschäfte, kam bereits in seiner Studie aus dem Jahr 1904 zu dem Ergebnis, dass deutsche Kirchenfürsten, deren Zahlungen nicht durch die Hände der Fugger gingen, nur sehr selten zu finden seien, siehe Schulte, Die Fugger in Rom, S. 189.

302 Siehe dazu Häberlein, Die Fugger, S. 142–163. Der Historiker war Clemens Jäger, der im 16. Jahrhundert das Fugger'sche Ehrenbuch kompilierte.

303 Tietz-Strödel, Marion, Die Fuggerei in Augsburg. Studien zur Entwicklung des sozialen Stiftungsbaus im 15. und 16. Jahrhundert, Tübingen 1982, S. 31. Auch dazu, dass aus dem Stiftungsbrief eindeutig Jakob Fugger als Urheber der Gesamtstiftung hervorgeht.

304 Vgl. hier auch die aktuellen Ansätze in Stutz, C./Sachs, S. Facing the normative challenges. The potential of reflexive historical research, in: Business & Society 57.1 (2018), S. 98–130; Phillips, R./Schrempf-Stirling, J./Stutz, C., The Past, History, and Corporate Social Responsibility,in Journal of Business Ethics 166 (2020), S. 203–213. https://doi.org/10.1007/s10551-019-04319-0.

305 Ebd.

306 Jakob Fuggers Stiftungsbrief von 1521, in: Kellenbenz, Hermann/Preysing, Maria Gräfin (Hg.), in: Zeitschrift des Historischen Vereins für Schwaben und Neuburg 68 (1974), S. 104–116, hier S. 109f; Tietz-Strödel, Die Fuggerei, S. 46.

307 Ebd., S. 48. Vgl. zum städtischen Steuerwesen die aktuelle Fallstudie von Ertl.

308 Ebd., S. 81–88.

309 Kellenbenz/Preysing, Stiftungsbrief, S. 107.

310 Tietz-Strödel, Die Fuggerei, S. 32.

311 Ebd., S. 41.

312 Ebd., S. 36f. Abgedruckt bei Weidenbacher, Die Fuggerei in Augsburg, S. 122–124.

313 Tietz-Strödel, Die Fuggerei, S. 24.

314 Erstes Testament Jakob Fuggers in Preysing, Maria Gräfin von/Georg Simnacher (Hg.), Die Fuggertestamente des 16 Jh., Bd. 2, Weißenhorn 1992, S. 55, wörtlich wiederholt im zweiten Testament, siehe Zweites Testament Jakob Fuggers in Preysing, Maria Gräfin von/Georg Simnacher (Hg.), Die Fuggertestamente des 16 Jh., Bd. 2, Weißenhorn 1992, S. 77.

315 Tietz-Strödel, Die Fuggerei, S. 38, Anm. 3.

316 Ebd., S. 41.

317 So dass ›gar vil breiß‹ herunter schoss, steht in dem Bericht, siehe Weidenbacher, Die Fuggerei in Augsburg, S.49.

318 Tietz-Strödel, Die Fuggerei, S. 39.

319 Weidenbacher, Die Fuggerei in Augsburg, S. 49.

320 Tietz-Strödel, Die Fuggerei, S. 96–100.

321 Siehe zum Nachfolgenden ebd., S. 33–35.

322 Karg, Franz, Bewerber und Bewohner. Zur Überlieferung von »Fuggereibewohnern« (19./20. Jahrhundert) im Fuggerarchiv, in: Sczesny, Anke/Kießling, Rolf/Burkhard, Johannes (Hg.), Prekariat im 19. Jahrhundert. Armenfürsorge und Alltagsbewältigung in Stadt und Land, Augsburg 2014, S. 61–66, hier S. 61.

323 Siehe dazu Eichelberger, Renée, Corporate Citizenship im Mittelalter. Die Fuggerei als Beispiel einer nachhaltigen Stiftung, B.A. Arbeit Mannheim 2019.

324 Ecker-Offenhäußer, Ute, Fuggerisches Schneidhaus, in: Grünsteudel, Günther/Hägele, Günther/Frankenberger, Rudolf (Hg.), Stadtlexikon Augsburg, Augsburg 2020. URL: https://www.wissner.com/stadtlexikon-augsburg/artikel/stadtlexikon/fuggerisches-schneidhaus/3842 (abgerufen 17.7.2020). Man führte dort im Übrigen sorgfältige Krankenakten, in die neben Namen, sozialer Herkunft und einigen biografischen Details auch Zeichnungen der entfernten Blasensteine aufgenommen wurden. Vgl. dazu das aktuelle Forschungsprojekt »Das Schneidhaus der Fugger in Augsburg« von Annemarie Kinzelbach und Marion Maria Ruisinger am Deutschen Medizinhistorischen Museum in Ingolstadt. URL: http://www.dmm-ingolstadt.de/forschung/schneidhaus-dfg.html (abgerufen 10.09.2020).

325 Scheller, Memoria, S. 280; Pölnitz, Götz Freiherr von, Augsburger Kaufleute und Bankherren der Renaissance, in: Hermann Rinn (Hg.), Augusta 955–1955. Forschungen und Studien zur Kultur- und Wirtschaftsgeschichte Augsburgs, Augsburg 1955, S. 187–218, hier S. 215.

326 Kremer, Dennis, Fugger-Erbin im Gespräch. Der sagenhafte Reichtum der Fugger, in: faz.net (07.07.2019). URL: https://www.faz.net/aktuell/finanzen/fugger-erbin-im-gespraech-der-sagenhafte- reichtum-der-fugger-14269865-p5.html (abgerufen 21.07.2019).

327 Eichelberger, Renée, B.A. Arbeit, S. 31.

328 Helas, Philine, Barmherzige Werke, kaufmännisches Kalkül und freiwillige Armut. Bildprogramme in Prato zwischen 1345 und 1415, in: Clemens, Lukas/Haverkamp, Alfred/Kunert, Romy (Hg.), Formen der Armenfür-

sorge in hoch- und spätmittelalterlichen Zentren nördlich und südlich der Alpen, Trier 2011, S. 121–166, hier S. 154–157.

329 Borgolte, Michael (Hg.), Enzyklopädie des Stiftungswesens in mittelalterlichen Gesellschaften, Bd. 1–2, Berlin/New York 2014 und Borgolte, Stiftungen für das Seelenheil, in: Zeitschrift für Geschichtswissenschaft 63 (12) (2015), S. 1037–1056.

330 Der Steuerfuß lag in der Regel bei 0,5 % im Jahr, und 1516 konnte Jakob Fugger zudem für sich und seine Neffen einen Steuervertrag mit der Stadt Augsburg abschließen, der die Familie gegen Zahlung einer Pauschalsumme von 1200 Gulden von künftigen Steuereinschätzungen (die ohnedies Selbsteinschätzung waren) befreite. Wir können also davon ausgehen, dass die Fugger danach sogar weniger als dieses halbe Prozent bezahlten – eine Begünstigung, die während des sog. Kalender- und Vokationsstreits in Augsburg in den 1580er-Jahren explizit angeprangert wurde. Summa summarum: Die Fugger zahlten zwar Steuern, jedoch eher in der Höhe von Apple oder Amazon als in der Höhe eines normalen deutschen Unternehmers. Vgl. Häberlein, Die Fugger, S. 38f. Ich danke Mark Häberlein für seine schnelle und sachkundige Auskunft zu dieser Frage. Einen guten Überblick zum Augsburger Steuersystem bietet Geffcken, Peter, Steuern, in: in: Grünsteudel, Günther/Hägele, Günther/Frankenberger, Rudolf (Hg.), Stadtlexikon Augsburg, Augsburg 2020.

331 Adam Smith, Theorie der ethischen Gefühle, 1759, S. 1; Smith, Adam, Theorie der ethischen Gefühle, 1759, übersetzt von Horst Brandt, Hamburg 2010, S. 71.

332 Kellenbenz/Preysing, Stiftungsbrief, S. 107f.

333 In Deutschland gibt es derzeit mehr als 23 000 Stiftungen, davon verfolgen knapp 95 % gemeinnützige Zwecke in den Bereichen Bildung, Kultur, Wohlfahrt, Klimaschutz, Umwelt, Politik oder Soziales. Verantwortungsbewusstsein ist für 80 % der Stifter das wichtigste Motiv der Gründung einer Stiftung, gefolgt von dem Willen, etwas zu bewegen und der Gesellschaft etwas zurückzugeben. Vgl. Bundesverband Deutscher Stiftungen. URL: https://www.stiftungen.org/startseite.html (abgerufen 10.09.2020).

334 Schmid, Karl, Stiftungen für das Seelenheil, in: Ders. (Hg.), Gedächtnis, das Gemeinschaft stiftet, München 1985, S. 52–73, hier S. 59f. Der mittelalterliche Fachbegriff lautet Seelgerätstiftung, »Gerät« hier in der Bedeutung von Vorrat, Ausrüstung oder Vorsorge. Augustinus, der Kirchenvater des frühen 4. Jahrhunderts, verglich das Prinzip mit einer damals im Mittelmeer üblichen Seeversicherung für Handelsschiffe, die man bei Antritt der Reise abschloss und die dann ausgezahlt wurde, wenn das Schiff seinen Bestimmungshafen erreicht hatte. Nach diesem Prinzip sichert man der Seele nach der Überfahrt ins Jenseits ebenda seinen Einsatz inklusive Zinsen gewissermaßen wie eine ewige Rente zurück; Wollasch, Joachim, Konventsstärke und Armensorge in mittelalterlichen Klöstern. Zeugnisse und Fragen, in: Saeculum 39 (2) (1988), S. 184–199 zu den Anfängen in den Memorialgemeinschaften der frühmittelalterlichen Klöster.

335 Kehnel, Annette, Neue Kommunikationsformen im Bettelordenskonvent und der Aufstieg der Universitäten, in: Breitenstein, Mirko/Melville, Gert (Hg.), Die Wirkmacht klösterlichen Lebens im Mittelalter. Modelle, Ordnungen, Kompetenzen, Konzepte, Regensburg 2020, S. 177–200; hier S. 189; vgl. Little, Andrew G., Chronicles of the mendicant friars, in: Ders., Franciscan Papers, lists, and documents, Manchester 1943, S. 25–41; vgl. auch Salter, Herbert Edward (Hg.), The Oxford Deeds of Balliol College, Oxford 1913, S. 279f.

336 Schmid, Stiftungen, S. 54f.

337 Kamp, Hermann, Memoria und Selbstdarstellung. Die Stiftungen des Burgundischen Kanzlers Rolin, Sigmaringen 1993, S. 48.

338 Gilomen, Hans-Jörg, Renten und Grundbesitz in der Toten Hand: Realwirtschaftliche Probleme der Jenseitsökonomie, in: Jetzler, Peter (Hg.), Himmel, Hölle, Fegefeuer. Das Jenseits im Mittelalter. Eine Ausstellung des Schweizerischen Landesmuseums in Zusammenarbeit mit dem Schnütgen-Museum und der Mittelalterabteilung des Wallraf-Richartz-Museums der Stadt Köln, Zürich 1994, S. 135–148.

339 Ernst, Heiko, Weitergeben! Anstiften zum generativen Leben, Hamburg 2008, S. 193. Vgl. auch King, Vera, Generativität und die Zukunft der Nachkommen, in: Moeslein-Teising, Ingrid/Schäfer, Georg/Martin, Rupert (Hg.), Generativität, Gießen 2020, S. 13–28.

340 Folkers, Manfred/Paech, Niko, All you need is less. Eine Kultur des Genug aus ökonomischer und ökologischer Sicht, München 2020.

341 Bäuerlein, Theresa, Freiwillig einfacher Leben, Krautreporter 2018. URL: https://krautreporter.de/1252-freiwillig-einfacher-leben?shared=ecb28325-a096-4f62-b1f5-407a62702f8c (abgerufen 08.08.2020).

342 Interessant ist der Titel der Englischen Originalausgabe Schumacher, Ernst Friedrich, Small Is Beautiful: A Study of Economics As If People Mattered, 1973; Sachs, Wolfgang, Ernst Friedrich Schumacher im Zeitalter der grenzenlosen Mega-Ökonomie, in: Politische Ökologie 24 (2006), S. 24–26. Mit Verweisen auf Lewis Mumford, André Gorz und Ivan Illich, die zeitgleich Schumachers Anliegen in ihren Werken thematisierten. Die Rückkehr zum menschlichen Maß forderten auch andere, so etwa Schumachers Freund, der Nationalökonom Alfred Kohr. Er prägte den Begriff der »Überentwickelten Nationen« für die westlichen Industrienationen und propagierte das Ende der Nationalstaaten zugunsten kleiner, eigenständig agierender Einheiten in seinem Buch »The Breakdown of Nations«, erschienen 1978. Als Schumacher sich während eines Aufenthaltes in Burma mit den minimalistischen Glaubenssätzen des Buddhismus auseinandersetzte und sich die Frage stellte, ob der Buddhismus ein Wirtschaftsmodell bereitstellen könnte, das jenseits des Prinzips der Eigennutzenmaximierung Mensch und Natur besser entspricht; zum Buddhismus Kóvacs, Gábor, Buddhist Economics, in: Opdebeeck, Hendrik (Hrg.), Responsible Economics. E. F. Schumacher and his legacy for the 21st century, Oxford u.a. 2013, S. 33–52; auch John Seymour, The complete book of

self-sufficiency, London 1978 wurde in dieser Zeit ein Bestseller der Nachhaltigkeit.

343 Luck, Georg (Hg.), Die Weisheit der Hunde. Texte der antiken Kyniker in deutscher Übersetzung mit Erläuterungen, Stuttgart 1997, S. 76f. Kurzbiografie.

344 Ebd., S. 139, Nr. 338.

345 Ebd., S. 101f, Nr. 170.

346 Ebd., S. 117, Nr. 211.

347 Navia, Luis E., Diogenes of Sinope. The Man in the Tub, Westport/London 1998, S. 62f.

348 Luck, Die Weisheit der Hunde, S. 3f.

349 Ebd., S. 134, Nr. 305; S. 135, Nr. 310.

350 Luck, Die Weisheit der Hunde, S. 185, Nr. 510.

351 Ebd., S. 196 Krates von Theben ; Paquet, Léonce (Hg.), Lex Cyniques Grecs. Fragments et témoignages, Ottawa 1975, S. 130 zu Bion.

352 Luck, Die Weisheit der Hunde, S. 197, Nr. 529, zum Folgenden auch S. 104 und S. 197.

353 Ebd., S. 205.

354 Ebd., S. 212.

355 Dudley, Donald R., A History of Cynicism. From Diogenes to the 6th Century A.D., Hildesheim 1967, Nachdruck der Ausgabe London 1937, S. 47.

356 Luck, Die Weisheit der Hunde, S. 191, Nr. 517 mit der Empfehlung, die »Hand des Hirten« nicht zu vergessen, sich selbst zu befriedigen, da dies weniger Zeit beanspruche als der Verkehr mit den Frauen.

357 Clay, Diskin, Picturing Diogenes, in: Bracht-Branham R./Goulet-Cazé, Marie-Odile (Hg.), The Cynics. The Cynic Movement in Antiquity and its Legacy, Berkeley 1996, S. 366–388, hier S. 372f.; Dudley, A History of Cynicism, S. 50–52.

358 Luck, Die Weisheit der Hunde, S. 10f.

359 Bracht-Branham R./Goulet-Cazé, Marie-Odile (Hg.), The Cynics. The Cynic Movement in Antiquity and its Legacy, Berkeley 1996, S. 24.

360 Goulet-Cazé, Marie-Odile, A Comprehensive Catalogue of Known Cynic Philosophers, in: Bracht-Branham R./Goulet-Cazé, Marie-Odile (Hg.), The Cynics. The Cynic Movement in Antiquity and its Legacy, Berkeley 1996, S. 389–413, siehe auch ebenda, S. 16 in der Einleitung.

361 Luck, Die Weisheit der Hunde, S. 430–465.

362 Celano, Thomas von, Leben und Wunder des Heiligen Franziskus von Assisi. Einführung, Übersetzung, Anmerkungen, Grau, Engelbert (Hg.), 5. Auflage, Werl/Westfalen 1994, S. 128f (1 Cel 55) für Übernachtungen im Backofen; ebd. S. 118 (I Cel 43) zur verweigerten Begegnung mit dem Kaiser. Die lateinischen Quellen zum Leben des Franziskus sind zusammengefasst und kritisch ediert von Menestò, Enrico/Brufani, Stephano (Hg.), Fontes Franciscani, Assisi 1995.

363 Celano, Leben und Wunder, S. 73–216, hier S. 114 (1 Cel 39), ebd. auch der Hinweis auf die Backöfen als Nachtquartier; ebd. S. 128f, 1 Cel 55 zur Reise als blinde Passagiere nach Syrien.

364 Clasen, Sophronius/Grau, Engelbert (Hg.), Die Dreigefährtenlegende des Heiligen Franziskus. Die Brüder Leo, Rufin und Angelus erzählen vom Anfang seines Ordens, Werl 1993, Kap. 1,2). Vgl. Feld, Helmut, Franziskus von Assisi und seine Bewegung, Darmstadt 1994, S. 107.

365 Vgl. dazu Andenna, Cristina, Familiäre Nähe und Distanz in der franziskanischen Welt des 13. Jahrhunderts, in Saeculum 2 (2018), S. 321–342, hier S. 340.

366 Celano, Leben und Wunder, S. 97f (I Cel 22) Latein: Hoc est, inquit, quod volo, hoc est quod quaero, hoc totis medullis cordis facere concupisco.

367 Ebd., S. 98 (I Cel 23).

368 Aufbau der Kirche San Damiano, dann der Kirche Santa Maria degli Angeli (Portiuncula), ein Licht geht ihm auf: »das ist es, was ich will« ([1 Cel 22] 1208), Reise mit 11 Gefährten zu Innozenz III. nach Rom (1209), Franziskus im Heiligen Land (1219/20), Regula non bullata (1221), Regula bullata (1223), die Weihnachtsfeier in Greccio (1223), Empfang der Stigmata (1224), Tod (4.10.1226), Heiligsprechung (16.7.1228).

369 Celano, Leben und Wunder, S. 73–216, hier S. 114 (1 Cel 39), ebenda auch der Hinweis auf die Backöfen als Nachtquartier; ebd. S. 128f, 1 Cel 55 zur Reise als blinde Passagiere nach Syrien.

370 Celano, Leben und Wunder, zur Abneigung gegen überflüssige Hausgeräte, S. 276f (2 Cel 60), gegen überflüssige Bücher, S. 278 (2 Cel 62); gegen Federkissen, S. 279f (2 Cel 64); gegen zu viele Kleider S. 284 (2 Cel 69). Einen interessanten Blick auf Marie Kondos Aufräumerfolge bietet Fugmann, Haringke, Aufräumen als heilige Handlung. Zum weltanschaulichen Hintergrund des Bestsellers »Magic Cleaning« von Marie Kondō, Berlin 2017.

371 Celano, Leben und Wunder, S. 281–4 (2 Cel 65–68).

372 Ebd., S. 274f (2 Cel 57).

373 Ebd., S. 275 (2 Cel 58).

374 Ebd., S. 276 (2 Cel 59).

375 Die Zahl stammt von Southern, Richard, Western Society and the Church, London 1970, S. 285; Freed, John B., The Friars in German Society in the Thirteenth Century, Cambridge 1977, S. 173–223 für eine Liste der dominikanischen und franziskanischen Häuser in Deutschland; vgl. Schwaiger, Mönchtum, Orden, Klöster.

376 Die Bezeichnung Strohmattenkapitel wird verschiedentlich für das Pfingstkapitel 1217 oder 1221 verwendet. Feld, Helmut, Franz von Assisi und seine Bewegung, S. 512.

377 Celano, Leben und Wunder, S. 129, 1 Cel 55.

378 Vgl. zur Beziehung der Franziskaner zum Islam die Arbeiten von Müller, Anne, Die frühe Franziskanermission im muslimischen Orient: Ideen, normative Grundlagen und Praxis, in: Collet, Giancarlo/Meier, Johannes (Hg.), Geschichte der Sächsischen Franziskaner-Provinz von der Gründung

bis zum Anfang des 21. Jahrhunderts. 4. Missionen, Paderborn u.a. 2013, S. 33–56; Müller, Anne, Bettelmönche und Islam. Beobachtungen zur symbolischen Darstellung von Missionsprinzipien der Mendikanten in Text, Handlung und Bildkunst des 13. Jahrhunderts, in: Mersch, Margit/Ritzerfeld, Ulrike (Hg.), Lateinisch-griechisch-arabische Begegnungen: Kulturelle Diversität im Mittelmeerraum des Spätmittelalters, Berlin 2009, S. 285–308; Müller, Anne, Dominikaner und Islam. Begegnung, Mission, Wahrnehmung, in: Biber, Susanne/Füllenbach, Elias H. (Hg.), Mehr als Schwarz und Weiß. 800 Jahre Dominikanerorden S. 307–318.

379 Jordan von Giano, Chronik, in: Nach Deutschland und England. Die Chroniken der Minderbrüder Jordan von Giano und Thomas von Eccleston, hg. v. Lothar Hardick, Werl/Westfalen 1957, S. 54–65.

380 Thomas von Eccleston, Bericht, S. 127–134.

381 Ebd., S. 138f.

382 Ebd., S. 138 zu Laurentius Cox in Shrewsbury, vgl. auch Celano, Leben und Wunder, S. 274 (2 Cel 56), wo Franziskus Hütten aus einfacher Bauart, aus Holz, nicht aus Seinen fordert. Speculum Kap. 11 berichtet, es sei sein Wille, dass die Gebäude aus Holz und Lehm errichtet würden. Einige Brüder hätten ihm aber mit dem Hinweis widersprochen, Holz sei in manchen Provinzen wesentlich teurer als Stein, Franziskus wollte nicht mit ihnen streiten und schreibt in seinem Testament, dass die Wohnungen der Armut entsprechen sollen (Celano, Leben und Wunder, 1, 96, 3–7).

383 Siehe dazu Schmieder, Felicitas, Johannes von Plano Carpini. Kunde von den Mongolen 1245–1247, Sigmaringen 1997, S. 16f; Ertl, Thomas, Ihr irrt viel umher, ihr jungen Leute. Der mittelalterliche Franziskanerorden zwischen europäischer Entgrenzung und regionaler Beschränkung, in: Israel, Uwe (Hg.), Vita communis und ethnische Vielfalt. Multinational zusammengesetzte Klöster im Mittelalter, Rom/Berlin 2006, S. 1–34.

384 Szittya, Penn R., The Antifraternal Tradition in Medieval Literature, Princeton 1986; Der Pariser Kleriker und Professor an der dortigen Universität, Wilhelm von Saint Amour (gest. 1271), verfasste einen Katalog mit 50 Anklagepunkten gegen die Franziskaner (Tractatus Brevis De Periculis Novissimorum Temporum). Geoffrey Chaucer im 14. Jahrhundert bündelt in den Canterbury Tales sämtliche Vorurteile und Kritikpunkte seiner Zeit gegen die Franziskaner. Vgl. Ertl, Thomas, Franziskanische Armut in der Kritik. Anti-mendikantische Wahrnehmungsmuster im Wandel (13.–15. Jahrhundert), in: Heimann, Heinz-Dieter/Hilsebein, Angelica/Schmies, Bernd/Stiegemann, Christoph (Hg.), Gelobte Armut. Armutskonzepte der franziskanischen Ordensfamilie, Paderborn 2012, S. 369–392.

385 Zur Nutzung der Bettelordenskonvente durch die Städte siehe Silberer, Leoni, Klosterbaukunst der Konventualen Franziskaner vom 13. Jahrhundert bis zur Reformation, Petersberg 2016, S. 37–39. Untermann, Matthias, Fehlbenennungen von Klosterräumen und ihr Effekt auf die Forschung, in: Melville, Gert/Silberer, Leonie/Schmies, Bernd (Hg.), Die Klöster der Franziskaner im Mittelalter. Räume. Nutzungen. Symbolik, Münster 2015, S. 19–44.

386 Diese mittelalterlichen Vorwürfe haben sich bis heute in der Forschung niedergeschlagen, so bestimmte die Frage, ob der Franziskanerorden die Ideale seines Gründers verraten habe, lange Zeit auch die historische Forschung. Sabatier, Paul, Leben des heiligen Franz von Assisi, La Vergne Tennessee 2010. (Originaltitel: Vie de Saint François d'Assise, 1897, übersetzt von Margarete Lisco.) Aus Sabatiers Sicht wurden die Ideen des Franziskus rücksichtslos bereits von der Kirche verfälscht. Als Beispiel seien hier die verschiedenen Fassungen der Regel des hl. Franziskus aus den Jahren 1209, 1221, 1223 angeführt. Nach Sabatier ist lediglich die erste Regel Ausdruck der tatsächlichen Intentionen des Heiligen. Die beiden späteren Fassungen, insbesondere die vom Papst im Jahr 1223 bullierte Regel, sei das Werk der Kirche und habe mit der ersten Regel allenfalls noch den Namen gemeinsam. Vgl. Manselli, Raoul, Franziskus der solidarische Bruder, Freiburg 1989.

387 Schlageter, Johannes, Die Anfänge der Franziskaner in Thüringen, in: Müller, Thomas T./Schmies, Bernd/Loefke, Christian (Hg.), Für Gott und die Welt. Franziskaner in Thüringen, Paderborn 2008, S. 32–37, hier S. 34–36.

388 Malecek, Werner, »Nackt dem nackten Christus folgen«. Die freiwillig Armen in der religiösen Bewegung der mittelalterlichen Gesellschaft, in: Heimann, Heinz-Dieter u.a. (Hg.), Gelobte Armut. Armutskonzepte der franziskanischen Ordensfamilie vom Mittelalter bis in die Gegenwart, Paderborn 2012, S. 17–34. Er betont die Ernsthaftigkeit des Postulats der christlichen Armut insbesondere in der Zeit des 13. und 14. Jahrhunderts.

389 Weinfurter, Stefan, Canossa. Die Entzauberung der Welt. Beck, München 2006.

390 Ertl, Thomas, Netzwerke des Wissens. Die Bettelorden, ihre Mobilität und ihre Schulen, in: Puhle, Matthias (Hg.), Aufbruch in die Gotik. Der Madgeburger Dom und die späte Stauferzeit, Bd. 1, Madgeburg 2009, S. 312–323.

391 Laurie, Simon Somerville, The Rise and Early Constitution of Universities. With a Survey of Mediaeval Education, New York 1907, S. 175f.

392 Zur Entstehung der ältesten Universitäten siehe Kintzinger, Martin, Wissen wird Macht. Bildung im Mittelalter, Ostfildern 2003. Dass Bologna mit dem Gründungsjahr 1088 den Ruf der ältesten Universität überhaupt für sich reklamieren kann, liegt einzig daran, dass eine Expertenkommission in Vorbereitung auf ein geplantes Universitätsjubiläum im Jahr 1888 zu diesem Ergebnis kam. Der Kommission gehörten ausschließlich Professoren der Universität Bologna an.

393 Stelzer, Winfried, Zum Scholarenprivileg Friedrich Barbarossas (Authentica »Habita«), in: DA 34 (1978), S. 123–165. Übersetzung nach Wolfgang Lautemann, Geschichte in Quellen, Bd. 2 Mittelalter, München 1978, S. 411.

394 Celano, Leben und Wunder, S. 150f, 1 Cel 77–79.

395 Zu den Beispielen siehe Wesjohann, Achim, Simplicitas als franziskanisches Ideal und der Prozess der Institutionalisierung, in: Melville, Gert/

Oberste, Jörg (Hg.), Die Bettelorden im Aufbau. Beiträge zu Institutionalisierungsprozessen im mittelalterlichen Religiosentum, Münster 1999, S. 107–168, hier S. 134 zu Bruder Einfaltspinsel; S. 137f zu Juniper, einem Mitglied der Gemeinschaft, von dem berichtet wird, dass er gerne nackt, die Hose auf dem Kopf, den Habit auf den Rücken geschnürt, durch die Straßen von Viterbo, ein andermal durch Assisi spaziert sei.

396 Celano, Leben und Wunder, S. 262 (2 Cel 44), S. 269 (2 Cel 50).

397 Sacrum Commercium. Der Bund des Heiligen Franziskus mit der Herrin Armut. Einführung, Übersetzung, Anmerkungen, Esser, Kajetan/Grau, Engelbert (Hg.), Werl/Westfalen 1966, ebd. das »Das Mahl der Armut mit den Brüdern«, cap. 59–63, S. 154–159. *»ostenderunt ei totum orbem. Hoc est claustrum nostrum, Domina.«*

398 White, Lynn, The Historical Roots of our Ecological Crisis, in: Science 155 (3767) (1967), S. 1203–1207.

399 Pomeranz, Kenneth, The Great Divergence. China, Europe and the Making of the Modern World, Princeton 2000.

400 Feld, Helmut, Beseelte Natur. Franziskanische Naturerzählungen. Tübingen 1993, S. 26f.

401 Inter Sanctos. Apostolisches Schreiben Papst Johannes Pauls II. (29. November 1979). URL: http://www.vatican.va/holy_father/john_paul_ii/apost_letters/1979/documents/hf_jp-ii_apl_19791129_inter-sanctos_lt.html (abgerufen 22.08.2020).

402 Whitney, Espeth, Lynn White Jr.'s ›The Historical Roots of Our Ecologic Crisis‹ After 50 Years. in: History Compass 13 (2015), S. 396–410. Doi: 10.1111/hic3.12254.

403 Michaels, Axel, Sakralisierung als Naturschutz? Heilige Bäume und Wälder in Nepal, in: Sieferle, Rolf Peter/Breuninger, Helga (Hg.), Natur-Bilder: Wahrnehmungen von Natur und Umwelt in der Geschichte, Frankfurt 1999, S. 117–136, hier S. 132; Elvin, Mark, Three Thousand Years of Unsustainable Growth: China's Environment from Archaic Times to the Present, in: East Asian History 6 (1993), S. 7–46.

404 Feest, Christian F., Beseelte Welten – Die Religionen der Indianer Nordamerikas, Freiburg/Basel/Wien 1998.

405 Radkau, Joachim, Religion and Environmentalism, in: McNeill, John R./Mauldin, Erin S. (Hg.), A Companion to Global Environmental History, London 2012, S. 493–512. Vgl. dazu auch die neuesten Ansätze in der Paläobiologie und der Paläoanthropologie etwas gebündelt in dem Akademieprojekt: Haidle, Miriam N./Conard, Niclas J./Bolus, M. (Hg.), The Role of Culture in Early Expansions of Humans, an der Heidelberger Akademie der Wissenschaften und dem Senckenberg Institut, Frankfurt. The Nature of Culture. Based on an Interdisciplinary Symposium ›The Nature of Culture‹, Tübingen 2016.

406 Thompson, Grahame, Early Double-Entry Bookkeeping and the Rhetoric of Accounting Calculation, in: Hopwood, Anthony G./Miller, Peter (Hg.), Accounting as a Social and Institutional Practice, Cambridge 1994, S. 40–66.

407 Oberste, Jörg, Zwischen Heiligkeit und Häresie, Bd. 1, Köln/Weimar/Wien 2003, hier S. 235–81.

408 Todeschini, Franciscan wealth, S. 107 »[...] poverty, lack and deprivation appear to Franciscans not as a void to fill but as a starting point for measuring values, wages and prices.«

409 In England zum Beispiel lässt sich nachweisen, dass sich die Zahl der im Umlauf befindlichen Silberpfennige zwischen 1180 und 1280 verzehnfachte. Siehe dazu Kaye, Joel, Economy and nature in the fourteenth century: money, market exchange, and the emergence of scientific thought, New York 1998, S. 15 mit Verweis auf Mayhew, Nicholas, Modelling Medieval Monetisation, in: Britnell, Richard H./Campbell, Bruce M. S. (Hg.), A Commercialising Economy: England 1086–1300, Manchester 1995, S. 55–77, hier S. 63f. und Spufford, Peter, Money and its use in Medieval Europe, Cambridge 1988, S. 245–263.

410 Kaye, Joel, A History of Balance, 1250–1375: the emergence of a new model of equilibrium and its impact on thought, Cambridge 2014, S. 27 mit Verweis auf die Summae confessorum des Thomas von Chobham (1215–16) und Raymond von Penafort (1225–27); siehe auch Todeschini, Giacomo, La riflessione etica sulle attività economiche, in: Creci, Roberto (Hg.), Economie urbane ed etica economica nell'Italia medievale, Rome 2005, S. 151–228.

411 Kaye, Equilibrium, S. 26 »One unintended consequence flowing from the logic of the usury prohibition was that those who would judge and enforce it, even those clerics most suspicious of the corrupting effects of commerce and the pursuit of monetary gain, had no choice but to pay ever closer attention to the details of economic life.«

412 Geprägt hat den Begriff »economia franciscana« Todeschini, Giacomo, Oeconomica franciscana. Proposte di una nuova lettura delle fonti dell'etica economica medievale, in: Rivista di Storia e Letteratura Religiosa 12 (1976), S. 15–77; Ders., Oeconomica Franciscana II. Pietro di Giovanni Olivi come fonte per la storia dell'etica economica medievale, in: Rivista di Storia e Letteratura religiosa 13 (1977), S. 461–494; Langholm, Odd, Economics in the Medieval Schools, Leiden 1992; De Roover, Raymond, San Bernardino of Siena and Sant' Antonino of Florence. The Two Great Economic Thinkers of the Middle Ages, Boston 1967, S. 19. Siehe auch Carbajo Núñez, Martín, Economia francescana una proposta per uscire dalla crisi, Bologna 2014 (Engl. A free and fraternal economy. The Franciscan perspective, Delhi 2018).

413 »one of the most adventurous, exciting and prolific of all medieval thinkers«. Piron, Sylvain, The Formation of Olivi's Intellectual Project, in: Oliviana 2003. URL: http://journals.openedition.org/oliviana/8) (abgerufen 15.09.2020).

414 Heysse, Alban, [Testament Olivis] Descriptio Codicis Bibliothecae Laurentianae Florentinae S. Crucis, Plut. 31 sin., Cod. 3, in: Archivum franciscanum historicum 11 (1918), S. 251–269, hier S. 267–269; eine englische Übersetzung bietet Burr, David, Olivi and the limits of intellectual

freedom, in: Shriver, George H. (Hg.), Contemporary Reflections on the Medieval Christian Tradition. Essays in Honor of Ray C. Petry, Durham 1974, S. 185–199, hier S. 195.

415 Kobusch, Theo, Petrus Johannis Olivi: ein franziskanischer Querkopf, in: Knapp, Markus/Kobusch, Theo (Hg.), Querdenker, Visionäre und Außenseiter in Philosophie und Theologie, Darmstadt 2005, S. 106–116, hier S. 108; dazu auch Burr, Olivi, S. 194–196.

416 Rexroth, Frank, Fröhliche Scholastik. Die Wissenschaftsrevolution des Mittelalters. München, 2018, S. 34f.

417 Die Rekonstruktion dieser Kontroverse, die hier nur in groben Zügen nacherzählt wird, bieten Burr, David, Olivi and Franciscan Poverty. The Origins of the Usus Pauper Controversy, Philadelphia 1989 und aktueller Piron, Sylvain, Censures et condamnation de Pierre de Jean Olivi. Enquête dans les marges du Vatican, in: Mélanges de l'École française de Rome – Moyen Âge, École française de Rome, 2006, S. 118–22, S. 313–373.

418 Burr, Olivi and Franciscan Poverty, 1989, S. 40.

419 Burr, David, The Persecution of Peter Olivi, in: Transactions of the American Philosophical Society, 66 (5) (1976), S. 1–98; Piron, Censures et condemnation, S. 313–373.

420 Piron, Sylvain, Pierre de Jean Olivi. Traité des Contrats, Paris 2012, S. 94–109. Vgl. De Roover, Raymond, San Bernardino of Siena, S. 16–23. De Roover ging damals noch fälschlicherweise davon aus, dass Bernardino di Siena (1389–1444), der mehr als ein Jahrhundert später lebte als Petrus J. Olivi, der Autor des Traktates sei, da dieser den Text für seine Predigten verwendete und wörtlich abschrieb. De Roover fand die Thesen für das 15. Jahrhundert absolut revolutionär, er sah darin die Anzeichen einer Wirtschaftstheorie der Renaissance und erklärte Bernardino zum größten Ökonomen aller Zeiten. Die Vorstellung, dass sich hier die ältesten Vorläufer »moderner« Wirtschaftstheorien erkennen lassen, hat ihn fasziniert. Erst Jahre später erfuhr er, dass der Text nicht von Bernardino und nicht aus dem 15. Jahrhundert, sondern aus dem 13. Jahrhundert stammt!

421 Piron, Traité, S. 96. Römischer Rechtsspruch. Angeblich als Sprichwort von Publilius Syrus überliefert, dort aber nicht auffindbar. Beckby, Hermann, Die Sprüche des Publilius Syrus, München 1969. Als französisches Sprichwort überliefert in einer Handschrift des 15. Jahrhunderts, vgl. Morawski, Joseph, Proverbes français antérieurs au XVe siècle, Paris 1925, S. 83, no. 2303. Tant vault la chose comme elle peut estre vendue (Paris, Bibliothèque National MS lat. 10360, 15. Jh.). Vgl. zu Olivis Bearbeitung der Frage Kaye, History of Balance, S. 107–117.

422 Piron, Traité, S. 96; Singer, Samuel (Hg.), Thesaurus proverbiorum medii aevi, Bd. 12, Berlin 2001, S. 42–48.

423 Piron, Traité, S. 98; Walther, Hans, Proverbia sententiaeque latinitatis medii aevi, Bd. II/2, Göttingen 1964, S. 661.

424 Piron, Traité, S. 98, § 8.

425 Ebd., S. 100–103, § 9–11.

426 Ebd., S. 100.

427 Todeschini, Giacomo, Pietro di Giovanni Olivi come fonte per la storia dell'etica-economica medievale, in: Capitani, Ovidio (Hrg.), Una economia politica nel Medioevo, Bologna 1987, S. 59–91, hier S. 87; Kaye, Joel, Economy and Nature in the Fourteenth Century. Money, Market Exchange and the Emergence of Scientific Thought, Cambridge 1998, S. 148 zielt auf die »Beziehung zwischen Ware und Käufer« als Preisfaktor ab; Langholm, Odd, Olivi to Hutcheson: tracing an early tradition in value theory, in: Journal of the history of economic thought Bd. 31 (2009) S. 131–141, hier S. 133 ist nicht dieser Meinung.

428 Langholm, Economics, S. 354.

429 Piron, Traité, S. 102, §12.

430 *Pretium iustum* meint nicht weniger und nicht mehr als der gängige Marktpreis. Die ältere, missverständliche Auffassung vom ›gerechten Preis‹ ist überholt. Seit John Baldwins Studien aus dem Jahr 1959 zweifeln Historiker zunehmend daran, dass das Konzept des gerechten Preises je existiert habe, egal ob in der Realität oder in der Theorie, als normative Größe losgelöst vom Marktgeschehen. Vgl. dazu De Roover, Raymond, The Concept of the Just Price: theory and economic policy, in: Journal of Economic History 18 (1958), S. 418–438, hier S. 420; vgl. auch Baldwin, John, The Medieval Theories of the Just Price: Romanists, Canonists, and Theologians in the Twelfth and Thirteenth Centuries, in: Transactions of the American Philosophical Society, 49 (4) (1959), S. 1–92.

431 Piron, Traité, S. 120, § 43.

432 Langholm, Economics, S. 361.

433 Piron,Traité, S. 114, § 30; vgl. auch Langholm, Economics, S. 363.

434 Ebd., S. 363f.

435 Ebd., S. 228–233, S. 59–64; Langholm, Economics, S. 369–372.

436 Ebd., S. 233, Anm. 21.

437 Kaye, History of Balance, S. 70; vgl. auch Rode, Christian, Die Geburt des Kapitalismus aus dem Geist der franziskanischen Armutsbewegung. Der Kapitalbegriff bei Petrus Johannis Olivi, in: Mensching, Günther/Mensching-Estakhr, Alia (Hg.), Geistige und körperliche Arbeit im Mittelalter, Würzburg 2016, S. 107–122.

438 Ebd., S. 52.

439 Langholm, Economics, S. 22; vgl. Kaye, History of Balance, S. 63 und S. 107

440 Meadows, Dennis u.a., Die Grenzen des Wachstums. Bericht des Club of Rome zur Lage der Menschheit, Stuttgart 1972, S. 17.

441 Göpel, Maja, Unsere Welt neu denken: Eine Einladung, Berlin 2020.

442 Zur Rolle der Frauen bei den Fuggern siehe Häberlein, Die Fugger, S. 26 mit Verweis auf Schad, Martha, Die Frauen des Hauses Fugger von der Lilie (15.–17. Jahrhundert), Augsburg u.a. 1989, S. 12.

443 Maja Göpel, interviewt von Peter Unfried und Harald Welzer: Verbote können Menschen befreien, in: Taz.Futurzwei. Nr. 10, 2019, S. 36–41.

444 Kobusch, Petrus Johannis Olivi. Franziskanischer Querkopf, S. 111–114.

Abbildungsverzeichnis

1. Waren wir arm vor der Erfindung des Kapitalismus?

Abb. 1: Entwicklung der durchschnittlichen Jahresarbeitszeit vom 13. bis 20. Jahrhundert (nach Juliet B. Schor). Aus: Schor, The overworked American, S. 45.

Abb. 2: Bevölkerungsentwicklung in Europa im Mittelalter. Aus: Putzger, Historischer Weltatlas, 103. Auflage, Berlin 2001, S. 71.

Abb. 3: Stadtgründungen und Bevölkerungsentwicklung in Mitteleuropa 1150–1600. Aus: Putzger, Historischer Weltatlas, 103. Auflage, Berlin 2001, S. 69.

Abb. 4: Mittelmeerhandel und Karawanenrouten nach Asien (12.–13. Jahrhundert). Aus: Feldbauer, Die islamische Welt 600–1250, S. 97.

2. Sharing

Abb. 1a + b: Der St. Galler Klosterplan, oben im Original, unten als Modellbau Campus Galli. Oben Foto St. Gallen, Stiftsbibliothek, Cod. Sang. 1092, f. recto – St. Galler Klosterplan, unten Foto Wikimedia Commons/Public Domain. Aus: Projekt Campus Galli, das sich dem Aufbau der Klosterstadt gemäß den im 9. Jahrhundert üblichen Baumethoden vorgenommen hat. URL: https://www.campus-galli.de/klosterplan/ (abgerufen 07.04.2020). Ebenda findet sich eine interaktive Ansicht des Klosterplans.

Abb. 2: Raubbau an den Wäldern um 1700, wie ihn Hans Carl von Carlowitz' in seiner *Sylvicultura oeconomica* darstellt. Foto Technische Universität Freiberg. Aus: Grober, Nachhaltigkeit – die Geburtsurkunde eines Begriffs, 2013.

Abb. 3: Die Organisation der Haingeraiden, einer mittelalterlichen Waldgenossenschaft im Elsass und in der Pfalz. Erstellt von Annette Kehnel/Lena Liznerski.

Abb. 4: Der Bodensee mit Anrainerstaaten. Foto Wikimedia Commons/Thomas Römer (CC-BY-SA-3.0). URL: https://de.wikipedia.org/wiki/Bodensee#/media/Datei:Gliederung_des_Bodensees.png (abgerufen 05.10.2020).

Abb. 5: Der Große Beginenhof in Löwen. Eine Mischform von Platz- und Straßenhof. Kolorierte Zeichnung von Pierre de Bersaques, um 1598–99. Foto Löwen, Universitätsarchiv, Archiv des Herzogtums Aarschot, n° 2414, f° 10 r.

Abb. 6: Der Beginenhof in Dendermonde, Grundriss eines typischen Platzbeginenhofs. Foto Ministrè de la Communauté flamande, Département LIN-AOSATO, section photo-vidèo, 1997. Aus: Aerschot/Heirman, Les Béguinages, S. 205.

Abb. 7: Der Beginenhof St. Elisabeth Ten Wijngaarde in Brügge, 1562. Aus: De volledige kaart van Brugge, 1562 von Marcus Gerards. Foto Wikimedia Commons/Torsade de Pointes (CC-BY-SA-4.0). URL: https://commons.wikimedia.org/wiki/File:Marcus_Gerards_Begijnhof_1.jpg (abgerufen 08.09.2020).

Abb. 8: Brügge. Beginenhof mit Eingangsbrücke und gotischer Kirche. Foto Jan Decreton.

Abb. 9: Brügge. Zentrale Grünfläche umgeben von den Beginenhäusern. Foto Jan Decreton.

Abb. 10: Zahl der Bewohnerinnen aus 31 Beginenhöfen für die belastbare Daten vorliegen. Erstellt nach den Daten von Simons, Cities of Ladies, S. 56–59, Tafel 2 von Lena Liznierski.

Abb. 11: Der Beginenbauernhof in Sint-Truiden, Belgien. Foto Oswald Pauwels. Aus: Aerschot/Heirman, Les Béguinages, S. 199.

3. Recycling

Abb. 1: Ott Norlinger, Altreuß, alias Flickschuster aus den Hausbüchern der Nürnberger Zwölfbrüderstiftungen, 1549. Foto Nürnberg, Stadtbibliothek im Bildungscampus Nürnberg, 317.2°,f.96r.

Abb. 2: Stuhlflicker, Scherenschleiferin und Messerschleifer in Mailand, spätes 18. Jahrhundert. Aus: Händlerrufe aus Mailand, Zeichnung und Stich von Biasoli, 1810–1815, Nr. 489; Scherenschleiferin aus: Händler aus Venedig, Zeichnung und Stich von Gaetano Zompini, 1785, Nr. 484; Scheren- und Messerschleifer, Stich von Biasoli, 1810–1815, Nr. 490, hier nach Rauchegger, Andreas, Ambulante Reparaturhandwerker: ein kulturhistorischer Streifzug über Pfannenflicker, Scherenschleifer und Schirmflicker in Tirol, in: Rachewiltz, Siegfried de (Hg.), Flickwerk. Flicken und Wiederverwerten im Historischen Tirol Weitra 2015, S. 46.

Abb. 3: Anstieg des globalen Papierverbrauchs zwischen 1980 und 2017 gemessen in Eiffeltürmen (1 Eiffelturm = 10 000 Tonnen) Anstieg von 170 000 auf 423 000 Eiffeltürmen. Aus: VDPm Global consumption of paper and cardboard 2006 to 2017 (in million metric tons). Statista. Statista Inc., 2018. URL: https://www.statista.com/statistics/270319/consumption-of-paper-and-cardboard-since-2006/ (abgerufen 12.12.2019).

Abb. 4: Chinesischer Papiermacher, Darstellung aus dem Jahr 1637. Aus: Tiangong Kaiwu, 1637, verfasst von Song Yingxing, hier nach Tschudin, Grundzüge der Papiergeschichte, S. 78.

Abb. 5: Ausbreitung der Papiermacherkunst in Europa. Aus: Tschudin, Grundzüge der Papiergeschichte, S. 98.

Abb. 6: Papiermühle aus Johann Amos Comenius, *Orbis sensualium pictus*, Nürnberg 1658. Aus: Kap. 92 Papier URL: http://www.hs-augsburg.de/~harsch/Chronologia/Lspost17/Comenius/com_o092.html (abgerufen 12.12.2019).

Abb. 7: Wollgras mit Samen. Aus: Schäffer, Versuche und Muster ohne alle Lumpen oder doch mit einem geringen Zusatz derselben, Papier zu machen, 1765, Tafel 1.

Abb. 8: Wespennester als Ideengeber für das Holzpapier. Aus: Schäffer, Versuche und Muster ohne alle Lumpen oder doch mit einem geringen Zusatz derselben, Papier zu machen, 1765, Tafel 2.

Abb. 9: Vorrichtung zur Bewegung antiker Säulen aus dem späten 15. Jahrhundert. Aus: Francesco di Giorgio Martini, Opusculum de architettura,

London, British Library MS 197.b21, fol. 27r. © The Trustees of the British Museum

Abb. 10: Der Dom zu Aachen nach Albrecht Dürer, 1520. Reproduktion Privatarchiv Jorg Mühlenberg.

Abb. 11: Seitenlehne des sogenannten »Karlsthrons« im Aachener Dom. Zeichnung Josef Buchkremer (1899). Foto Wikimedia Commons/ACBahn (CC BY-SA 4.0). Aus: Corsepius, Der Aachener »Karlsthron«, S. 359–375 Abb. 6.

4. Mikrokredit

Abb. 1: Bologna, Palazzo del Monte di Pietà neben der Kathedrale San Pietro. Foto Wikimedia Commons/Mariaorecchia (CC-BY-SA-3.0) mit freundlicher Genehmigung der Chiesa di Bologna Aus: https://upload.wikimedia.org/wikipedia/commons/6/6b/Il_monte_di_piet%C3%A0_e_la_Cattedrale_di_San_Pietro_a_Bologna.jpg (abgerufen 17.02.2021).

Abb. 2: Anzahl der Pfänder im Monte di Pietà von Bologna (nach Mauro Carboni). Aus: Carboni, Converting Goods into Cash, S. 66f.

Abb. 3: Die Pfandleihbank. Giovanni Battista Bertucci, »Il pignoramento«, 16. Jh. Banca di Faenza, Collezione di Cariparma, hier aus Jacobi, Lauren, The Architecture of Banking in Renaissance Italy. Constructing the Spaces of Money, Cambridge 2019, Fig. 68.

Abb. 4: Organigramm des Monte in Rom, nach den Statuten aus dem Jahr 1557 (nach Skambraks). Aus: Skambraks, Tanja, Kleinkredit und Caritas, Kap. 3, S. 15–30. Vergleiche auch die anschauliche Beschreibung der Sitzordnung bei den Generalversammlungen, ebenda S. 15, Anm. 62. Der Kupferstich im Hintergrund: URL: https://www.visitareroma.eu/scoprire-palazzo-delmonte-pieta/ (abgerufen 09.09.2020).

Abb. 5: Pfänder Werkzeug, Kleidung, Schmuck. Fondazione del Monte. Aus: PORTALE MONS PIETATIS – DALLA PIETÀ AL CREDITO. URL: https://www.monspietatis.org/it/index.html (abgerufen 09.09.2020).

Abb. 6: Inventar des Besitzes des Schweinehirten Antonius, erstellt am 10. Februar 1478 (freundlicherweise zur Verfügung gestellt von Gabriela Signori). Aus: Signori, Schuldenwirtschaft, S. 16f.

Abb. 7: Piktogramme als Erkennungszeichen für Namen oder Berufe im Vergichtbuch (nach Gabriela Signori). Aus: Signori, Schuldenwirtschaft, S. 68f.

Abb. 8: Kerbholz, einfache Rekonstruktion. Foto Martouf le Synthéticien. Aus: Le bâton de comptage. URL: https://martouf.ch/2020/01/le-baton-de-comptage-un-moyen-de-paiementoublie-et-pourtant-officiel-en-france-jusquen-2016/ (abgerufen 09.09.2020).

5. Spenden und Stiften

Abb. 1: Pont Saint-Bénézet in Avignon heute, vier steinerne Brückenbogen mit Kapelle. Foto Shutterstock/Dkojich.

Abb. 2: Die Mühen des Brückenbaus nach einer Darstellung aus dem späten 15. Jahrhundert. Aus: Chroniques et Conquestes de Charlemaine von Jean-

Baptiste de Tavernier, um 1450/60 (Brüssel, Kon. Bibl. Hs 9068, III, fol. 203, Ausschnitt), hier entnommen aus: Binding, Günther/Nussbaum, Norbert, Der mittelalterliche Baubetrieb nördlich der Alpen in zeitgenössischen Darstellungen, Darmstadt 1978, Abb. T 6 b, mit Text auf S. 148.

Abb. 3: Pont Saint-Bénezet, Avignon. Druck aus dem Jahr 1575 von Georg Braun und Franz Hogenberg, aus: Civitates orbis terrarum, Band 2, Abbildung 13. Foto Wikimedia/Public Domain. URL: https://commons.wikimedia.org/wiki/File:Braun_Hogenberg_Avignon_1575_crop_bridge.jpg (abgerufen 22.07.2020).

Abb. 4: Brückenbruderschaften und Hospitäler in der Region um Avignon (Grafschaft Venaissin). Nach: Chiffoleau, Charité et assistance, S. 69–85, erstellt von Lena Liznerski.

Abb. 5: Überblick zu den Brücken, Deiche die über Ablässe zumindest teilfinanziert wurden. Nach: Paulus, Geschichte des Ablasses, Bd.3, S. 375–377, erstellt von Lena Liznerski.

Abb. 6: Rekonstruktion von Alt-Sankt-Peter, vor dem Pontifikat Julius II., 1503. Zeichnung Henry William Brewer (1891). Aus: Klodt, Olaf, Bramante und St. Peter. Eine kurze Einführung. URL: http://www.klodt.info/st-peter-in-rom/baugeschichte/ (abgerufen 22.7.2020)

Abb. 7: Das Weberhandwerk zur Zeit der Fugger. Barchentstück Conrad Fuggers von 1461 im Bayerischen Nationalmuseum in München. Foto München, Bayerisches Nationalmuseum/Walter Haberland.

Abb. 8: Das Weberhandwerk zur Zeit des Aufstiegs der Fugger (14. Jahrhundert). Aus: Humiliaten-Handschrift der Biblioteca Ambrosiana Mailand, SP 66, fol. 3r Mitte des 14. Jahrhunderts. Nach Stromer Wolfgang, von, Die Gründung der Baumwollindustrie, Stuttgart 1978, S. 66.

Abb. 9: Jakob Fugger der Reiche mit seinem Hauptbuchhalter Matthias Schwarz in der Goldenen Stube, bei der Buchhaltung in der Unternehmenszentrale. Nach: Darstellung im Trachtenbuch, S. 31, gefertigt von Matthäus Schwarz zwischen 1520 und 1560 (hier ein Faksimile aus dem 18. Jahrhundert). Hannover, Niedersächsische Landesbibliothek, Ms XVII, 988, [67] – 31r.

Abb. 10: Die Fuggerei in Augsburg um 1563. Nach dem Holzmodell der Stadt Augsburg von Hans Rogel d. Ä. 1563, Nachzeichnung Josef Weidenbacher. Aus: Weidenbacher, Die Fuggerei in Augsburg, Abb. 10.

Abb. 11: Grundriss und Querschnitt einer zwei-Zimmer-Wohneinheit nach den Aufnahmen des Baumeisters Franz Hörmann 1822. Zeichnung Josef Weidenbacher. Aus: Weidenbacher, Die Fuggerei in Augsburg, Abb. 15.

Abb. 12: Casa e Cieppo de'poveri di Francesco di Maro. Palazzo Datini, Prato. Rekonstruktionszeichnung Giuseppe Catani (verstorben). Foto Prato, Palazzo Datini.

Abb. 13: Füchtingshof in Lübeck, gestiftet in seinem Testament »den Armen zum Nutzen und Besten« vom Lübecker Kaufmann Johann Füchting (1571–1637) und eingeweiht im Jahr 1648. Foto Roland Scheibner.

Abb. 14: Sint Anna Hofje in Leiden, erbaut 1470 als Wohnung für Bedürftige. Foto Découvrir Leiden.

Abb. 15: Das Hôtel Dieu in Beaune in Burgund, gestiftet von Nicolas Rolin (1376–1462) und Guigone de Salins (1403–1470). Foto Hôtel Dieu de Beaune.

6. Minimalismus

Abb. 1: Raphael, Die Schule von Athen in den Stanza della Segnatura, Vatikan, Rom 1510/11. Foto Wikimedia/Public Domain.

Abb. 2: Diogenes in seiner Tonne im Gespräch mit einem Gelehrten. Abbildung auf einem Schmuckstein aus dem 1. Jahrhundert v. Chr. Paris, Bibliothèque Nationale, Cabinet des Médailles. Inv.-Nr. M4532.

Abb. 3: Bestattung im Pithos, Grabfunde aus Sewastopol, Krim 3. Jh v. Chr. Aus: Smith/Wayte/Marindin (Hg.), A Dictionary of Greek and Roman Antiquities. URL: http://www.hellenicaworld.com/Greece/WS/en/Pithos.html (abgerufen 15.09.2020) from Birch, Samuel, History of Ancient Pottery, London 1858, S. 134, 531.

Abb. 4: Krates und Hipparchia. Wandmalerei aus der Casa della Farnesina, Museo delle Terme, Rom. Foto Wikimedia/Public Domain.

Abb. 5: Das älteste, noch zu Lebzeiten, vor 1226 entstandene Bild des Franz von Assisi. Fresko in der Capella di San Gregorio im Sacro Speco in Subiaco. Foto Wikimedia/Public Domain. URL: https://de.wikipedia.org/wiki/Kloster_San_Benedetto_(Subiaco)#/media/Datei:StFrancis_part.jpg (abgerufen 05.10.2020).

Abb. 6: Lossagung vom Vater vor dem Bischof von Assisi, Darstellung in Santa Croce, Florenz von Giotto di Bondone (Datierung 1317/1324). Foto akg-images/Rabatti & Domingie.

Abb. 7: Niederlassungen des Franziskanerordens in Europa um 1300. Eigene Bearbeitung nach: L. Bourdua (after Servizio Cartografico del TCI). URL: http://www.umbriageo.regione.umbria.it (abgerufen 15.09.2020). Gwynn/Hadcock, Medieval Religious Houses, S. 235–262; Knowles/Hadcock, Medieval Religious Houses. England and Wales, S. 221–230; Freed, The Friars in German Society, S. 173–223; Emery, The Friars in Medieval France, S. 6; Southern, Western Society, S. 285.

Abb. 8: Vogelpredigt. Giotto di Bondone, Fresko in Assisi, um 1295. Foto Wikimedia/Public Domain. Aus: Die Legende von St. Francis. URL: https://commons.wikimedia.org/wiki/File:Giotto_-_Legend_of_St_Francis_-_-15-_-_Sermon_to_the_Birds.jpg (abgerufen 15.09.2020).

Abb. 9: Luca Pacioli, der »Vater der doppelten Buchführung« von Jacopo de Barbari, 1495. Foto Wikimedia/Public Domain.

7. Schlussfolgerungen aus der Vergangenheit für die Zukunft

Abb. 1: Pieter Bruegel der Ältere, Das Schlaraffenland, 1566 München, Alte Pinakothek. Foto akg-images.

Bibliografie

Aerschot, Suzanne van/Heirman, Michiel, Les Béguinages de Flandre un patrimoine mondial, Brüssel 2001.

Alchermes, Joseph, Spolia in Roman Cities of the Late Empire: Legislative Rationales and Architectural Reuse, in: Dumbarton Oaks Papers 48 (1994), S. 167–178.

Allerston, Patricia, Clothing and Early Modern Venetian Society, in: Continuity and Change 15.3 (2000), S. 367–390.

Allmann, Joachim, Der Wald in der Frühen Neuzeit. Eine mentalitäts- und sozialgeschichtliche Untersuchung am Beispiel des Pfälzer Raumes 1500–1800, Berlin 1989, S. 263–286.

Alter, Willi (Hg.), Pfalzatlas, Bd. 1, Speyer 1963.

Andenna, Cristina, Ein besserer Weg zu Gott. Freundschaftskonzepte und Freundschaftszeichen in den Viten weiblicher Heiliger des 13. Jahrhunderts, in: Münkler, Marina u.a. (Hg.), Freundschaftszeichen. Gesten, Gaben und Symbole von Freundschaft im Mittelalter, Heidelberg 2015, S. 179–208.

Andenna, Cristina, Da moniales novarum penitentium a sorores ordinis Sancte Marie de Valle Viridi. Una forma di vita religiosa femminile fra Oriente e Occidente (secoli XIII-XV), in: Panarelli, Francesco, Da Accon a Matera: Santa Maria la Nova, un monastero femminile tra dimensione mediterranea e identità urbana (XIII–XVI secolo), Münster 2012, S. 59–130.

Andenna, Cristina, Il fenomeno delle »convertite«. Reti die comunità di sorores penitentes e esperimenti di organizzazione istitutzionale fra Europa, Terra Santa et Italia Meridionale nes secolo XIII, in: Vita religiosa al femminile (secoli XIII- XIV): ventiseiesimo Convegno internazionale di studi: Pistoia 19–21 maggio 2017, Rom 2019, S. 55–76.

Angenendt, Arnold, Die historische Entwicklung des Ablasses und seine bleibende Problematik, in: Rehberg, Andreas (Hg.), Ablasskampagnen des Spätmittelalters. Luthers Thesen von 1517 im Kontext, Berlin/Boston 2017, S. 31–43.

Antes, Karl, Die pfälzischen Haingeraiden, Kaiserslautern 1933.

Aristoteles, Nikomachische Ethik, hg.v. Wolf, Ursula, Reinbeck 2018, 7. Auflage.

Armstrong, Lawrin, Usury, Conscience and Public Debt: Angelo Corbinelli's Testament of 1419, in: Munor, John A./Kuehn, Thomas (Hg.), A Renaissance of Conflicts. Visions and Revisions of Law and Society in Italy and Spain, Toronto 2004, S. 173–240.

Avallone, Paola (Hg.), Il ›povera‹ va in Banca. I Monti di Pietà negli antichi stati Italiani, Neapel 2001.

Baer, Harald/Gasper, Hans/Sinabell, Johannes/Müller, Joachim (Hg.), Lexikon nichtchristlicher Religionsgemeinschaften, Freiburg 2010.

Baldwin, John, The Medieval Theories of the Just Price: Romanists, Canonists, and Theologians in the Twelfth and Thirteenth Centuries, in: Transactions of the American Philosophical Society, 49 (4) (1959), S. 1–92.

Balossino, Simone/Hartmann-Virnich, Andreas, Le pont d'Avignon. Enquêtes archéologiques et historiques sur les débuts d'un monument énigmatique, in: INSITU. Zeitschrift für Architekturgeschichte 7 (2) (2015), S. 179–196.

Barile, Nicola Lorenzo, Renaissance Monti di Pietà in Modern Scholarship. Themes, Studies, and Historiographic Trends, in: Terpstra, Nicholas/Carboni, Mauro, The Material Culture of Debt. (Centre for Reformation and Renaissance Studies) Toronto 2012, S. 85–114.

Basili regvla a Rvfino latine versa, Zelzer, Klaus (Hg.), Wien 1986.

Baumann, Annette, Lotterie, in: Cordes, Albrecht/Haferkamp, Hans-Peter/Lück, Heiner/Werkmüller, Dieter/Bertelsmann-Kierst, Christa (Hg.), Handwörterbuch zur deutschen Rechtsgeschichte, Bd 3, Berlin/Boston 2016, Sp. 1065–1068.

Baumeister, Theofried, Der aktuelle Forschungsstand zu den Pachomiusregeln, in: Münchener Theologische Zeitschrift 40 (1989), S. 313–321.

Bayerische Staatsbibliothek (Hg.), Die Fugger im Bild: Selbstdarstellung einer Familiendynastie der Renaissance. Begleitbuch zur Schatzkammerausstellung anlässlich der Erwerbung des Ehrenbuchs der Fugger (Cgm 9460) und der Fuggerorum et Fuggerarum imagines (Cod.icon. 380); [Schatzkammerausstellung: Bayerische Staatsbibliothek, 10. März bis 22. Mai 2010; weitere Ausstellungen 2011 und 2012: Bayerisches Nationalmuseum, München; Deutsches Historisches Museum, Berlin; Maximilianmuseum, Augsburg], Luzern (2010).

Beaune, Henri, Droit Coutumier Français, Bd. 4, Paris 1889.

Beckby, Hermann, Die Sprüche des Publilius Syrus, München 1969.

Becker, Hans-Jürgen, Opus Pontis. Stadt und Brücke im Mittelalter, in: Ders., Aspekte weltlicher und kirchlicher Rechtskultur. Ausgewählte rechtshistorische Aufsätze, 2014, S. 251–266.

Becker, Julia/Licht, Tino /Schneidmüller Bernd, Pergament, in: Meier, Thomas/Ott, Michael R./Sauer, Rebecca (Hg.), Materiale Textkulturen, Berlin 2015, S. 337–47.

Behringer, Wolfgang, Kulturgeschichte des Klimas. Von der Eiszeit bis zur globalen Erwärmung, München 2007.

Belk, Russell, You are what you can access: Sharing and collaborative consumption online, in: Journal of Business Research 67 (8) (2014), S. 1595–1600.

Below, Stefan von/Breit, Stefan, Wald – von der Gottesgabe zum Privateigentum. Gerichtliche Konflikte zwischen Landesherren und Untertanen um den Wald in der Frühen Neuzeit, Berlin u.a. 2016.

Biermann, Veronica, Ortswechsel: Überlegungen zur Bedeutung der Bewegung schwerer Lasten für die Wirkung und Rezeption monumentaler Architektur am Beispiel des Vatikanischen Obelisken, in: Altekamp, Stefan/Marcks-Jacobs, Carmen/Seiler, Peter (Hg.), Perspektiven der Spolienforschung 1: Spoliierung und Transposition, Berlin 2013, S. 123–156.

Binding, Günther/Nussbaum, Norbert, Der mittelalterliche Baubetrieb nördlich der Alpen in zeitgenössischen Darstellungen, Darmstadt 1978.

Binding, Günther, Antike Säulen als Spolien in Früh- und Hochmittelalterlichen Kirchen und Pfalzen – Materialspolie oder Bedeutungsträger? Sitzungsberichte der Wissenschaftlichen Gesellschaft an der Johann Wolfgang Goethe-Universität Frankfurt am Main XLV, Nr. 1, Stuttgart 2007.

Birch, Samuel, History of Ancient Pottery, London 1858.

Blancard, Louis, Documents inédits sur le commerce de Marseille au Moyen Âge, Bd. 2, Marseille 1885.

Blume, Georg, Mikrokredit, Makroärger, in: Zeit 11. März 2011.

Böhringer, Letha, Beginen und Schwestern in der Sorge für Kranke, Sterbende und Verstorbene: Eine Problemskizze, in: Dirmeier, Arthur (Hg.), Organisierte Barmherzigkeit: Armenfürsorge und Hospitalwesen in Mittelalter und Früher Neuzeit, Regensburg 2010, S. 127–155.

Böhringer, Letha, Beginenhöfe, in: Sonntag, Jörg u.a. (Hg.), Geist und Gestalt. Monastische Raumkonzepte als Ausdrucksformen religiöser Leitideen im Mittelalter, Münster 2013, S. 341–365.

Boethius, Trost der Philosophie/Consolatio philosophiae, lateinisch-deutsch, Gegenschatz, Ernst/Gigon, Olof (Hg.), Berlin 2011.

Boese Monika/Tiemann, Katrin, Der Beginenkonvent im spätmittelalterlichen Hamburg, in: Zeitschrift des Vereins für Hamburgische Geschichte 82 (1996), S. 1–28.

Borgolte, Michael (Hg.), Enzyklopädie des Stiftungswesens in mittelalterlichen Gesellschaften, Bd. 1–2, Berlin/New York 2014.

Borgolte, Stiftungen für das Seelenheil, in: Zeitschrift für Geschichtswissenschaft 63 (12) (2015), S. 1037–1056.

Botticini, Maristella, A tale of »benevolent« governments. Private credit markets, public finance, and the role of the Jewish lenders in Medieval and Renaissance Italy, in: Journal of Economic History 60 (1) (2000), S. 164–189.

Bourgain, Pascale, L'imaginaire du jardin médiéval, in: Huchard, Viviane/Bourgain, Pascale, Le jardin médiéval. Un musée imaginaire. Cluny, des textes et des images, un pari, Paris 2002, S. 85–125.

Bracht-Branham R./Goulet-Cazé, Marie-Odile (Hg.), The Cynics. The Cynic Movement in Antiquity and its Legacy, Berkley 1996.

Brandenburg, Hugo, Magazinierte Baudekoration und ihre Verwendung in der spätantiken Architektur Roms des 4. und 5. Jh. Ein Beitrag zur Bewertung der Spolie, in: Boreas. Münstersche Beiträge zur Archäologie 30/31 (2010), S. 169–189.

Braudel, Fernand, Sozialgeschichte des 15.–18. Jahrhunderts. Der Handel, Frankfurt a. M. 1986.

Bredekamp, Horst, Der Künstler als Souverän (1549), in: Ders., Michelangelo. Fünf Essays, Berlin 2009, S. 59–68.

Bresnahan Menning, Carol, Charity and State in Late Renaissance Italy. The Monte di Pietà of Florence, Ithaca 1993.

Brown, Peter, The rise and function of the Holy Man, 1971.

Bruckmüller, Ernst/Hartmann, Peter Claus (Hg.), Historischer Weltatlas, 2001.

Bücher, Karl, Arbeit und Rhythmus, Leipzig/Berlin 1909.

Bücher, Karl, Die Berufe der Stadt Frankfurt a. M. im Mittelalter, Leipzig 1914.
Bücher, Karl/Schmidt, Benno (Hg.), Frankfurter Zunfturkunden, Bd. 1, Frankfurt 1914.
Burr, David, Olivi and the limits of intellectual freedom, in: Shriver, George H. (Hg.), Contemporary Reflections on the Medieval Christian Tradition. Essays in Honor of Ray C. Petry, Durham 1974, S. 185–199.
Burr, David, The Persecution of Peter Olivi, in: Transactions of the American Philosophical Society, 66 (5) (1976), S. 1–98.
Burr, David, Olivi and Franciscan Poverty. The Origins of the Usus Pauper Controversy, Philadelphia 1989.
Carbajo Núñez, Martín, Economia francescana una proposta per uscire dalla crisi, Bologna 2014 (Engl. A free and fraternal economy. The Franciscan perspective, Delhi 2018).
Carboni, Mauro/Muzzarelli, Maria Guiseppina (Hg.), I Conti dei Monti. Teoria e Pratica amministrativa nei Monti di Pietà fra Medioevo ed Età Moderna, Venedig 2008.
Carboni, Mauro/Muzzarelli, Maria Giuseppina, In pegno. Oggetti in transito tra valore d'uso e valore di scambio (secoli XIII-XX), Bologna 2012.
Carlowitz, Hans Carl von, Sylvicultura Oeconomica. Haußwirthliche Nachricht und Naturmäßige Anweisung zur Wilden Baum-Zucht, Leipzig 1713.
Carpentier, Bernadette, Le Béguinage Sainte-Élisabeth de Valenciennes, de sa fondation au XVIeme siècle, in: Mémoires de la Cercle archéologique et historique de Valenciennes 4 (1959) S. 95–182
Cassian, De institutis coenobiorum, Pertschenig, Michael (Hg.), Wien 1888 CSEL 17).
Chantal, Maigret, La tour Philippe le Bel 1303–2003: 700 ans d'histoire, in: Études Vauclusiennes 68 (2002), S. 5–22.
Celano, Thomas von, Leben und Wunder des Heiligen Franziskus von Assisi. Einführung, Übersetzung, Anmerkungen, Grau, Engelbert (Hg.), Werl/Westfalen 1994, 5. Auflage.
Chantepie, Gaël/Latina, Mathias, La réforme du droit des obligations. Commentaire théorique et pratique dans l'ordre du Code civil, Dalloz, 2016.
Charness, Gary/Gneezy, Uri, Strong evidence for gender differences in risk taking, in: Journal of Economic Behavior & Organization, 83 (1) (2012), S. 50–58.
Checcoli, Ippolita, I Monti frumentari e le forme di credito non monetario tra Medioevo ed Età moderna, Bologna 2016.
Chiffoleau, Jacques, Charité et assistance en Avignon et dans le Comtat Venaissin (fin XIIIe–fin XIVe), in: Assistance et Charité, Toulouse 1978, S. 69–85.
Clay, Diskin, Picturing Diogenes, in: Bracht-Branham R./Goulet-Cazé, Marie-Odile (Hg.), The Cynics. The Cynic Movement in Antiquity and its Legacy, Berkeley 1996, S. 366–388.
Clemens, Lukas, Tempore Romanorum constructa. Zur Nutzung und Wahrnehmung antiker Überreste nördlich der Alpen während des Mittelalters, Stuttgart 2003.

Congdon, Eleanor A., A run on a Bank (1400), in: Jansen, Katherine/Drell, Joanne/Andrews, Frances (Hg.), Medieval Italy. Texts in Translation, Philadelphia 2009.

Corsepius, Katharina, Der Aachener »Karlsthron« zwischen Zeremoniell und Herrschermemoria, in: Steinicke, Marion/Weinfurter, Stefan (Hg.), Investitur- und Krönungsrituale. Herrschaftseinsetzungen im kulturellen Vergleich, Köln 2005, S. 359–375.

Counts, Alex, Small Loans, Big Dreams. How Nobel Prize Winner Muhammad Yunus and Microfinance are changing the world, New Jersey 2008.

Davies, Keri, William Blake and the Straw Paper Manufactory at Millbank, in: Mulhallen, Karen (Hg.), Blake in Our Time: Essays in Honour of G.E. Bentley Jr., Toronto 2010, S. 233–261.

D'Avray, David, Another Friar and Antiquity, in: Ders./Beriou, Nicole (Hg.), Modern Questions about Medieval Sermons. Essays on Marriage, Death, History and Sanctity, Spoleto 1994, S. 247–258.

Deceulaer, Harald, Second-Hand Dealers in the Early Modern Low Countries, in: Fontaine, Laurence (Ed.), Alternative Exchanges. Second-hand circulations from the sixteenth century to the Present, New York/Oxford 2008, S. 13–42.

De Roover, Raymond, The Concept of the Just Price: theory and economic policy, in: Journal of Economic History 18 (1958), S. 418–438.

De Roover, Raymond, San Bernardino of Siena and Sant' Antonino of Florence. The Two Great Economic Thinkers of the Middle Ages, Boston 1967.

Derwein, Herbert, Das Zisterzienserkloster Schönau mit den Zeichnungen des 16. Jahrhunderts aus dem Germanischen Nationalmuseum in Nürnberg, Frankfurt am Main 1931.

Dessi, Rosa Maria, Usura, Caritas e Monti di Pietà. Le prediche antiusurarie e antiebraiche di Marco da Bologna e di Michele Carcano, in: I fratri osservanti e la società in Italia nel secolo XV, Atti del XL Convegno internazionale in occasione del 550° anniversario della fondazione del Monte di pietà di Perugia, 1462, Assisi – Perugia, 11–13 ottobre 2012, Spoleto 2013, S. 169–226.

Dirlmeier, Ulf/Fouquet, Gerhard/Fuhrmann, Bernd, Europa im Spätmittelalter 1215–1378, Oldenbourg Grundriss der Geschichte, Bd. 8, Berlin 2010.

Drossbach, Gisela (Hg.), Hospitäler in Mittelalter und Früher Neuzeit. Frankreich, Deutschland und Italien. Eine vergleichende Geschichte = Hôpitaux au moyen âge et au temps modernes, München 2007.

Dudley, Donald R., A History of Cynicism. From Diogenes to the 6th Century A.D., Hildesheim 1967, Nachdruck der Ausgabe London 1937.

Dunbar, Robin, Klatsch und Tratsch. Wie der Mensch zur Sprache fand, München 1998.

Dunn, Marilynn, Paradigms of Penance in: Journal of Medieval Monastic Studies 1 (2012), S. 17–39.

Dupré, Judith, Bridges. A History of the World's Most Spectacular Spans, New York 2017, 2. Auflage.

Eccleston, Thomas von, Bericht von der Ankunft der Minderbrüger in England, in: Hardick, Lother, Nach Deutschland und England. Die Chroniken der Minderbrüder Jordan von Giano und Thomas von Eccleston, Werl/Westfalen 1957, S. 115–214.

Ecker-Offenhäußer, Ute, Fuggerisches Schneidhaus, in: Grünsteudel, Günther/Hägele Günther/Frankenberger, Rudolf (Hg.), Stadtlexikon Augsburg, Augsburg 2020.

Elder, Joseph W., Some roots and branches of Hindu Monasticism, in: Creel, Austin B./Vasudha, Narayanan, Monastic Life in the Christian and Hindu Traditions. A Comparative Study, Lewiston 1990, S. 1–36.

Elm, Kaspar, Vita regularis sine regula. The meaning, legal status, and self-understanding of Late-Medieval and Early-Modern Semi-Religious Life, in: Mixson, James D./Elm, Kaspar (Hg.), Religious life between Jerusalem, the desert, and the world: selected essays, Leiden 2016, S. 277–316 (erstmals auf Deutsch erschienen 1998).

Elvin, Mark, Three Thousand Years of Unsustainable Growth: China's Environment from Archaic Times to the Present, in: East Asian History 6 (1993), S. 7–46.

Emery, Richard W., The Friars in Medieval France. A Catalogue of French Mendicant Convents, 1200–1550, New York/London 1962.

Erdin, Emil A., Das Kloster der Reuerinnen Sancta Maria Magdalena an den Steinen zu Basel, von den Anfängen bis zur Reformation (ca.1230–1529), Freiburg 1969.

Ernst, Heiko, Weitergeben! Anstiften zum generativen Leben, Hamburg 2008.

Ertl, Thomas, Ihr irrt viel umher, ihr jungen Leute. Der mittelalterliche Franziskanerorden zwischen europäischer Entgrenzung und regionaler Beschränkung, in: Israel, Uwe (Hg.), Vita communis und ethnische Vielfalt. Multinational zusammengesetzte Klöster im Mittelalter, Rom/Berlin 2006, S. 1–34.

Ertl, Thomas, Netzwerke des Wissens. Die Bettelorden, ihre Mobilität und ihre Schulen, in: Puhle, Matthias (Hg.), Aufbruch in die Gotik. Der Madgeburger Dom und die späte Stauferzeit, Bd. 1, Madgeburg 2009, S. 312–323.

Ertl, Thomas, Franziskanische Armut in der Kritik. Anti-mendikantische Wahrnehmungsmuster im Wandel (13.–15. Jahrhundert), in: Heimann, Heinz-Dieter/Hilsebein, Angelica/Schmies, Bernd/Stiegemann, Christoph (Hg.), Gelobte Armut. Armutskonzepte der franziskanischen Ordensfamilie, Paderborn 2012, S. 369–392.

Ertl, Thomas, Wien 1448. Steuerwesen und Wohnverhältnisse in einer spätmittelalterlichen Stadt, Wien 2020.

Esch, Arnold, Spolien: Zur Wiederverwendung antiker Baustücke und Skulpturen im mittelalterlichen Italien. In: Archiv für Kulturgeschichte 51 (1969), S. 2–64.

Falk, Armin, Markt und Moral, Frankfurt 2015.

Feest, Christian F., Beseelte Welten – Die Religionen der Indianer Nordamerikas, Freiburg/Basel/Wien 1998.

Feld, Helmut, Franz von Assisi und seine Bewegung. Darmstadt 1994.

Feld, Helmut, Beseelte Natur. Franziskanische Naturerzählungen. Tübingen 1993.

Felten, Franz J., Zusammenfassung. Mit zwei Exkursen zu den »Starken Armen« im frühen und hohen Mittelalter und zur Erforschung der pauperes der Karolingerzeit, in: Oexle, Otto Gerhard (Hg.), Armut im Mittelalter, Ostfildern 2004, S. 349–401.

Field, Sean L./Lerner, Robert E./Piron, Sylvain (Hg.), Marguerite Porete et le »Miroir des simples âmes«. Perspectives historiques, philosophiques et littéraires, Paris 2013.

Fößel, Amalie/Hettinger, Anette, Klosterfrauen, Beginen, Ketzerinnen. Religiöse Lebensformen von Frauen im Mittelalter, Idstein 2000.

Foghammar, Alexandra, ›allen inwonern zu lust und ergetzung‹. Die Hallerwiese ist Nürnbergs älteste Grünanlage, in: Nürnberg heute 70 (2001), S. 50–55.

Folkers, Manfred/Paech, Niko, All you need is less. Eine Kultur des Genug aus ökonomischer und ökologischer Sicht, München 2020.

Fontaine, Laurence (Hg.), Alternative Exchanges. Second-hand circulations from the sixteenth century to the Present, New York/Oxford 2008.

Fontaine, Laurence, The exchange of second-hand goods between survival strategies and ›business‹ in eighteenth-century Paris, in: Fontaine, Laurence (Hg.), Alternative Exchanges. Second-hand circulations from the sixteenth century to the Present, New York/Oxford 2008, S. 97–114.

Fontaine, Laurence, The Moral Economy. Poverty, credit, and trust in Early Modern Europe, Cambridge 2014.

Fouquet, Gerhard, Bauen für die Stadt. Finanzen, Organisation und Arbeit in kommunalen Baubetrieben des Spätmittelalters. Eine vergleichende Studie vornehmlich zwischen den Städten Basel und Marburg (Städteforschung Reihe A, Darstellungen), Köln/Weimar/Wien 1999.

Fouquet, Gerhard, Brücken. Bau und Bauunterhalt im späten Mittelalter und in der frühen Neuzeit: Das Beispiel der Weidenhäuser Brücke in Marburg, in: Andermann, Kurt/Gallion, Nina (Hg.), Weg und Steg. Aspekte des Verkehrswesens von der Spätantike bis zum Ende des Alten Reiches, Ostfildern 2018, S. 47–73.

Frank, Karl Suso, Die Magisterregel. Einführung und Übersetzung, St. Ottilien 1989.

Frank, Karl Suso, Basilius von Caesarea: Mönchsregeln, St. Ottilien 2010.

Freed, John B., The Friars in German Society in the Thirteenth Century, Cambridge 1977.

Fugmann, Haringke, Aufräumen als heilige Handlung. Zum weltanschaulichen Hintergrund des Bestsellers »Magic Cleaning« von Marie Kondō, Berlin 2017.

Geffcken, Friedrich Peter, Soziale Schichtung in Augsburg 1396 bis 1521: Beitrag zu einer Strukturanalyse Augsburgs im Spätmittelalter, München 1995.

Geffcken, Friedrich Peter, Jakob Fugger der Reiche (1459–1525), »Königsmacher«, Stratege und Organisator, in: Damals 7 (2004), S. 15–23.

Geffcken, Peter, Steuern, in: Grünsteudel, Günther/Hägele, Günther/Frankenberger, Rudolf (Hg.), Stadtlexikon Augsburg, Augsburg 2020.
Genecin, Isabel, In the world but not of the world«? Doucelina, Felipa, and the Beguines of Marseilles, Undergraduate Senior Thesis, Columbia University 2015 (supervised by Charles Amstrong and Adam Kosto).
Geyer, Iris (Hg.), Das Leben der Marie Oignies von Jakob von Vitry und das Supplementum von Thomas von Cantimpre, Turnhout 2014.
Gilomen, Hans-Jörg, Renten und Grundbesitz in der Toten Hand: Realwirtschaftliche Probleme der Jenseitsökonomie, in: Jetzler, Peter (Hg.), Himmel, Hölle, Fegefeuer. Das Jenseits im Mittelalter. Eine Ausstellung des Schweizerischen Landesmuseums in Zusammenarbeit mit dem Schnütgen-Museum und der Mittelalterabteilung des Wallraf-Richartz-Museums der Stadt Köln, Zürich 1994, S. 135–148.
Girard, René, Le buc émissaire, Paris 1982; dt. Der Sündenbock, Zürich 1988, Ausstoßung und Verfolgung, Frankfurt a. Main 1992.
Göller, Emil, Deutsche Kirchenablässe unter Sixtus IV, in: Römische Quartalsschrift für christliche Altertumskunde und Kirchengeschichte 31 (1923), S. 55–70.
Göpel, Maja, Unsere Welt neu denken. Eine Einladung, Berlin 2020.
Goulet-Cazé, Marie-Odile, A Comprehensive Catalogue of Known Cynic Philosophers, in: Bracht-Branham R./Goulet-Cazé, Marie-Odile (Hg.), The Cynics. The Cynic Movement in Antiquity and its Legacy, Berkeley 1996, S. 389–413.
Grass, Nikolaus, Viehverstellung, in: Erler, Adalbert/Kaufmann, Ekkehard (Hg.), Handwörterbuch zur Deutschen Rechtsgeschichte, Bd. 5, Berlin 1998, Sp. 912–913.
Grober, Ulrich, Die Entdeckung der Nachhaltigkeit – Kulturgeschichte eines Begriffs, München 2010.
Grober, Ulrich, Nachhaltigkeit – die Geburtsurkunde eines Begriffs, in: Denkströme. Journal der Sächsischen Akademie der Wissenschaften 10 (2013), S. 77–93.
Groebner, Valentin, Ökonomie ohne Haus. Zum Wirtschaften armer Leute in Nürnberg am Ende des 15. Jahrhunderts, Göttingen 1993.
Groebner, Valentin, Mobile Werte, informelle Ökonomie. Zur »Kultur« der Armut in der spätmittelalterlichen Stadt, in: Oexle, Otto Gerhard (Hg.), Armut im Mittelalter, Ostfildern 2004, S. 165–187.
Grundmann, Herbert, Religiöse Bewegungen im Mittelalter. Untersuchungen über die geschichtlichen Zusammenhänge zwischen der Ketzerei, den Bettelorden und der religiösen Frauenbewegung im 12. und 13. Jahrhundert und über die geschichtlichen Grundlagen der deutschen Mystik, Berlin 1935, Neudruck Darmstadt 1970.
Guard, Timothy, Opus caritativum: Crowdfunding the Later Crusades. The English Evidence, in: Lippiatt, G.E.M./Bird, Jessalynn Lea (Hg.), Crusading Europe. Essays in Honour of Christopher Tyerman, Turnhout 2019, S. 211–233.

Gwynn, Aubrey/Hadcock, Neville, Medieval Religious Houses. Ireland, Dublin 1988.
Habermas, Rebekka, Die Beginen – eine ›andere‹ Konzeption von Weiblichkeit?, in: Wiener Historikerinnen (Hg.), Die ungeschriebene Geschichte. Historische Frauenforschung, Wien 1984, S. 199–207.
Hackstein, Rolf, Der Aachener Beginenhof St. Stephan im Mittelalter, Aachen 1997.
Häberlein, Mark, Die Fugger. Geschichte einer Augsburger Familie (1367–1650), Stuttgart 2006.
Häberlein, Mark, Kreditbeziehung und Kapitalmärkte vom 16. bis 19. Jahrhundert, in: Schlumbohm, Jürgen (Hg.), Soziale Praxis des Kredits 16.–20. Jahrhundert, Hannover 2007, S. 37–51.
Haidle, Miriam N./Conard, Niclas J./Bolus, M. (Hg.), The Role of Culture in Early Expansions of Humans, an der Heidelberger Akademie der Wissenschaften und dem Senckenberg Institut, Frankfurt. The Nature of Culture. Based on an Interdisciplinary Symposium ›The Nature of Culture‹, Tübingen 2016.
Hallavant, Charlotte/Ruas, Marie-Pierre, Pratiques agraires et terroir de montagne. Regard archéobotanique sur Montaillou (Ariège) au XIIIe siècle, in: Archéologie du Midi médiéval 26 (2008), S. 93–129.
Hardin, Garrett, Tragedy of the Commons, in: Science 162 (1968), S. 1243–1248.
Haskins, Charles Homer, Studies in Mediaeval Culture, New York 1965, 2. Auflage.
Hatfield, Rab, The wealth of Michelangelo, Rom 2002.
Haverkamp, Alfred, Juden in Italien und Deutschland während des Spätmittelalters. Ansätze zum Vergleich, in: Haverkamp, Alfred/Cluse, Christoph/Müller, Jörg R. (Hg.), Neue Forschungen zur mittelalterlichen Geschichte (2000–2011). Festgabe zum 75. Geburtstag, Hannover 2012, S. 59–102.
Heers, Jacques, Montes pietatis, in: Lexikon des Mittelalters, Stuttgart 2000, Bd. 6, Sp. 795f.
Heiden, Rüdiger van der, Pieter Bruegel der Ältere, Das Schlaraffenland und der Studienkopf einer Bäuerin in der Alten Pinakothek, München 1985.
Heimann, Heinz-Dieter, u.a. (Hg.), Gelobte Armut. Armutskonzepte der franziskanischen Ordensfamilie vom Mittelalter bis in die Gegenwart, Paderborn 2012.
Helas, Philine, Barmherzige Werke, kaufmännisches Kalkül und freiwillige Armut. Bildprogramme in Prato zwischen 1345 und 1415, in: Clemens, Lukas/Haverkamp, Alfred/Kunert, Romy (Hg.), Formen der Armenfürsorge in hoch- und spätmittelalterlichen Zentren nördlich und südlich der Alpen, Trier 2011, S. 121–166.
Held, Marin/Geißler, Karl-Heinz (Hg.), Von Rhythmen und Eigenzeiten. Perspektiven einer Ökologie der Zeit, Stuttgart 1995.
Hennebo, Dieter, Gärten des Mittelalters, Hamburg 1962.
Hergemöller, Bernd-Ulrich, Bruderschaften und Stadt, in: Lexikon des Mittelalters, München 1977–1999, Bd. 2, Sp. 739–740.

Hesse, Jan-Otmar, Wie neu ist die Share Economy? Anmerkungen zur Geschichte einer Wirtschaftsform, in: Dörr, Julian/Goldschmidt, Nils/Schorkopf, Frank (Hg.), Share Economy: Institutionelle Grundlagen und gesellschaftspolitische Rahmenbedingungen, Tübingen 2018, S. 21–37.

Heusinger, Sabine von, Die Zunft im Mittelalter. Zur Verflechtung von Politik, Wirtschaft und Gesellschaft in Straßburg, Stuttgart 2009.

Heysse, Alban, [Testament Olivis] Descriptio Codicis Bibliothecae Laurentianae Florentinae S. Crucis, Plut. 31 sin., Cod. 3, in: Archivum franciscanum historicum 11 (1918), S. 251–269.

Hien, Hannah, Das Beginenwesen in fränkischen und bayrischen Bischofsstädten, Würzburg 2013.

Hilka, Alfons, Neue Beiträge zur Erzählungsliteratur des Mittelalters (die Compilatio Singularis Exemplorum der Hs. Tours 468, ergänzt durch eine Schwesterhandschrift Bern 679), in: Jahresbericht der Schlesischen Gesellschaft für vaterländische Cultur 90 (1913), S. 1–24.

Hilka, Alfons, Altfranzösische Mystik und Beginentum, in: Zeitschrift für romanische Philologie 47 (1927), S. 121–170.

Hirsh, John C. (Hg.), Barlam and Iosaphat. A Middle English life of Buddha edited from ms. Peterhouse 257, London 1986.

Holzapfel, Heribert, Die Anfänge der Montes Pietatis (1462–1515), München 1903.

Horn, Walter/Born, Ernest, The Plan of St. Gall – A Study of the architecture & economy of, & life in a paradigmatic Carolingian monastery, Bd. 3, Berkely/Los Angeles/London 1979.

Jacobi, Lauren, The Architecture of Banking in Renaissance Italy. Constructing the Spaces of Money, Cambridge 2019, S. 123–157, Fig. 68.

Jäger, Helmut, Art. Transhumanz, in: Lexikon des Mittelalters 8, München 2003, Sp. 942f.

Jäggi, Carola, Spolien, in: Lexikon des Mittelalters 7 (1995), Sp. 2129–2131.

Jäggi, Carola, Spolien in Ravenna – Spolien aus Ravenna: Transformation einer Stadt von der Antike bis in die frühe Neuzeit, in: Altekamp, Stefan/Marcks-Jacobs, Carmen/ Seiler, Peter (Hg.), Perspektiven Der Spolienforschung 1. Spoliierung und Transposition, Berlin 2013, S. 287–330.

Jansen, Katherine/Drell, Joanne/Andrews, Frances (Hg.), Medieval Italy. Texts in Translation, Philadelphia 2009.

Jaspert, Nicolas, Die Reconquista. Christen und Muslime auf der iberischen Halbinsel, 711–1492, München 2019.

Jenal, Georg, Italia ascetica atque monastica. Das Asketen- und Mönchtum in Italien von den Anfängen bis zur Zeit der Langobarden (ca. 150/250–604), Stuttgart 1995.

Jenal, Georg, Sub Regula S. Benedicti. Eine Geschichte der Söhne und Töchter Benedikts von den Anfängen bis zur Gegenwart, Wien/Köln/Weimar 2018.

Jenks, Stuart (Hg.), Documents on the Papal Plenary Indulgences 1300–1517 preached in the Regnum Teutonicum, Leiden 2018.

Jixing, Pan, Review on the debate of paper history during recent 30 years in China, in: International Paper History 15 (2011), S. 6–12.
Johne, Klaus-Peter/Hartmann, Udo/Gerhardt, Thomas, Die Zeit der Soldatenkaiser. Krise und Transformation des Römischen Reiches im 3. Jahrhundert n. Chr. (235–284), Berlin/Boston 2008.
Jones, Anna, A modern way to eat, London 2015.
Jongman, Willem, Gibbon was Right: The Decline and Fall of the Roman Economy, in: Hekster, Olivier (Hg.), Crises and the Roman Empire, Leiden u. a. 2007, S. 183–199.
Kaemmerer, Walter (Hg.), Albrecht Dürer, Reisetagebuch, Aachener Quellentexte, Aachen 1980.
Kamp, Hermann, Memoria und Selbstdarstellung. Die Stiftungen des Burgundischen Kanzlers Rolin, Sigmaringen 1993.
Kanamori, Shigenari, Karl Bücher and Japanese Labour Songs, in: Backhaus, Jürgen (Hg.), Karl Bücher. Theory. History. Anthropology. Non Market Economies, Marburg 2000, S. 155–62.
Kapp, Arno, Leipzigs Lumpenhandel und der Papiermangel am Ende des 18. Jahrhunderts in Kursachsen, in: Papier Geschichte 1 (1951), S. 56–57.
Karg, Franz, Bewerber und Bewohner. Zur Überlieferung von »Fuggereibewohnern« (19./20. Jahrhundert) im Fuggerarchiv, in: Sczesny, Anke/Kießling, Rolf/Burkhard, Johannes (Hg.), Prekariat im 19. Jahrhundert. Armenfürsorge und Alltagsbewältigung in Stadt und Land, Augsburg 2014, S. 61–66.
Kaye, Joel, Economy and Nature in the Fourteenth Century: Money, Market Exchange, and the Emergence of Scientific Thought, New York 1998.
Kaye, Joel, A History of Balance, 1250–1375: The Emergence of a New Model of Equilibrium and its Impact on Thought, Cambridge 2014.
Kazmeier, August Wilhelm, Historischer Streifzug durch die Rohstofffragen der Papierherstellung, in: Papiergeschichte 1 (1951), S. 40–45.
Keferstein, Georg Christoph, Unterricht eines Papiermachers an seine Söhne, diese Kunst betreffend, Leipzig 1766, Nachdruck, Leipzig 1936.
Kehnel, Annette, Neue Kommunikationsformen im Bettelordenskonvent und der Aufstieg der Universitäten, in: Breitenstein, Mirko u.a. (Hg.), Die Wirkmacht klösterlichen Lebens im Mittelalter. Modelle, Ordnungen, Kompetenzen, Konzepte, Regensburg 2020, S. 177–200.
Kellenbenz, Hermann/Preysing, Maria Gräfin von (Hg.), Jakob Fuggers Stiftungsbrief von 1521, in: Zeitschrift des Historischen Vereins für Schwaben und Neuburg 68 (1974), S. 104–116.
Kellenbenz, Hermann, Anton Fugger. Persönlichkeit und Werk, Augsburg 2001.
Kelly, Lore, Architektur mit gutmütigen Spässen. Ausstellung Charles Moore, in: Aktuelles Bauen. Das schweizerische Bau-, Architektur- und Planungsmagazin 22 (1987), S. 10–11.
King, Vera, Generativität und die Zukunft der Nachkommen, in: Moeslein-Teising, Ingrid/Schäfer, Georg/Martin, Rupert (Hg.), Generativität, Gießen 2020, S. 13–28.

Kintzinger, Martin, Wissen wird Macht. Bildung im Mittelalter, Ostfildern 2003.

Kirshner, J., Storm over the Monte Commune. Genesis of the moral controversy over the public debts of Florence, in: Archivum Fratrum Praedicatorum 53 (1983), S. 219–276.

Klodt, Olaf, Templi Petri instauracio: Die Neubauentwürfe für St. Peter in Rom unter Papst Julius II. und Bramante (1505–1513), Jensen 1992.

Knowles David/Hadcock, Neville, Medieval Religious Houses. England and Wales, London 1994.

Kobusch, Theo, Petrus Johannis Olivi: ein franziskanischer Querkopf, in: Knapp, Markus/Kobusch, Theo (Hg.), Querdenker, Visionäre und Außenseiter in Philosophie und Theologie, Darmstadt 2005, S. 106–116.

Koch, Kurt, Einführung in die Ablasstheologie, in: Rehberg, Andreas (Hg.), Ablasskampagnen des Spätmittelalters. Luthers Thesen von 1517 im Kontext, Berlin/Boston 2017, S. 19–29.

Koorn, Florence Wilhelmina Johanna, Von der Peripherie ins Zentrum. Beginen und Schwestern vom Gemeinsamen Leben in den nördlichen Niederlanden, in: Wehrli-Johns, Martina/Opitz, Claudia (Hg.), Fromme Frauen oder Ketzerinnen? Leben und Verfolgung der Beginen im Mittelalter, Freiburg/Basel/Wien 1998, S. 95–118.

Kóvacs, Gábor, Buddhist Economics, in: Opdebeeck, Hendrik (Hrg.), Responsible Economics. E. F. Schumacher and his legacy for the 21st century, Oxford u. a. 2013, S. 33–52.

Kovalev, Roman/Noonan, Thomas S., What can archaeology tell us about how debts were documented and collected in Kievan Rus'?, in: Russian History 27 (2000) S. 119–154.

Kramer, Dieter, Vom Flickwerk zur Nachhaltigkeit, in: Rachewitz, Siegfried de (Hg.), www.flick-werk.net. Flicken und Wiederverwerten im Historischen Tirol, Weitra 2015, S. 67–86.

Kropp, Claus, Lebendige Karolingerzeit: das Experimentalarchäologische Freilichtlabor Lauresham an der UNESCO Welterbestätte Kloster Lorsch, in: Geschichtsblätter für den Kreis Bergstraße 50 (2017), S. 327–338.

Kruse, Britta-Juliane, Witwen als Stifterinnen in deutschen Städten der Frühen Neuzeit, in: Ariadne 42 (2002): Stifterinnen – Zeit, Geld und Engagement. Vom Mittelalter bis ins 21. Jahrhundert, S. 16–23.

Kuchenbuch, Ludolf, Abfall. Eine Stichwortgeschichte, in: Soeffner, Hans-Georg (Hg.), Kultur und Alltag, Göttingen 1988, S. 155–170.

Kuchenbuch, Ludolf, Kerbhölzer in Alteuropa – zwischen Dorfschmiede und Schatzamt, in: Balázs, Nagy/Sebök, Marcell (Hg.), »The Man of many devices who wandered full many ways«. Festschrift in honor of János M. Bak, Budapest 1999, S. 303–325.

Kuchenbuch, Ludolf, Pragmatische Rechenhaftigkeit? Kerbhölzer in Bild, Gestalt und Schrift, in: Frühmittelalterliche Studien 36 (2002), S. 469–490.

Kuchenbuch, Ludolf, Les baguettes de taille au Moyen Âge. Un moyen de calcul sans écriture?, in Coquery, Natacha/Menant, François/Weber,

Florence (Hg.), Écrire, compter, mesurer. Vers une histoire des rationalités pratiques, Paris 2006, S. 113–142.

Kuchenbuch, Ludolf, Am Nerv des Geldes. Die Verbankung der deutschen Verbraucher 1945–2005, in: Historische Anthropologie 17/2 (2009), S. 260–275.

Kühne, Hartmut, Der Agent des Antichristen. Die Entstehung der Tetzellegende im 16. und 17. Jahrhundert, in: Ders./Bünz, Enno/Wiegand, Peter (Hg.), Johann Tetzel und der Ablass, Berlin 2017, S. 74–110.

Kunert, Romy, ... timens divinum iudicium Dei ... Dokumente privater Armenfürsorge vom ausgehenden 13. bis zur ersten Hälfte des 14. Jahrhunderts in Genua, in: Clemens, Lukas/Haverkamp, Alfred/Kunert, Romy (Hg.), Formen der Armenfürsorge in hoch- und spätmittelalterlichen Zentren nördlich und südlich der Alpen, Trier 2011, S. 51–88.

Kuske, Bruno, Die Entstehung der Kreditwirtschaft und des Kapitalverkehrs, in: Ders. (Hg.), Köln, der Rhein und das Reich. Beiträge aus fünf Jahrzehnten wirtschaftsgeschichtlicher Forschung, Köln/Graz 1956, S. 48–138.

Kypta, Ulla, Die Autonomie der Routine: Wie im 12. Jahrhundert das englische Schatzamt entstand, Göttingen 2014.

Ladwig, Roland (Hg.), Recycling in Geschichte und Gegenwart, Freiberg 2003.

Langholm, Odd, Economics in the Medieval Schools, Leiden 1992.

Langholm, Odd, Olivi to Hutcheson: tracing an early tradition in value theory, in: Journal of the history of economic thought 31 (2009), S. 131–141.

Largier, Niklaus, Diogenes der Kyniker. Exempel, Erzählung, Geschichte in Mittelalter und Früher Neuzeit. Mit einem Essay zur Figur des Diogenes zwischen Kynismus, Narrentum und postmoderner Kritik, Tübingen 1997.

Laudage, Christiane, Das Geschäft mit der Sünde, Freiburg/Basel/Wien 2016.

Laurie, Simon Somerville, The Rise and Early Constitution of Universities. With a Survey of Mediaeval Education, New York 1907.

Le Blevec, Une institution d'assistance en pays Rhodanien: Les frères pontifes, in: Assistance et charité, Toulouse 1978, S. 87–110.

Le Blevec, Daniel, Saint Bénézet et l'œuvre du pont du rhône, in: Guillemain, Bernard (Hg.), Avignon au Moyen Âge. Textes et Documents, Avignon 1988.

Le Blevec, Daniel, La Part du pauvre. L'assistance dans les pays du Bas-Rhône du xiie siècle au milieu du xve siècle, Rom 2000.

Le Blevec, Daniel, Les lépreux peuvent-ils vivre en sociéte? Réflexions sur l'exclusion sociale dans les villes du Midi à la fin du Moyen Âge, in: Carozzi, Claude/Le Blévec, Daniel/Taviani-Carozzi, Huguette (Hg.), Vivre en société au Moyen Âge. Occident chrétien, Aix-en-Provence 2008, S. 281–291.

Le Roy Ladurie, Emmanuel, Montaillou. Ein Dorf vor dem Inquisitor 1294 bis 1324, Frankfurt a. M./Berlin/Ullstein 1983.

Lewis, Naphtali, The compulsory public services of Roman Egyt, Oxford 1982.

Lienig, Jens/Brümmer, Hans, Recyclinggerechtes Entwickeln und Konstruieren, in: Dies. (Hg.), Elektronische Gerätetechnik. Grundlagen für das Entwickeln elektronischer Baugruppen und Geräte, Berlin/Heidelberg 2014, S. 193–218.

Lindholm, Richard, Quantitative studies of the Renaissance Florentine economy and society, Anthem Press 2017.

Lindt, Johann, The Paper-Mills of Berne and their Watermarks, 1465–1859, Hiversum 1964.

Little, Andrew G., Chronicles of the mendicant friars, in: Ders., Franciscan Papers, lists, and documents, Manchester 1943, S. 25–41.

Lodi S./Sambin De Norcen, Maria Teresa, Il complesso del Monte di pietà al Duomo (XIV sec. - 1619), in: Il palazzo del Monte di pietà a Padova, Padua 1996, S. 25–101.

Lohrberg, Frank, Stadtnahe Landwirtschaft in der Stadt- und Freiraumplanung: Ideengeschichte, Kategorisierung von Konzepten und Hinweise für die zukünftige Planung, Stuttgart 2001.

London, Bernard, Ending the depression through planned obsolence, New York 1932, S. 6.

Lopez, Robert S., The Commercial Revolution of the Middle Ages, 950–1350, Cambridge 1976.

Lorenzen-Schmidt, Klaus-Joachim, Umfang und Dynamik des Hamburger Rentenmarktes zwischen 1471 und 1570, in: Zeitschrift des Vereins für Hamburgische Geschichte 65 (1979), S. 21–52.

Lorenzen-Schmidt, Klaus-Joachim, Beginennachlässe des frühen 16. Jahrhunderts in Hamburg (1535–1537), in: Rundbrief des Arbeitskreises für Wirtschafts- und Sozialgeschichte Schleswig-Holsteins 102 (2010), S. 32–35.

Luck, Georg (Hg.), Die Weisheit der Hunde. Texte der antiken Kyniker in deutscher Übersetzung mit Erläuterungen, Stuttgart 1997.

Ludwig, Karl-Heinz, Kerbholz, in: Lexikon des Mittelalters, Bd. 5, Stuttgart 1993, Sp. 1115.

Malachy, Marrion, Unsullied waters: the Buddha and Saint Benedikt. A comparison, in: Studia monastica 28 (1986), S. 265–296.

Malachy, Marrion, The Hindu Code of Manu and the Regula Benedicti: forest dweller, wandering ascetic and monk, in: Studia monastica 32 (1990), S. 7–58.

Malecek, Werner, »Nackt dem nackten Christus folgen«. Die freiwillig Armen in der religiösen Bewegung der mittelalterlichen Gesellschaft, in: Heimann, Heinz-Dieter u.a. (Hg.), Gelobte Armut. Armutskonzepte der franziskanischen Ordensfamilie vom Mittelalter bis in die Gegenwart, Paderborn 2012, S. 17–34.

Mandry, Julia, Armenfürsorge, Hospitäler und Bettel in Thüringen in Spätmittelalter und Reformation (1300–1600), Wien u.a. 2018.

Manesson-Mallet, Alain, La Géométrie pratique, Bd. 2, Paris 1702, Pl LXVI.

Manselli, Raoul, Franziskus der solidarische Bruder, Freiburg 1989.

Martin, Chris J., The sharing economy: A pathway to sustainability or a nightmarish form of neoliberal capitalism?, in: Ecological Economics 121 (2016), S. 159–159.

Mayade-Claustre, Julie, Le petit peuple en difficulté. La prison pour dettes à Paris à la fin du Moyen Âge, in: Boglioni, B./Gouvard, C./Delort, R. (Hg.), Le petit peuple dans l'Occident médiéval. Terminologies, perceptions, réalités, Paris 2002, S. 453–466.
Mayade-Claustre, Julie, Dans les geôles du roi. L'emprisonnement pour dette à Paris à la fin du Moyen Âge, Paris 2007.
Mayhew, Nicholas, Modelling Medieval Monetisation, in: Britnell, R. H./Campbell, B. M. S. (Hg.), A Commercialising Economy: England 1086–1300, Manchester 1995, S. 55–77.
McDonnel, Ernest W., The Beguines and Beghards in Medieval Culture. With special emphasis on the Belgian scene, New Brunswick 1954.
McIntosh, Marjorie Keniston, Poor Relief in England, 1350–1600, Cambridge University Press 2012.
Meadows, Dennis u.a., Die Grenzen des Wachstums. Bericht des Club of Rome zur Lage der Menschheit, Stuttgart 1972
Meier, Hans-Rudolf, Rückführungen. Spolien in der zeitgenössischen Architektur, in: Altekamp, Stefan/Marcks-Jacobs, Carmen/Seiler, Peter (Hg.), Perspektiven der Spolienforschung Bd. 1: Spoliierung und Transposition, Berlin 2013, S. 333–349.
Meneghin, Vittorino, I Monti di Pietà in Italia. Dal 1462 al 1562, Vicenza 1986.
Menestò, Enrico/Brufani, Stephano (Hg.), Fontes Franciscani, Assisi 1995.
Mercier, Louis-Sébastien, Tableau de Paris, vol. 1, chap. CLXXXII, S. 448–450.
Mesqui, Jean, Le ponts en France avant le temps des ingenieurs, Paris 1986.
Meyer, Andreas, Organisierter Bettel und andere Finanzgeschäfte des Hospitals von Altopascio im 13. Jahrhundert, in: Drossbach, Gisela (Hg.), Hospitäler in Mittelalter und Früher Neuzeit. Frankreich, Deutschland und Italien. Eine vergleichende Geschichte = Hôpitaux au moyen âge et au temps modernes, München 2007, S. 55–72.
Meyer-Schlenkrich, Carla/Sauer, Rebekka, Papier, in: Meier, Thomas/Ott, Michael R./Sauer, Rebecca (Hg.), Materiale Textkulturen, Berlin 2015, S. 355–370.
Meyer-Schlenkrich, Carla, Wann beginnt die Papierzeit? Zur Wissensgeschichte eines hoch- und spätmittelalterlichen Beschreibstoffs (Materiale Textkulturen 31), Berlin/München/Boston 2021.
Meyer, Ruth: Frühmittelalterliche Kapitelle und Kämpfer in Deutschland. Typus, Technik, Stil, bearb. v. Daniel Herrmann, Berlin 1997.
Michaels, Axel, Sakralisierung als Naturschutz? Heilige Bäume und Wälder in Nepal, in: Sieferle R. P./Breuninger, H. (Hg.), Natur-Bilder: Wahrnehmungen von Natur und Umwelt in der Geschichte, Frankfurt 1999, S. 117–136.
Mildenberger, Matto, The Tragedy of the Tragedy of the Commons, in: Scientific American 13. April 2019.
Miller, Tanya Stabler, The Beguines of medieval Paris. Gender, patronage, and spiritual authority, Philadelphia 2014.
Mollat, Michel (Hg.), Études sur l'histoire de pauvreté, Bd. 1–2, Paris 1974.

Montanari, Daniele, Il credito e la carità, I: Monti di Pietà delle città lombarde in Età moderna, Milano, Vita e pensiero, 2001.
Montenach, Anne, Une économie de l'infime. Espace et pratiques du commerce alimentaire à Lyon au XVII siecle, PhD Thesis, Institut Universitaire Européen de Florence, Florenz 2003.
Moor, Tine de, The Silent Revolution. A New Perspective on the Emergence of Commons. Guilds, and Other Forms of Corporate Collective Action in Western Europe, in: International Review of Social History 53 (2008) S. 179–212.
Morawski, Joseph, Proverbes français antérieurs au XVe siècle, Paris 1925.
Mozart, Briefe und Aufzeichnungen. Bauer, Wilhelm A./Deutsch, Otto E. (Hg.), Gesamtausgabe, Bd. 1, 1755–76, München 2005.
Müller, Anne, Bettelmönche und Islam. Beobachtungen zur symbolischen Darstellung von Missionsprinzipien der Mendikanten in Text, Handlung und Bildkunst des 13. Jahrhunderts, in: Mersch, Margit/Ritzerfeld, Ulrike (Hg.), Lateinisch-griechisch-arabische Begegnungen: Kulturelle Diversität im Mittelmeerraum des Spätmittelalters, Berlin 2009, S. 285–308.
Müller, Anne, Die frühe Franziskanermission im muslimischen Orient: Ideen, normative Grundlagen und Praxis, in: Collet, Giancarlo/Meier, Johannes (Hg.), Geschichte der Sächsischen Franziskaner-Provinz von der Gründung bis zum Anfang des 21. Jahrhunderts. 4. Missionen, Paderborn u.a. 2013, S. 33–56.
Müller, Christa (Hg.), »Urban Gardening«. Über die Rückkehr der Gärten in die Stadt, München 2011.
Müller, Lothar, Weiße Magie. Die Epoche des Papiers, München 2013.
Muldrew, Craig, The Economy of Obligation. The Culture of Credit and Social Relations in Early Modern England, London 1998.
Mußmann, Olaf, Beginen – »Kommunardinnen« des Mittelalters? Die »via media« in Hannover, in: Dinghaus, Angela (Hg.), Frauenwelten, Hildesheim 1993, S. 19–32.
Muzzarelli, Maria Giuseppina, Il denaro e la salvezza. L'invenzione del Monte di Pietà, Bologna 2001.
Muzzarelli, Maria Giuseppina, From the Closet to the Wallet: Pawning Clothes in Renaissance Italy, in: Renaissance and Reformation 35 (3) (2012), S. 23–38.
Muzzarelli, Maria Giuseppina, Monti di Pietà e banchi ebraici nella predicazione osservante. Il caso di Bernardino da Feltre, in: Studi francescani 110 (2013), S. 327–344.
Muzzarelli, Maria Giuseppina, The effect of Bernardino da Feltre's preaching on the Jews, in: Adams, Jonathan/Hanska, Jussi (Hg.), The Jewish Christian Encounter in Medieval Preaching, New York 2014, S. 170–194.
Muzzarelli, Maria Giuseppina, Il Monte, la pietà e la misericordia. Parole e immagini, in: Delcorno, Pietro (Hg.), Politiche di misericordia tra teoria e prassi. Confraternite, ospedali e monti di Pietà (XIII-XVI secolo), Bologna 2018, S. 229–242.

Navia, Luis E., Diogenes of Sinope. The Man in the Tub, Westport/London 1998.

Neininger, Falko, Konrad von Urach (1227). Zähringer, Zisterzienser, Kardinallegat, Paderborn 1994.

Nicolussi-Köhler, Stephan, Marseille, Montpellier und das Mittelmeer. Die Entstehung des südfranzösischen Fernhandels im 12. und 13. Jahrhundert. Pariser Historische Schriften 121, Heidelberg 2021.

Nicolussi-Köhler, Stephan, Money Lending and Settling Debts in and around Meran (South Tirol) in the 14th Century, in: Mannheim Workingpapers in Premodern Economic History 2020, S. 13–45 https://doi.org/10.25521/mwppeh.2020.139.

Nicolussi-Köhler, Stephan (Hg.), Change and Transformation of Premodern Credit Markets. The Importance of Small-Scale Credits, Heidelberg 2021.

Noehles, Karl, Zur Wiederverwendung antiken Spolienmaterials in der Kathedrale von Sessa Aurunca, in: Festschrift für M. Wegner zum 60. Geburtstag, Münster 1962, S. 90–100.

Noethlichs, Karl Leo, Kaiserzeitliche und spätantike staatliche Regularien zur Spoliierung – ein Kommentar, in: Altekamp, Stefan/Marcks-Jacobs, Carmen/Seiler, Peter (Hg.), Perspektiven der Spolienforschung 1: Spoliierung und Transposition, Berlin 2013, S. 11–21.

Nussbaum, Martha, The Therapy of Desire: Theory and Practice in Hellenistic Ethics, Princeton 1994.

Oberste, Jörg, Zwischen Heiligkeit und Häresie, Bd. 1, Köln/Weimar/Wien 2003.

Ó Maidín, Uinseann, The Celtic Monk. Rules and Writings of Early Irish Monks, Kalamazoo 1996.

Osten-Sacken, Vera von der, Jakob von Vitrys »Vita Mariae Oigniacensis«. Zu Herkunft und Eigenart der ersten Beginen, Göttingen 2000.

Ostrom, Elinor/Helfrich, Silke, Was mehr wird, wenn wir teilen. Nach: Elinor Ostrom, Beyond Market and States. Polycentric Governance of Complex Economic Systems. Nobelpreisrede, 8.12.2009, Silke Helfrich (Hg.), Leipzig 2011.

Ostrom, Elinor, Die Verfassung der Allmende. Jenseits von Staat und Markt, Tübingen 1999.

Pansier, Pierre, Histoire de l'ordre des Frères du Pont d'Avignon, in: Annales d'Avignon et du Comtat Venaissin 7 (1920/21), S. 7–75.

Pantin, William A., John of Wales and Medieval Humanism, in: Watt, John A. u.a. (Hg.), Medieval Studies Presented to Aubrey Gwynn, Dublin 1961, S. 297–319.

Paquet, Léonce (Hg.), Lex Cyniques Grecs. Fragments et témoignages, Ottawa 1975.

Paulus, Nikolaus, Geschichte des Ablasses im Mittelalter, Bd. 1–3, Darmstadt 2000, Erstauflage 1923.

Paulus, Nikolaus, Der Ablass im Mittelalter als Kulturfaktor, Köln 1920.

Petz, Wolfgang, Ein Handwerk zwischen Stadt und Land: Das Kemptener Papierergewerbe, in: Kata, Birgit/Laube, Volker/Naumann, Markus (Hg.), Mehr als 1000 Jahre. Das Stift Kempten zwischen Gründung und Auflösung 752–1802, Friedberg 2006, S. 237–300.

Peyer, Hans Conrad, Das Reisekönigtum des Mittelalters, in: Vierteljahresschrift für Sozial -und Wirtschaftsgeschichte 51 (1964), S. 1–21.

Pfister, Christian (Hg.), Das 1950er Syndrom. Der Weg in die Konsumgesellschaft, Bern 1995.

Phillips, R./Schrempf-Stirling, J./Stutz, C., The Past, History, and Corporate Social Responsibility, in: Journal of Business Ethics 166 (2020), S. 203–213. https://doi.org/10.1007/s10551-019-04319-0

Pieper, Jan, Der Karlsthron im Architektursystem der Pfalzkapelle zu Aachen. Eine architektonische Miniatur, in: Ders./Schindler, Bruno, Thron und Altar, Oktogon und Sechzehneck. Die Herrschaftsikonographie der karolingischen Pfalzkapelle zu Aachen (Scriptorium Carolinum 5), Aachen/Berlin 2017, S. 47–124.

Pietzner, Kathrin, Christen, in: Johne, Klaus-Peter/Hartmann, Udo/Gerhardt, Thomas, Die Zeit der Soldatenkaiser. Krise und Transformation des Römischen Reiches im 3. Jahrhundert n. Chr. (235–284), Berlin/Boston 2008, S. 973–1007.

Piketty, Thomas, Capital and Ideology, Cambridge/Mass./London 2020.

Piron, Sylvain, L'apparition du resicum en Méditerranée Occidentale, XIIe-XIIIe Siècles, in: E. Collas-Heddeland, E./Coudry, M./Kammerer, O./ Lemaître A. J./Martin, B. (Hg.), Pour une histoire culturelle du risque. Genèse, évolution, actualité du concept dans les sociétés occidentales, Strasbourg, 2004, S. 59–76.

Piron, Sylvain, Censures et condamnation de Pierre de Jean Olivi. Enquête dans les marges du Vatican, in: Mélanges de l'École française de Rome – Moyen Âge, École française de Rome, 2006, S. 313–373.

Piron, Sylvain, Pierre de Jean Olivi. Traité des Contrats, Paris 2012.

Piron, Sylvain, The Formation of Olivi's Intellectual Project, Oliviana 1 (2003) abgerufen 30.09. 2020. URL: http://journals.openedition.org/oliviana/8

Pölnitz, Götz Freiherr von, Jakob Fugger, Bd. 1: Kaiser, Kirche und Kapital in der oberdeutschen Renaissance, Tübingen 1949; Bd. 2: Quellen und Erläuterungen, Tübingen 1951.

Pölnitz, Götz Freiherr von, Augsburger Kaufleute und Bankherren der Renaissance, in: Hermann Rinn (Hg.), Augusta 955–1955. Forschungen und Studien zur Kultur- und Wirtschaftsgeschichte Augsburgs, Augsburg 1955, S. 187–218.

Pölnitz, Götz Freiherr von, Die Fugger, Tübingen 1970.

Pohl-Resl, Brigitte, Rechnen mit der Ewigkeit. Das Wiener Bürgerspital im Mittelalter, Wien 1996.

Pomeranz, Kenneth, The Great Divergence. China, Europe and the Making of the Modern World, Princeton 2000.

Preysing, Maria Gräfin von/Georg Simnacher (Hg.), Die Fuggertestamente des 16 Jh., Bd. 2, Weißenhorn 1992.

Radkau, Joachim, Religion and Environmentalism, in: McNeill, John R./Mauldin, Erin S. (Hg.), A Companion to Global Environmental History, London 2012, S. 493–512.

Rau, Reinhold (Hg.), Einhard, Das Leben Karls des Großen, Einhardi Vita Karoli Kap. 22, in: Quellen zur karolingischen Reichsgeschichte Teil 1, übers. v. O. Abel/J. v. Jasmund, [AQdGM 5], Darmstadt 1955, S. 192–195.

Rauchegger, Andreas, Ambulante Reparaturhandwerker: ein kulturhistorischer Streifzug über Pfannenflicker, Scherenschleifer und Schirmflicker in Tirol, in: Rachewiltz, Siegfried de/Ders. (Hg.), Flickwerk: Flicken und Wiederverwerten im Historischen Tirol, Weitra 2015, S. 35–66.

Reese-Schäfer, Walter (Hg.), Handbuch Kommunitarismus, Wiesbaden 2018.

Regula Benedicti. Die Benediktusregel. Lateinisch/Deutsch, im Auftrag der Salzburger Äbtekonferenz (Hg.), Beuron 1992.

Rehberg, Andreas, Ubi habent maiorem facultatem ... quam papa. Der Heilig-Geist-Orden und seine Ablasskampagnen um 1500, in: Ders. Ablasskampagnen des Spätmittelalters. Luthers Thesen von 1517 im Kontext, Berlin/Boston 2017, S. 219–270.

Rehberg, Andreas, Ablasskampagnen des Spätmittelalters. Luthers Thesen von 1517 im Kontext, Berlin/Boston 2017.

Reheis, Fritz, The creativity of slowness, in: Backhaus, Jürgen (Hg.), Karl Bücher. Theory. History. Anthropology. Non Market Economies, Marburg 2000, S. 163–176.

Reichert, Folker, Begegnungen mit China. Die Entdeckung Ostasiens im Mittelalter, Sigmaringen 1992.

Reichert, Folker, Asien und Europa im Mittelalter, Göttingen 2014.

Reichstein, Frank-Michael, Das Beginenwesen in Deutschland. Studien und Katalog, Berlin 2001.

Reinke, Martina, Die Reisegeschwindigkeit des deutschen Königshofes im 11. und 12. Jahrhundert nördlich der Alpen, in: Blätter für deutsche Landesgeschichte 123 (1987), S. 225–251.

Reith, Reinhold, Lexikon des Alten Handwerks. Vom späten Mittelalter bis ins 20. Jahrhundert, München 1991.

Reith, Reinhold, Recycling im späten Mittelalter und in der frühen Neuzeit. Eine Materialsammlung, in: Frühneuzeit-Info 14 (2003), S. 47–65.

Reith, Reinhold, Das alte Handwerk. Von Bader bis Zinngießer, München 2008.

Reudenbach, Bruno (Hg.), Karolingische und Ottonische Kunst, Darmstadt 2009.

Reudenbach, Bruno, Geschichte der Bildenden Kunst in Deutschland. Bd. 1: Karolingische und Ottonische Kunst, München/Berlin/London 2009.

Rexroth, Frank, Fröhliche Scholastik. Die Wissenschaftsrevolution des Mittelalters. München 2018.

Rhodes, Peter J., Liturgien, in: Cancik, Hubert/Schneider, Helmuth (Hg.), Der neue Pauly. Enzyklopädie der Antike Bd. 7, Stuttgart/Weimar 1999.

Richter, Gerhard, Handbuch Stadtgrün. Landschaftsarchitektur im städtischen Freiraum, München 1981.

Rinschede, Gisbert, Die Transhumance in den französischen Alpen und in den Pyrenäen, Münster 1979.
Rippmann, Bauern und Städter: Stadt-Land-Beziehungen im 15. Jahrhundert: Das Beispiel Basel, unter besonderer Berücksichtigung der Nahmarktbeziehungen und der sozialen Verhältnisse im Umland, Basel/Frankfurt a. M. 1990.
Rippmann, Dorothee, Viehverstellung, in: Friedrich Jäeger (Hg.), Enzyklopädie der Neuzeit, Bd. 14, Stuttgart 2011, S. 312–314.
Robert von Auxerre (1256 - 1212) Chronicon, Robertus canonicus sive Mariani Autissiodorensis, in: Monumenta Germaniae historica, Scriptores, t. XXVI, Holder-Egger, Oswald (Hg.), Hannover 1859.
Robinson, Marguerite S., The Microfinance Revolution. Sustainable Finance for the Poor, The World Bank, Washington D.C./New York 2001.
Roche, Daniel, Le Peuple de Paris, Paris 1981.
Röckelein, Hedwig, Hamburger Beginen im Spätmittelalter - ›automone‹ oder ›fremdbestimmte‹ Frauengemeinschaften?, in: Wehrli-Johns, Marina/Opitz, Claudia (Hg.), Fromme Frauen oder Ketzerinnen, Freiburg 1998, S. 119–138.
Rösener, Werner, Grangienwirtschaft und Grundbesitzorganisation südwestdeutscher Zisterzienserklöster vom 12. bis 14. Jahrhundert, in: Elm, Kaspar (Hg.), Die Zisterzienser. Ordensleben zwischen Ideal und Wirklichkeit. Ergänzungsband, Köln 1982, S. 137–194.
Rossiaud, Jacques, Le Rhône au Moyen Âges. Histoire et représentation d'un fleuve européen, Aubier 2007.
Rousseau, Philip, Pachomius. The Making of a Community in the Fourth-Century Egypt, Berkeley u.a. 1985.
Rubin, Miri, Charity and community in Medieval Cambridge, Cambridge 1987.
Rückert, Peter, Papiergeschichte und Papierherstellung im Mittelalter, in: Ochsenkopf und Meerjungfrau. Wasserzeichen des Mittelalters. Begleitheft zur Ausstellung des Landesarchivs Baden-Württemberg, Stuttgart 2006, S. 12–15.
Ruffing, Kai, Wirtschaft, in: Johne, Klaus-Peter /Hartmann, Udo/Gerhardt, Thomas, Die Zeit der Soldatenkaiser. Krise und Transformation des Römischen Reiches im 3. Jahrhundert n. Chr. (235–284), Berlin/Boston 2008, S. 817–841.
Sabatier, Paul, Leben des heiligen Franz von Assisi, La Vergne Tennessee 2010.
Sablonier, Roger, Innerschweizer Gesellschaft im 14. Jahrhundert, in: Historischer Verein der Fünf Orte (Hg.), Innerschweiz und frühe Eidgenossenschaft, Bd. 2, Olten 1990, S. 11–236.
Sachs, Wolfgang, Ernst Friedrich Schumacher im Zeitalter der grenzenlosen Mega-Ökonomie, in: Politische Ökologie 24 (2006), S. 24–26.
Sacrum Commercium. Der Bund des Heiligen Franziskus mit der Herrin Armut. Einführung, Übersetzung, Anmerkungen, Esser, Kajetan/Grau, Engelbert (Hg.), Werl/Westfalen 1966.
Salter, Herbert Edward (Hg.), The Oxford Deeds of Balliol College, Oxford 1913.

Schad, Martha, Die Frauen des Hauses Fugger von der Lilie (15.–17. Jahrhundert), Augsburg 1989.
Schäfer, Karl Heinrich, Die Ausgaben der Apostolischen Kammer unter Benedikt XII., Klemens VI. und Innocenz VI. (1335–1362), Paderborn 1914.
Schäffer, Jacob Christian, Versuche und Muster ohne alle Lumpen oder doch mit einem geringen Zusatze derselben Papier zu machen, Regensburg 1765.
Schäffer, D. Jacob Christian, Sr. Königl. Majest. zu Dännemark Rathes und Professors ... Empfehlung, Beschreibung und erweiterter Gebrauch des sogenannten und zur Erspahrung des Holzes höchstvortheilhaften Bockofens. Nebst 5. Kupfertafeln, Regensburg 1770.
Scheller, Benjamin, Memoria an der Zeitenwende. Die Stiftungen Jakob Fuggers des Reichen vor und während der Reformation (ca. 1505–1555), Berlin 2004.
Schich, Winfried, Die Wirtschaftstätigkeit der Zisterzienser im Mittelalter: Handel und Gewerbe, in: Elm, Kaspar (Hg.), Die Zisterzienser. Ordensleben zwischen Ideal und Wirklichkeit, Köln 1981, S. 217–237.
Schiele, Hartmut/Ricker, Manfred, Betriebswirtschaftliche Aufschlüsse aus der Fuggerzeit, Nürnberg 1967.
Schildt, Bernd, Allmende, in: Handwörterbuch zur deutschen Rechtsgeschichte 1, Berlin 2008, Sp. 169–180.
Schläppi, Daniel, Einleitung, in: Ders./Gruber, Malte-Christian (Hg.), Von der Allmende zur Share Economy. Gemeinbesitz und kollektive Ressourcen in historischer und rechtlicher Perspektive, Berlin 2018, S. 9–72.
Schlageter, Johannes, Die Anfänge der Franziskaner in Thüringen, in: Müller, Thomas T./Schmies, Bernd/Loefke, Christian (Hg.), Für Gott und die Welt. Franziskaner in Thüringen, Paderborn 2008, S. 32–37.
Schmid, Karl, Stiftungen für das Seelenheil, in: Ders. (Hg.), Gedächtnis, das Gemeinschaft stiftet, München 1985, S. 52–73.
Schmieder, Felicitas, Johannes von Plano Carpini. Kunde von den Mongolen 1245–1247, Sigmaringen 1997.
Schmitz-Esser, Romedio, The Buddha and the Medieval West: Changing Perspectives on Cultural Exchange between Asia and Europe in the Middle Ages, in: Classen, Albrecht (Hg.), Travel, time, and space in the middle ages and early modern time, Berlin 2018, S. 311–330.
Schons, Laura Marie/Ulke, Anne-Kathrin, CSR as a Selling of Indulgences: An Experimental Investigation of Customers' Perceptions of CSR Activities Depending on Corporate Reputation, in: Corporate Reputation Review 19(3) (2016), S. 263–280.
Schuchard, Christiane, Die päpstlichen Kollektoren im spätmittelalterlichen Reich, Tübingen 2000.
Schuchard, Christiane, Was ist ein Ablasskommissar?, in: Kühne, Hartmut/Bünz, Enno/Wiegand, Peter (Hg.), Johann Tetzel und der Ablass, Berlin 2017, S. 111–123.
Schumacher, Ernst Friedrich, Small Is Beautiful: A Study of Economics As If People Mattered, 1973.

Schütte, Sven, Der Aachener Thron, in: Kramp, Mario (Hg.), Krönungen, Könige in Aachen. Geschichte und Mythos, Mainz 1999, S. 213–222.

Schulte, Aloys, Die Fugger in Rom, Bd. 1–2, Leipzig 1904.

Schulz, Günther/Reith, Reinhold, Wirtschaft und Umwelt. Vom Spätmittelalter bis zur Gegenwart: Auf dem Weg zu Nachhaltigkeit?, Stuttgart 2015.

Schuster, Peter, Soziale und kulturelle Aspekte des Schuldenmachens im ausgehenden Mittelalter, in: Signori, Gabriela (Hg.), Prekäre Ökonomien. Schulden in Spätmittelalter und Früher Neuzeit (Spätmittelalterstudien 4), Konstanz u.a. 2014.

Schuster, Peter, The Age of Debt? Private Schulden in der spätmittelalterlichen Gesellschaft, in: Clemens, Gabriele B. (Hg.), Schuldenlast und Schuldenwert. Kreditnetzwerke in der europäischen Geschichte 1300–1900 (Trierer Hist. Forsch. 65), Trier 2008.

Schwaiger, Georg, Mönchtum, Orden, Klöster: von den Anfängen bis zur Gegenwart; ein Lexikon, München 1994.

Selzer, Stephan/Lorenzen-Schmidt, Klaus-Joachim, Rechnungen des Konvents der Blauen Schwestern (Beginen) in Hamburg. Die Mittelalterlichen Rechnungen 1481–1515, Münster 2017.

Senn, Peter, Music and Economics. Reflections inspired by Karl Bücher, in: Backhaus, Jürgen (Hg.), Karl Bücher. Theory. History. Anthropology. Non Market Economies, Marburg 2000, S. 73–112.

Signori, Gabriela, Vom Ziegenfell zur Ordenstracht. Zum Bedeutungswandel des Mönchsgewands. Bilder und Texte, in: Ganz, David/Rimmele, Marius (Hg.), Kleider machen Bilder. Vormoderne Strategien vestimentärer Bildsprachen, Emsdetten 2012, S. 33–51.

Signori, Schuldenwirtschaft: Konsumenten- und Hypothekenkredite im spätmittelalterlichen Basel, Konstanz/München 2015.

Silberer, Leoni, Klosterbaukunst der Konventualen Franziskaner vom 13. Jahrhundert bis zur Reformation, Petersberg 2016.

Simon-Muscheid, Katharina, Die Dinge im Schnittpunkt sozialer Beziehungsnetze, Göttingen 2004.

Simons, Walter, Cities of Ladies. Beguine Communities in the Medieval Low Countries, 1200–1565, Philadelphia 2001.

Singer, Samuel (Hg.), Thesaurus proverbiorum medii aevi, Bd. 12, Berlin 2001.

Sirocko, Frank, Wetter, Klima, Menschheitsentwicklung. Von der Eiszeit bis ins 21. Jahrhundert, Stuttgart 2009.

Skambraks, Tanja, Zwischen Kooperation und Konkurrenz. Jüdische Pfandleihe und Monti di Pietà in Italien, in: Fouquet, Gerhard/Rabeler, Sven (Hg.), Ökonomische Glaubensfragen. Strukturen und Praktiken jüdischen und christlichen Kleinkredits im Spätmittelalter, Stuttgart 2018, S. 99–120.

Skambraks, Tanja, Kleinkredit und Caritas. Die Monti di Pietà im Italien des 15. und 16. Jh., Habilitationsschrift (maschinenschriftlich), Philosophische Fakultät, Universität Mannheim 2020.

Skambraks, Tanja/Nicolussi-Köhler, Stephan/Kehnel, Annette/Kümper, Hiram, Kleinkredit und Marktteilhabe in der Vormoderne. Projektdesign, in: Mannheim Working Papers in Premodern Economic History 1 (2020), S. 1–12.

Smail, Daniel L./Shryock, Andrew, Deep History. The architecture of past and present, Berkeley/Los Angeles 2011, S. 96–98.

Smail, Daniel L., Legal plunder. Households and Debts Collections in Late Medieval Europe, Harvard 2016.

Smail, Daniel L./Pizzorno, Gabriel H./Hay, Nathaniel, Recyclage et ontologie de l'objet dans les textes du bas moyen âge: l'exemple de marseille, in: Henigfeld, Yves/Husi, Philippe/Ravoire, Fabienne (Hg.), L'objet au Moyen Âge et à l'époque moderne. Fabriquer, échanger, consommer et recycler: actes du XIe congrès international de la Société d'archéologie médievale, moderne et contemporaine (Bayeux, 28-30 mai 2015), Caen 2020, S. 393–402.

Smalley, Beryl, Moralists and Philosophers in the Thirteenth and Fourteenth Centuries, in: Wilpert, Paul (Hg.), Die Metaphysik im Mittelalter. Ihr Ursprung und ihre Bedeutung, Berlin 1963, S. 59–67.

Smith, Adam, Theorie der ethischen Gefühle, 1759, übersetzt von Horst Brandt, Hamburg 2010.

Smith, William/Wayte, William/Marindin, George Eden (Hg.), A Dictionary of Greek and Roman Antiquities, J. Murray 1890.

Sonderegger, Stefan, Landwirtschaftliche Entwicklung in der spätmittelalterlichen Nordostschweiz. Eine Untersuchung ausgehend von den wirtschaftlichen Aktivitäten des Heiliggeist-Spitals St. Gallen, St. Gallen 1994.

Sorace, Marco A., Beginenhöfe im Spätmittelalter: Perspektiven der Architektur- und Kunstgeschichte, in: Voigt, Jörg/Schmidt, Bernward/Sorace, Marco A. (Hg.), Das Beginenwesen in Spätmittelalter und Früher Neuzeit, Stuttgart 2015, S. 308–313.

Southern, Richard, Western Society and the Church, London 1970.

Spittler, Gerd, Wohnen ohne Tisch und Stuhl. Leben die Kel Ewey Tuareg in einer Mangelgesellschaft?, in: Möhring, Maren/Schüttpelz, Erhard/Zillinger, Martin (Hg.), Knappheit. Zeitschrift für Kulturwissenschaften 5 (1) (2011), S. 81–92.

Spufford, Peter, Money and its use in Medieval Europe, Cambridge 1988, S. 245–263.

Steinbrink, Matthias, Ulrich Meltinger. Ein Basler Kaufmann am Ende des 15. Jahrhunderts, Stuttgart 2007.

Stelzer, Winfried, Zum Scholarenprivileg Friedrich Barbarossas (Authentica »Habita«), in: DA 34 (1978), S. 123–165. Übersetzung nach Wolfgang Lautemann, Geschichte in Quellen, Bd. 2 Mittelalter, München 1978.

Stern, Hermann, Die geschichtliche Entwicklung und die gegenwärtige Lage des Lumpenhandels in Deutschland, Leipzig 1914.

Stern, Robert/Gastil, Raymond, Charles Moore, Der Architekt auf der Suche nach dem »Einprägsamen Ort«, in: Johnson, Eugene J. (Hg.), Charles Moore, Bauten und Projekte 1949–1986, Frankfurt am Main 1987, S. 35–38.

Stöllinger-Löser, Christine/Haage, Bernhard Dietrich, Privatbesitz im Ordensleben, in: Verfasserlexikon 11 (2004), Sp. 1269–1270.

Streb, Jochen/Spoerer, Mark, Leben, um zu arbeiten, oder arbeiten, um zu leben? in: Geschichte und Gesellschaft 34 (2008), S. 116 - 128.

Streb, Jochen, Besprechung von Piketty, Thomas, Capital and Ideology, in: Vierteljahrschrift für Sozial- und Wirtschaftsgeschichte 107 (2020).

Stromer, Wolfgang, von, Die Gründung der Baumwollindustrie in Mitteleuropa, Stuttgart 1978.

Stutz, Christian/Sachs, Sybille, Facing the normative challenges. The potential of reflexive historical research, in: Business & Society 57.1 (2018), S. 98–130.

Swanson, Jenny, John of Wales. A Study of the Works and Ideas of a Thirteenth Century Friar, Cambrigde 1989.

Swanson, Robert, Indulgences in Late Medieval England. Passport to Paradise, Cambridge 2007.

Szabó, Thomas, Die Infrastruktur des Karolingerreiches, in: Pohle, Frank (Hg.), Karl der Große, Charlemagne. Orte der Macht, Dresden 2014, S. 48–57.

Szittya, Penn R., The Antifraternal Tradition in Medieval Literature, Princeton 1986.

Terpstra, Nicholas/Carboni, Mauro, The Material Culture of Debt (Centre for Reformation and Renaissance Studies), Toronto 2012.

Teuscher, Simon, Schulden, Abhängigkeiten und politische Kultur. Das Beispiel der Kleinstadt Thun im Spätmittelalter, in: Signori, Gabriela (Hg.), Prekäre Ökonomien. Schulden in Spätmittelalter und Früher Neuzeit, Konstanz/München 2014, S. 243–262.

Teuscher, Simon, Bekannte, Klienten, Verwandte. Soziabilität und Politik in der Stadt Bern um 1500, Köln 1998.

Thalmann, Söhnke, Ablassüberlieferung und Ablasspraxis im spätmittelalterlichen Bistum Hildesheim, Hannover 2010.

Thiriot, Jacques, Note topographic sur la tête du pont roman d'Avignon, in: 'Guillemain, Bernard (Hg.), Avignon au Moyen Âge. Textes et Documents, Avignon 1988, S. 28–29.

Thompson, Grahame, Early Double-Entry Bookkeeping and the Rhetoric of Accounting Calculation, in: Hopwood, Anthony G./ Miller, Peter (Hg.), Accounting as a Social and Institutional Practice, Cambridge 1994, S. 40–66.

Tietz-Strödel, Marion, Die Fuggerei in Augsburg. Studien zur Entwicklung des sozialen Stiftungsbaus im 15. und 16. Jahrhundert, Tübingen 1982.

Toaff, Ariel, The Jews in Umbria, Bd. 1–3, Leiden 1993–1994.

Toaff, Ariel, Jews, Franciscans and the First Monti di Pietà in Italy, in: McMichael, Steven J./Meyers, Susan E. (Hg.), Friars and Jews in the Middle Ages and Renaissance, Leiden/Boston 2004, S. 239–253.

Todeschini, Giacomo, Oeconomica franciscana. Proposte di una nuova lettura delle fonti dell'etica economica medievale, in: Rivista di Storia e Letteratura Religiosa 12 (1976), S. 15–77.

Todeschini, Giacomo, Oeconomica Franciscana II. Pietro di Giovanni Olivi come fonte per la storia dell'etica economica medievale, in: Rivista di Storia e Letteratura religiosa 13 (1977), S. 461–494.

Todeschini, Giacomo, Pietro di Giovanni Olivi come fonte per la storia dell'etica-economica medievale, in: Capitani, Ovidio (Hg.), Una economia politica nel Medioevo, Bologna 1987, S. 59–91.

Todeschini, Giacomo, I mercanti e il tempio. La società cristiana e il circolo virtuoso della ricchezza fra Medioevo ed Età Moderna, Bologna 2002.

Todeschini, Giacomo, La riflessione etica sulle attività economiche, in: Creci, Roberto (Hg.), Economie urbane ed etica economica nell'Italia medievale, Rome 2005, S. 151–228.

Todeschini, Giacomo, Franciscan Wealth. From voluntary poverty to market society, Berkeley 2004.

Tomasello, Michael, Warum wir kooperieren, Berlin 2010.

Traulsen, Johannes, Heiligkeit und Gemeinschaft. Studien zur Rezeption spätantiker Asketenlegenden im ›Väterbuch‹, Boston/Berlin 2017.

Tremp, Ernst, Der St. Galler Klosterplan. Faksimile, Begleittext, Beischriften und Übersetzung, St. Gallen 2014. Fußnote 25 Kap. Teilen.

Tschudin, Peter, Paper comes to Italy, in: International Paper History 12 (1998), S. 60–66.

Tschudin, Peter, Grundzüge der Papiergeschichte, Stuttgart 2002.

Uerlings, Herbert/Trauth, Nina/Clemens, Lukas (Hg.), Armut. Perspektiven in Kunst und Gesellschaft. Katalog zur Ausstellung, Darmstadt 2011.

Untermann, Matthias, Vom Schicksal der Dinge aus archäologischer Sicht, in: Klein, Ulrich (Hg.), Vom Schicksal der Dinge. Spolie – Wiederverwendung – Recycling, Paderborn 2014, S. 9–16.

Untermann, Matthias, Fehlbenennungen von Klosterräumen und ihr Effekt auf die Forschung, in: Silberer Leonie u.a. (Hg.), Die Klöster der Franziskaner im Mittelalter. Räume. Nutzungen. Symbolik, Münster 2015, S. 19–44.

Verheijen, Luc (Hg.), La Règle de saint Augustin. Bd.I: Tradition manuscrite [mit kritischer Textedition auf S. 417–437]; Bd. II: Recherches historiques, Paris 1967.

Vinzenz von Beauvais, Speculum Historiale, Buch 29, cap. 21.

Voigt, Jörg, Beginen im Spätmittelalter. Frauenfrömmigkeit in Thüringen und im Reich, Köln 2012.

Voigt, Jörg/Schmidt, Bernward/Sorace, Marco A. (Hg.), Das Beginenwesen in Spätmittelalter und Früher Neuzeit, Stuttgart 2015.

Voigt, Jörg, Der Status Beginarum. Überlegungen zur rechtlichen Stellung des Beginenwesens im 13. Jahrhundert, in: Voigt, Jörg/Schmidt, Bernward/Sorace, Marco A. (Hg), Das Beginenwesen in Spätmittelalter und Früher Neuzeit, Stuttgart 2015, S. 41–67.

Voigt, Jörg, Margarete Porete als Vertreterin eines freigeistig-häretischen Beginentums? Das Verhältnis zwischen den Bischöfen von Cambrai und den Beginen nach dem Häresieprozess gegen Margarete Porete (†1310), in:

Franzke, Janina/Büchner, Christine/Löser, Freimut (Hg.), Meister Eckhart und die Freiheit, Stuttgart 2018, S. 31–54.
Volkmar, Christoph, Reform statt Reformation. Die Kirchenpolitik Georgs von Sachsen 1488–1525, Tübingen 2008.
Wackernagel, Jacob, Die Viehverstellung. Eine Sonderbildung der spätmittelalterlichen Gesellschaft, dargestellt auf Grund italienischer, französischer und deutscher Quellen, Weimar 1923.
Walter, Philippe, Saint Bénézet et le pont d'Avignon, in: James-Raoul, Danièle/Thomasset, Claude (Hg.), Les ponts au Moyen Âge, Paris 2006, S. 65–76.
Walther, Hans, Proverbia sententiaeque latinitatis medii aevi, Bd. II/2, Göttingen 1964.
Warde, Paul, The Invention of Sustainability. Nature and Destiny, c.1500–1870, Cambridge 2018.
Wedell, Moritz, Zählen: Semantische und praxeologische Studien zum numerischen Wissen im Mittelalter, Göttingen 2011.
Wee, Herman van der, The Low Countries and the Early Modern World, Aldershot 1993.
Wehrle, Franziska/Kehnel, Annette, List of Medieval Religious Houses on Islands: Norway, in Monastic Studies, in: Medieval Monastic Studies 20 (2021).
Wehrli-Johns, Marina/Opitz,Claudia (Hg.), Fromme Frauen oder Ketzerinnen, Freiburg 1998.
Weidenbacher, Joseph, Die Fuggerei in Augsburg; die erste deutsche Kleinhaus-Stiftung. Ein Beitrag zur Geschichte des deutschen Kleinhauses, Augsburg 1926.
Weinfurter, Stefan, Canossa. Die Entzauberung der Welt. Beck, München 2006.
Weiss, Wisso, Buchdrucker erhalten die Kontrolle über das Lumpensammeln, in: Gutenberg-Jahrbuch 40 (1965), S. 13–17.
Welter, Jean Thiébaut, L'exemplum dans la littérature religieuse et didactique du Moyen Âge, Paris/Toulouse 1927.
Wenzel, Siegfried, Fasciculus Morum. A Fourteenth-Century Preachers Handbook, Pennsylvania 1989.
Wesjohann, Achim, Simplicitas als franziskanisches Ideal und der Prozess der Institutionalisierung, in: Melville, Gert/Oberste, Jörg (Hg.), Die Bettelorden im Aufbau. Beiträge zu Institutionalisierungsprozessen im mittelalterlichen Religiosentum, Münster 1999, S. 107–168.
White, Lynn, The Historical Roots of our Ecological Crisis, in: Science 155 (3767) (1967), S. 1203–1207.
Whitney, Elspeth, Lynn White Jr.'s ›The Historical Roots of Our Ecologic Crisis‹ After 50 Years. in: History Compass 13 (2015), S. 396–410.
Wiegand, Peter, Marinus de Fregano – Raimund Peraudi – Johann Tetzel, in: Rehberg, Andreas (Hg.), Ablasskampagnen des Spätmittelalters. Luthers Thesen von 1517 im Kontext, Berlin/Boston 2017, S. 305–333.
Wiegert, Jürgen, Die Geschichte des Beginenhofes in Kamp, in: Jahrbuch des Kreises Wesel 37 (2016), S. 123–126.

Wiens, Kyle, Ich bin Reparateur, in: Müller, Christa/Werner, Karin/Baier, Andrea/Hansing, Tom, Die Welt reparieren. Open Source und Selbermachen als postkapitalistische Praxis, Bielefeld 2016.
Wiesner, Merry E., Working women in Renaissance Germany, New Brunswick 1986.
Wilts, Andreas, Beginen im Bodenseeraum, Sigmaringen 1994.
Winterhager, Wilhelm Ernst, Die Verkündigung des St. Petersablasses in Mittel- und Nordeuropa, 1515–1519, in: Rehberg, Andreas (Hg.), Ablasskampagnen des Spätmittelalters. Luthers Thesen von 1517 im Kontext, Berlin/Boston 2017, S. 565–610.
Witt, Gabriele, Beginenhöfe. Die Stiftungen der Johanna und Margareta von Konstantinopel, Gräfinnen von Flandern und Hennegau (Regentschaft 1206–1280), Berlin 2005.
Wollasch, Joachim, Konventsstärke und Armensorge in mittelalterlichen Klöstern. Zeugnisse und Fragen, in: Saeculum 39 (2) (1988), S. 184–199.
Wortley, John (Hg.), The Anonymous Sayings of the Desert Fathers. A select edition and complete English translation, Cambridge 2013.
Wüstemann, Jens, Buchführung. Case by Case, 3. überarb. Aufl. Frankfurt 2009.
Yunus, Muhammad, Banker to the Poor. Micro-lending and the battle against world poverty, New York 2006, Erstauflage 1999.
Yunus, Muhammad, Social Business. Von der Vision zur Tat, München 2010.
Zander-Seidel, Jutta, Textiler Hausrat. Kleidung und Haustextilien in Nürnberg von 1500 bis 1650, München 1990.
Zeheter, Michael, Eine Tragödie der Allmende? Die Bodenseefischerei 1350–1900, in: Schulz, Günther/Reith, Reinhold (Hg.), Wirtschaft und Umwelt vom Spätmittelalter bis zur Gegenwart. Auf dem Weg zur Nachhaltigkeit, Stuttgart 2015, S. 133–152.
Zelzer, Klaus, Klöster und Regeln in den ersten Phasen des abendländischen Mönchtums, in: Il monachesimo occidentale. Dalle origini alla Regula magistri, Rom 1998, S. 23–36.
Zumkeller, Adolar, Das Mönchtum des heiligen Augustinus, 2. neu bearb. Aufl., Würzburg 1968.

Onlinequellen

2. Sharing

Interview mit Gunther Schnabl (Institute for Economic Policy, Universität Leipzig), Susanne, Der schwarze Pudel, in Futur II. (2018). URL: https://futurzwei.org/article/1030 (abgerufen 21.06.2018).

Projekt Campus Galli, das sich den Aufbau der Klosterstadt gemäß den im 9. Jahrhundert üblichen Baumethoden vorgenommen hat. URL: https://www.campus-galli.de/klosterplan/ (abgerufen 07.04.2020).

Report of the World Commission on Environment and Development Our Common Future, United Nations 1987. Kap. 10–12 zu den Global Commons. URL: https://www.are.admin.ch/are/de/home/nachhaltige-entwicklung/internationale-zusammenarbeit/agenda-2030-fuer-nachhaltige-entwicklung/uno-_-meilensteine-zur-nachhaltigen-entwicklung/1987--brundtland-bericht.html (abgerufen 08.09.2020).

Schwedler, Gerald, Cash-Flow im späten Mittelalter. Kirchliche und kommunale Bauvorhaben zwischen Konflikt und Konsens, 23.03.2017–24.03.2017 Bern, Veronesi, Marco, Tagungsbericht, in: H-Soz-Kult, 24.04.2017. URL: https://www.hsozkult.de/conferencereport/id/tagungsberichte-7133 (abgerufen 08.09.2020).

Unesco World Heritage List, Nr. 855 Flemish Béguinages. URL: http://whc.unesco.org/en/list/855 (abgerufen 08.09.2020).

De volledige kaart van Brugge, 1562 von Marcus Gerards. (aus Simons, Walter, Cities of Ladies. Beguine Communities in the Medieval Low Countries, 1200–1565, Philadelphia 2001) URL: https://upload.wikimedia.org/wikipedia/commons/3/3b/Old_map_of_Bruges_by_Marcus_Gheeraerts_de_oude_in_1562_01.jpg (abgerufen 08.09.2020).

Grameen Bank hatte im Jahr 2006, als Mohammad Yunus den Friedensnobelpreis erhielt, 6,6 Mio. Kreditnehmer, davon 97 % Frauen. URL: http://www.grameen-bank.net/about-us/ (abgerufen 08.09.2020).

Selbstbeschreibung des Stadtgartens in Ludwigshafen. URL: https://www.ludwigshafen.de/nachhaltig/engagement/interkulturelle-gaerten/hack-museumsgarten/ (abgerufen 02.03.2020).

3. Recycling

Stadtbibliothek Nürnberg, MS Amb. 317.2° Folio 96 recto (Mendel I), verfügbar gemacht im Rahmen des DFG-Projekts »Die Hausbücher der Nürnberger Zwölfbrüderstiftungen: Digitale Erschließung und Edition von Handwerkerdarstellungen des 15.–19. Jahrhunderts« URL: https://hausbuecher.nuernberg.de/75-Amb-2-317-96-r (abgerufen 11.08.2020).

VDPm Global consumption of paper and cardboard 2006 to 2017 (in million metric tons). Statista. Statista Inc., 2018. URL: https://www.statista.com/statistics/270319/consumption-of-paper-and-cardboard-since-2006/ (abgerufen 12.12.2019).

Dpa Globus URL: http://www.agenda21-treffpunkt.de/archiv/17/daten/170609-glo-11782;_Papierverbrauch-Welt-1980-2015.htm (abgerufen 12.12.2019).

Elias, Pipa/Boucher, Doug, Planting for the Future. How Demand for Wood Products could be friendly to Tropical Forests, Union of concerned scientists, Oktober 2014. URL: https://www.ucsusa.org/sites/default/files/attach/2014/10/planting-for-the-future.pdf (abgerufen 12.12.2019).

VDP Statistiken. https://www.pfandbrief.de/site/de/vdp/statistik/statistik/statistik_uebersicht.html (abgerufen 08.09.2020).

Kap. 92 Papier URL: http://www.hs-augsburg.de/~harsch/Chronologia/Lspost17/Comenius/com_o092.html (abgerufen 12.12.2019).

Papiermühle aus Johann Amos Comenius, Orbis sensualium pictus, Nürnberg 1658. Kap. 92 Papier URL: http://www.hs-augsburg.de/~harsch/Chronologia/Lspost17/Comenius/com_o092.html (abgerufen 12.12.2019).

Zeitschriften der Aufklärung, Bielefeld. URL: http://ds.ub.uni-bielefeld.de/viewer/image/2002572_021/294/LOG_0082/ (abgerufen 27.08.2020).

Wahnbeck, Caroline, Graspapier. Diese Kartons bestehen aus Gras, 22. November 2018. URL: https://utopia.de/ratgeber/graspapier-diese-kartons-bestehen-aus-gras/20191003 (abgerufen 12.12.2019).

»Design mit bewegter Vergangenheit« im Museum für Gestaltung in Zürich 2013/2014. URL: https://www.artoffer.com/Museum-fuer-Gestaltung-Zuerich/Vintage-x2013-Design-mit-bewegter-Vergangenheit/870 (abgerufen 28.08.2020).

Homepage der Stadt Aachen URL: http://aachen-stadtgeschichte.de/albrecht-durer-in-aachen/ (abgerufen 11.08.2020).

Moore House, Orinda, CA, United States. 1962, Architect: Charles Moore. URL: http://hiddenarchitecture.net/moore-house/ (abgerufen 28.08.2020).

4. Mikrokredit

Kleinkredit und Marktteilhabe. Forschungsprojekt am Historischen Institut der Universität Mannheim https://www.phil.uni-mannheim.de/geschichte/lehrstuehle/mittelalterliche-geschichte/forschung/dfg-projekt-kleinkredit-und-markt-teilhabe/Gefördert durch die Deutsche Forschungsgemeinschaft Projektnummern KE 1163/4-1/KU 2530/7-1/SK 290/3-1.

DALME. Documentary Archaeology of Late Medieval Europe. A collaborative, cross-disciplinary project that seeks to increase our understanding of Europe's material horizons during the Middle Ages. Director: Daniel L. Smail, Harvard https://dalme.org/PRODIA – Système microfinancier à Ouagadougou/Burkina Faso. URL: http://www.prodia.info/ (abgerufen 09.09.2020).

Bank for the Poor. Grameen Bank. URL: http://www.grameen.com/?option=com_content&task=view&id=338&Itemid=170 (abgerufen12.04.2020); sowie die Monatsberichte der Bank. URL: https://www.grameen-info.org/monthly-reports/ (abgerufen 12.04.2020).

Norbert Häring: Stimmte es, dass … der Nobelpreis für Yunus ein Irrtum war? Handelsbatt 21.2.2012. URL: https://www.handelsblatt.com/politik/konjunktur/stimmt-es-dass--der-nobelpreis-fuer-yunus-ein-irrtum-war/6234704-all.html (abgerufen 12.04.2020).

Handelsblatt vom 18.04.2019. URL: https://unternehmen.handelsblatt.com/mikrofinanz.html (abgerufen 09.09.2020).

Oikocredit angeführt. URL: https://www.gutesgeld.de/ (abgerufen 09.09.2020).

Oikocredit. Fakten und Zahlen. URL: https://web.archive.org/web/20181025141246/https://www.oikocredit.de/fakten-und-zahlen (abgerufen 09.09.2020).

Liste der italienischen Monti des Centro studi Monti di Pietà in Bologna URL: https://www.fondazionedelmonte.it/centro-studi-monti-di-pieta/storia/ (abgerufen 15.04.2020).

Mappatura storica dei Monti di Pietà e dei loro Archivi. URL: https://www.monspietatis.org/it/montipieta/index/2.html (abgerufen 15.40.2020).

PORTALE MONS PIETATIS – DALLA PIETÀ AL CREDITO. URL: https://www.monspietatis.org/it/index.html (abgerufen 09.09.2020).

Le bâton de comptage. URL: https://martouf.ch/2020/01/le-baton-de-comptage-un-moyen-de-paiement-oublie-et-pourtant-officiel-en-france-jusquen-2016/ (abgerufen 09.09.2020).

Schweizerisches Alpinen Museum Bern. URL: https://de.wikipedia.org/wiki/Kerbholz#/media/Datei:SAM_PC_1_-_Tally_sticks_1_-_Overview.jpg (abgerufen 09.09.2020).

Fornasari, Massimo, I Monti di Pietà tra Otto e Novecento. URL: https://www.fondazionedelmonte.it/centro-studi-monti-di-pieta/storia/ (abgerufen 09.09.2020).

5. Spenden und Stiften

Krautreporter. URL: https://krautreporter.de/ (abgerufen 09.09.2020).

Crowdfunding Kompass. URL: https://www.crowdfunding.de/kompass/ (abgerufen 22.07.2020).

Historie von Crowdfunding auf der Seite Crowdfunding.de. URL: https://www.crowdfunding.de/was-ist-crowdfunding/ (abgerufen 22.07.2020).

Sullivan, Michael, Ze Fund Ze Frank's Ze Show. Posted by sull | 14 Nov, 2006 »Of interest, maybe, is a stop by one of my blogs – Crowdfunding.com – and the wikipedia article I had added over the summer for Crowdfunding. And of course, HaveMoneyWillVlog.com continues to successfully raise funds for videobloggers.« URL: https://web.archive.org/web/20070915155214/http://crowdfunding.com/ (abgerufen 22.07.2020).

Peter Deitz, How to Use the Internet for Group Fundraising, 2007. URL: https://web.archive.org/web/20070212084441/http://www.foik.org/site/how-to-use-the-internet-for-group-fundraising (abgerufen 22.07.2020).

Altar von Perussis. URL: https://upload.wikimedia.org/wikipedia/commons/1/1b/Perussis_altarpiece_1480_avignon_bridge_detail.jpg (abgerufen 22.07.2020).

Avignon 1575. URL: https://commons.wikimedia.org/wiki/File:Braun_Hogenberg_Avignon_1575_crop_bridge.jpg (abgerufen 22.07.2020).

Pont-Saint-Esprit. URL: https://commons.wikimedia.org/wiki/File:Pont_m%C3%A9di%C3%A9val_Pont-Saint-Esprit_FRA_001.jpg (abgerufen 22.07.2020).

Crowland. URL: https://en.wikipedia.org/wiki/Crowland (abgerufen 09.09.2020).

Klodt, Olaf, Bramante und St. Peter. Eine kurze Einführung. URL: http://www.klodt.info/st-peter-in-rom/baugeschichte/ (abgerufen 22.7.2020).

Abriss zur Baugeschichte St. Peter. URL: http://www.klodt.info/st-peter-in-rom/baugeschichte/(abgerufen 22.7.2020).

Barchentstück der Fugger. URL: https://www.historisches-lexikon-bayerns.de/Lexikon/Datei:Barchentstueck_Fugger.jpg (abgerufen 10.09.2020).

Familiengeschichte der Fugger auf Fugger.de. URL: https://www.fugger.de/singleview/article/die-bedeutendste-firma-ihrer-zeit/1.html) (abgerufen 10.09.2020).

Forschungsprojekt »Das Schneidhaus der Fugger in Augsburg« von Annemarie Kinzelbach und Marion Maria Ruisinger am Deutschen Medizinhistorischen Museum in Ingolstadt. URL: http://www.dmm-ingolstadt.de/forschung/schneidhaus-dfg.html (abgerufen 10.09.2020).

Dennis Kremer, Fugger-Erbin im Gespräch. Der sagenhafte Reichtum der Fugger, in: faz.net (07.07.2019). URL: https://www.faz.net/aktuell/finanzen/fugger-erbin-im-gespraech-der-sagenhafte- reichtum-der-fugger-14269865-p5.html (abgerufen 21.07.2019).

Venedig, Corte Colonne o Schiavona. URL: https://www.ecosia.org/images/?q=Corte%20Colonne%20o%20Schiavona%20Venedig#id=673F27D2059F504E5B0C970820DB1E543D1B93CE (abgerufen 10.09.2020).

Stiftung Johann Füchting Testament. URL: http://www.fuechtingshof.de/geschichte/index.html (abgerufen 17.07.2020).

Sint Anna Hofje (Sint Anna Aalmoeshuis), Leiden. URL: https://www.inspirock.com/the-netherlands/leiden/sint-anna-hofje-sint-anna-aalmoeshuis-a7140444885 (abgerufen 10.09.2020).

Seite des Bundesverbandes Deutscher Stiftungen. URL: https://www.stiftungen.org/startseite.html (abgerufen 10.09.2020).

6. Minimalismus

Bäuerlein, Theresa, Freiwillig einfacher Leben, Krautreporter 2018. URL: https://krautreporter.de/1252-freiwillig-einfacher-leben?shared=ecb28325-a096-4f62-b1f5-407a62702f8c (abgerufen 08.08.2020).

Gemme, späthellenistisch, 2. Hälfte, 1. Jh. v. Chr. Bibliothèque Nationale, Paris, Frankreich, Cabinet des Médailles. Inv.-Nr. M4532, bereitgestellt vom Deutschen Archäologischen Institut. URL: https://arachne.dainst.org/entity/1127657 (abgerufen 15.09.2020).

Niederlassungen des Franziskanerordens in Europa um 1300. URL: http://www.umbriageo.regione.umbria.it (abgerufen 15.09.2020).